Rassismus an Schulen

Matthias Böhmer · Georges Steffgen
(Hrsg.)

Rassismus an Schulen

Geschichte, Erklärungen, Auswirkungen
und Interventionsansätze

Hrsg.
Matthias Böhmer
Department of Behavioural and Cognitive
Sciences, Universität Luxemburg
Esch-sur-Alzette, Luxemburg

Georges Steffgen
Department of Behavioural and Cognitive
Sciences, Universität Luxemburg
Esch-sur-Alzette, Luxemburg

ISBN 978-3-658-36610-0   ISBN 978-3-658-36611-7 (eBook)
https://doi.org/10.1007/978-3-658-36611-7

Die Deutsche Nationalbibliothek verzeichnet diese Publikation in der Deutschen Nationalbibliografie; detaillierte bibliografische Daten sind im Internet über http://dnb.d-nb.de abrufbar.

© Der/die Herausgeber bzw. der/die Autor(en), exklusiv lizenziert durch Springer Fachmedien Wiesbaden GmbH, ein Teil von Springer Nature 2022
Das Werk einschließlich aller seiner Teile ist urheberrechtlich geschützt. Jede Verwertung, die nicht ausdrücklich vom Urheberrechtsgesetz zugelassen ist, bedarf der vorherigen Zustimmung des Verlags. Das gilt insbesondere für Vervielfältigungen, Bearbeitungen, Übersetzungen, Mikroverfilmungen und die Einspeicherung und Verarbeitung in elektronischen Systemen.
Die Wiedergabe von allgemein beschreibenden Bezeichnungen, Marken, Unternehmensnamen etc. in diesem Werk bedeutet nicht, dass diese frei durch jedermann benutzt werden dürfen. Die Berechtigung zur Benutzung unterliegt, auch ohne gesonderten Hinweis hierzu, den Regeln des Markenrechts. Die Rechte des jeweiligen Zeicheninhabers sind zu beachten.
Der Verlag, die Autoren und die Herausgeber gehen davon aus, dass die Angaben und Informationen in diesem Werk zum Zeitpunkt der Veröffentlichung vollständig und korrekt sind. Weder der Verlag noch die Autoren oder die Herausgeber übernehmen, ausdrücklich oder implizit, Gewähr für den Inhalt des Werkes, etwaige Fehler oder Äußerungen. Der Verlag bleibt im Hinblick auf geografische Zuordnungen und Gebietsbezeichnungen in veröffentlichten Karten und Institutionsadressen neutral.

Planung/Lektorat: Lisa Bender
Springer ist ein Imprint der eingetragenen Gesellschaft Springer Fachmedien Wiesbaden GmbH und ist ein Teil von Springer Nature.
Die Anschrift der Gesellschaft ist: Abraham-Lincoln-Str. 46, 65189 Wiesbaden, Germany

Die rassismussensible Schule – ein Vorwort

„Rassismus an Schulen" ist der Titel dieses Buches. Er geht auf die Studierenden des Seminars „Schulpsychologie" im Masterstudiengang *MSc in Psychologie: Psychologische Intervention* der Universität Luxemburg zurück, die sich im Rahmen Ihres Studiums explizit mit diesem Thema auseinandersetzen wollten. Rassismus, also Diskriminierung von Menschen aufgrund deren vermeintlicher ethnischer Herkunft, ist an Schulen allgegenwärtig. Neben Schüler*innen, Referendar*innen und Lehrer*innen sind mithin alle Akteur*innen im schulischen Kontext von dieser Thematik betroffen (z. B. Antidiskriminierungsstelle des Bundes, 2019).

Warum ist dem so? Wie lässt sich rassistische Diskriminierung erklären? Welche Auswirkungen hat dieses Verhalten auf Betroffene? Und wie kann Schule dem begegnen? All dies sind Fragen, die sich stellen und die hier in der Absicht beantwortet werden sollen, allen im Schulkontext handelnden Personen, eine kritische Auseinandersetzung mit den eigenen rassismusrelevanten Wissensbeständen zu ermöglichen. Dieses Buch will mit dazu beitragen, dass sich Schule zu einem rassismussensiblen Raum entwickelt, in dem sich alle Akteur*innen rassismussensibel verhalten (Fereidooni, 2015).

Daher geben *Kim Behrning, Lisa Gilbertz, Brenda Gilson und Ryane Groevius* in **Kap. 1** zunächst einen Überblick über die Geschichte des Rassismus von seinen Wurzeln in der Antike bis hin zu aktuellen Entwicklungen in der Gegenwart, erläutern unterschiedliche Formen des Rassismus und ordnen diese rechtlich ein.

In **Kap. 2** liefern Luise Nathusius, Lisa Frast, Tabea Schmidt-Alkadri und Charlotte Duske Ansätze zur Erklärung von rassistischen Verhaltensweisen, die sie in prominenten sozialpsychologischen Theorien und Modellen finden.

Kap. 3 von *Nora Welter, Jos Wagner, Katharina Dincher* und *Hicham Quintarelli* gibt Aufschluss über die Auswirkungen von rassistischer Diskriminierung, nicht nur auf individueller, sondern auch auf institutionell-gesellschaftlicher Ebene. Hierbei werden psychische und physische Effekte und Folgen auf individueller Ebene sowie auf Ebene der Schule, wobei insbesondere auf institutionellen und auf personellen Rassismus eingegangen wird, dargestellt.

Abschließend werden von *Selin* Göksoy und *Sissy Gales* in **Kap. 4** Präventions- und Interventionsansätze für eine rassismuskritische Praxis in der Schule vorgestellt. Es werden Übungen und Handreichungen zur Durchführung sowohl mit Lehrpersonen als auch mit Schüler*innen erläutert. Deren inhärent Potentiale, aber auch Grenzen werden in den Blick genommen und diskutiert.

„Rassismus an Schulen" ist nach *Amok an Schulen: Prävention, Intervention und Nachsorge bei School Shootings* (Böhmer, 2018), *Mobbing an Schulen: Maßnahmen zur Prävention, Intervention und Nachsorge* (Böhmer & Steffgen, 2019) und *Trauer an Schulen. Basiswissen und Hinweise zum Umgang mit Sterben und Tod* (Böhmer & Steffgen, 2021) bereits die vierte Buchveröffentlichung von Masterstudierenden des Studiengangs MSc in Psychologie: Psychologische Intervention der Universität Luxemburg im Springer-Verlag.

Diesem und insbesondere der uns betreuenden Editorin, Dr. Lisa Bender, danken wir auf das Herzlichste für die langjährige Unterstützung. Und für ihr außergewöhnliches Engagement von der ersten Ideenentwicklung bis hin zur Fertigstellung danken wir „unseren" Autor*innen, die sich sehr für dieses Buchprojekt begeistern konnten.

Luxemburg
im Spätherbst 2021

Matthias Böhmer
Georges Steffgen

Literatur

Antidiskriminierungsstelle des Bundes (Hrsg.). (2019). *Diskriminierung an Schulen erkennen und vermeiden. Praxisleitfaden zum Abbau von Diskriminierung in der Schule.* https://www.antidiskriminierungsstelle.de/SharedDocs/downloads/DE/publikationen/Leitfaeden/leitfaden_diskriminierung_an_schulen_erkennen_u_vermeiden.pdf?__blob=publicationFile&v=4

Böhmer, M. (Hrsg.). (2018). *Amok an Schulen: Prävention, Intervention und Nachsorge bei School Shootings.* Springer.

Böhmer, M. & Steffgen, G. (Hrsg.). (2019). *Mobbing an Schulen: Maßnahmen zur Prävention, Intervention und Nachsorge.* Springer.

Böhmer, M. & Steffgen, G. (Hrsg.). (2021). *Trauer an Schulen. Basiswissen und Hinweise zum Umgang mit Sterben und Tod.* Springer.

Fereidooni, K. (2015). *Diskriminierungs- und Rassismuserfahrungen von Referendar*innen und Lehrer*innen ‚mit Migrationshintergrund' im deutschen Schulwesen. Eine quantitative und qualitative Studie zu subjektiv bedeutsamen Ungleichheitspraxen im Berufskontext.* Ruprecht-Karls-Universität.

Inhaltsverzeichnis

1 Rassismus – eine Einführung................................... 1
  Kim Behrning, Lisa Gilbertz, Brenda Gilson und Ryane Groevius

2 Wie kann man rassistische Verhaltensweisen erklären?............... 57
  Luise Nathusius, Lisa Frast, Tabea Schmidt-Alkadri und Charlotte Duske

3 Auswirkungen von rassistischer Diskriminierung.................... 105
  Nora Welter, Jos Wagner, Katharina Dincher und Hicham Quintarelli

4 Erkennen – Vorbeugen – Eingreifen: (Selbst-)reflexive
  Präventions- und Interventionsansätze für eine rassismuskritische
  Praxis in der Schule 171
  Selin Göksoy und Sissy Gales

**Anhang A: Verschriftlichtes Interview mit Thora Meißner
(per E-Mail geführt)** 213

Anhang B 219

Herausgeber- und Autorenverzeichnis

Über die Herausgeber

Matthias Böhmer Department of Behavioural and Cognitive Sciences, Universität Luxemburg, Esch-sur-Alzette, Luxemburg

Georges Steffgen Department of Behavioural and Cognitive Sciences, Universität Luxemburg, Esch-sur-Alzette, Luxemburg

Autorenverzeichnis

Kim Behrning Master of Science in Psychology: Psychological Intervention, Universität Luxemburg, Esch-sur-Alzette, Luxemburg

Katharina Dincher Master of Science in Psychology: Psychological Intervention, Universität Luxemburg, Esch-sur-Alzette, Luxemburg

Charlotte Duske Master of Science in Psychology: Psychological Intervention, Universität Luxemburg, Esch-sur-Alzette, Luxemburg

Lisa Frast Master of Science in Psychology: Psychological Intervention, Universität Luxemburg, Esch-sur-Alzette, Luxemburg

Sissy Gales Master of Science in Psychology: Psychological Intervention, Universität Luxemburg, Esch-sur-Alzette, Luxemburg

Lisa Gilbertz Master of Science in Psychology: Psychological Intervention, Universität Luxemburg, Esch-sur-Alzette, Luxemburg

Brenda Gilson Master of Science in Psychology: Psychological Intervention, Universität Luxemburg, Esch-sur-Alzette, Luxemburg

Ryane Groevius Master of Science in Psychology: Psychological Intervention, Universität Luxemburg, Esch-sur-Alzette, Luxemburg

Selin Göksoy Master of Science in Psychology: Psychological Intervention, Universität Luxemburg, Esch-sur-Alzette, Luxemburg

Luise Nathusius Master of Science in Psychology: Psychological Intervention, Universität Luxemburg, Esch-sur-Alzette, Luxemburg

Hicham Quintarelli Master of Science in Psychology: Psychological Intervention, Universität Luxemburg, Esch-sur-Alzette, Luxemburg

Tabea Schmidt-Alkadri Master of Science in Psychology: Psychological Intervention, Universität Luxemburg, Esch-sur-Alzette, Luxemburg

Jos Wagner Master of Science in Psychology: Psychological Intervention, Universität Luxemburg, Esch-sur-Alzette, Luxemburg

Nora Welter Master of Science in Psychology: Psychological Intervention, Universität Luxemburg, Esch-sur-Alzette, Luxemburg

Rassismus – eine Einführung

Kim Behrning, Lisa Gilbertz, Brenda Gilson und Ryane Groevius

1.1 Einführung in die Thematik

1.1.1 Gibran erzählt von Erfahrungen mit Rassismus während seiner Schulzeit

2015 flieht Gibran mit seinen Eltern aus Syrien nach Deutschland. Die Familie findet in einem Dorf in Nordrhein-Westfalen ein neues Zuhause, und ab 2016 geht der damals 17-jährige auf das örtliche Gymnasium. Ein Jahr lang lernt er Englisch, Deutsch und Mathematik und besucht einen Integrationskurs. Ab der neunten Klasse kann er dem normalen Unterricht folgen. Klausuren werden für ihn allerdings sprachlich noch auf das Nötigste reduziert. Ab der elften Klasse ist dies aufgrund der Abiturvoraussetzung nicht mehr möglich und für Gibran auch nicht mehr nötig. 2020 macht Gibran Abitur und beginnt im Anschluss daran eine Ausbildung zum Bankkaufmann. In einem Interview erzählt er von seinen Erfahrungen mit Rassismus in der Klasse und in der Interaktion mit Lehrer*innen und erläutert welche Gründe er hinter Rassismus vermutet.

K. Behrning
Universität Luxemburg, Soest, Deutschland
E-Mail: kibeh@gmx.de

L. Gilbertz (✉)
Universität Luxemburg, Dudelange, Luxembourg
E-Mail: lisagil@pt.lu

B. Gilson
Universität Luxemburg, Bivange, Luxembourg

R. Groevius
Universität Luxemburg, Soleuvre, Luxembourg

Die hier präsentierten Ausschnitte dieses Interviews sind inhaltlich zusammengefasst und als Wiedergabe in der Folge abgedruckt:

Fiel es dir leicht, dich in die Klasse zu integrieren?

Gerade zu Beginn war es natürlich nicht ganz einfach, mich in die Klassengemeinschaft zu integrieren, unter anderem auch, weil ich die Sprache einfach noch nicht so gut gesprochen habe. Allerdings haben mich meine Mitschüler freundlich und nett empfangen. Sie waren offen und neugierig, auch wenn wir uns zunächst hauptsächlich auf Englisch unterhalten konnten. Mir fällt es aber auch allgemein nicht so schwer, auf neue Leute zuzugehen. Ich glaube, deswegen hat auch das mit der Integration so gut geklappt. An meiner Schule gab es nämlich auch durchaus Mitschüler, die mehr mit Rassismus und Diskriminierung zu kämpfen hatten als ich. Ich wollte aber halt auch nicht das in Deutschland schon bestehende Bild von Geflüchteten als unfreundlich und verschlossen wiedergeben und habe mich dementsprechend angestrengt.

Welche Erfahrungen mit Rassismus hast du während deiner Schulzeit gemacht? Magst du von Beispielen berichten?

Ich erinnere nur an ein paar Ereignisse, in denen ich persönlich Rassismus erfahren habe. Es macht halt schon einen Unterschied, ob man auf dem Land oder in der Stadt lebt. In einer Großstadt ist es viel einfacher neue Freunde zu treffen. Dort sind die Leute offener und es gibt weniger Vorurteile wie zum Beispiel, dass Geflüchteten auf Kosten der Steuerzahler leben würden. Solche „Witze" habe ich auch öfter in der Schule zu hören bekommen, ohne das verstanden wurde, dass auch das (indirekter) Rassismus ist. In der Interaktion mit Lehrern habe ich keinen Rassismus erlebt. Mit manchen war es ein bisschen schwierig. Aber das ist ja zwischen Schülern und Lehrern ganz normal. Ich erinnere mich allerdings auch an einen wirklich starken und (im Nachhinein) offensichtlichen Fall von Rassismus: Da hat der eifersüchtige Freund einer Freundin mir in ihrer Unwissenheit per Handychat geschrieben, dass ich statt dem gemeinsamen geplanten Konzert besser eine „Gasdusche" besuchen sollte. Ich habe erst gar nicht so recht verstanden was er gemeint hat, weil ich ja dachte, mir schreibt meine Freundin. Es bisschen später hat sie dann die Verwechselung bemerkt und aufgeklärt. Ich war natürlich richtig sauer und verärgert. Ich denke nicht, dass der Chat-Schreiber sowas zu einem Deutschen gesagt hätte. Als Entschuldigung erklärte die Freundin mir, dass ihr Freund betrunken gewesen sei. Aber auch das gibt ihm nicht das Recht, solche Sachen zu sagen.

Gab es Unterstützung im schulischen Umfeld?

Nein, von der Schule aus eigentlich nicht. Aber richtig schlimme Fälle von Rassismus habe ich ja auch nicht erlebt. Ich hätte bestimmt zum Schulleiter, einem Lehrer oder meinen Mitschülern gehen können, aber das ist auch einfach nicht so meine Art. Wenn ich ein Problem habe, kläre ich das lieber selbst.

1 Rassismus – eine Einführung

> **Welche Gründer vermutest du hinter rassistischen Äußerungen dir gegenüber?**
>
> Das ist schwer zu sagen, aber ich glaube, das hat viel mit Eifersucht und Neid zu tun. In der Schule zum Beispiel haben manche halt einfach nicht wahrhaben wollen, dass ich als Flüchtling trotzdem Abitur mache, obwohl sie das vielleicht nicht schaffen.

1.1.2 Einordnung der Interviews

Im Jahr 2019 verzeichnete das Bundesinnenministerium (BIM) knapp 7900 rassistische Straftaten, also Delikte mit rassistischer oder fremdenfeindlicher Motivation (Mediendienst, 2021). Die Dunkelziffer kann dabei allerdings noch deutliche höher liegen, da oft rassistische Straftaten nicht als solche erkannt werden, oder Betroffenen nicht alle Vorfälle melden (Lang, 2018). Das BIM spricht von rund 1750 Straftaten gegenüber Geflüchteten und das, obwohl geflüchtete Menschen in den Vorstellungen vieler wahrscheinlich nicht eine typischerweise von Rassismus betroffene Gruppe darstellen (Mediendienst, 2021). Doch auch gegenüber Geflüchteten existiert Rassismus. Es gibt viele Menschen und Organisationen, die sich für mehr Gleichberechtigung und Integration von Geflüchteten einsetzten, die offen und neugierig auf das auf den ersten Blick „Fremde" zugehen und gewillt sind, dem zunächst Unbekannten zu begegnen. Doch genauso gibt es eben auch Menschen, deren Angst vor dem Fremden oder der Andersartigen sie dazu verleitet, das „Bedrohliche" soweit wie möglich auf Abstand halten zu wollen oder sich mit Worten oder Taten dagegen zur Wehr zu setzten. Das einleitende Interview mit Gibran liefert diesbezüglich einige anschauliche Beispiele und schildert seine Rassismuserfahrung während seiner Schulzeit. Das Interview zeigt eindrücklich auf, dass zwar nicht alles als Rassismus gemeint sein muss, Betroffene allerdings trotzdem verletzen kann.

Ist von Rassismus an Schulen die Rede, ist allerdings dieser Rassismus nicht nur aus der Schüler*innenperspektive zu betrachten. Ebenso interessant kann es sein, sich die Sichtweise von Lehrer*innen auf Rassismus und dessen Erlebbarkeit im Schulalltag anzusehen. Dazu sollen im folgenden ersten Teil des Kapitels, Zitate aus einem weiteren, in der Vorbereitung zu diesem Buch geführten Interview mit einer Lehrerin für Deutsch als Zweit- und Fremdsprache (DaZ) an einer nordrhein-westfälischen Schule angeführt werden. Die 42-jährige Thora Meißner arbeitet seit fünf Jahren als Quereinsteigerin in Vertretungspositionen an einer Sekundarschule. Sie unterrichtet dort Kinder und Jugendliche aus verschiedensten Herkunftsländern wie beispielsweise Syrien, Pakistan oder Italien. Insgesamt begleiteten sie und ihre Kollegen bereits über 70 DaZ-Schüler*innen bis zu ihren Schulabschlüssen. In den nun folgenden Betrachtungen und spezifischen Abgrenzungen bezüglich der Definition von Rassismus und allen relevanten Konstrukten sollen die praktischen Beispiele aus dem Interview mit Thora Meißner dabei helfen, relevante Mechanismen und Theorien des Rassismus besser zu verstehen. Das gesamte Interview findet sich zudem auch in Anhang A.

1.2 Auf der Suche nach einer (geeigneten) Rassismusdefinition

Einmal eingetaucht in die Welt der Rassismusdefinitionen und der verwandten Konstrukte, kann durchaus ein Gefühl der Überforderung auftauchen. Gerade als nicht unmittelbar Betroffene*r scheint es besonders schwer, den „Wald vor lauter Bäumen" nicht aus dem Blick zu verlieren. Was hilft, ist entweder eine umfassende Recherche unter Zuhilfenahme vieler verschiedener Quellen oder das Lesen einer angemessenen Zusammenfassung der Thematik. In diesem Kapitel soll daher ein Versuch unternommen werden, eine solche Übersicht für den Rassimusbegriff speziell im Schulkontext, zu generieren. Rassismus als Konstrukt, als Verhalten und als Vorstellung ist schon lange so oder in einer verwandten Form in der Menschheitsgeschichte zu finden. Was sich über die Jahre änderte, waren lediglich die Interpretationen, das Verständnis und der Umgang – die Problematik an sich blieb weiterhin bestehen. Um Rassismus angemessen zu definieren und charakterisieren, müssen besonders zwei zentrale Fragen beantwortet werden:

Zum einen: *Was ist Rassismus?* – darunter sammeln sich Fragen wie: Welche Formen von Rassismus gibt es? Wie ist die Verbindung von Rassismus zu Diskriminierung? Wie hat sich das Verständnis von Rassismus mit der Zeit gewandelt?

Und zum anderen: *Was ist Rassismus nicht?* Darunter fallen die folgenden Fragestellungen: Ist Rechtsextremismus Rassismus? Oder ist Rassismus dasselbe wie Diskriminierung?

1.2.1 Was ist Rassismus? Eine Definition nach Stuart Hall

Die bereits existierenden Definitionen von Rassismus sind mannigfaltig und komplex. Das liegt zum einen daran, dass sich der Begriff nur schwerlich von anderen verwandten Konstrukten abgrenzen lässt (wie beispielsweise von dem Begriff der Diskriminierung oder der Fremdenfeindlichkeit). Zum anderen sind Debatten zu dem Thema oft deutlich politisch aufgeladen und deshalb stark von individuell unterschiedlichen Meinungen und Absichten abhängig (vgl. Rommelspacher, 2009). Oft weichen schon die Annahmen, die einer möglichen Definition unterliegen, voneinander ab. So können sich beispielsweise nicht alle Erklärungsansätze auf die Grundannahme von Rassismus als Machtverhältnis einigen. Allerdings lassen sich oft alle verschiedenen Aspekte unter dem Stichwort „Rassismus als gesellschaftliches Verhältnis" zusammenfassen. Rassismus selbst verfügt über mannigfaltige Definitionen, die jeweils unterschiedliche Schwerpunkte setzen. Hier soll Rassismus basierend auf einer Definition von Stuart Hall (2004) grundlegend wie folgt verstanden werden:

> *„(...) [Rassismus ist eine Markierung von Unterschieden], welche es einer Gruppe ermöglicht, sich gegenüber anderen Menschen abzugrenzen und abzusetzen. Diese Markierung*

dient als Begründung für soziale, politische oder wirtschaftliche Handlungen, die in ihrer Folge bestimmten Gruppen den Zugang zu materiellen oder symbolischen Ressourcen verwehren und dadurch Privilegien für die ausschließende Gruppe erschaffen." (Hall, 2004)

Wichtig bei dieser Definition ist, dass die Einteilung eine bestimmte Zielsetzung verfolgt, wie zum Beispiel die Erschwerung des Zuganges zu bestimmten Ressourcen (etwa korrekte Sprache, Wohnraum oder sogar Rechtsprechung), Hinzu kommt, dass die von außen gebildeten Gruppen aufgrund vollkommen willkürlich gewählter Kriterien (beispielsweise der Hautfarbe oder der Religionszugehörigkeit) konstruiert werden. Dieser ideologische Hintergrund unterstützt das tatsächliche Verhalten, das durch Rassismus motiviert und gezeigt wird. Taten von rassistisch motivierten Menschen beziehen sich dabei aber nicht nur auf physische Gewaltakte, sondern auch auf durch Sprache ausgeübte Herrschaft wie zum Beispiel Ausgrenzung, Ausschließung, Verachtung und Aggression (Hinnenkamp, 1995, S. 2).

Für die Definition von Rassismus sind des Weiteren vier Begriffe zentral: Homogenisierung, Neutralisierung, Polarisierung und Hierarchisierung. Als Basis dient hier die sogenannte *Homogenisierung,* einer Zusammenfassung und Vereinheitlichung von Gruppen auf Basis gleicher Gene, Kultur oder Religion (hierfür prägten Attia & Keskinkilic, 2017 den Begriff der Essentialisierung). *Neutralisierung* bezieht sich auf die Unterschiedlichkeit menschlicher sogenannter „Rassen" basierend auf rein biologischen Merkmalen. Es „werden soziale und kulturelle Differenzen neutralisiert und [nur noch] soziale Beziehungen zwischen Menschen als unveränderlich und [biologisch] vererbbar verstanden" (Rommelspacher, 2009). Die homogenen Gruppen können dann, in der sogenannten *Polarisierung,* als grundsätzlich verschieden und unvereinbar gegenübergestellt werden. Es bildet sich eine *Hierarchie,* um die Beziehung der unvereinbaren Gruppen zueinander anhand einer Rangfolge zur differenzieren. Es geht also beim Rassismus nicht nur um persönliche Vorurteile, sondern um die „Legitimation von gesellschaftlichen Hierarchien, die auf der Diskriminierung von konstruierten Gruppen basiert." (Rommelspacher, 2009, S. 29). Dementsprechend muss Rassismus immer auch als gesellschaftliches Verhältnis verstanden werden muss, so Birgitt Rommelspacher, eine deutsche Psychologin und Pädagogin, die sich bis zu ihrem Tod 2015 in ihrer Forschungsarbeit besonders mit Frauenforschung und Rechtsextremismus beschäftigte.

1.2.2 Ein kurzer Blick in die Rassismusgeschichte

Um Rassismus besser verstehen zu können, lohnt sich ein kurzer Exkurs in die Geschichte des Rassismus (eine detailliertere Beschreibung der Entstehung des Rassismus findet sich in einem späteren Teil diese Kapitel unter 1.5 Geschichtlicher Hintergrund des Rassismus). Ein Paradebeispiel für die Konstruktion einer „Rasse" ist aus der Kolonialzeit bekannt: Viele europäische Länder unterwarfen, vertrieben, versklavten und ermordeten die Länder und Bevölkerungen in Übersee. Durch die Konstruktion und

Postulierung eines sogenannten „minderwertigen" biologischen Merkmales (wie beispielsweise die schwarze Hautfarbe) wurde der Fremdgruppe eine bestimmte „Wesensart" zugeschrieben, die es ermöglichte, soziale Unterschiede als Ausdruck der nicht übereinstimmenden biologischen Anlagen zu deuten (Rommelspacher, 2009) und somit eigene Vergehen zu begründen. Der unterdrückten Gruppe wurden gewisse (kulturelle) Defizite zugeschrieben, welche anhand ihres Aussehens visualisiert wurden. Dieser sogenannte *Rassifizierungsprozess,* der bis in die heutige Zeit hinein Bestand hat, sorgte dafür, dass soziale, religiöse oder kulturelle Unterschiede nach außen hin sichtbar gemacht wurden, indem den Andersartigen ein sichtbares Merkmal/Makel zugesprochen wurde (Hund, 2006, S. 120). So nahm der klassische Rassismus eine hierarchische Unterscheidung vor, die die „weiße Rasse" allen anderen „Rassen" vorzog (Fereidooni, 2016). Dieser Prozess sollte als rein konstruktiv bewertet werden und verdeutlicht, dass „Rasse" erst durch die Existenz von Rassismus erdacht wurde (gvl. Geiger, 2017, S. 17). Gleiches galt etwa auch für die artifizielle Unterteilung in „Arier" und „Juden" als ein weiteres prominentes Beispiel für klassischen Rassismus aus der Zeit des deutschen Nationalsozialismus. Zudem kam es in beiden Beispielen, basierend auf einer willkürlich gewählten Markierung, zu einer Verschiebung von Macht sowie der Anmaßung, dass es möglich sei, Menschen in höhere und niedrige Klassen einzuteilen.

1.2.3 Und heute? Neo- bzw. Kulturrassismus

Mit der Zeit hat sich das äußere Erscheinungsbild des Rassismus geändert, die darunterliegenden einflussnehmenden Mechanismen sind allerdings die gleichen geblieben. Denn aktuell betrifft Rassismus beispielsweise auch die Menschen, die wegen Umweltkatastrophen, unzumutbaren Lebensumständen oder eines Lebens am Existenzminimum ihre Heimat verlassen müssen, um anderenorts auf der Welt (als „Fremde") ein neues zu Hause zu finden (vergleiche das Interview mit Gibran in 1.1). Dies ist allerdings nur eines von vielen Beispielen des *Neorassismus* oder *Kulturrassismus* – der neuen Form des alten, klassischen Rassismus. Neorassismus zeichnet sich im Unterschied zu klassischem Rassismus durch eine Unterscheidung basierend auf der Zugehörigkeit zu einer „höher- bzw. minderwertigeren" Kultur sowie einer generellen gesetzten „Unvereinbarkeit der Kulturen" aus (Balibar, 2002). Weitere Separationsmerkmale des Kulturrassismus können beispielsweise auch Konfession, Sprache und Staatsangehörigkeit sein. Dabei werden diese ethnischen, kulturellen und religiösen Unterschiede als biologische Differenzen verstanden, als unveränderlich und demnach vererbbar und von einer Generation auf die nächste übergehend (Rommelspacher, 2009: 29). Ein aktuelles Beispiel für Kulturrassismus ist die derzeitig „praktizierte Dichotomisierung [das heißt: Zweiteilung] von Muslimen und Nicht-Muslimen" durch die Muslime in Kontext mit den in den letzten Jahren vermehrt auftretenden Terroranschlägen in Europa gesetzt und „als potenziell bedrohlich" wahrgenommen werden (Messerschmidt, 2011, S. 51). Als Basis dient nun also die *Kulturalisierung/Ethnisierung,* bei der die kulturelle Zugehörigkeit als alleinige Erklärung für die Entstehung mannigfaltiger Probleme verantwortlich sein soll. Unter dem Schleier der Kulturzugehörigkeit bleiben die Strukturen des gesellschaftlichen Dominanzverhaltens, die die Entstehung solcher Probleme ebenfalls begünstigen, einfach verdeckt (Geiger, 2017: 14). Ersetzen im heutigen Zeitalter die Begriffe Ethnie, Kultur oder Religion den Begriff der „Rasse", wird Rassismus oft durch „Fremdenfeindlichkeit" ausgetauscht und als „Feindlichkeit" gegenüber denjenigen verstanden, die in der Gesellschaft als „Fremde" wahrgenommen oder zu „Fremden" gemacht werden (Attia & Keskinkilic, 2017). Wie also die „Rasse" erst durch Rassismus zum Begriff wird, werden Menschen auch erst durch die Rassifizierung/Fremdenfeindlichkeit zu Fremden gemacht. (Attia & Keskinkilic, 2017).

1.2.4 Doch wie trennt sich Rassismus von Diskriminierung?

Rommelspacher geht in ihrer Veröffentlichung „Was ist eigentlich Rassismus?" von 2009 von Rassismus als einem gesellschaftlichen Verhältnis aus und postuliert zugleich, dass dieser immer mit einer gesellschaftlichen Diskriminierung einhergehe. Stellt Rassismus also lediglich eine Unterform von Diskriminierung dar, oder sind beide Konstrukte unabhängiger voneinander zu betrachten, als es auf den ersten Blick den Anschein hat? Im Allgemeinen liegt

> *„Diskriminierung [immer] dann vor, wenn Menschen, die einer Minderheit angehören, im Vergleich zu Mitgliedern der Mehrheit weniger Lebenschancen, das heißt weniger Zugang zu Ressourcen, und weniger Chancen zur Teilhabe an der Gesellschaft haben"* (Rommelspacher, 2009).

Dabei beziehen sich Diskriminierungen auf „Äußerungen oder Handlungen, die sich in herabsetzender oder benachteiligender Absicht gegen Angehörige bestimmter sozialer Gruppen richten" (Hormel und Scherr, 2010, S. 7). Das hört sich in der Definition erst einmal ähnlich zu dem Verständnis von Rassismus an. Allerdings sollten Rassismus und Diskriminierung trotzdem voneinander getrennt betrachtete werden, ist doch Rassismus lediglich eine spezielle Form der Diskriminierung (Bundschuh, 2010), und beide Begriffe sollten deshalb nicht deckungsgleich verwendet werden. So ist Rassismus eine Ausgrenzung aufgrund der Herkunft oder Kultur und nicht wie bei der Diskriminierung üblich, eine Ungleichbehandlung auf Basis personbezogener Merkmal, wie beispielsweise der sexuellen Orientierung, des Geschlechts oder des Berufs (Bundschuh, 2010). Der sowohl dem Rassismus als auch der Diskriminierung zugrunde liegende Mechanismus des Ausschlusses auf Basis der Andersartigkeit einer Person(-engruppe) ist jedoch derselbe. Und so können auch die verschiedenen Formen, in denen sowohl Rassismus als auch Diskriminierung auftreten, gemeinsam beschrieben und erklärt werden. Im Folgenden wird besonders die von Rommelspacher (2009) formulierte Theorie beleuchtet. Eine Zusammenfassung ihrer Aussagen zeigt auch die Abb. 1.1.

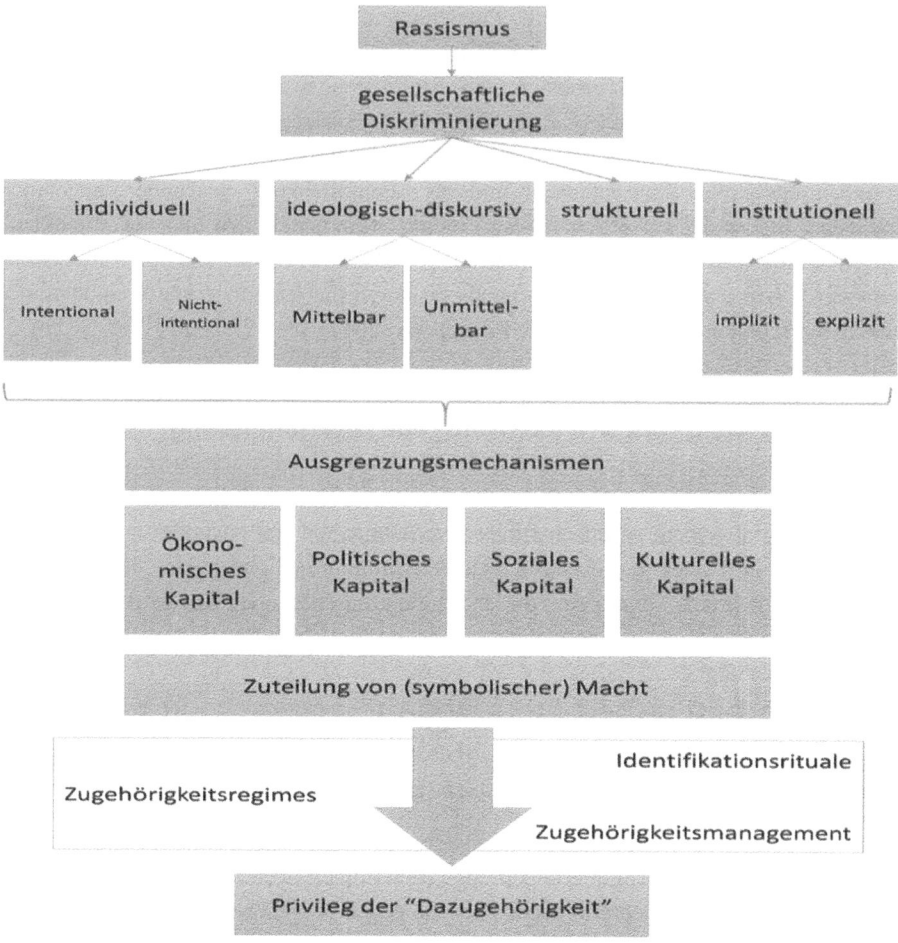

Abb. 1.1 Rassismus und Diskriminierung nach Rommelspacher (vgl. Rommelspacher, 2009)

1.2.5 Formen von Diskriminierung und Rassismus

1.2.5.1 Individueller Rassismus

Rommelspacher (2009) unterscheidet drei große Arten der Diskriminierung/des Rassismus: individuelle, strukturelle und institutionelle Diskriminierung. Als erste Form basiert *individueller Rassismus* auf persönlichen Handlungsmustern und Einstellungen und spiegelt sich in der direkten persönlichen Interaktion zwischen den Betroffenen wider. Zudem kann individuelle Diskriminierung sowohl *intentional* als auch *nicht-intentional* erfolgen. Bei ersterem handelt es sich um den offensichtlichen, direkten Rassismus, der gezielt gegen eine Person (-engruppe) gerichtet ist. Als Beispiel sind hier Brandanschläge auf Geflüchtetenunterkünfte zu nennen. Bei nicht-intentionalem Rassismus spricht man von Diskriminierungen, die sich ungewollt einschleichen. Oft wird dieser von Nicht-Betroffenen auch nicht als Diskriminierung (an)erkannt. Für das Erfahren von Rassismus ist jedoch nicht die Absicht entscheidend, denn auch ein freundlich gemeintes Verhalten kann als Diskriminierung erlebt werden. Wird beispielsweise einem Menschen bloß aufgrund der schwarzen Hautfarbe ein Platz im Bus angeboten, kann dies erst einmal als nette Geste bewertete werden, wenn der betroffene Mensch älter oder kränklich ist. Trifft dies allerdings nicht zu, haben wir es hier mit einem Fall von eventuell nichtintendiertem, aber deshalb nicht weniger präsentem Rassismus zu tun. Hinzu kommt, dass oftmals der Widerstand eines Betroffenen in einer solchen Situation auf Unverständnis bei der diskriminierenden Person trifft, sowie zusätzlichen Beteuerungen, es doch nur gut gemeint zu haben, nach sich ziehen. Der betroffenen Person wird es also nicht gestattet, sich diskriminiert zu fühlen und es wird ihm/ihr abgesprochen, eine eigene Meinung und Perspektive zu haben. Somit wird ihm/ihr zusätzlich symbolisch Macht und Bedeutung entzogen und abgesprochen.

> **Was für Arten von Rassismus sehen sich geflüchtet Kinder und Jugendliche Ihrer Erfahrung nach ausgesetzt?**
> [Unter anderem individuellem Rassismus] – eine Lehrerin „schrieb zwei DaZ-Schüler" direkt ab, da sie sich aufgrund etwaiger Probleme (Leben im Asylheim, Trennung der Eltern, Asylrechtentscheidungen) nicht auf die Themeninhalte der Unterrichtsfächer einlassen konnten. Die Worte der Kollegin: Ach, ich habe keine Lust, mich um die beiden zu kümmern. Die machen ja eh nichts. Am Ende der Klasse gehen die eh zur Berufsschule! (Meißner, 2020).

Çiçek et al., (2014, S. 311) unterteilen in solchen Fällen in Rassismuserfahrungen *primärer* und *sekundärer* Natur. Unter primären Rassismuserfahrungen fallen dabei sowohl explizit rassistische Aussagen, die auch indirekt vermittelt sein können, während sekundäre Rassismuserfahrungen als „Erfahrungen der Wut, der Beschämung, der Furcht [beschrieben werden können], die dann entstehen, wenn eigene Rassismuserlebnisse zum Thema werden und gleichzeitig dethematisiert [von außen als nicht relevant tituliert] werden". Sekundär deswegen, da diese Erfahrungen im Kontext mit primären Rassismuserfahrungen entstehen oder bei der Verweigerung, diese zum Thema zu machen, auftreten (Çiçek et al., 2014).

1.2.5.2 Struktureller Rassismus

Als eine weitere Form des Rassismus nennt Rommelspacher (2009) den *strukturellen Rassismus:* Er beschreibt die Ausgrenzung einer Gruppe durch das gesellschaftliche System und die dazugehörigen Rechtsvorstellungen, die sich negativ auf die politische und ökonomische Situation der ausgegrenzten Gruppe auswirkt. Die Autoren Wa Baile et al., (2019 illustrieren strukturellen Rassismus wie folgt: Willkürliche Kontrollen durch die Polizei oder Grenzbehörden auf zum Beispiel Straßen, in Bahnhöfen und Zügen, in Einkaufszentren oder bei Grenzübertritten werden oftmals basierend auf einem so genannten „racial profiling" durchgeführt – es werden also überproportional viele zum Beispiel Schwarze Menschen oder People of Color an- oder festgehalten und kontrolliert. Von einem Großteil der Gesellschaft werden diese Kontrollen, obwohl sie in der Öffentlichkeit geschehen, als normal oder sogar nötig anerkannt und somit gesellschaftlich unsichtbar gemacht. Somit bleibt „ungesehen und unwidersprochen (…) die diskriminierende Macht einer staatlichen Institution [hier die der Polizei], die über das Gewaltmonopol verfügt, um angebliche Sicherheit für alle zu gewährleisten" bestehen und repliziert somit strukturellen Rassismus in der Gesellschaft (vgl. Wa Baile et al., 2019).

1.2.5.3 Institutioneller Rassismus

Als eine weitere Form des Rassismus nach Rommelspacher (2009), umfasst der *institutionelle Rassismus* die Struktur und Handhabung von zentralen Organisationen und gesellschaftlichen Institutionen, wie beispielsweise Schulen, der Polizei oder des Gesundheitssektors, die auf bekannte Gewohnheiten, etablierte Wertevorstellungen und bewährte Handlungsmaximen zurückgreifen (das heißt bewährte Vorurteile), anstatt neue Umgangsweisen zu implementieren und somit Individualität spezifisch zu fördern.

> Ein weiteres Beispiel [für expliziten institutionellen Rassismus in der Schule] wäre die „Empfehlung der weiterführenden Schulen" in der Grundschule. Es ist nach wie vor so, dass ein arabischsprachiges Kind schnell „abgestempelt" wird und „nur" eine Hauptschulempfehlung ergattert, während ein gleich starkes deutschsprachiges Kind auf die Realschule gehen soll (Meißner, 2020).
>
> [Erlebter institutioneller Rassismus ist beispielsweise] oftmals auch schlichtweg dem Umstand geschuldet, dass sich ein Teil des Kollegiums nicht die Mühe machen (…) kann, sich adäquat um die Deutschlerner zu kümmern. Da spielen persönliche Interessen ebenso eine Rolle wie auch die beruflichen Umstände des Lernsystems (…): Bei 30 [Schüler*innen] innerhalb einer Klasse kann ein Lehrer/eine Lehrerin sich nicht ausgiebig um eine/n oder mehrere DaZ-Schüler/innen kümmern (Meißner, 2020).

So können beispielsweise durch organisatorische Entscheidungspraktiken „bestimmte soziale Gruppen systematisch weniger Belohnung oder Leistung erhalten als klar identifizierbare Vergleichsgruppen" (vgl. Alvarez, 1979). Institutioneller Rassismus kann sowohl *implizit* als auch *explizit* erfolgen: Dabei stehen aus implizitem Rassismus ergriffenen Maßnahmen nicht wie es beim expliziten Rassismus der Fall ist, im direkten Zusammenhang zu Rassismus. In deutschen Schulen sind beispielsweise die Lerninhalte sowie Lehrformen ganz auf die Kinder der Mehrheitsgesellschaft ausgerichtet. Dies kann Kindern aus geflüchteten Familien den Zugang zur deutschen Gesellschaft deutlich erschweren (vgl. Hormel & Scherr, 2004). In einem solchen Beispiel ist dann die institutionelle Diskriminierung indirekt, das heißt implizit, Teil der Mehrheits-Alltagskultur einer Schule und stellt einen dementsprechend tiefverwurzelten Teil des Schulalltages dar. Die Psychologin Mechtild Gomolla (2013), derzeit Professorin für Erziehungswissenschaften an der Universität der Bundeswehr in Hamburg, versteht implizite Diskriminierung auch *als institutionelle Vorkehrungen,* die (erst einmal unbeabsichtigt) bestimmte Gruppen, beispielsweise ethnische Minderheiten, überproportional oft negativ betreffen. Dabei muss indirekter institutioneller Rassismus weder intendiert noch offen ausgesprochen sein, sondern lediglich durch eine Unterlassung gekennzeichnet sein, um als solcher zu funktionieren (Attia & Keskinkilic, 2017). Ist sich die Institution dieser Benachteiligung allerdings bewusst, verwandelt sich impliziter Rassismus in expliziten Rassismus, denn nun wird die Ausgrenzung Anderer billigend in Kauf genommen – womöglich sogar gefördert (vgl. Hormel & Scherr, 2004, S. 26 ff.). Dies ist oftmals bei gesetzlich-administrativen Regelungen der Fall, bei welchen gleiche Regeln angewendet werden, die allerdings bei unterschiedlichen Gruppen grundsätzlich ungleiche Chancen als Konsequenz haben. Gomolla (2013), spricht in diesem Zusammenhang auch von *direkter oder indirekter institutioneller Diskriminierung* und legt dabei ihren Fokus zusätzlich auch auf die Regelmäßigkeit, mit der rassistisches Verhalten im institutionellen Kontext auftritt.

1.2.5.4 Ideologisch-diskursive Diskriminierung

Den drei Arten von Diskriminierung/Rassismus nach Rommelspacher (2009) fügt Fereidooni (2016) mit der *ideologisch-diskursiven Diskriminierung* noch eine vierte Form hinzu. So beschreibt Fereidooni (2016) den Einfluss von Normen- und Wertvorstellungen, die in einer Gesellschaft bestehen (vgl. auch Pates et al., 2010, S. 34 f.). Auf dieser Ebene werden „in Diskursen (…) tradierte Rollen und diskriminierende Normen produziert und reproduziert" (Pates et al., 2010). Des Weiteren unterscheidet Fereidooni (2016) eine *unmittelbare* sowie eine *mittelbare* Form der Diskriminierung. Von unmittelbarem Rassismus spricht er, wenn die Diskriminierung direkt am Diskriminierungsmerkmal (beispielsweise einer Stellenausschreibung mit -verbotener- Altersgrenze) erfolgt, während mittelbarer Rassismus „merkmalsneutrale Verhaltensweisen, Gesetze, Politiken oder Praktiken, die für alle gelten" (Fereidooni, 2016) zeigt. Von diesen Gesetzen sind dann jedoch in der Folge manche Gruppen stärker betroffen als andere: So ist beispielsweise Vollzeitarbeit im Vergleich zu Teilzeitarbeit besser bezahlt und betrifft in der Regel alle Menschen gleichermaßen – allerdings sind von dieser Regelung statistisch gesehen besonders Frauen und ältere Menschen betroffen (ADS, 2013).

1.2.5.5 Die Folge? Eine getrennte Gesellschaft

All diese Arten von Rassismus und Diskriminierung begreift Rommelspacher (2009) als Ausgrenzungsmechanismen, die zu einer *Segregationslinie* (oder auch Trennungslinie) in der Gesellschaft führen – einer Trennung zwischen „Wir" und „die Anderen". Diese Trennung wird sichtbar, sobald es um *ökonomisches, politisches, soziales und kulturelles Kapital/Ressourcen* geht, welches der einen Seite selbstverständlich erscheint, für die andere Seite der Zugang erschwert ist.

Dabei drückt sich *ökonomische Segregation* aus durch beispielsweise eine hohe Arbeitslosenquote oder ein hohes Armutsrisiko bei Einwander*innen, was auf eine Bildungsbenachteiligung zurückzuführen ist (vgl. Münz et al., 1997).

Politische Segregation umfasst die Ungleichbehandlung durch den Gesetzgeber. Dort zeigen sich etwa für bestimmte Personengruppen oft erschwerte Bedingungen bei der Erlangung der Staatsbürgerschaft oder auch die Verweigerung der doppelten Staatsbürgerschaft.

Soziale Segregation spiegelt sich in der Kontaktbeziehung innerhalb der Bevölkerung wider. Ein Indikator hier wäre zum Beispiel die Bereitschaft von Kindern, auch mit Kindern einer anderen ethnischen Herkunft Freundschaft zu schließen. Dies scheint zunächst erstaunlich, aber bereits Grundschulkinder lernen zwischen „Wir" und „den Anderen" zu unterscheiden.

Dies geschieht basierend auf dem Mechanismus der *kulturellen Segregation*. Demnach werden Kindern schon früh bestimmte Vorstellungen und Bilder vermittelt und vorgelebt, nach denen andere als „Fremde" eingestuft werden können und von denen sie sich in der Folge besser fernhalten sollten (vgl. Rommelspacher, 2009).

Mit Hilfe dieser Ressourcen kommt es, laut Rommelspacher (2009) zu einer Zuteilung von *symbolischer Macht* innerhalb der Gesellschaft. Diese Macht bestimmt allerdings auch über die individuelle Bedeutung von bestimmten Gruppen innerhalb der Gesellschaft. Gesellschaftliches Ansehen wird denjenigen verweigert, die im Zuge der Diskriminierung als unwichtig kategorisiert werden – also als macht*los* angesehen werden. Ausgeschlossene Gruppen verlieren an Prestige und Anerkennung. Somit sichert sich die Mehrheit, unter zu Hilfenahme des Mechanismus „Rassismus", das Privileg, ihre Normalität als verbindlich für alle zu Grunde legen zu können.

1.2.5.6 Die Sache mit der Normalität

Doch: Was ist überhaupt „normal" in einer Gesellschaft, die selbst ein großes Kollektiv aus Individuen darstellt? Der weiter oben (siehe Abschn. 1.2.5.5) schon einmal angesprochene Prozess der Unterteilung zwischen „Wir" und „die Anderen" wird fachsprachlich als *Othering* (dt. Anderen) bezeichnet. Dabei wird nicht nur mithilfe einer konstruierten Differenzlinie machtvoll in zwei Gruppen eingeteilt, sondern eben auch eine solche „Norm" festgelegt, sodass „in dieser polarisierenden Festschreibung (…) [auch deutlich wird, dass] die Bestimmung des Anderen immer auch eine Bestimmung des Selbst als Gegenbild einschließt" (Kalpaka & Räthzel, 1990, S. 16). Zudem wird das Privileg der „Dazugehörigkeit", des „Normal-Seins" durch *Identifikationsrituale, Zugehörigkeitsregimes* und *Zugehörigkeitsmanagement* besonders im Alltag immer weiter verfestigt, so Rommelspacher (2009).

Was in einer Gesellschaft als „normal" angesehen wird, wird allerdings auch durch (in)adäquate Repräsentation in beispielsweise Werbung festgelegt: So beschreiben Attia und Keskinkilic (2017) in einem Zeitungsartikel, dass im Fernsehen, auf Plakatwänden und in Prospekten ganz selbstverständlich der Eindruck vermittelt wird, dass „Weiß-sein normal und Schwarz-sein zumindest erklärungswürdig, meist auch problematisch ist". Diese Überrepräsentation von Weiß-sein im Alltag führe dann dazu, dass alle „Anderen" erst einmal „misstrauisch beäugt (…) [werden], ihr Dasein als befristet oder illegal wahrgenommen (…) [werde] und sie als Ausländer*in angesprochen (…) [werden]" (Attia & Keskinkilic, 2017, S. 6).

1.2.6 Alltagsrassismus

> Anfangs (nach den Vorkommnissen am Kölner Bahnhof 2016) gab es Situationen, in denen beispielsweise zwei syrische Jungs bezichtigt wurden, sich an ein Mädchen „heran zu machen". Die beiden Jungen blieben jedoch nach vielen Gesprächen dabei, nichts gemacht zu haben. Es stellte sich nach einer Recherche meinerseits heraus, dass die Eltern des Mädchens im Social Web gerne mal „Anti-Ausländer-Parolen" teilten, sodass uns ziemlich schnell klar war, wo (…) der Hase [lang] läuft. Letztendlich gab das Mädchen zu, dass es einen der Jungen toll fand, er jedoch nichts von ihr wollte (Meißner, 2020).

Eine weitere Form, die Rassismus annehmen kann, ist die des *Alltagsrassismus*. Dieser wurde besonders von der niederländischen Forscherin Philomena Essed (1994) untersucht und geprägt. Philomena Essed, unter anderem auch Professorin für kritische Rassen- Geschlechts- und Führungslehre, definierte Alltagsrassismus ähnlich zu der in diesem Buch verwendenden allgemeinen Definition von Rassismus nach Stuart Hall (2004). Sie fügt jedoch hinzu, dass Rassismus als ein alltäglich praktiziertes, routinemäßig reproduziertes und verstärktes Phänomen angesehen werden kann, welches oftmals tief verinnerlicht und kaum hinterfragt auftritt (vgl. Geiger, 2017, S. 18). So sprächen beispielsweise oftmals weiße Menschen schwarze Menschen und People of Colour (PoC) auf Englisch an und gestehen ihnen damit routinemäßig ihr Deutschsein basierend auf ihrer äußeren Erscheinung nicht zu (Geiger, 2017, S. 12). Dabei ist ein solches Verhalten auch als *Rassismus in einer positiven Form* zu verstehen. Laut Essed (2008, S. 447) zeichnet sich Alltagsrassismus weiterhin durch viele einzelne, alltäglich erlebte Diskriminierungen aus, die sich erst als Summe in ihrer Gesamtheit als Verletzung der Menschenwürde einordnen lassen. So erfolge „erst im Zusammenspiel mit gesellschaftlichen Machtverhältnissen (…) also aus unhöflichem Verhalten und alltäglicher Ungleichbehandlung eine Diskriminierung" (Attia & Keskinkilic, 2017). Allerdings sollte die Bewertung, was als rassistisch oder diskriminierend wahrgenommen wird, allein den Betroffenen überlassen werden, da sonst diese Anmaßung allein bereits Diskriminierung reproduziert (vgl. Geiger, 2017). Was folgt, ist die Verneinung der eigenen Perspektive der Betroffenen durch die „Rassisten" und somit eine erneute Bestätigung des Ungleichgewichts von Macht, wie bereits weiter oben beschrieben (Rommelspacher, 2009).

1.2.7 Rassismus im Sprachgebrauch

> Ein angolanischer Schüler kam eines Tages zu mir und frage, was eigentlich „N*****" heißt. Er wurde so „aus Spaß" auf dem Schulhof genannt (Meißner, 2020).

(Alltags-) Rassismus kann auch durch den absichtlichen oder unabsichtlichen Gebrauch einer bestimmten gewählten *Sprache* reproduziert werden. So finden sich viele Mechanismen von Rassismus in der Sprache wieder, die im Umgang mit der Thematik oder mit Betroffenen gewählt wird. Zudem macht es erst Sprache bestimmten Sprecher*innen möglich, rassistische Ideologien bewusst nach außen hin sichtbar zu artikulieren. Allerdings gibt es auch viele Beispiele von rassistischer Sprache, die vermutlich unter einer großen Mehrheit von Sprecher*innen etabliert ist, deren rassistische Charakteristik dem/der Sprecher*innen aber oftmals gar nicht bewusst ist. Beispiele wären hier allein schon einfache zusammengesetzten Substantive wie *Araberviertel* oder *Türkenklasse,* deren wirklich Bedeutung erst dann klar wird, wenn ähnliche Zusammensetzung wie *Amerikanerviertel* oder *Finnenklasse* im Vergleich betrachtet werden (eine Alternative wäre hier deutsche Klasse oder arabisches Viertel). Desweiteren kommt es auf der Sprachebene zu ethnischen Kennzeichnungen anhand eines gemeinsamen Merkmales (z. B.: *Spaghettifresser*), zu biografischem Rückfragen („Wo kommen Sie denn nun wirklich her?" – „Aus Köln."), zu der Wahl einer herablassenden Sprechweise oder zu kategorialem Reduzieren (vgl. Hinnenkamp, 1995). Ausführlichere Informationen zum Sprachgebrauch im Kontext mit Rassismus finden sich auch noch im Abschn. 1.7 Rassismus in der Sprache.

1.2.8 … und in der Schule?

Doch was hat es nun eigentlich mit Rassismus im Kontext von Schulen auf sich? Mit der Einschulung hat die Schule einen erheblichen Einfluss auf die Entwicklung von Kindern. In der Schule lernen sie, mit anderen Kindern zu interagieren und sich in Gruppen zurecht zu finden. Sie lernen sowohl lerntheoretische, strukturelle, gruppendynamische als auch inhaltliche und zwischenmenschliche Prozesse und Mechanismen kennen (vgl. Sachler, 2018). Deshalb ist es kaum verwunderlich, dass auch Schulen von Rassismus

1 Rassismus – eine Einführung

und dessen Auswirkungen betroffen sind. Thora Meißner betont in ihrem Interview ebenfalls: „Rassismus spaltet! Erst recht in der Schule. Es bilden sich schnell Grüppchen und der/die ein oder andere Schüler*in hängt dann nur noch mit seinen/ihren „Landsleuten" herum.

Besonders institutioneller Rassismus wird in den Schulen sichtbar. Dieser sei allerdings derzeit meist in seiner positiven Form zu finden, erklären Mechtild Gomolla und Frank-Olaf Radtke in ihrer Veröffentlichung „Die Untersuchung von Diskriminierung in der Schule" von 2009. Schließlich hätten sich Maßnahmen (wie beispielsweise der Aufbau eines Parallelschulsystems für Kinder von Migrant*innen oder aus geflüchteten Familien zu Gunsten von Schulen mit Integrationskonzept) nicht durchsetzen können. In der Schule sichtbarer struktureller Rassismus verstehen Gomolla und Radtke (2009) als positiven strukturellen Rassismus, der immer dann entstehe, wenn spezielle Kompensationen von Nachteilen oder Defiziten zur Wiederherstellung von Chancengleichheit an Schulen existieren. So gibt es beispielsweise in allen Bundesländern Sonderregelungen, die den Förderbedarf von Kindern von Migrant*innen abdecken (beispielsweise zusätzliche Stellen an Schulen für DaZ-Lehrer*innen), um diese vor unzulänglicher Beschulung zu bewahren. Allerdings führen die Autoren ebenfalls an, dass auch positive Diskriminierung eine Art der Segregation entlang nationalkultureller Differenzen darstelle, welche bei den Betroffenen durchaus auch negative Assoziationen oder Emotionen hervorrufen können. Diese Basis sei immer noch ein Mechanismus der Diskriminierung, der allerdings von Verantwortlichen oft wohlwollend und geschickt als „politisch korrekt" ausgelegt würde (Gomolla & Radtke, 2009).

> **Im Kontext von Schulen ist oft von institutionellem Rassismus die Rede, wie zeigt sich dieser institutionelle Rassismus?**
> [Zum Beispiel wird,] wer sprachlich nicht mitkommt, (…) „zurückgelassen". Das deutsche Schulsystem geht davon aus, dass jedes Kind die Bildungssprache beherrscht. Wenn unsere DaZ-Schüler/innen zwei Jahre lang Deutsch gelernt haben, dann kennen sie nur selten auch die Bildungssprache sowie die etlichen Fachbegriffe in den jeweiligen Fächern. Normalerweise nehmen Lehrer/innen darauf Rücksicht, jedoch wird direkt in Richtung „Hauptschulabschluss" gedacht. Dass ein solches Kind „die Kurve kriegen" und plötzlich richtig gut werden kann, traut man ihm nicht zu (Meißner, 2020).

Natürlich findet Rassismus in der Schule nicht nur zwischen Schülern statt, sondern kann auch durch Eltern motiviert gegenüber Lehrer*innen, oder im Lehrerkollegium auftreten. So berichtete Thora Meißner im Interview beispielsweise von Eltern die „mit einer Lehrerkonstellation" nicht zu zufrieden waren, da der betroffenen Lehrer „ja nicht so gut Deutsch kann". Tatsächlich müssen Lehrer*innen um in ihrem Beruf arbeiten zu können, natürlich ein gewisses Level an Deutschkenntnissen mitbringen. In einem anderen

Szenario erzählte Thora Meißner von einem Lehrerkollegen mit Migrationshintergrund im Quereinstieg, der sich in seinem Lehrer*innenkollegium nicht akzeptiert gefühlt habe: Seine Kollegen behandelten ihn nicht als ebenbürtig und er habe überproportional viel Unterstützung erhalten.

> **Und für die Zukunft? Was müsste sich ändern?**
> Es müsste mehr Aufklärung geben! Mehr Sensibilisierung für die Fluchtgründe. Der Geschichtsunterricht müsste das Thema „Hitler" in der 7. Klasse einführen (…). Zudem gibt es auch viele Sechstklässler, die plötzlich über Hitler sprechen, das Zeichen geben oder eben das Symbol irgendwo hin kritzeln, ohne überhaupt genau zu wissen, was es bedeutet. Die Aufklärung müsste also viel eher geschehen. (…).
> Auch Lehrer/innen müssten geschult werden – hinsichtlich der Fluchtgründe, hinsichtlich der Machenschaften etwaiger Diktatoren, hinsichtlich des Umgangs mit [etwa] Traumata [oder individueller Flucht].
> Es müssten regelmäßig Seminare für Lehrer/innen UND Schüler/innen „Interkulturelle Kompetenz" angeboten werden (Meißner, 2020).

In welchen Konstellationen Rassismus zwischen Personen (-gruppe) an Schulen vorkommen kann wird zudem ausführlicher weiter unten besprochen.

1.3 Nach all dem: Was ist Rassismus *nicht*?

Richtige Definitionen zu finden scheint oft leichter, wenn mögliche Grenze zwischen engverwandten Konstrukten klargestellt werden. Oftmals landet Rassismus beispielsweise in einer Schublade mit *Rechtsextremismus*. Allerdings handelt es sich bei letztem, laut Rommelspacher (2009), um ein politisches Einstellungsmuster, also eine politische Form des Rassismus, welcher entweder in eine eher nationalistische oder eher rassistische Variante umschlagen kann. Rechtsextremismus basiert auch auf der Annahme einer Notwendigkeit zur Hierarchisierung in der Gesellschaft, geht allerdings über Rassismus insoweit hinaus, als dass die in der Ideologie vertretenen Vorstellungen auch politische Umsetzung anstreben. Demgegenüber kann Rassismus laut Rommelspacher (2009) weniger aktiv und mehr als kulturelle Prägung von Werten, Normen und Praxen in der Gesellschaft verstanden werden. Es folgt also, dass *Rassismus zwar ohne Rechtsextremismus, Rechtsextremismus allerdings niemals ohne Rassismus existieren kann* (Rommelspacher, 2009).

Desweitern besteht eine starke Verbindung zwischen Rassismus und *Diskriminierung:* Doch wie weiter oben bereits thematisiert (siehe Abschn. 2.4), kann Rassismus als eine spezielle Form der Diskriminierung verstanden werden, deren grundlegende Mechanismen als gleichwertig angesehen werden können.

In diesem Kontext nicht unerwähnt bleiben sollte die sogenannte *Mehrfachdiskriminierung* oder Intersektionalität. Diese liegt immer dann vor, wenn es zu einer Diskriminierung aufgrund von mehr als nur einem Merkmal kommt. Oft handelt es sich dann um eine Kombination aus Rassismus und Diskriminierung, wenn beispielsweise eine Frau, die Kopftuch trägt wegen ihres Geschlechts *und* ihrer Religion diskriminiert wird. Andere Formen der Intersektionalität von Rassismus beinhalten beispielsweise Geschlecht, Sexualität, Klasse, Behinderung oder Alter beziehungsweise auch andere Otheringprozesse und gesellschaftliche Machtverhältnisse (Attia & Keskinkilic, 2017).

In Deutschland wird außerdem nicht nur der Begriff der „Fremdenfeindlichkeit" (wie oben bereits thematisiert) als Synonym für Rassismus verwendet, sondern auch der Ausdruck „*Ausländerfeindlichkeit*" taucht häufig auf. Allerdings suggeriert „Ausländerfeindlichkeit", dass alle „Ausländer" gleichermaßen diskriminiert werden, und dass nur „Ausländer" von rassistischer Diskriminierung betroffen sind. Dass dies ein Fehlschluss ist zeigt folgendes Beispiel: Anna ist in Deutschland geboren, hat afrikanische Wurzeln und einen deutschen Pass, wird aber trotzdem als „Ausländerin" diskriminiert. Murat besitzt einen deutschen Pass, wird aber trotzdem regelmäßig an der Grenze kontrolliert. Wer von beiden ist nun „Ausländer"? Wie ebenfalls weiter oben dargestellt (siehe Abschn. 2.5.3), kann Rassismus auch indirekt im Verborgenen erfolgen und bezieht sich nicht nur auf bewusst feindliche Handlungen. Im gewählten Beispiel kann Anna beispielsweise Musikalität unterstellt werden, schließlich habe sie doch als Schwarze „den Rhythmus im Blut" (IDA e. V., 2013).

1.4 Take-Home-Messages

Übersicht
- (Kolonial) -Rassismus bezeichnete die Unterscheidung von Menschen in bestimmte „Rassen" anhand signifikanter, von außen sichtbarer Merkmale – Kulturrassismus hingegen richtet sich gegen die ethnische, kulturelle oder religiöse Zugehörigkeit eines Menschen.
- Die Unterscheidung ermöglicht eine hierarchische Unterteilung in „Wir" und „die Anderen". Dabei wird der ausgegrenzten Gruppe der Zugang zu ökonomischen, politischen, sozialen oder kulturellen Ressourcen verwehrt und der ausgrenzenden Gruppe werden Privilegien gesichert.
- Rassismus existiert im Alltag sowie in seiner individuellen (intentional vs. nicht-intentional), strukturellen, ideologisch-diskursiven (mittelbar vs. nichtmittelbar) und institutionellen (implizit vs. explizit) Form, wobei letztere besonders häufig im Schulkontext auftritt.

- Diskriminierung und Rassismus unterscheiden sich insofern, dass sich Rassismus klar gegen die (ethnische, kulturelle oder religiöse Herkunft) eines Menschen richtet, während Diskriminierung individuell personen-bezogene Merkmale wie sexuelle Orientierung, Geschlecht oder Beruf angreift. Rassismus zudem kann als eine bestimmte Form der Diskriminierung verstanden werden.
- Rechtsextremismus, Diskriminierung, Fremdenfeindlichkeit oder Ausländerfeindlichkeit sollten nicht mit Rassismus verwechselt oder gleichgestellt werden.

1.5 Geschichtlicher Hintergrund des Rassismus

1.5.1 Antike

Die Frage nach dem historischen Anfang des Rassismus gestaltet sich schwer. Um einen Beginn zu definieren bedarf es einer Zeit- und Ortsangabe, jedoch gibt es wenige schriftliche Quellen, die die nötigen Informationen über das Ausmaß der rassistischen Denk- und Handlungsweisen dokumentieren, da die Informationen in der Vor- und Frühgeschichte vor allem mündlich überliefert wurden. Zum anderen wird Rassismus oft als eine Form des menschlichen Denkens und Handelns betrachtet, und somit sollte berücksichtigt werden, dass Rassismus wandelbar ist und sich im Laufe der Geschichte vielfach verändert hat (Geulen, 2014).

Bereits in vielen antiken Hochkulturen wird von Sklaverei als Form von Rassismus berichtet. Besonders in unserem Zeitalter wird Sklaverei oft mit Rassismus gleichgestellt. Können wir jedoch unsere Sicht der Sklaverei auch auf die Antike übertragen oder galten die Vorkommnisse damals als legitim und unter genereller Zustimmung der Betroffenen eingeführt, sodass von Rassismus nicht die Rede sein kann? (Geulen, 2014).

Viele bekannte Sklavenaustände machen deutlich: Nicht jeder hat zugestimmt Sklave zu sein! Jedoch ist es interessant, dass die Sklaven in diesen seltenen Berichten zwar gegen die Unterjochung kämpften aber nicht für ihre Gleichstellung oder gegen eine tiefer liegende Ideologie. Die Sklaven aus der Antike hatten oft sehr viele verschiedene kulturelle Hintergründe, weshalb kaum ein Zusammenhang zwischen ihrer Herkunft und ihrer Versklavung abgeleitet werden kann. Grund für die Sklaverei, waren meist zuvor verlorene Kriege nicht aber die kulturelle Zugehörigkeit eines Menschen (Geulen, 2014).

Ganz anders sah es damals jedoch für die *Hellenen* und *Barbaren* aus. Hellene war die Bezeichnung für die Zugehörigkeit zu der griechischen Kultur und als Barbar wurden diejenigen bezeichnet, die einer nicht-griechischen Kultur angehörten. Der Begriff Barbar bedeutete ursprünglich unverständlich, jedoch haben bestimmte

Charakteristiken dieser Völker die Bedeutung erweitert: So wurden Barbarische Völker oft als animalisch und grausam beschrieben und daher leitet sich auch unsere Verwendung der Begriffe „barbarisch" oder „Barbarei" ab. Aristoteles artikulierte die Besonderheit der griechischen Identität und leitete daraus die Minderwertigkeit der Barbaren ab: Aus seiner Sicht waren die Barbaren von Natur aus für die Sklaverei geboren, und hatten den gleichen Stellenwert wie Tiere. Auch wenn die Sichtweise, die Logik und die Formulierungen von Aristoteles ungerecht und verfehlt sind, ist es schwer dies als Anfang des Rassismus zu sehen (Geulen, 2014). Aber warum?

Geulen (2014) beruft sich auf folgende Argumentation: Aristoteles versuchte die verschiedenen Elemente der Natur zu klassifizieren. Genau wie er die Pflanzen und Tiere systematisch beschrieben und ordnete, klassifizierte er auch Menschen und Kulturen. Und auch wenn die Barbaren von ihm als untergeordnet eingeteilt wurden, hatten sie ihren festen Platz in der Welt und weder ein Grieche noch Aristoteles wäre auf die Idee gekommen, dass eine Welt ohne ihre Existenz eine bessere Welt wäre. Wenn wir einfach die *heutige* oder *moderne* Auffassung von Rassismus auf die Antike projizieren, kann man deutlich von Rassismus sprechen. Interessant ist es jedoch die antike Weltauffassung zu verstehen und sich von der Frage zu lösen, ob es *schon* Rassismus in der Antike gab, sondern welche Zusammenhänge oder welche Elemente zur damaligen Entwicklung von Rassismus beigetragen haben. Zusätzlich ist zu erwähnen, dass die antiken Kulturen oder Staaten, Personen nicht aufgrund von körperlichen oder ethischen Merkmalen segregiert haben, obwohl es natürlich auch Ausnahmen gab. In der Regel spielten *Rassenmerkmale* im politischen Bereich keine große Rolle. Selbst die Existenz von fremden Kulturen innerhalb des griechischen Reiches, und sogar später im römischen Reich, stellte keine *Gefahr* dar, dies änderte sich jedoch mit der Christianisierung in der Spätantike (Geulen, 2014).

Die Wahrnehmung von Exklusivität und Besonderheit war nicht nur im Rahmen der Kultur zu sehen, sondern spielte auch eine Rolle bezüglich der Religion. Das Judentum ist dafür ein hervorragendes Beispiel. Nachdem das römische Reich sich ausbreitete, hielten die Juden weiterhin an den Traditionen und Gebräuche ihres monotheistischen Glaubens fest und weigerten sich die Sitten fremder Kulturen zu übernehmen (Geulen, 2014). Sie hatten, wie bereits die Griechen und Römer ihrer Zeit, eine asymmetrische Wahrnehmung in der sie sich als besonders und auserwählt betrachteten. Diese Denkweise stand im Konflikt mit dem asymmetrischen Modell der römischen Selbst- und Fremdwahrnehmung. Außerdem ist das Judentum auch ein gutes Beispiel dafür, dass eine asymmetrische Weltwahrnehmung nicht zwangsläufig zu Rassismus in Form von Kolonialisierung oder Unterwerfung führen muss. Im Gegenteil, diese Denkweise trug dazu bei, dass sich das Judentum entfaltete und erhielt. Später entwickelte sich aus einem Teil des Judentums das Christentum, das im 4. Jahrhundert zur Staatreligion des römischen Reiches wurde. Der auserwählte Status des Judentums wurde dann durch das neue Konzept des *Universalismus* ersetzt (Geulen, 2014).

▶ Universalismus ist ein Denkansatz oder Denkart, bei der die Gruppe beziehungsweise das Allgemeine, Vorrang über dem Besonderen oder Einzelnen hat. Prinzipien und Normen werden in universalistischen Gesellschaften als sehr wichtig empfunden und müssen von allen Menschen respektiert werden, ein Fehltritt wird oftmals nicht toleriert. Positiver Punkte für solche Gesellschaften ist ihre Ordnung und Planbarkeit, kritisiert wird oft ihre Starre und Inflexibilität („Universalismus – Definition und Begriff," o. D.).

Die aus dem Universalismus resultierende Religion war jetzt nicht mehr einer besonderen Gemeinschaft oder Gruppe zugehörig, sondern verstand sich als *wahre Religion aller* Menschen. Das Konzept des Universalismus hatte im Weiteren einen Einfluss auf die Entwicklung des Rassismus (Geulen, 2014).

1.5.2 Mittelalter

Mit der Entwicklung des Christentums war das Mittelalter vom *Dualismus* geprägt, dies bedeutete, dass neben dem König beziehungsweise dem Kaiser, die Kirche als zweite Macht erschien („Die Welt des Mittelalters" o. D.). Die Entwicklung des christlichen Denkens hatte Auswirkungen auf die Formen von Rassismus. Der zuvor erwähnte Universalismus hatte die Grenzen zwischen Kulturen und Völker aufgehoben und eine Neue eingeführt; die Religion. Jetzt waren alle, die der christlichen Gemeinschaft angehörten, gänzlich übergeordnet (Geulen, 2014).

Im späten Mittelalter jedoch verlor die christliche Kirche allmählig ihre Macht und Kontrolle, weil sich andere Glaubensbewegungen auch „Gegenkirchen" gründeten. Um diesem Prozess entgegenzuwirken, verfolgte die Kirche das Ziel der Bekehrung und Rückholung von vom Glauben Abgefallenen, welches auch *Inquisition* genannt wurde (Basting, 2020). Besonders ein Abkommen vom Glauben wie im Falle von Ketzern oder Juden, die den wahren Glauben kannten, wurden streng verurteilt, schließlich müssten sie es eigentlich besser wissen als die ungläubigen Barbaren oder Heiden (Geulen, 2014).

▶ Die Inquisition welches vom lateinischen inquisisto = Untersuchung, Erforschung kommt, war ein juristisches Prozessverfahren oder Gericht, welches vom 12. bis 18. Jahrhundert von der katholischen Kirche verwendet wurde und mithilfe von grausamen Methoden gegen die Abtrünnigen und Ketzer vorgingen (Dudenredaktion, 2021; DWDS, o. D.)

Zusätzlich wurde im Mittelalter die „institutionelle kirchliche Seelsorge" eingeführt. Dabei handelt es sich nach der biblischen Metapher darum, dass ein Hirte sich um jedes einzelne Schaf seiner Herde kümmert. Diese Glaubensausprägung hatte zum Ziel die christliche Gemeinschaft zu stärken. In der Neuzeit hatte die christliche Gemeinschaftsbildung ihren größten Nutzen, denn selbst wenn die liberalen Ideen dieser Zeit individuelle Rechte und Freiheit unterstützten, konnte die Kollektivordnung aufrechterhalten bleiben. Tatsächlich findet man solche Ideen auch in *modernen* Formen des Rassismus wieder. Hier zeigt sich, dass das Verhalten und besonders das *rassistische Bewusstsein,* den Erhalt und die Reinheit der Gemeinschaft bewahrt. Daraus können wir schließen, dass die christliche Institution im Mittelalter einige Elemente aufweist, die Jahre später im Rassismus wiederzufinden sind. Besonders durch die Inquisition, die Verfolgung der Juden und anderen gewalttätigen Aktivitäten, wird oft von einer Vorgeschichte des Rassismus im Mittelalter ausgegangen (Geulen, 2014).

1.5.3 Die frühe Neuzeit und Herrschaft der Mauren

Das Christentum hatte auch in späteren Jahren während der europäischen Expansion, die im 15. und 16. Jahrhundert stattfand, einen starken Einfluss auf die Entstehung von Rassismus (Geulen, 2014). Im 8. Jahrhundert wanderten muslimische Araber, die *Mauren* genannt wurden, über die Straße von Gibraltar nach Spanien ein. Die Mauren eroberten dann in wenigen Jahren die iberische Halbinsel. Im Jahre 732 drängte jedoch Karl Martell die Mauren zurück damit sie nicht weiter in Europa expandieren konnten („Reconquista in Spanien", o. D.). Im nordwestlichen Teil Spaniens gab es daher kleinere Gebiete, die von den Mauren nicht erobert wurden und die als Stützpunkte für die Rückeroberung des Landes dienten. Die Reconquista oder Rückeroberung des muslimischen Spaniens durch die Christen begann im Jahr 718 und endete offiziell im Jahr 1492 mit der Eroberung Granadas, dem letzten muslimischen Herrschaftsbereich (Geulen, 2014). Während dieser Vertreibungspolitik wurden auch die in Spanien ansässigen Juden ins Visier genommen. Besonders im 14. Jahrhundert führte dies zu gewalttätigen Pogromen und schließlich wurde ein Edikt formalisiert, das die Zwangsbekehrung verlangte. Aus Selbstschutz ließen sich viele Juden zum Christentum konvertieren (Geulen, 2014). Dadurch war die katholische Kirche mit einer neuen Problematik konfrontiert: Viele Juden gaben sich äußerlich dem Christentum hin, praktizierten jedoch innerlich weiterhin ihren eigenen Glauben, weshalb die jüdische Kultur und Traditionen weiterhin bestehen blieben. Die bekehrten Juden wurden deshalb durch Begrifflichkeiten unterschieden: Als *Convertos,* vom lateinischen Konvertieren, bezeichnete man erwachsene Juden, die sich Taufen ließen, aber im Verdacht standen, heimlich weiterhin dem Judentum anzugehören. Als *Marranen* bezeichnete man die Nachkommen dieser getauften Juden (Geulen, 2014).

Die Zwangsbekehrung, die mit dem Edikt von 1492 eingeführt wurde, hatte deshalb ihren Zweck verfehlt die Reinheit des Christentums zu bewahren, infolgedessen entwickelte sich eine Politik des Verdachts, um das Judentum in seinen *verstecktesten* und *entstelltesten* Formen aufzuspüren. Als Instrument sozialer Abgrenzung wurde nun ein weiterer Begriff eingeführt, wodurch die klassische Frage nach der *Reinheit des Glaubens* aufgegeben wurde und die Doktrin der *limpieza de sangre* (Reinheit des Blutes) wurde benutzt, um die Alt-Christen von den neu konvertierten Christen, die muslimische oder jüdische Vorfahren hatten, abzugrenzen. Die Bezeichnung Blut war eine Metapher für die Herkunft. Diese Abgrenzung ermöglichte es den Alt-Christen, die eine reine Herkunft hatten, verschiedene Privilegien zu genießen (Freie Universität Berlin, o. D.; Geulen, 2014). Die religiöse Zugehörigkeit war jedoch ein unzureichendes Unterscheidungsmerkmal, deshalb nutze man den Begriff *Reinheit des Blutes*. Zudem wurde in diesem Zusammenhang auch zum ersten Mal von *Race* (Rasse) gesprochen, ein Begriff, der vorher nur im Kontext der Pferdezucht gebraucht wurde. Der neue Rassenbegriff schien eine *natürliche* Zugehörigkeit zu definieren und anstelle des Glaubensbekenntnisses, spielte die Herkunft eine zentrale Rolle. Der Begriff Rasse bezeichnete für Historiker und Forscher keine äußerlichen Merkmale, sondern das in der Herkunft und Abstammung verborgene Wesen (Geulen, 2014).

Die endgültige Vertreibung der Muslime und die Einführung des Judentums als Rasse im Jahre 1492 markierte den europäischen Beginn des Rassendiskurses. Ebenfalls im Jahr 1492 entdeckte Kolumbus die Bahamas. Das Zeitalter der Kolonisierung brach an und somit wurden weltweit rassistische Formen von Gewalt mit der Rassentheorie begründet. Das Ausmaß und die Intensität dieser Gewalttaten waren jedoch, verglichen mit dem Rassismus in der Antike und im Mittelalter, neu (Geulen, 2014).

1.5.4 Kolonialisierung, Expansion und Sklaverei

Die Idee der Kolonialisierung entstand allerdings nicht im 15. Jahrhundert. Bereits in der Antike erweiterten Großmächte wie das antike Griechenland, Rom oder Ägypten ihre Grenzen und gründeten Kolonien, um sich die physischen und demografischen Ressourcen der eroberten Völker zunutze zu machen und ihre eigene Macht zu vergrößern (Blakemore, 2019). Die Beweggründe für die koloniale Expansion im 15. Jahrhundert lassen sich anhand der 3 „G's" zusammenfassen; *God, Gold and Glory* (aus dem englischen für Gott, Gold und Ruhm): Gott, weil die Missionare es als ihre moralische Pflicht empfanden, das Christentum zu verbreiten (Osman, 2017). Die Kirche vertrat einen intensiven Missionsgedanken, welcher den christlichen Universalismus und die Bekehrung wieder in den Vordergrund rückte (Geulen, 2014); Gold, weil die Kolonisatoren die Ressourcen anderer Länder ausbeuteten, um ihre eigene Wirtschaft zu stärken; und Ruhm, da die europäischen Nationen oft miteinander konkurrierten, die größte Anzahl von Kolonien zu besitzen (Osman, 2017).

Die betroffenen Einwohner wurden aber von den Kolonisatoren nicht nach ihrer religiösen Zugehörigkeit unterschieden, wie es die europäischen Missionare wollten, sondern sie wurden bestenfalls anhand ihrer Arbeitswilligkeit unterschieden. Kolumbus berichtete bereits von der Unwilligkeit der Indianer in Südamerika im Gegensatz zu den Einwohnern von Westafrika, die den Portugiesen zufolge, eine kleinere Herausforderung darstellten. Daraus folgte der sogenannte Dreiecks-Sklavenhandel zwischen Europa, Afrika und Amerika (Geulen, 2014).

1 Rassismus – eine Einführung

Besonders wenn man vom Sklavenhandel spricht, werden häufig angesichts des Rassismus die folgenden Fragen gestellt: Ist der heutige Rassismus das Resultat der damaligen Sklaverei? Hat die Sklaverei Rassismus ausgelöst? (Eschner, 2017).

Um diese Fragen zu beantworten, werden im Folgenden zwei Sichtweisen präsentiert: Zum einen glauben einige Befürworter, dass mit dem Sklavenhandel der Rassismus in Bräuchen und Gesetzen definiert wurde. Denn wenn die Sklaverei als deutlichstes Beispiel für Rassismus angesehen wird, gab es in der damaligen Zeit Anzeichen dafür, dass auch Menschen ohne rassistische Hintergründe versklavt wurden; ein Beispiel dafür waren die *indentured servants* (Vertragsbedienstete) im 17. Jahrhundert (Eschner, 2017).

Indentured Servants unterschieden sich von Sklaven dadurch, dass es sich um eine Form der Schuldknechtschaft handelte: Die Arbeiter arbeiteten unbezahlt während einer definierten Zeit und beglichen damit in der Regel die Kosten ihrer Einwanderung nach Amerika. Aus diesem Grund war diese Form der Knechtschaft weit verbreitet und wurde von Menschen aus den verschiedensten Herkünften ausgeführt. Außerdem wurden lediglich die Rechte an der Arbeitskraft des Einzelnen gekauft und verkauft, aber die Diener selbst wurden nicht als Eigentum betrachtet und waren am Ende ihres Arbeitsverhältnisses, das normalerweise ein Zeitraum von fünf bis sieben Jahren darstellte, frei. Wie bereits erwähnt wurden *Indentured Servants* nicht bezahlt, aber sie wurden in der Regel untergebracht, gekleidet und verpflegt. Während ihrer Dienstzeit erlernten die *indentured servants* zusätzlich ein Handwerk, was für viele, oft arme, ungebildete Menschen, die auf der Suche nach einem besseren Leben waren, eine große Bedeutung hatte (Eschner, 2017; „Slavery and Servitude", 2017).

Nichtsdestotrotz waren die *indentured servants,* ebenso wie die normalen Sklaven, oft körperlichen Misshandlungen ausgesetzt. Sie brauchten die Erlaubnis ihres Herren, um zu heiraten und wurden sogar vor Gericht gerufen, falls sie versuchten sich ihren Verpflichtungen ganz oder teilweise zu entziehen (Eschner, 2017; „Slavery and Servitude", 2017).

1654 wurde die Sklaverei in Viginia legalisiert. Anthony Johnson kam 1620 in der Kolonie Virginia an. Er kam nicht freiwillig rüber, wie es viele taten, die sich bereit erklärten, im Austausch für die Überfahrt nach Amerika als Vertragsbedienstete zu arbeiten. Vielmehr wurde Johnson in Angola von benachbarten Stammesangehörigen gefangen genommen und schließlich an einen Händler verkauft, der ihn nach Virginia brachte, wo er dann an einen Tabakfarmer verkauft wurde. Selbst unter diesen Umständen galt Johnson technisch gesehen nicht als Sklave, sondern als *indentured servant*. Im Jahr 1635, nachdem er etwa 14 Jahre auf der Tabakfarm gearbeitet hatte, erhielt Johnson seine Freiheit und erwarb Land und das Notwendige, um seine eigene Farm zu gründen. In der zwischen Zeit heiratete Johnson und kam bald zu Wohlstand. Im Jahr 1654, behauptete, John Casor, ein anderer *indentured servant* aus Afrika, dass er seinen Vertrag bei Johnson erfüllt hatte und bat ihn daher ihm seine Freiheit zu geben. Unter Druck seiner Familie willigte Johnson schließlich ein und Casor, arbeitete kurze Zeit später für einen anderen Mann namens Robert Parker. Die Quellen gehen nicht auf die Beweggründe von Johnson ein, jedoch reichte er im gleichen Jahr eine Klage ein. In dieser besagt Johnson, dass Casor ihm *gestohlen* wurde und dass er ihm eigentlich auf Lebenszeit gehörte. Johnson gewann diesen Fall und bekam seinen Diener zurück. Dies machte Johnson offiziell zum ersten legalen Sklavenbesitzer in den britischen Kolonien, die schließlich zu den Vereinigten Staaten werden sollten (Kyl, 2013).

Dies war allerdings nicht das erste Mal, dass Menschen aus Afrika zu Sklaven gemacht wurden. Der transatlantische Sklavenhandel von Afrika nach Amerika existierte bereits seit über einem Jahrhundert und begann um 1500. Rund 11 Mio. Menschen wurden von 1500 bis 1850 verschleppt, meist nach Brasilien und auf die karibischen Inseln. Wenn sie in Amerika ankamen, wurden sie als *indentured servants* eingesetzt; wenn sie anderswo ankamen, wurden sie zu Sklaven (Eschner, 2017).

Casors Geschichte ist im Nachhinein betrachtet besonders düster. Nach seinem Beispiel, sollten noch viele andere Menschen afrikanischer Abstammung gleichsam in Sklaverei abrutschen, welche später dann zum Eigentum der Vereinigten Staaten erklärt wurden. Es war ein Wendepunkt in der Geschichte der institutionellen Sklaverei (Eschner, 2017). Zu Beginn wurde Sklaverei wirtschaftlich gerechtfertigt, denn die Sklaven dienten als wichtige Arbeitskraft. Jedoch mussten die Kolonialisten später erklären warum die *mitgebrachten* Menschen als ökonomische Ware behandelt wurden. Die Entwertung von Afrikaner als reine Arbeitskraft war ein essenzieller Punkt, der dazu geführt hat, dass sie die unterste Stufe der Rassenhierarchie bildeten (Geulen, 2014).

Wenn wir uns wieder der Frage zuwenden, ob Sklaverei Rassismus ausgelöst hat, werden wir im Folgenden die Ansicht derer betrachten, die dem nicht zustimmen. Für sie ist Sklaverei eher die Folge von Rassismus und verstärkte die bereits bestehenden Vorurteile gegenüber der rassischen Minderwertigkeit Personen mit dunklerer Hautfarbe. Rassismus existierte vor der Sklaverei und überlebte sie. Unterschiedliche und subtile Einflüsse hatten die Europäer bereits auf eine negative Sichtweise von Personen mit dunklerer Hautfarbe konditioniert, lange bevor sie daran dachten, sie zu versklaven (O'Neill, 2013).

Dass Menschen aus Afrika als minderwertig betrachtet wurden, kann man schon von der deutschen Afrikaterminologie ableiten. Die europäischen Kolonialisten weigerten sich Begriffe zu benutzen die auch für die europäische Gesellschaft gültig waren. Als Alternative wurden neue Begriffe etabliert; ein Beispiel wäre der Begriff *Häuptling* für die Bezeichnung von Herrscherinnen und Herrscher in afrikanischen Gesellschaften. Wie von Dr. Susan Arndt (2004, Parag. 3) erklärt, setzt sich dieser Begriff „aus dem Wortstamm „Haupt" und dem Suffix „ling" [zusammen], das eine verkleinernde („Prüfling", „Lehrling"), zumeist aber eine abwertende Konnotation (Feigling, Wüstling usw.) hat". Dieser Begriff suggeriert außerdem auch Primitivität und wird nur mit Männern assoziiert, was die Machtausübung von Frauen nicht miteinschließt. Andere abwertende Begriffe wie *Buschmänner* und *Hottentotten* werden auch benutzt, um Gesellschaften aus Afrika zu subsumieren. Da in diesem Zeitalter Menschen fälschlicherweise in Rassen unterteilt wurden, etablierten sich Termini wie *Neger, Schwarzafrikaner, Mulatte* und *Mischling*. Diese Begriffe wurden ausschließlich für Personen, die aus afrikanischen Ländern stammten, benutzt. Ein Kind, das aus dem Bund eines afrikanisch und eines europäisch stämmigen Partners stammt, wurde als *Mischling* bezeichnet, anders als ein Kind aus einer beispielsweise englisch-deutschen Beziehung. Abwertende Begriffe wie *Mulatte* oder *Bastard* wurden auch in diesem Kontext benutzt, diese Bezeichnungen deuten auf ein illegitimes und uneheliches Kind hin. Diese Begriffe stammen ursprünglich aus der Tier- und Pflanzenwelt und wurden zusätzlich mit Unfruchtbarkeit assoziiert (Arndt, 2004).

1.5.5 Das 18. und 19. Jahrhundert

Im 18. Jahrhundert diente der Rassenbegriff dann dazu die menschliche Natur zu rationalisieren. Besonders Philosophen wollten sich von den christlichen Lehren entfernen und den Menschen durch erarbeitete Naturmodelle und Nomenklaturen beschreibbar machen. Weshalb die einfachen Aufteilungen in schwarze, weiße, gelbe und rote Rassen oder willkürliche Hierarchien wie Hoch- oder Minderwertigkeit an Attraktivität verloren. Der Begriff Rasse wurde selbst komplexer und in unterschiedlichsten Situationen angewendet, sodass er auch für klimatisch-geographische, historisch-politische und körperliche Aspekte verwendet wurde (Geulen, 2014). Das Ziel der damaligen Epoche war nicht die Auseinandersetzung über die Minderheit außereuropäischer Völker, sondern die Erschaffung eines enzyklopädisch vollständiges Weltwissen. Die Expansion im 18. Jahrhundert diente also nicht mehr der Eroberung und des Gewinns an wirtschaftlicher Stärke, sondern diente eher als Entdeckungsfahrten für die Wissenschaft. Ein Beispiel dafür waren Forschungsreisen. wie die von James Cook, welche als Mission nicht nur das Entdecken der weiten Weltmeere hatte, sondern auch das Berichten von Sitten, Eigenschaften und Erscheinungen derer, denen die Besatzung im Laufe ihrer Reise begegneten. Demnach kann man davon ausgehen, dass der Rassenbegriff für die Entdecker eine Funktion der Charakterbeschreibung hatte und erläuterte inwiefern die neu entdeckten Völker gefährlich beziehungsweise feindselig waren. Als zweite und spätere Funktion diente der Begriff für die Verteilung von Rasse und Rassenmerkmale, bei der die Überlegenheit der Europäer vorausgesetzt wurde. Im 18.Jahrhundert hatte der Begriff Rasse einen wissenschaftlichen Gehalt und diente lediglich als Leeformel, die man beliebig mit kulturellen, geografischen oder auch körperlichen Aspekten befüllen konnte. Diese Ansicht befriedigte aber nicht die Gelehrten des 19. Jahrhundert (Geulen, 2014).

1.5.5.1 Rassenkampf, Rassenmischung und Rassenerzeugung

Wie bereits erwähnt wurde im 18. Jahrhundert der Rassenbegriff sehr vielfältig verwendet und diese Tendenz hielt bis zur Veröffentlichung der Darwinischen Theorie im Jahr 1859 an. Der Rassenbegriff wurde nicht nur für Menschen von unterschiedlichen Hautfarben benutzt, sondern konnte auch als Bezeichnung für unterschiedliche Nationalitäten, regionale Kulturen, soziale Schichten oder Berufsgruppen verwendet werden (Geulen, 2014).

Später im 19. Jahrhundert gewann ein weiter Begriff an Popularität, nämlich der der Rassenmischung. Dieser Begriff reflektierte nicht nur das Interesse von Rassentheoretikern sondern spiegelte auch eine neue Realität wider. Die europäische Kolonisation hatte ein globalisierendes Ausmaß angenommen; die Anzahl von Menschen mit Migrationshintergrund in Nordamerika und Europa hatten Rekordzahlen erreicht (Geulen, 2014).

Arthur Gobineau veröffentlichte eine Reihe von Werken zwischen 1852 und 1854, welche ihn später als wichtigsten Begründer des modernen Rassismus qualifizierten. Durch seine Überlegungen erstellte er eine Theorie über das Verhältnis zwischen den Rassen und ihrer Entwicklung. Laut Gobineau sei die Rassenmischung einerseits ein Motor für die Entwicklung und gleichzeitig der Auslöser allen Kulturzerfalls. Seine Rassentheorie ließ sich folgendermaßen zusammenfassen: Die *weiße* Rasse ist den anderen überlegen und eine Rassenmischung würde dem Fortschritt der Zivilisation schaden (Böhnke, 2020; Geulen, 2014). Dieser Gedanke löste den Drang nach Exklusivität aus, denn wenn sich *exklusive* Rassen wieder mit fremden vermischen würden, würde dies zu ihrem gesicherten Untergang führen. Gobineaus Rassentheorie zieht die gleiche Schlussfolgerung wie einige Jahre später Charles Darwin; beide besagen, dass die Essenz des Lebens darin besteht das Überleben und die Reproduktion der eigenen Art zu gewährleisten (Geulen, 2014). Jedoch gingen die Sozialdarwinisten noch einen Schritt weiter: Basierend auf Darwins Prinzip der *natürlichen Auslese* oder aus dem Englischen *survival of the fittest,* glaubten die Sozialdarwinisten, dass nur die *stärksten* Menschen den Kampf ums Überleben gewinnen können, während die Schwächeren, sprich Kranken, Schwachen oder Armen von Natur aus nicht überleben dürften (Böhnke, 2020). Der Sozialdarwinismus setzte den Grundgedanken für eine sogar noch radikalere Theorie, die als Rassenerzeugung und manchmal auch Rassenhygiene bezeichnet wird: Vertreter dieser Denkweise gingen davon aus, dass kranke und arme Menschen die *Qualität der Menschheit* gefährden und sie somit den natürlichen Selektionsprozess unterstützen würden. Dabei sollte die Fortpflanzung von starken und reinen Rassen gefördert werden und die von schwachen, unwürdigen verhindert (Böhnke, 2020). Der Rassenbegriff wandelte sich also zu einem abstrakten, politisch überformenden Prinzip, welches die Frage der Zugehörigkeit basierend auf angebliche Naturgesetze beantworten konnte (Geulen, 2014).

1.5.6 Entwicklung des Rassismus während dem 20. Jahrhundert

Aus den Themen *Rassenkampf, Rassenmischung und Rassenerzeugung* des 19. Jahrhunderts entwickelte sich eine Vision, welche im 20. Jahrhundert nicht nur mehr ein Plan war, sondern auch in totalitären Systemen umgesetzt wurde. Während des 20. Jahrhunderts hatte sich die moderne Wissenschaft, im Vergleich zu den vorherigen Epochen, am meisten in die Ideologie des Rassismus eingefügt, indem sie diese teilweise neu begründete und an seiner praktischen Umsetzung partizipierte. Zwar war diese Vermischung zwischen Politik und Wissenschaft des 20. Jahrhunderts ein wichtiger Faktor für die Eskalation des Rassismus damals, jedoch waren die vorherigen Visionen erst der Antriebsmotor dieser Entwicklung (Geulen, 2014). Dabei handelte es sich um Visionen „einer Rasse ohne Fremdkörper, einer Bevölkerung ohne Kranke, einer Volksgemeinschaft ohne Abweichung, eines Kolonialreichs ohne Kolonisierte oder einer Gesellschaft ohne Klassen" (Geulen, 2014, S. 91). Mithilfe des Wissens um verschiedene Theorien, wie beispielsweise der Rassentheorie, der Bevölkerungswissenschaft, des Evolutionismus und der Sozialbiologie, wurde versucht diese Visionen im 20. Jahrhundert zu verwirklichen (Geulen, 2014).

Die *Eugenik,* welche Ende des 19. Jahrhunderts etabliert worden war und damals als interdisziplinäres Forschungs- sowie Praxisfeld hervortrat, zählte bis zum zweiten Weltkrieg als ausgeprägter Zweig der modernen Wissenschaft und widmete sich der biologischen Verbesserung von Bevölkerungen. Die Umsetzung der Eugenik in der Praxis fand allerdings in manchen Ländern bereits vor der Entwicklung von totalitären Systemen statt: Bereits in den 1890er Jahren führten sowohl Deutschland als auch England präzise Projekte zur Vermehrung und Züchtung von hochwertigen Menschen durch, indem in großen Experimenten die Wahl des Partners exklusiv vorbestimmt wurde (Geulen, 2014). Auch in den USA und Skandinavien kam es in der gleichen Zeit zu ersten Fortpflanzungsverboten sowie Zwangssterilisationen von chronisch kranken Personen, wiederholenden Straftätern und körperlich oder geistig Behinderten. Außereuropäische Kolonien waren damals ebenfalls schon „beliebte Experimentierfelder" für solche Praktiken (Geulen, 2014, S. 93).

Während den 1920er und 1930er Jahren wurden die Eugeniker allerdings pessimistischer, dass sie ihre Forderungen effektiv durchsetzen könnten: „Die Phantasien einer baldigen Verbesserung des kollektiven Erbguts und einer Rassenerzeugung durch effiziente Gesellschaftspolitik, die vor 1914 noch hoffnungsvoll ausgemalt worden waren, verloren nach 1918 rapide an Überzeugungskraft." (Geulen, 2014, S. 96). Die Möglichkeit, dass die eigene anscheinend überlegene Rasse nun eventuell verschwinden könnte und angeblich minderwertige Rassen afrikanischer oder asiatischer Abstammung höhere Überlebenschancen aufwiesen und sogar teilweise einen Machtzuwachs erlebten, führte zu einer Veränderung der Überlegungen (Geulen, 2014).

Nun dominierte die Idee, dass die vollendete und vollkommene Rasse erst diejenige sei, die sich über alle anderen hinwegsetze und somit sei der bevorstehende Krieg der „einzige und wahre Rassenerzeuger" (Geulen, 2014, S. 97). Durch den Nationalismus erlebte das rassenbiologische Denken sowohl seinen Gipfel als auch seine gesamte Grausamkeit. Die Eugenik wurde nun ein zentrales Element der politischen Ideologie und Praxis und war nicht mehr nur ein Teil der rassistischen Propaganda oder Forschung des dritten Reichs (Geulen, 2014).

Die Grundidee des Nationalsozialismus, sowie Hitlers Weltbild, waren basiert auf einem „eugenisch darwinistischen Rassismus"; sie kombinierten die Phantasie der Eugenik zur Rassenerzeugung und die darwinistische Einsicht, dass nur Kampf und Krieg zu dessen Erzeugung führen könnten (Geulen, 2014, S. 98). Aber auch außerhalb von Deutschland kam es zu ähnlichen Kombinationen zwischen dem darwinistischen Rassenkampf und der Eugenik; der Stalinismus während den 1930er Jahren ist dafür ein gutes Beispiel (Geulen, 2014).

Während des zweiten Weltkrieges zeigte sich dann, dass es vielmehr um einen existenziellen Rassenkampf ging; also vielmehr um einen Krieg gegen „bedrohliche" Bevölkerungen, als gegen politische Feinde. Dies kristallisierte sich vor allem im letzten Kriegsjahr heraus, als die Verbündeten in der Normandie ankamen bis hin zur nuklearen Zerstörung Nagasakis und Hiroshimas, denn in diesem Jahr kamen weitaus mehr Menschen in sämtlichen Lagern und Fronten, sowie Zivilisten, ums Leben als die Jahre zuvor (Geulen, 2014).

Diese starke Gewaltbereitschaft und -mobilisierung fand ihre Grundlage zwar im Rassismus, dieser konnte allerdings weder als Ursache noch als Auslöser oder Motiv dieser Gewaltpraxis gesehen werden (Geulen, 2014). Der Rassismus ermöglichte es aber jede Form oder jedes Ausmaß an Gewalt im Rahmen eines, nach dem Naturgesetz laufenden, Existenzkampfes als erforderlich und akzeptabel wirken zu lassen. Rassismus hatte sich in ein „abstraktes Welterklärungsprinzip" verwandelt (Geulen, 2014, S. 100). Die notwendigen Ursachen, Auslöser und/oder Motive stellten dabei andere Ideologien zur Verfügung, wie beispielsweise der Nationalismus, Antisemitismus oder Faschismus. (Geulen, 2014).

Nach der nuklearen Abschreckung des zweiten Weltkrieges schien der Rassenkampf erst einmal zum Stillstand gekommen zu sein. Allerdings bestand der Rassismus in der zweiten Hälfte des 20. Jahrhunderts, in einer direkteren Form, noch in Ländern und/oder Weltteilen wie Indien, Südostasien, Afrika und vor allem Südafrika fort. In diesen Gegenden dauerte es lange bis die rassistischen Praktiken und Mythen des Hochimperialismus ihre Wirksamkeit verloren; vor allem das südafrikanische Apartheidsregime stellt ein extremes Beispiel dar, welches erst 1990 zerbrach (Geulen, 2014).

Apartheid bedeutete hier nicht nur die Spaltung der Bevölkerung in eine oftmals rechtslose und eine privilegierte Rasse, sondern für die weißen Südafrikaner fungierte sie auch als ein System um die eigene Lebensweise als Kolonisten in einer grundsätzlich feindlichen Umgebung fortzuführen. Die Forschungen, die in den 1980er Jahren vom südafrikanischen Staat gefördert wurden, zeigten klar diese Sicht auf die Einheimischen; noch damals wurde durch medikamentöse oder sonstige Wege versucht die schwarze Population zu verändern, reduzieren oder zum Verschwinden zu bringen. Nur durch internationalen Druck konnte ein weiterer Genozid in der Form eines Bürgerkrieges verhindert werden (Geulen, 2014). Aber auch in den USA dauerte es bis in die 1960er Jahre und zur dritten Emanzipationswelle, bis auch im Süden des Landes die Zwei-Rassen-Gesellschaft aufgelöst werden konnte. Und auch wenn nach dem Ende des letzten rassistischen Systems in Südafrika 1990 sowie des Kalten Krieges die Hoffnung auf Besserung aufblühte, so zeigten Ruanda und das damalige Jugoslawien die Wiederkehr rassistischen Vorgehens mit Völkermord und ethnischen Beseitigung nicht lange Zeit später (Geulen, 2014).

1 Rassismus – eine Einführung

Ende des 20. Jahrhunderts kam es zu einem Wandel von der *Eugenik* zur *Genetik*. Man beschäftigte sich nun damit wie die typischen Merkmale des Menschen an seine Nachkommen weitergegeben werden. Die Entschlüsselung des genetischen Codes war somit die große Herausforderung Ende des 20. Jahrhunderts, in der Hoffnung somit endlich die Möglichkeit zu erhalten in die biologische Reproduktion des Menschen eingreifen zu können (Geulen, 2014).

Zudem beeinflussten sowohl die Thematisierung und Problematisierung des Rassismus durch soziale Bewegungen sowie durch die Sozial- und Kulturwissenschaften in den 1960er und 1970er Jahren, als auch die Globalisierung, jeweils den Ausdruck von Rassismus in den folgenden Jahren. Als die UNO 1945 gegründet wurde, erklärte zwar die Weltgemeinschaft das Zeitalter der rassistischen Systeme als überwunden, was auch bis auf einige Ausnahmen stimmen mag, jedoch ging die theoretische und populärwissenschaftliche Rassentheorie auch nach 1945 weiter wie zuvor; nur wenige Forscher aus der Eugenik änderten ihr Forschungsgebiet um (Geulen, 2014). Denn, wie Attia und Keskinkilic (2017) erläuterten, bedeutet das Ende politischer Systeme nicht gleich die Auslöschung kultureller Bräuche und gesellschaftlicher Debatten. Außerdem enthielten auch viele Schul- und Sachbücher bis in die 1960er Jahre noch rassistische Denkmuster und Einstellungen des späten 19. beziehungsweise des frühen 20. Jahrhunderts (Geulen, 2014). Und während die Sowjetunion bis in die 1970er Jahre Forschungen weiterführte, die sich mit der biopolitischen Herstellung von sozialistischer Gleichheit beschäftigten, so kam es 1953 im Westen zur Entdeckung der DNA-Struktur und somit zum Wechsel zu genetischen Theorien und Denkschemen durch James Watson und Francis Crick (Geulen, 2014).

Nach jahrzehnter langer Forschung kannte man 2001 dann endlich die „Gesamtkarte der menschlichen Gene" und wie sie auf den 46 Chromosomen des Menschen verteilt sind; dennoch fehlte das gesamte Verständnis über den genetischen Code (Geulen, 2014, S. 107). Aus diesem Grund hatte sich die konkrete Bestimmung von Rassen mithilfe des genetischen Codes schnell als unmöglich erwiesen, was jedoch nicht heißen muss, dass mögliche tödliche Konsequenzen wie sie bei der Eugenik zu sehen waren, nicht wieder passieren könnten, denn auch damals brauchte es kein deutliches Modell, sondern nur eine Idee, um die Richtung radikal zu ändern (Geulen, 2014). Denn auch die heutige Humangenetik besteht auf dem Versprechen „das Leben insgesamt als einen Naturprozess kontrollieren zu können" und beispielsweise Einfluss auf Phänomene wie Homosexualität zu nehmen (Geulen, 2014, S. 108). Zwar liegt die Begründung der Forschungen in der Genetik darin neue Möglichkeiten zur Heilung von Krankheiten zu erschaffen, jedoch liegen die weiteren Möglichkeiten der Humangenetik nach wie vor im Dunkeln und werden auch nicht genauer erläutert. Dabei ist erkennbar, dass so manche Visionen der Genforschung von heute, den rassentheoretischen Visionen aus den vergangenen Jahrhunderten ähneln und sie fortführen (Geulen, 2014). Geulen (2014) schlussfolgerte zu diesem Aspekt:

„Eine Gesellschaft, die in ihrem Traum von der genetischen Abschaffung etwa des Krebses die gleichartige Abschaffung unerwünschter Körper-, Sexualitäts- oder Verhaltensformen gleich mitträumt, erscheint nicht weniger rassistisch als jene Gesellschaft des ausgehenden 19. Jahrhunderts, die den gleichen Traum durch Sterilisierung und Selektion zu verwirklichen suchte." (S. 109).

1.5.7 Entwicklung zum heutigen Antirassismus und Rassismus

Der Antirassismus, welcher grundsätzlich den akzeptierten normativen Konsens darstellte, bezog sich zumeist auf den Rassismus des 18. Jahrhunderts im Kontext des Sklavenhandels oder der Expansion und weniger auf den Rassismus, der danach entstand. Allerdings steht dies in Zusammenhang damit, dass der Antirassismus seine gegenwärtige Form erst nach den transnationalen Reform- und Protestbewegungen aus den 1960er Jahren annahm. Rassismus galt zu der Zeit als ein veraltetes Phänomen und eine vernunftwidrige, antimoderne und statische Ideologie der Ungleichheit (Geulen, 2014). In den späten 1980er Jahren kam das Bewusstsein auf, dass der moderne Rassismus schon seit längerer Zeit dieser Definition nicht mehr entsprach und, dass auch der Rassenbegriff ebenfalls zunehmend in europäischen Ländern vermieden wurde (Attia & Keskinkilic, 2017; Geulen, 2014). Rassismus war nun mehr von der Praxis gekennzeichnet als von Dogmen der Ungleichheit (Geulen, 2014). Schutz vor Überfremdung, Ablehnung, Selektion, Verteidigung, Bekämpfung, Exklusion, sind nur einige Beispiele von vielen, und bei der Frage was denn nun geschützt werden müsse, lautet die Antwort nicht mehr die Rasse, sondern es gilt die Kultur, die Nation, die eigene Lebensweise oder die Gesellschaft zu schützen (Attia & Keskinkilic, 2017; Geulen, 2014; Spirinelli, 2012). Auch bei der Frage gegen wen man sich denn jetzt verteidigen müsse, lautet die Antwort nun ganz allgemein gegen die Fremden, gegen die Ausländer oder gegen die Anderen; hierunter fallen sowohl soziale als auch kulturelle Gruppen, von Obdachlosen bis Muslime oder Homosexuelle, aber der Rassenbegriff wird stets vermieden und diskreditiert (Attia & Keskinkilic, 2017; Geulen, 2014).

Parallel hat in den letzten 30 bis 35 Jahren die Globalisierung einen extremen Schub erfahren und das sowohl politisch, als auch verkehrs- und informationstechnisch gesehen. Mit dieser zunehmenden Vernetzung und Verdichtung geschehen allerdings auch wieder gegenläufige Effekte: Beispielsweise die Wiederkehr des Nationalismus, ethnische Ghettos in Hauptstädten oder das Verlangen nach kultureller Homogenisierung (Geulen, 2014).

Die Politik reagiert auf diese Phänomene allerdings zumeist mit veralteten und früheren Ordnungsmodellen, welche dann wiederum zu Widersprüchen führen. Beispielsweise fördert Europa zwar die Globalisierung sowie die Öffnung von Märkten weltweit, weist jedoch diejenigen zurück, die diesem Ruf folgen, dann aber aus den „falschen" und nicht erwünschten Regionen kommen. Daraufhin stieg die Zahl der „illegalen" bzw. „halbillegalen" Menschen in Europa; dabei ist Integration ein wechselseitiger Prozess, der nicht nur den Migranten überlassen werden kann (Geulen, 2014). Anstatt sich allerdings sinnvoll mit dem Thema Rassismus zu befassen, wird die Diskussion auf die Ebene der Kultur verschoben. Dies ist insofern problematisch, als dass der Kulturbegriff beginnt sich dem anzunähern, was früher den Rassenbegriff definierte (Attia & Keskinkilic, 2017; Geulen, 2014). Dies wiederum führt zu einem weiteren Beispiel des aktuellen Rassismus: dem Kulturkonflikt (Geulen, 2014).

Deutlich wurde dieser vor allem bei den terroristischen Anschlägen vom 11. September 2001, als auf einmal ein Großteil der Welt sich einig war, dass es sich nun um einen Kampf und Krieg der Kulturen handele welcher ausgetragen werden müsse, da es keinen anderen Weg gebe. In dieser Erzählung des Rassenkampfes ist somit auch die Idee des Kampfes der Kulturen wiederzufinden. Und auch die Globalisierung stellt einen alternativlosen Naturvorgang dar und erzeugt wie alle Vereinigungsvorgänge Gegenreaktionen, welche durch andersartige Faktoren aufgezeigt werden müssen. Ein typisches Beispiel hierfür stellt der Multikulturalismus als Zustandsbeschreibung einer Bevölkerung dar, welcher das Zusammenleben verschiedenster Personen mit anderen kulturellen Hintergründen ermöglicht und in welcher sich Kulturstile durchmischen und neue kreiert werden (Geulen, 2014). Dennoch wird mit diesem Begriff immer wieder ganz zweifellos verbunden, dass eine multikulturelle Gesellschaft heißt, dass man dort nur Menschen anträfe, die dort überhaupt nicht hingehören würden (Geulen, 2014; Spirinelli, 2012). Und aus dieser Sicht werden dann derzeitige Integrationsprobleme wie beispielsweise Ghettoisierung, mit denen Einwanderungspopulationen schon immer zu tun hatten, als eindeutige Beweise für die Diskrepanz und nicht Vereinbarkeit der Kulturen interpretiert (Geulen, 2014; Spirinelli, 2012).

Schlussfolgernd lässt sich sagen, dass der Begriff Rassismus immer wieder aktualisiert werden muss und dort, wo aktuelle Phänomene einen Zusammenhang zur Geschichte des Rassismus aufweisen, es sich auch sehr wahrscheinlich um Rassismus handelt und dieser als solcher interpretiert werden sollte. Denn bei Rassismus handelt es sich nie nur um eine Erscheinungsweise der Abwertung, Diskriminierung oder Verfolgung gewisser Gruppen, sondern immer auch um eine Form der Welterklärung und des Weltbildes; es geht quasi nie nur um die Herabwürdigung anderer Menschen, sondern immerwährend auch um die Verbesserung des Ganzen (Geulen, 2014). „In diesem Sinne beginnt Rassismus dort, wo Menschen der Ansicht sind, dass die Bekämpfung bestimmter Gruppen anderer Menschen die Welt besser mache." (Geulen, 2014, S. 119).

1.5.8 Einblick in die Geschichte des Rassismus von Luxemburg und aktuelle internationale Tendenzen

Auch ein Land wie Luxemburg, welches bereits seit dem Ende des Zweiten Weltkrieges und sogar schon davor mit Immigranten verschiedenster Länder zu tun hatte, zeigt keine Abweichungen bezüglich der Geschichte von Rassismus auf. Zwischen 1970 und 1981 stieg die Einwohnerzahl in Luxemburg von 339.841 auf 364.602, und diese Zunahme war nur durch das Wachstum der ausländischen Bevölkerung zu erklären. Zwar war die Immigration ein viel diskutiertes Thema in den 1970er Jahren, jedoch gab es keine oder nur sehr wenige Dokumente über rassistische Phänomene, und wenn es welche gab, dann schienen vor allem „schwarze" und asiatische Arbeiter in Luxemburg davon betroffen zu sein. Gleichzeitig kam es zu einer verstärkten Beschäftigung mit der Frage der nationalen Identität. In der Periode zwischen 1980 und 1996 kamen erste rechtsextremistische Gruppierungen in Luxemburg auf, die sich zwar nicht als rassistisch betitelten, jedoch klare Zusammenhänge mit rassistischen Ideologien des 19. und frühen 20. Jahrhunderts aufwiesen (Spirinelli, 2012). Rommelspacher (2009) erklärte, dass „es zwar Rassismus ohne Rechtsextremismus gibt, nicht aber Rechtsextremismus ohne Rassismus" (S. 29). Von diesen rechtsextremen Gruppen wurde der Verlust der nationalen Identität befürchtet, und zwar einerseits durch eine innere Gefahr, dem „Abschwächen des Überlebensinstinktes" welcher sich durch eine niedrige Geburtsrate bemerkbar macht, und eine äußere Gefahr, nämlich wenn der Einfluss der Ausländer dominiert (Spirinelli, 2012, S. 18). Somit müsse die nationale Identität vor den Ausländern geschützt werden (Spirinelli, 2012); zu den Aussagen von Geulen (2014) zur Geschichte des Rassismus im 19. Jahrhundert und auch zu später erläuterten Aussagen lassen sich somit klare Parallelen ziehen.

In den 1980er Jahren nehmen Dokumentationen über rassistische Phänomene gegenüber dunkelhäutigen Personen zu und das sowohl im Kontext der Arbeitswelt als auch auf dem Wohnungsmarkt. Ende der 1980er Jahre nahmen aber auch die Assoziationen und Organisationen zu, welche sich für die Rechte der Immigranten einsetzten (Spirinelli, 2012). Im Jahr 1980 wurde das erste Mal im Gesetzestext verankert, dass rassistisch motivierte Handlungen verboten seien[1]. Dies war allerdings eine Reaktion auf das „Internationale Übereinkommen zur Beseitigung jeder Form von Rassendiskriminierung" und dementsprechend keine Eigeninitiative, obwohl in den 1970er Jahren bereits auf solche Lücken hingewiesen wurde (Spirinelli, 2012, S. 34).

Im Jahr 1997 fand eine europaweite Kampagne statt, welche die Bevölkerungen gegen Rassismus sensibilisieren sollte; auch in Luxemburg fanden in dem Jahr mehrere Veranstaltungen, Konferenzen, Seminare und Ausstellungen in diesem Kontext statt (Spirinelli, 2012). Ebenfalls entstanden in der Folgezeit zwei Institutionen auf staatlicher Ebene, die unter anderem gegen rassistische Diskriminierung beziehungsweise Rassismus eintraten: Die „Commission consultative des Droits de l'Homme" (CCDH) und das „Centre pour l'égalité de traitement" (CET) (Spirinelli, 2012, S. 43). Seit 1997 nahm die luxemburgische Regierung vermehrt Initiativen in die Hand, um Rassismus zu

---

[1] „Art. 454 verbietet u. a. die Verkaufsverweigerung und Diskriminierung aufgrund der Ethnie, der Hautfarbe oder der Herkunft." und „Art. 455 […] stellt u. a. öffentliche Diskurse, Schriften, Bilder oder Embleme, die verkauft, veröffentlicht oder verteilt werden, und die zu Handlungen, wie sie im Art. 454 definiert sind, zu Hass oder Gewalt aufrufen, unter Strafe." (Spirinelli 2012, S. 33).

bekämpfen. Offener Antisemitismus wurde seitdem nicht mehr verzeichnet, während Islamophobie allerdings zunahm, auch bedingt durch die damalige internationale politische Lage (Spirinelli, 2012). Auch in Österreich kam es nach den Anschlägen im September 2001 zu vermehrter Islamophobie: „Der 11. September 2001 sollte der Tag werden, der das Muslimsein in der westlichen Welt, so auch in Österreich, auch für mich für immer verändern sollte." (Erkurt, 2020, S. 65). In repräsentativen Umfragen zeigten teilweise bis zu 48 % der luxemburgischen Bevölkerung Stereotype und Vorurteile gegenüber Muslimen auf und auch eine erhöhte polizeiliche Gewalt gegenüber Muslimen war 2003 zu verzeichnen (Spirinelli, 2012).

Im Jahr 2003 wurde im Rahmen der Kampagne „Images et paroles d'avenir" eine Umfrage organisiert, bei welcher mehrere Gymnasien teilgenommen hatten. In dieser Umfrage stellte sich heraus, dass der Anstieg der ausländischen Einwohnerschaft bei den luxemburgischen Schülern grundsätzlich eine Unsicherheit auslöste, während die ausländischen Schüler eher positiv gegenüber einer multikulturellen Gesellschaft eingestellt waren. Dennoch fühlten sich vereinzelte ausländische Schüler nicht von den luxemburgischen Schülern akzeptiert. In einzelnen Fällen machten Schüler sehr nationalistische Aussagen wie beispielsweise, dass eine multikulturelle Gesellschaft keine Vorteile mit sich bringe, die Arbeitslosigkeit und Kriminalität der Luxemburger wegen den Ausländern steige und Letztere auch keine luxemburgische Nationalität annehmen brauchen, da sie trotzdem Ausländer blieben (Spirinelli, 2012).

Trotz der verstärkten Anstrengungen gegen Rassismus und der zunehmenden Sensibilisierung und dem immer größer werdenden Bewusstsein für rassistische Diskriminierung, nahm diese dennoch nicht ab. Die Anzahl der Anzeigen wegen rassistischer Diskriminierung stieg in Luxemburg von 2004 auf 2009 um 21 Fälle, wobei in einer Umfrage über Diskriminierung im Jahr 2011 sich herausstellte, dass von 1025 befragten Personen, 279 Personen Angaben Opfer von Diskriminierung gewesen zu sein, von welchen jedoch allerdings nur 6 % eine Anzeige erstattet hatten (Spirinelli, 2012). In Österreich stiegen die rassistischen Angriffe vor allem gegenüber Muslimen innerhalb der Bevölkerung an. Die in Österreich zuständigen Beratungsstellen für Islamfeindlichkeit registrierten 2018 einen Anstieg der gemeldeten Fälle von circa 42 % (Erkurt, 2020). Auch Deutschland weist hohe Zahlen bezüglich der Islamfeindlichkeit auf: Im Jahr 2019 zeigten die neusten Zahlen der Bundesregierung, dass es jeden zweiten Tag islamfeindliche Vorfälle gab, bei welchen entweder ein religiöser Vertreter, eine Moschee oder eine muslimische Einrichtung attackiert wurden (Erkurt, 2020).

1.5.9 Rassismus in den Schulen heutzutage

Wie zuvor bereits in Abschn. 1.5.6 erwähnt, belegt Geulen (2014), dass viele Schul- und Sachbücher bis in die 1960er Jahre noch rassistische Denkmuster und Einstellungen des späten 19. beziehungsweise des frühen 20. Jahrhunderts enthielten. Bei Schulbuchanalysen ließ sich ebenfalls feststellen, dass immer wieder Stereotype Abbildungen und provokative Gegenüberstellungen im Stil „wir" und „die Anderen" in Schulbüchern auftreten (Friebel, 2016). Beispielsweise wies die Schulbuchstudie Migration und Integration von den Beauftragten der Bundesregierung für Migration, Flüchtlinge und Integration daraufhin (2015, zitiert nach Friebel, 2016, S. 7), dass Migration in Schulbüchern überwiegend problematisiert werde anstatt sie als Diversität darzustellen (Friebel, 2016). Immer wieder werden Personen mit Migrationshintergrund in Schul- und Sachbüchern als Ausländer, Fremde oder Migranten bezeichnet, was zur Etikettierung dieser als „Andere" beiträgt (Friebel, 2016). Diese als „Andere" und „Ausländer" etikettierten Menschen würden „alltägliche rassistische Blicke im öffentlichen Raum, Ausgrenzungen und Benachteiligungen an Schulen, auf dem Wohnungs- und Arbeitsmarkt und in Behörden, abwertende Darstellungen in den Medien und verletzenden Sprachgebrauch in Kinderbüchern und Filmen." (Marmer & Sow, 2015, S. 14) erleben. Marmer und Sow (2015) erläutern zudem, dass die Armut, Unterentwicklung und Gewalt des afrikanischen Kontinents in Schulbüchern stets übertrieben dargestellt werde, ohne einen Zusammenhang zu den historischen und globalen Machtverhältnissen zu ziehen, während die gegenwärtigen oder vorkolonialen Begebenheiten, Kulturen oder Philosophien nur selten erwähnt würden.

Auch die Sprache in Schulbüchern wird nicht immer angepasst, so beinhaltete das Schulbuch „Geschichtlich-soziale Weltkunde" bis ins Jahr 2006 die Formulierung „Negersklaven bei der Baumwollernte" (Friebel, 2016, S. 8). Bei Unterhaltungen mit Jugendlichen afrikanischer Herkunft über rassistische Erlebnisse im Alltag oder der Schule, erzählten diese häufig von schwierigen Situationen im Klassenzimmer, von Benachteiligungen durch die Lehrerinnen und Lehrer sowie abwertenden, erotisierenden und verletzenden Beschreibungen und Abbildungen in Schulbüchern (Marmer & Sow, 2015).

Zudem handelt es sich um eine implizite Form des institutionellen Rassismus, wenn deutsche Schulbücher und Lehrformen auf den Nachwuchs der Mehrheitsgesellschaft zugeschnitten werden und dadurch Kinder mit Migrationshintergrund in Deutschland deutlich benachteiligen. Dies erschwert für Letztere den Zugang zu dieser Gesellschaft von Anfang an (Rommelspacher, 2009). Bei jedem dritten Schüler beziehungsweise jeder dritten Schülerin liegt ein Migrationshintergrund vor, jedoch, abhängig vom Bundesland, nur bei eins bis vier Prozent der Lehrerinnen und Lehrer. Letztere würden jedoch mit einer dreimal höheren Wahrscheinlichkeit eine Gymnasiumsempfehlung für Kinder aus sozioökonomisch gut dastehenden Familien aussprechen, als für Kinder mit Migrationshintergrund welche zumeist eher aus Unterschichtenfamilien kommen (Friebel, 2016). Auch in Österreich erfahren eine Vielzahl von Schülerinnen und Schülern mit Migrationshintergrund Diskriminierung durch ihre Lehrerinnen und Lehrer und auch hier handelt es sich nicht um Einzelfälle, sondern liegt dem ein System zugrunde. Als im Sommer 2018 unter dem Hashtag #MeTwo von unzähligen Diskriminierungserfahrungen im deutschsprachigen Raum berichtet wurde, fiel auf, dass quasi alle in der Schule bereits Rassismus erlebt hatten, wobei bei der Mehrzahl dieser Rassismus von den Lehrkräften ausging. Dabei gingen die Erzählungen von

1 Rassismus – eine Einführung

Beleidigungen bis hin zur Ablehnung und Verweigerung von Gymnasialempfehlungen, weil die Lehrkräfte den betreffenden Personen mit Migrationshintergrund einen Aufstieg nicht zutrauten. Zudem teilten viele ebenfalls ihre Erfahrungen, dass Deutschlehrerinnen und -lehrer ihnen keine gute Note in Deutsch geben wollten, weil diese nicht ihre Erstsprache war, obwohl sie diese verdient hätten (Erkurt, 2020).

Zusammengefasst wird Rassismus in den Schulen höchstens im Geschichtsunterricht besprochen, aber nicht in anderen Kontexten oder aktuellen Ereignissen (Erkurt, 2020). Der fehlende akademische Erfolg bei Schulkindern mit Migrationshintergrund steht in Zusammenhang mit einer diskriminierenden Politik und dementsprechend auch mit einer diskriminierenden Schulpolitik (Erkurt, 2020). Auch beim Übergang von der Schule in die Berufsausbildung haben Kinder mit Migrationshintergrund schlechtere Erfolgsaussichten, um eine vollqualifizierte Ausbildung in Deutschland aufzunehmen (Friebel, 2016). Zudem zeigen in Österreich Kinder mit Migrationshintergrund schlechtere Bildungserfolgschancen auf, als Kinder ohne Migrationshintergrund (Erkurt, 2020).

1.5.10 Take-Home-Messages

Übersicht
- Den historischen Anfang des Rassismus zu determinieren ist schwer, unter anderem, weil ein Mangel an schriftlichen Quellen in der Vor- und Frühgeschichte vorliegt.
- Wenn die *heutige* oder *moderne* Auffassung von Rassismus auf die Antike projiziert wird, kann man deutlich von Rassismus sprechen. Es ist jedoch mehr von Interesse herauszufinden welche Zusammenhänge oder welche Elemente zur damaligen Entwicklung von Rassismus beigetragen haben.
- Wegen der Inquisition, der Verfolgung der Juden und weiteren gewalttätigen Aktivitäten, wird häufig von einer Vorgeschichte des Rassismus im Mittelalter geredet.
- Das Christentum hatte im 15. und 16. Jahrhundert, während der europäischen Expansion, ebenfalls seinen Einfluss auf die Entstehung des Rassismus. Die religiöse Zugehörigkeit reichte jedoch irgendwann als Unterscheidungsmerkmal nicht mehr aus, weswegen man den Begriff „Reinheit des Blutes" nutzte und in diesem Zusammenhang auch zum ersten Mal das Wort *Race* (Rasse).
- Die endgültige Vertreibung der Muslime und die Einführung des Judentums als Rasse im Jahre 1492 markierte den europäischen Beginn des Rassendiskurses.
- Mit dem Zeitalter der Kolonisierung wurden weltweit rassistische Formen von Gewalt mit der Rassentheorie begründet.
- Nach dem Rassenbegriff, gewann der Begriff der *Rassenmischung* im 19. Jahrhundert an Popularität. Arthur Gobineau zählte dabei zu einem der wichtigsten

Begründer des modernen Rassismus: Die *weiße* Rasse ist dabei den anderen überlegen und eine Rassenmischung würde dem Fortschritt der Zivilisation schaden.

- Im 20. Jahrhundert hatte sich die moderne Wissenschaft in die Ideologie des Rassismus eingefügt. Aus der *Eugenik,* welche sich der Verbesserung von Bevölkerungen widmete, wurde schnell der „eugenisch darwinistischen Rassismus": die Phantasie der Eugenik zur Rassenerzeugung und die darwinistische Einsicht, dass nur Kampf und Krieg zu dessen Erzeugung führen könnten.
- Rassismus kann jedoch nicht als Auslöser für den zweiten Weltkrieg erklärt werden, die notwendigen Ursachen, Auslöser und/oder Motive stellten dabei andere Ideologien zur Verfügung, wie beispielsweise der Nationalismus, Antisemitismus oder Faschismus.
- Ende des 20. Jahrhunderts kam es zum Wandel von der Eugenik zur Genetik. Mit dem Verständnis über die menschlichen Gene erwies sich die Idee der konkreten Bestimmung von Rassen mithilfe des genetischen Codes schnell als unmöglich.
- Die *Globalisierung* brachte die Wiederkehr des Nationalismus, ethnischer Ghettos in Hauptstädten und das Verlangen nach kultureller Homogenisierung mit sich. Der *Kulturkonflikt* stellt dabei ein Beispiel des aktuellen Rassismus dar.
- Der Begriff Rassismus muss immer wieder aktualisiert werden und dort, wo aktuelle Phänomene einen Zusammenhang zur Geschichte des Rassismus aufweisen, handelt es sich auch sehr wahrscheinlich um Rassismus und dieser sollte auch als solcher interpretiert werden. „In diesem Sinne beginnt Rassismus dort, wo Menschen der Ansicht sind, dass die Bekämpfung bestimmter Gruppen anderer Menschen die Welt besser mache." (Geulen, 2014, S. 119).
- Schul- und Sachbücher enthielten bis in die 1960er Jahre noch rassistische Denkmuster und Einstellungen des späten 19. Jahrhunderts sowie übertriebene Beschreibungen und Darstellungen von Personen mit Migrationshintergrund, und von der Armut, Unterentwicklung und Gewalt des afrikanischen Kontinents.
- In der Schule besteht die Gefahr von Diskriminierung von Schülerinnen und Schülern mit Migrationshintergrund; diese Diskriminierung reicht von Beleidigungen bis hin zu Ablehnungen und Verweigerungen von Gymnasiumsempfehlungen.

1.6 Rechtliche Einordnung von Rassismus

1.6.1 Einführung in die rechtliche Einordnung von Rassismus

Rassismus ist eine besonders schwere Form von Diskriminierung und eine Menschenrechtsverletzung, die die gesellschaftliche und nicht zuletzt auch die schulische Integrationsfähigkeit besonders stark gefährden kann (Addy, 2005). Dabei ist der Schutz vor einer rassistischen Diskriminierung eines der Grundprinzipien aller Menschenrechte. Diese erheben den Anspruch, dass jeder Mensch das Recht auf Gleichberechtigung haben soll. Auch heute noch besteht ein großer gesellschaftlicher und politischer Konsens über die Notwendigkeit, rassistische Diskriminierung wirksam auf allen gesellschaftlichen Ebenen zu bekämpfen (Addy, 2005). Die Menschenwürde ist im Grundgesetz der Bundesrepublik Deutschland als oberster Rechtswert verankert und ist laut dem Artikel eins unantastbar (ICERD, 2017, S. 2). Jede staatliche Macht sei demnach dazu verpflichtet, „sie zu achten und zu schützen" (ICERD, 2017, S. 2).

Der internationale Menschenrechtsschutz wird durch die Menschenrechtsabkommen der Vereinten Nationen gewährleistet. Dabei handelt es sich um rechtsverbindliche internationale Verträge, die inzwischen von der Mehrzahl der Staaten ratifiziert worden sind (Vereinte Nationen: Menschenrechtsabkommen, 2020). Deutschland hat mit einer Ausnahme alle Menschenrechtsabkommen der Vereinten Nationen ratifiziert und verpflichtet sich somit, die in den Abkommen postulierte Rechte zu achten, zu schützen und zu verwirklichen. Um den Stand der Umsetzung nachweisen zu können, muss Deutschland wie alle anderen Vertragsstaaten regelmäßig Bericht an die Fachausschüsse der Vereinten Nationen erstatten (Vereinte Nationen: Menschenrechtsabkommen, 2020).

Die im Jahr 1953 in Kraft getretene Europäische Menschenrechtskonvention (EMRK), die von allen 47 Mitgliedsstaaten des Europarats unterzeichnet wurde, ist ein Übereinkommen, das dem Schutz der Menschenrechte und Grundfreiheiten von Menschen dient (Europäische Menschenrechtskonvention, 2014b). Mit dieser Konvention wurde erstmals in Europa ein völkerrechtlich verbindlicher Grundrechteschutz geschaffen und gilt als wichtigstes Menschenrechtsübereinkommen in Europa (Europäische Menschenrechtskonvention, 2014b). Im Rahmen von Rassismus in Schulen ist vor allem der zweite Artikel des Zusatzprotokolls zur Menschenrechtskonvention von besonderer Bedeutung, denn er schafft einen Rechtsanspruch auf Bildung und lautet wie folgt:

> *„Niemandem darf das Recht auf Bildung verwehrt werden. Der Staat hat bei Ausübung der von ihm auf dem Gebiet der Erziehung und des Unterrichts übernommenen Aufgaben das Recht der Eltern zu achten, die Erziehung und den Unterricht entsprechend ihren eigenen religiösen und weltanschaulichen Überzeugungen sicherzustellen."* (Quelle: Europäische Menschenrechtskonvention, 2014b)

Aber das im Rahmen rassistischer Diskrimination womöglich relevanteste Übereinkommen ist das „Internationale Übereinkommen zur Beseitigung jeder Form von

Rassendiskriminierung" (kurz: UN-Rassendiskriminierungskonvention; internationale Abkürzung: ICERD). Es wurde am 21. Dezember 1965 von der Generalversammlung der Vereinten Nationen beschlossen und trat am 4. Januar 1969 als erstes der UN-Menschenrechtsabkommen in Kraft. Diese Konvention richtet sich gegen jede rassistische Diskriminierung aufgrund von Rasse, Hautfarbe, Abstammung, nationaler oder ethnischer Herkunft. Bis zum 8. Juni 2017 wurde das Übereinkommen von 178 Staaten ratifiziert (ICERD, 2017).

1.6.2 Internationales Übereinkommen zur Beseitigung jeder Form von Rassendiskriminierung (ICERD) - Inhalt

Im Folgenden werden nicht alle Artikel der Konvention erläutert, sondern es werden nur diejenigen Artikel in Kürze dargestellt, die laut der Autoren für den schulischen Kontext von besonderer Bedeutung sind. Zunächst ist es hervorzuheben, dass Rassismus im grund-, menschen- und strafrechtlichen Sinne nicht nur auf biologistischen Rassismus beschränkt ist: Sofern in dieser Konvention das Diskriminierungsmerkmal Rasse verwendet wird, ist der Begriff so zu verstehen, dass er sich auf die soziale Konstruktion von Menschengruppen bezieht, die Menschen anhand physischer Merkmale in Kategorien einteilt. „Rasse" entstand als soziale Konstruktion historisch mit der Herausbildung des Rassismus (Deutsches Institut für Menschenrechte, 2018).

Zunächst wird in der Konvention unter anderem davon ausgegangen, dass:

- Jeder Mensch, ohne irgendeinen Unterschied, insbesondere der „Rasse", der Hautfarbe oder der nationalen Abstammung, Anspruch auf alle Rechte und Freiheiten hat, die im Folgenden aufgelistet werden,
- Alle Menschen vor dem Gesetz gleich sind und ein Recht auf gleichen Schutz des Gesetzes gegen jede Diskriminierung und jedes Anregen zur Diskriminierung haben,
- Jede Lehre von einer auf „Rassenunterschiede" gegründeten Überlegenheit wissenschaftlich falsch, moralisch verwerflich sowie sozial ungerecht und gefährlich ist und dass eine „Rassendiskriminierung" unter keinen Umständen gerechtfertigt ist,
- „Rassendiskriminierung" freundschaftlichen und friedlichen Beziehungen zwischen Menschen im Weg steht und dass sie den Frieden und die Sicherheit stört,
- Alle erforderlichen Maßnahmen zur schnellstmöglichen Beseitigung aller Formen und Anzeichen von Rassendiskriminierung getroffen werden müssen, um das gegenseitige Verständnis zwischen den „Rassen" zu fördern und eine internationale Gemeinschaft zu schaffen, die frei von jeder Form der Rassentrennung und Rassendiskriminierung ist (UN-Rassendiskriminierungskonvention, 2013).

ICERD – Artikel 1

Der erste Paragraph des ersten Artikels beinhaltet eine Definition des Ausdrucks „Rassendiskriminierung", welche bezeichnet wird als:

„(...) jede auf der Rasse, der Hautfarbe, der Abstammung, dem nationalen Ursprung oder dem Volkstum beruhende Unterscheidung, Ausschließung, Beschränkung oder Bevorzugung, die zum Ziel oder zur Folge hat, dass dadurch ein gleichberechtigtes Anerkennen, Genießen oder Ausüben von Menschenrechten und Grundfreiheiten im politischen, wirtschaftlichen, sozialen, kulturellen oder jedem sonstigen Bereich des öffentlichen Lebens vereitelt oder beeinträchtigt wird." (Quelle: UN-Rassendiskriminierungskonvention, 2013)

Die Europäische Kommission gegen Rassismus und Intoleranz (ECRI), ein Menschenrechtsgremium des Europarats, definiert rassistische Diskriminierung in ihrer Aufgabenbeschreibung zudem ähnlich (Deutsches Institut für Menschenrechte, 2018). Ausgangspunkt dieser grund- und menschenrechtlichen Definition von Rassismus ist die Betrachtung von Rassismus als soziales Diskriminierungsverhältnis, welches durch folgende Elemente gekennzeichnet ist:

- Klassifizierung: Menschen werden einer homogenen und statisch konstruierten Gruppe zugeordnet,
- Subordination: Diese Gruppen bilden ein hierarchisches System, wobei die einen Gruppen den anderen untergeordnet sind (Deutsches Institut für Menschenrechte, 2018).

Die Definition enthält zudem vier Voraussetzungen, die erfüllt sein müssen, um „Rassendiskriminierung" nachweisen zu können:

- Erstens muss eine Ungleichbehandlung von Menschen vorliegen in Form von „Unterscheidung", „Ausschließung", „Beschränkung" oder der „Bevorzugung" Anderer,
- Zweitens muss diese Ungleichbehandlung auf einem der Unterscheidungsmerkmale beruhen, die von der Definition erfasst werden, wie etwa der Hautfarbe,
- Drittens muss die Ungleichbehandlung, die in der Definition genannte Rechtsbeeinträchtigung bezwecken oder bewirken,
- Viertens darf die Ungleichbehandlung keinem legitimen Ziel dienen, das im Einklang mit dem Sinn und Zweck der Konvention steht (ICERD, 2017, S. 12). Die Ungleichbehandlung darf auch sachlich nicht gerechtfertigt sein (ICERD, 2017).

Anzumerken ist auch, dass Rassismus mehr ist als das, was offensichtlich gegen Diskriminierungsverbote verstößt (Deutsches Institut für Menschenrechte, 2018). Dementsprechend sind selbst solche Fälle, in denen eine rassistische Diskriminierung herbeigeführt wird, ohne dass sich die handelnde Person dessen bewusst ist, in dieser Definition mit einbezogen (ICERD, 2017). Demnach ist es auch völlig irrelevant, ob eine rassistische Benachteiligung bewusst oder unbewusst erfolgt. Das heißt, um im Sinne des Rechts „rassistisch" zu sein, reicht es schon, dass ein objektiver Dritter die Tat als rassistisch im Sinn der grund- und menschenrechtlichen Definition von Rassismus einschätzt. Das Urteil des Dritten wird auch dann in Betracht bezogen, selbst wenn die handelnden Personen den Vorwurf des „Rassismus" von sich weisen würden (Deutsches Institut für Menschenrechte, 2018). Dennoch kann auch hier wieder die Frage aufkommen, welchen Kriterien man für eine objektive Bewertung heranziehen soll. Die Definition der „Rassendiskriminierung" aus dem ICERD-Übereinkommen gilt im deutschen Recht unmittelbar und ist von der Verwaltung und dem Gericht anzuwenden (ICERD, 2017).

Der vierte Paragraph dieses Artikels besagt, dass Sondermaßnahmen, die getroffen werden um eine angemessene Entwicklung bestimmter Minderheitsgruppen zu gewährleisten, und somit also dazu dienen, dass diese Menschen die Menschenrechte und Grundfreiheiten gleichberechtigt genießen und ausüben können, nicht als Rassendiskriminierung gelten. Diese Maßnahmen dürfen jedoch nicht die Beibehaltung getrennter Rechte für verschiedene Rassengruppen zur Folge haben und sie dürfen nicht fortgeführt werden, nachdem die Ziele, um derentwillen sie getroffen wurden, erreicht sind (UN-Rassendiskriminierungskonvention, 2013).

ICERD – Artikel 2

Dieser Artikel verdeutlicht, dass Rassendiskriminierung von den Vertragsstaaten ausnahmslos verurteilt wird, und dass sie sich dazu verpflichten, mit allen geeigneten Mitteln Rassendiskriminierung zu beseitigen und das gegenseitige Verständnis unter den „Rassen" zu fördern (UN-Rassendiskriminierungskonvention, 2013).

Die Vertragsstaaten sind einerseits verpflichtet, selbst jegliche rassistische Diskriminierung zu unterlassen (negative Pflicht), andererseits schreibt der ICERD den Vertragsstaaten auch vor, jede Verbreitung von Ideen, die sich auf die Überlegenheit einer „Rasse" gründen, unter Strafe zu stellen (positive Pflicht) (ICERD, 2017).

Die Umsetzung der positiven und negativen Pflichten ist über verschiedenste Wege möglich, so können öffentliche Stellungnahmen von Regierungsmitgliedern gegen rassistische Einstellungen vorgenommen werden, Anti-Rassismus-Lehrplänen in den Schulen gestaltet werden oder, als strengste Maßnahme, Strafverfolgungen eingeleitet werden (ICERD, 2017). Den Staaten kommt bei der Frage, wie diese Handlungspflichten genau umzusetzen sind, ein gewisser Entscheidungsspielraum zu. Es ist demnach auch naheliegend, dass bei manchen Pflichten, etwa bei Aufklärungsmaßnahmen in Schulen gegen rassistische Vorurteile, der Handlungsspielraum sehr weit, und somit je nach Vertragsstaat auch unterschiedlich effektiv sein kann (ICERD, 2017). Bei der Umsetzung positiver und negativer Pflichten müssen auch die vielfältigen Formen der unmittelbaren (direkten) und mittelbaren (indirekten) rassistischen Diskriminierung beachtet werden (ICERD, 2017).

Laut dem Allgemeinen Gleichbehandlungsgesetz (AGG) liegt eine unmittelbare Benachteiligung vor, wenn eine Person eine weniger günstige Behandlung als eine Vergleichsperson erfährt, erfahren hat oder erfahren würde (Antidiskriminierungsstelle des

Bundes, 2014). Grund für die ungünstigere Behandlung muss die „tatsächliche oder vermeintliche Zugehörigkeit zu einer auf Rassismus zurückzuführende Diskriminierungskategorie" sein (Antidiskriminierungsstelle des Bundes, 2014). Ein Beispiel hierfür wäre, wenn eine Muslimin sich in Deutschland als Arzthelferin bewerben würde, ihre Bewerbung jedoch abgelehnt werden würde, aufgrund ihrer ethnischen Herkunft. Bei einer mittelbaren Benachteiligung handelt es sich dem Eindruck nach um neutrale Regelungen, die sich jedoch besonders benachteiligend auf Personen auswirken, die zu einer Diskriminierungskategorie gehören (Antidiskriminierungsstelle des Bundes, 2014). Eine solche Benachteiligung ist dann unzulässig, wenn sie nicht sachlich gerechtfertigt werden kann (Antidiskriminierungsstelle des Bundes, 2014). Dies wäre zum Beispiel der Fall, wenn als Einstellungsvoraussetzung das Beherrschen der deutschen Sprache angegeben wird, obwohl sie für die beabsichtigte Tätigkeit nicht erforderlich ist. Zudem wird vorgesehen, dass jeder Vertragsstaat das Vorgehen seiner staatlichen und örtlichen Behörden überprüft und alle Gesetze und sonstige Vorschriften ändert oder aufhebt, die eine Rassendiskriminierung bewirken (UN-Rassendiskriminierungskonvention, 2013).

ICERD – Artikel 4
Dieser Artikel besagt, dass jede Propaganda und alle Organisationen, die auf Ideen oder Theorien hinsichtlich der Überlegenheit einer „Rasse" oder Personengruppe bestimmter Hautfarbe oder Volkszugehörigkeit beruhen, verurteilt werden. Demnach ist bereits jegliche Verbreitung von Ideen, die sich auf die Überlegenheit einer „Rasse" oder auf den Rassenhass gründen, eine nach dem Gesetz strafbare Handlung (UN-Rassendiskriminierungskonvention, 2013).

ICERD – Artikel 5
Rechte, die von Rassendiskriminierung besonders betroffen sein können, werden im Artikel 5 aufgelistet. Dabei handelt es sich um Freiheits- und Bürgerrechte, aber auch um wirtschaftliche, soziale und kulturelle Rechte. Im Folgenden werden nur diese aufgelistet, die im Schulkontext mehr oder weniger relevant sein können:

- die Gleichbehandlung vor Gericht und vor anderen rechtlichen Institutionen,
- die Sicherheit der Person,
- der Schutz durch den Staat vor Gewalttätigkeit oder Körperverletzung,
- die Bewegungsfreiheit und die freie Wahl des Aufenthaltsortes in einem Staat,
- die Gedanken-, Gewissens- und Religionsfreiheit,
- die Meinungsfreiheit, das Recht auf freie Meinungsäußerung,
- das Versammlungsrecht und die Bildung von Vereinigungen,
- das Recht auf Erziehung und Ausbildung,
- die gleichberechtigte Teilnahme an kulturellen Tätigkeiten
- der Zugang zu allen für die Öffentlichkeit vorgesehenen Orten oder Diensten, wie Verkehrsmittel, Hotels, Gaststätten, Cafés, Theater und Parks (UN-Rassendiskriminierungskonvention, 2013).

ICERD – Artikel 6

Dieser Artikel erinnert daran, dass Opfer die einen Schaden durch Rassendiskriminierung erlitten haben, das Recht dazu haben, vom Staat eine angemessene Entschädigung zu verlangen (UN-Rassendiskriminierungskonvention, 2013).

ICERD – Artikel 7

Besonders wichtig im Rahmen von Rassismus in Schulen ist der 7. Artikel der Konvention. Die Vertragsstaaten verpflichten sich, unmittelbare und wirksame Maßnahmen, insbesondere auf dem Gebiet des Unterrichts, der Erziehung, der Kultur und der Information vorzunehmen, mit dem Ziel, Vorurteile, die zu Rassendiskriminierung führen, zu bekämpfen. Zudem sollen in den genannten Kontexten Verständnis, Duldsamkeit und Freundschaft gefördert werden; Erklärungen über Menschenrechte, sowie über die Ziele und Grundsätze der Charta der Vereinten Nationen sollen verbreitet werden (UN-Rassendiskriminierungskonvention, 2013).

Für die Einhaltung der Rassendiskriminierungskonvention ist ein Ausschuss für die Beseitigung der Rassendiskriminierung vorgesehen, welcher aus 18 unabhängigen Experten besteht, die sich zweimal im Jahr für jeweils drei Wochen in Genf zu ihren Sitzungen treffen (UN-Rassendiskriminierungskonvention, 2013). Die Ausschussmitglieder werden für vier Jahre in geheimer Wahl gewählt. Der Ausschuss hat unter anderem die Aufgabe, die Staatsberichte der Vertragsstaaten entgegenzunehmen und zu prüfen. Jeder Vertragsstaat ist verpflichtet, alle zwei Jahre einen Bericht einzureichen, aus dem die Tätigkeit innerhalb des Staates in Bezug auf die Verwirklichung der Ziele der Rassendiskriminierungskonvention hervorgeht. Nachdem der Ausschuss diese Berichte geprüft hat, kann er allgemeine Empfehlungen abgeben und dem jeweiligen Staat Vorschläge machen. Diese Empfehlungen sind bereichsspezifisch und betreffen beispielsweise das Bildungssystem. Auch wenn die Empfehlungen für die Vertragsstaaten rechtlich nicht verbindlich sind, verpflichten sie sich jedoch dazu, diese Auffassungen mindestens zur Kenntnis zu nehmen und sich mit ihnen inhaltlich zu beschäftigen (ICERD, 2017).

Die vom Ausschuss empfohlenen Maßnahmen, die das Bildungssystem betreffen, können die Vertragsstaaten beispielsweise dazu anregen,

- alle sprachlichen Formulierungen in Lehrbüchern zu überprüfen, die in Bezug auf Menschen anderer Herkunft Stereotype oder entwürdigende Bilder, Bezugnahmen, Bezeichnungen oder Meinungen enthalten, und sie durch solche zu ersetzen, die „die Botschaft der Menschenwürde und der Gleichheit aller Menschen" vermitteln;
- sicherzustellen, dass öffentliche und private Bildungssysteme Kinder nicht auf der Grundlage der „Rasse", beziehungsweise der Abstammung diskriminieren oder ausschließen;
- Maßnahmen zu begrüßen, die darauf gerichtet sind, die Bildung aller Schüler zu fördern und die Menschen unabhängig ihrer Herkunft einen gerechten Zugang zu höherer Bildung garantieren (ICERD, 2017, S. 37).

Darüber hinaus wird auch Rücksicht auf ganz bestimmte gesellschaftliche Minderheiten genommen. Im Rahmen allgemeiner Empfehlungen für den Diskriminierungsschutz der Roma wird zum Beispiel vorgeschlagen,

- die Integration aller Kinder mit Roma-Hintergrund in das reguläre Schulsystem zu unterstützen und durch entsprechende Maßnahmen die Schulabbrecherquoten, insbesondere bei Roma-Mädchen, zu senken und aktiv mit Roma-Eltern oder Verbänden der Roma zusammenzuarbeiten;
- die Ausgrenzung von Roma-Schülern möglichst weitgehend zu vermeiden und die Möglichkeit des Unterrichts in zwei Sprachen oder in der Muttersprache offenzuhalten. Man sollte sich auch dazu bemühen, die Bildungsqualität an allen Schulen und das Leistungsniveau der Minderheitengemeinschaft in den Schulen zu erhöhen, sowie Schulpersonal aus dem Kreis der Roma-Gemeinschaften anzuheuern und die interkulturelle Erziehung allgemein zu fördern;
- durch die gebotenen Maßnahmen eine Grundschulbildung für Roma-Kinder sicherzustellen, unter anderem durch ihre vorübergehende Zulassung zu regulären, örtlichen Schulen, durch zeitweiligen Unterricht in ihren Gemeinschaften oder durch die technische Ermöglichung von Fernunterricht;
- tätig zu werden, um die Kommunikation zwischen dem Lehrpersonal und Roma-Kindern und -Eltern zu verbessern, durch den häufigeren Einsatz von Hilfskräften aus dem Kreis der Roma;
- in die Lehrbücher aller geeigneten Bildungsstufen Kapitel über die Geschichte und Kultur der Roma mitaufzufassen (ICERD, 2017).

Darüber hinaus sollten diese Empfehlungen für alle und nicht nur für die genannte ethnische Minderheit gelten.

1.6.3 Grenzen der ICERD-Vorschriften

Trotz allgemeiner Richtlinien und Empfehlungen zur Rassismusbekämpfung, bleibt weiterhin die Frage bestehen, inwiefern Menschen mit Rassismus-Erfahrung in der Realität von der Gesellschaft, beziehungsweise von der Justiz wahrgenommen, angemessen geschützt und respektvoll behandelt werden (Deutsches Institut für Menschenrechte, 2018). Diese Frage ist vor allem deswegen berechtigt, da „Rassismus" bislang kein offizieller Begriff des Rechts ist (Deutsches Institut für Menschenrechte, 2018; Schlüter & Schoenes, 2016).

Es herrscht zu diesem Zeitpunkt weder aus juristischer Sicht noch in der deutschen Rechtsprechung und im Schrifttum Einigkeit darüber, was genau unter Rassismus und damit unter rassistischen Tathandlungen zu verstehen ist. Viele Richter und Staatsanwälte sind zudem der Ansicht, dass Rassismus gar nicht objektiv festgestellt werden kann (Schlüter & Schoenes, 2016). Dies hat auch zu Folge, dass die Auseinandersetzung mit Rassismus in Deutschland insgesamt weiterhin auf relativ große Ablehnung stößt: Anstatt einer aktiven Rassismusbekämpfung in der Gesellschaft wird Rassismus oftmals nur historisiert („Rassismus gab es im Nationalsozialismus"), externalisiert („Rassismus gibt es in den USA oder Südafrika") oder an die „Ränder der Gesellschaft" verschoben („rassistisch sind Neonazis oder Unterstützer von Pegida") (Schlüter & Schoenes, 2016, S. 200). Allgemein gesehen wird Rassismus weder in der Gesellschaft noch in der Justiz ausreichend mit dem alltäglichen Funktionieren der Gesellschaft und ihrer Institutionen in Verbindung gebracht und thematisiert (Schlüter & Schoenes, 2016).

Eine klare Definition von Rassismus und Ausschluss darüber, welche Tathandlungen und Motivlagen als rassistisch bewertet werden können, ist im deutschen Strafrecht unerlässlich, um Rassismus bekämpfen zu können: Nur wenn eine einheitliche Linie in den rassismusbezogenen Begriffen besteht, können diese in der konkreten Rechtsanwendung genutzt werden (Deutsches Institut für Menschenrechte, 2018). Die Bezugnahme auf sozialwissenschaftliche Erkenntnisse könnten für diesen Schritt von großer Bedeutung sein, wobei davon ausgegangen wird, dass Rassismus kein uniformes, statisches Phänomen ist, sondern verschiedene Ausdrucksformen haben kann und wandelbar ist (Deutsches Institut für Menschenrechte, 2018).

1.6.4 Die Rolle des Justizsystems bei der Rassismusbekämpfung

Bei der Bekämpfung von Rassismus, beziehungsweise bei der Herstellung von Gerechtigkeit und bei der Anerkennung von rassistisch motivierten Taten, haben Gerichtsverfahren eine wichtige Rolle und nehmen in der Gesellschaft oftmals, wenn auch unbewusst, eine Vorbildfunktion ein. So macht der US-amerikanische Jurist Justin Murray (2012) darauf aufmerksam, dass die Grundannahme, das Gericht sei eine neutrale Institution, Rassismus in der Gesellschaft noch weiter verstärken könne. Laut ihm gehen die meisten US-Bürger davon aus, dass jeder vor dem Gesetz gleich sei, obwohl sie sich den offensichtlich übermäßigen Beschuldigungen, Verhaftungen und Verurteilungen von Afroamerikanern im Vergleich zu weißen Amerikanern bewusst sind. Die Illusion der rechtlichen Neutralität trägt demnach nicht zur aktiven Bekämpfung von Rassismus in der Gesellschaft bei, sondern bestätigt vielmehr die Überzeugung vieler Menschen, dass Afroamerikaner für die Mehrheit aller Verbrechen in Amerika verantwortlich sind (Murray, 2012). Von der weit verbreiteten Gleichheitsaussage darf also keineswegs auf einen tatsächlichen und wahrhaften Zustand geschlossen werden, denn in der Realität werden *People of Color* aufgrund ihrer Hautfarbe, ihrer zugeschriebenen ethnischen Herkunft, Kultur, Religion oder „Rasse" auch in unserer Gesellschaft immer noch anders behandelt als weiße Menschen (Deutsches Institut für Menschenrechte, 2018). Es gibt wohl kaum ein Richter oder Staatsanwalt, der ein gewisses Verfahren völlig wertneutral bearbeitet und dies ist auch unvermeidlich, denn das menschliche Verhalten wird unweigerlich von unseren Wertvorstellungen, Vorverständnis, eigenen Erfahrungen und nicht zuletzt auch von Sympathien und Antipathien gegenüber unseren

1 Rassismus – eine Einführung

Mitmenschen beeinflusst (Deutsches Institut für Menschenrechte, 2018). Infolge dessen ist es oftmals unklar, wie die Ermittlungen gegen den Täter laufen, wie und warum beispielsweise die Staatsanwaltschaften zu den jeweiligen Entscheidungen kommen und was letztendlich der Urteilsspruch genau bedeutet (Deutsches Institut für Menschenrechte, 2018). Da sowohl Polizei, Ermittlungsbehörden, Staatsanwaltschaften als auch das Gericht fest in einer von Rassismus geprägten Gesellschaft verankert sind, müssten diese ganz bewusst institutionellen und strukturellen Rassismus in der eigenen Behörde bekämpfen, um dem menschenrechtlichen Gleichheitsprinzip überhaupt gerecht werden zu können (Deutsches Institut für Menschenrechte, 2018).

Jedoch kann Rassismus nicht erfolgreich bekämpft werden, indem man ethnische Merkmale gar nicht mehr thematisiert und alle Menschen so behandelt, als existierten solche Merkmale nicht. In diesem Fall würde man Rassismus verleugnen. Das Nicht-Sehen von Hautfarben und Lebensrealitäten von Rassismus betroffener Menschen, die maßgebend durch Unterdrückung geprägt sind, würde de facto einen „farbenblinden" Rassismus erzeugen (Deutsches Institut für Menschenrechte, 2018, S. 65). Auch wenn es wohl keinen Polizeibeamten, Staatsanwalt oder Richter gibt, der sich heutzutage eine offene rassistische Bemerkung erlauben würde, bedeutet das nicht, dass kein Rassismus existiert. Demzufolge schrieb die bulgarische Menschenrechtsaktivistin Dimitrina Petrova (2001), dass gerade die Verleugnung von Rassismus sich über den letzten Jahren zur typischsten und womöglich geläufigsten modernen Form von wahrem Rassismus entwickelt hat. Auch in Deutschland gibt die überwiegende Mehrheit von Menschen an, sich nicht als rassistisch wahrzunehmen, dennoch zeigen die Ergebnisse aus dem Jahr 2016 der Leipziger »Mitte«-Längsschnittstudie, dass unter anderem ein Drittel der Deutschen das Land als „gefährlich überfremdet" einstuft (Decker et al., 2016, S. 33 f.). Diesbezüglich ist anzumerken, dass jegliche Art von Propaganda, die fordert, dass eingewanderte Menschen und ihre Nachkommen, völlig unabhängig von ihrer Staatsangehörigkeit, Nationalität, Aufenthaltsdauer und familiären Hintergründen, das Land verlassen sollen, eine rassistische Diskriminierung darstellt, die von der Menschenrechtskonvention theoretisch verboten ist (Deutsches Institut für Menschenrechte, 2018).

Diesem „farbenblinden" Rassismus steht insbesondere die *Critical Whiteness,* also die kritische Weißseinsforschung gegenüber, ein wissenschaftlicher und politischer Ansatz, welcher dazu anregt, auch das „Weißsein", in der Gesellschaft und im wissenschaftlichen Diskurs wahrnehmbar zu machen (Deutsches Institut für Menschenrechte, 2018, S. 66). Dabei wird angenommen, dass auch weiße Menschen nicht von gesellschaftlichen Bestimmungen durch ethnische Merkmale ausgenommen sind (Green et al., 2007). Jedoch ist es bei weißen Menschen so, dass diese Bestimmungen ihnen eine Sonderrolle im Sinne eines Vorteils verschaffen (Green et al., 2007). Dazu kommt, dass die überwiegende Mehrheit an Personen, die im juristischen Kontext tätig sind, nicht einer ethnischen Minderheit angehören und daher auch nicht persönlich von rassistischer Diskriminierung betroffen sind (Deutsches Institut für Menschenrechte, 2018). Bei Opfern von Rassismus kann es daher unvermeidlich auch zu einem Misstrauen in die Justiz kommen, da diese den Gerichtssaal häufig als „weißen Raum" wahrnehmen, in dem sie sich als nichtweiße Personen allein und nicht verstanden fühlen (Deutsches Institut für Menschenrechte, 2018, S. 68). In dem Sinne ist es vor allem im Rechtsystem notwendig zu reflektieren, inwiefern „Weißsein" als unsichtbarer Maßstab herangezogen wird und inwiefern jegliche Abweichungen davon als minderwertige Abstufung angesehen wird (Green et al., 2007).

Die bewusste Berücksichtigung dieser Diskriminierungsrealität stellt im Justizsystem immer noch eine große Herausforderung dar, denn „kein Mensch ist eine Insel", wie ein Sprichwort besagt: Alle Akteure innerhalb dieses Systems sind gleichzeitig Bürger und Teil der Gesellschaft, deshalb sind allgemein verbreitete „rassistische" Einstellungen logischerweise auch in diesen Berufsgruppen zu erwarten. Für die Entwicklung einer rassismussensiblen Justiz und Gesellschaft ist es wichtig zu erkennen, wie unser Denken und Handeln unterschwellig und oft unbewusst durch rassistische Vorurteile beeinflusst werden kann (s. auch *2.6 Stereotype*). Zudem besteht der Bedarf, interkulturelle Kompetenzen innerhalb des Justizsystems zu fördern, denn bislang wird diese in der juristischen Ausbildung nicht vermittelt (Deutsches Institut für Menschenrechte, 2018).

▶ Interkulturelle Kompetenz fordert von Menschen die Bereitschaft, sich in fremde Lebenswelten „einzudenken" und setzt sich zusammen aus Wissen, Fähigkeiten und Haltungen (Auernheimer, 2005).

Demnach können diskriminierende Kommunikationsformen vermieden werden und diese Kompetenzen erlauben es auch, Menschen mit anderer kultureller Prägung aufgeschlossener und respektvoller entgegenzutreten. Die Verleugnung unterschiedlicher Kultur- und Kommunikationsmuster führt im Gegenzug häufig zu unbewusster rassistischer Diskriminierung (Deutsches Institut für Menschenrechte, 2018).

1.6.5 Meinungsfreiheit versus Rassismus

In manchen Fällen könnte die Frage aufkommen, ob eine staatliche Maßnahme gegen Rassismus anderen Menschenrechten entgegensteht. Dies betrifft vor allem die Meinungsfreiheit bei Maßnahmen gegen rassistische Äußerungen. Die Meinungsfreiheit wird unter anderem im 10. Artikel der Europäischen Menschenrechtskonvention (EMRK) garantiert (Europäische Menschenrechtskonvention, 2014a). Die darin geschilderte geschützte Meinungsfreiheit ist

> „(…) die Freiheit, seine Gedanken laut und öffentlich auszusprechen, verstanden als das subjektive Recht auf freie Rede, auf freie Äußerung und auf die (öffentliche) Verbreitung einer Meinung in Wort, Schrift und Bild sowie allen weiteren verfügbaren Übertragungsmitteln." (Quelle: Europäische Menschenrechtskonvention, 2014a).

Der freie Meinungsaustausch ist ein wichtiges Fundament in einer Demokratie und Äußerungen eines Anderen müssen grundsätzlich auch dann ausgehalten werden, wenn sie der eigenen Meinung nicht entsprechen und wenn sie schockierend oder verletzend sein können (ICERD, 2017).

Die Europäische Menschenrechtskonvention garantiert die Meinungsfreiheit jedoch nicht unbegrenzt, sondern staatliche Schutzmaßnahmen können gegen derartige Äußerungen ergriffen werden, insbesondere wenn sie unter den Begriff der Hassrede gemäß des 4. Artikels des ICERD fallen (ICERD, 2017). Staatlich einberufene Einschränkungen der Meinungsfreiheit sind dementsprechend rechtlich erlaubt:

- aus Gründen der nationalen Sicherheit,
- zum Schutz der öffentlichen Sicherheit und Ordnung (einschließlich der Moral),
- zur Abwehr von Straftaten,
- aus Gründen des Ehrschutzes sowie zur Einhaltung der Rechte Dritter,
- zur Verhinderung der Verbreitung vertraulicher Informationen sowie
- zur Wahrung der Autorität und Unparteilichkeit der Rechtsprechung (Europäische Menschenrechtskonvention, 2014a).

Wo genau Meinungsfreiheit an Rassismus grenzt und wie diese Regelungen letztendlich umgesetzt werden, muss für jeden Fall einzeln geprüft werden (Bleich, 2013). Oft steht die Demokratie bei dieser Aufgabe vor einem Dilemma, denn manche Menschen nutzen diese Freiheit gezielt aus, um Rassismus zu erzeugen und es kommt zu einer „Kollision" dieser beiden unerlässlichen Rechte, die eine Demokratie bestmöglich zu schützen versucht (Bleich, 2013). Zudem lässt sich ein Übergang von der Bewahrung der Meinungsfreiheit in die Rassismusbekämpfung kaum genau messen und es gibt interkulturelle Unterschiede, was den Stellenwert von Meinungsfreiheit beziehungsweise Rassismusbekämpfung angeht: Während der Europäische Gerichtshof für Menschenrechte jegliche Art von Rassendiskriminierung als Gefahr einstuft, werden vom obersten Gerichtshof der Vereinigten Staaten rassistische Äußerungen toleriert, solange diese nicht in unmittelbare Gewalttaten übergehen (Bleich, 2013). Diese unterschiedlichen Bewertungen von Rassismus beruhen unter anderem auf den nahezu gegensätzlichen Inhalten der Grundgesetzestexte: Während der erste Zusatzartikel zur Verfassung der Vereinigten Staate jegliche Einschränkungen der Meinungsfreiheit untersagt, werden im 10. Artikel der Europäischen Menschenrechtskonvention, mit oberstem Ziel, die Menschenwürde zu schützen, mehrere Gründe genannt, die eine eingeschränkte Meinungsfreiheit befürworten (Bleich, 2013).

1.6.6 Fazit zur rechtlichen Einordnung von Rassismus

Schlussfolgernd lässt sich festhalten, dass sich die Rassismusbekämpfung trotz ICERD-Vorschriften und praktischen Empfehlungen über die Rechtsprache nicht so durchsetzen kann, wie es zu wünschen wäre. In der Justiz besteht derzeit keine „Rassismusschablone", die anzulegen wäre, um zu überprüfen, ob Rassismus in bestimmten

Fällen vorliegt oder nicht (Deutsches Institut für Menschenrechte, 2018, S. 37). Solange es keine diskriminierungssensible Rechtsprechung gibt, wird das Rechtssystem für von Rassismus betroffene Menschen weiterhin einen risikoreichen Raum darstellen. Es steht auch fest, dass die ICERD-Vorschriften bis heute selbst in Kreisen von Juristinnen und Juristen nicht so bekannt sind, wie es die Bedeutung des Themas für eine offene und Gesellschaft eigentlich verlangen würde (ICERD, 2017).

1.6.7 Take-Home-Messages

Übersicht
- Durch die Europäische Menschenrechtskonvention (EMRK), wurde 1953 erstmals in Europa ein völkerrechtlich verbindlicher Grundrechteschutz geschaffen.
- Das Internationale Übereinkommen zur Beseitigung jeder Form von Rassendiskriminierung (ICERD), welches im Jahr 1969 in Kraft trat, bietet den Mitgliedsstaaten des Europarats einheitliche Richtlinien für den Umgang mit rassistischen Diskriminierungen aufgrund von Rasse, Hautfarbe, Abstammung, nationaler oder ethnischer Herkunft.
- Das ICERD verneint jegliche Vorstellungen von „Rassen", sowie Unterschiede in der Hautfarbe oder der nationalen Abstammung. Jeder Mensch hat daher gleichermaßen Anspruch auf alle Rechte und Freiheiten, die in der Konvention erläutert werden.
- Aus juristischer Sicht bleibt die aktive Rassismusbekämpfung weiterhin eine Herausforderung, da „Rassismus" bislang kein offizieller Begriff des Rechts ist.
- Eine einheitliche Definition von Rassismus sollte vor Allem die verschiedenen Ausdrucksformen von Rassismus berücksichtigen, denn nur so ist es möglich darüber zu entscheiden, welche Tathandlungen und Motivlagen als rassistisch bewertet werden sollen.
- Rassismusbekämpfung auf staatlicher Ebene kann gegebenenfalls dem Schutz anderen Menschenrechten entgegenstehen; wo genau jedoch die Grenze zwischen Meinungsfreiheit und Rassismus liegt, muss für jeden Fall individuell überprüft werden.

1.7 Rassismus in der Sprache

Sprache ist ein machtvolles Konstrukt, das sowohl historisch als auch gesellschaftlich geprägt ist (Albrecht, 2017). Zudem kann Sprache gezielt eingesetzt werden, um Rassenunterschiede oder die Ausgrenzung von Menschen zu bewirken; in diesem Fall spricht man von einem sprachlichen Rassismus (Weber, 2015). Unsere Sprache kann auch nicht als genaues Abbild der Wirklichkeit angesehen werden, da sie in der Lage ist, die Wirklichkeit frei zu gestalten, indem nicht nur sachliche Inhalte über die Sprache vermittelt werden, sondern durch gezielte Wortwahl vermittelt sie vor allem gesellschaftlich genehmigtes Wissen oder Annahmen (zum Beispiel Annahmen über die eigene Position, über die Position unseres Gegenübers oder über die Position gesellschaftlicher Minderheiten) (Deutsches Institut für Menschenrechte, 2018). Sprachliche Handlungen machen somit unser normalisiertes Wissen verständlich und erlauben es, Personen zu begreifenden, sozialen Wesen zu machen. Wie wir eine andere Person benennen, nimmt also unmittelbaren Einfluss auf ihre Identität und Selbstwahrnehmung (Nduka-Agwu & Hornscheidt, 2014). Die Sprache, die von Menschen gesprochen wird, kann also die Art und Weise beschränken, wie Menschen die Welt und das Leben wahrnehmen (Weber, 2015).

Dass Rassenkategorien nicht natürlich, sondern sozial konstruiert sind, zeigen die sprachlichen Benennungen von „Schwarz" und „Weiß", welche in unserer Gesellschaft nicht analog zu betrachten sind, sondern sie bezeichnen unterschiedliche Positionen in Bezug auf gesellschaftliche Machtverhältnisse. Wenn „Schwarz" und „Weiß" natürliche Kategorien wären, würden sie sich auf einem Kontinuum mit einem Grenzpunkt genau in der Mitte befinden. In der Zeit des Kolonialismus galt jedoch die sogenannte *One-Drop-Rule*. Laut dieser Regel galten alle Menschen mit „einem Tropfen schwarzen Blutes" als „schwarz", denen ein „schwarzafrikanischer" Vorfahre nachgewiesen werden konnte (Weber, 2015, S. 95). Der Grenzpunkt lag also nicht in der Mitte, sondern fast vollständig am „weißen" Ende des Kontinuums (Weber, 2015, S. 95).

Sprache hat auch das Potenzial, Menschen rassistisch zu diskriminieren, indem die benannten Personen sprachlich anders dargestellt werden, als sie es sich wünschen würden beziehungsweise so, dass sie sich durch die Wortwahl von der Gesellschaft ausgeschlossen und entwürdigend bewertet fühlen (Nduka-Agwu & Hornscheidt, 2014). Eine häufig unterschätzte Form von Rassismus im alltäglichen Sprachgebrauch sind Metaphern. Zunächst würde man erwarten, dass rassistische Metaphern eher im rechtsextremen und faschistischen politischen Sprachgebrauch vorkommen, jedoch sind solche Metaphern auch im liberaleren politischen Diskurs auffindbar (Weber, 2015). So werden Immigranten in liberalen Medien auf entmenschlichende Weise beispielsweise als „Unkraut" dargestellt, welches „aussortiert" werden muss oder als eine „Flut illegaler Einwanderer", die ins Land „strömen" (Weber, 2015, S. 98).

Sprache setzt auch Menschen zueinander in Beziehung und weist ihnen so einen Platz in der Gesellschaft zu (Deutsches Institut für Menschenrechte, 2018). Dies passiert häufig, indem andere Menschen beschriftet und objektiviert werden. Das Etikettieren ist eine Möglichkeit, die Identität eines Menschen oder einer Menschengruppe einfach zusammenzufassen, indem sie auf ein einziges Kernelement reduziert werden. Wenn jemand als Immigrant kategorisiert wird, dann beinhaltet diese Etikettierung zwangsläufig auch eine politische Handlung (Weber, 2015).

1.7.1 Entstehung und Aufrechterhaltung von Rassismus in der deutschen Sprache

Eine Erklärung dafür, wie Rassismus in der Sprache aufrechterhalten bleibt, geht unter anderem aus den Arbeiten von Ferdinand de Saussure (1857–1913) hervor, ein Schweizer Sprachwissenschaftler, der den Strukturalismus stark geprägt hat. Der Strukturalismus bezeichnet eine Perspektive, die das Individuum nicht als freies, autonomes Wesen anerkennt, sondern als solches, das von übergeordneten geschichtlichen, aber auch sprachlichen Strukturen beeinflusst wird (Brügger & Vigsø, 2008). In diesem Ansatz wird die Sprache unter Prämissen einer strukturalistischen Betrachtungsweise analysiert. Demnach kann ein bestimmter Begriff nur dann zur Geltung kommen, wenn er mit einem sozialen Kontext, der über die Zeit hinweg wandelbar ist, in Verbindung gebracht wird. Die einzelnen Sprachelemente haben in unserem Sprachsystem keine Bedeutung, solange sie nicht in Bezug zu unseren Ideen und Vorstellungen steht, daher wird Sprache auch als ein soziales Produkt definiert (Brügger & Vigsø, 2008, S. 19). Wie genau die Bedeutungszuschreibung sprachlicher Elemente passiert, ist ein einfacher Prozess: Werden Wörter in bestimmten Assoziationsketten wiederholt benutzt, so werden diese mit der Zeit von der Gesellschaft als wahr übernommen und in unserem Sprachgebrauch verfestigt und weiterverbreitet (Albrecht, 2017). Dieses Phänomen spielt auch bei der Aufrechterhaltung von „Rassismus" eine große Rolle: Zur Zeit des deutschen Kolonialismus, Anfang des 20. Jahrhunderts, war die Sprache eines der Hauptinstrumente zur Legitimierung der brutalen Vorgehensweise der westlichen Mächte in den Kolonien. Durch den Sprachgebrauch konnten afrikanische Gesellschaften als „unordentlich", „chaotisch" und „regellos" dem weißen Standard entgegengestellt werden (Albrecht, 2017). Durch gezielte Wortwahl wurden die Fremden als eine Bedrohung der weißen Lebensart wahrgenommen (Albrecht, 2017). Bis heute wurden diese Grundannahmen durch unsere Sprache aufrechterhalten. Die Sprache ist also ein historisches und gesellschaftliches Gefüge und ein Individuum allein kann keine Wortbedeutung selbst festlegen oder ein Wort neu definieren, denn an solchen Prozessen ist immer die gesamte Gesellschaft beteiligt (Albrecht, 2017).

Dazu kommt, dass wir tagtäglich über verschiedenste Quellen, wie zum Beispiel über soziale Medien, Freunde oder Bekannte sowohl mit verbalen als auch mit schriftlichen und visuellen Sprachinhalten konfrontiert werden (Weber, 2015). Diese Sprachinhalte erreichen in einer Gesellschaft immer mehrere Menschen, sie werden also mehrfach weitergegeben und somit auch neutralisiert (Weber, 2015). Je mehr Sprachinhalte in einer Gesellschaft neutralisiert werden, desto häufiger werden sie wiederum an den Nächsten weitergegeben, so dass sie mit der Zeit zu einem festen Bestandteil der gesellschaftlichen Denkweise werden (Weber, 2015). Um den Rassismus aus der deutschen Sprache zu verweisen, müssten die über Generationen entwickelte Assoziationsketten zwischen Ereignissen, Annahmen und Begriffen durchbrochen werden (Albrecht, 2017).

1.7.2 Rassistische Begriffe in der deutschen Sprache

Sprachbegriffe sind wandelbar und werden von gesellschaftsdynamischen Veränderungsprozessen immer wieder neu bestimmt, sodass sie sich auch zu einer vermeintlichen Normalität in unserer Alltagssprache entwickeln (Albrecht, 2017). So erlebte beispielsweise der Begriff „Asylant" in der deutschen Gesellschaft über den letzten Jahrzehnten eine Bedeutungsverschiebung: Aus einer sachlichen Bezeichnung für eine Person, die das Grundrecht des politischen Asyls in Anspruch nimmt, wurde ein abwertender Begriff, da die Bezeichnung mit negativ zu bewertenden sozialen Ereignissen assoziiert wurde (Albrecht, 2017). Gesellschaftliche Diskriminierungsprozesse werden also auf sprachliche Begrifflichkeiten übertragen und somit werden dann symbolische und faktische Schlüsse gezogen (Deutsches Institut für Menschenrechte, 2018).

An dem Begriffspaar „arabische Großfamilie" kann ebenfalls verdeutlicht werden, wie neutrale Bezeichnungen über ihre Kontextualisierung zu rassistischen Kennzeichnungen werden (Deutsches Institut für Menschenrechte, 2018, S. 45). Sobald neutrale sprachliche Begriffe eine gesellschaftliche Funktion einnehmen, können sie nicht länger neutral sein: Der Begriff „arabische Großfamilie" wird durch seine gesellschaftliche Funktion in der Regel nur im Kontext von Drogen-, Banden und Gewaltkriminalität benutzt (Deutsches Institut für Menschenrechte, 2018). Durch diesen Begriff wird die allgemein existierende Kriminalität in unserer Gesellschaft externalisiert: Die „Großfamilie", also die Verantwortlichen für Kriminalität werden als „arabisch" und eben nicht als „deutsch" bezeichnet und arabische Menschen bildet eine vermeintliche gefährliche Minderheit innerhalb der „rechtschaffenen weißen Gesellschaft" (Deutsches Institut für Menschenrechte, 2018, S. 45). Die Großfamilie deutet zudem auf ein in unserer Gesellschaft veraltetes Familienbild hin, welches dem scheinbar modernen, westlichen Modell der Kleinfamilie klar gegenübersteht (Deutsches Institut für Menschenrechte, 2018, S. 45).

Allgemein konnte sich der Begriff „Ausländerkriminalität" in dem alltäglichen Sprachgebrauch durchsetzen. Dieses Wort legt nahe, dass Kriminalität in direktem Zusammenhang mit der Staatszugehörigkeit steht. So entsteht in der Gesellschaft der Eindruck, dass Personen mit Migrationserfahrung oder Geflüchtete krimineller sind als beispielsweise Deutsche. Auch bei den Wörtern „Flüchtling" und „Geflüchtete/r" handelt es sich nicht um rassismusfreie Begriffe, da der Fokus auf dem Fluchtprozess und der damit einhergehenden Hilfsbedürftigkeit dieser Menschen liegt. Ein eigenständiges Handeln wird diesen Menschen also abgesprochen. Um dies zu vermeiden, wird „Ankommende/r" vorgeschlagen oder *Refugee* (englischer Begriff für Zuflucht) (Albrecht, 2017). Der Fokus bei diesen Begriffen liegt nicht mehr auf der Flucht vor etwas, sondern auf der Ankunft an einem sicheren Ort (Albrecht, 2017). Diese Vielzahl an möglichen Bezeichnungen für einen schutzsuchende Person zeigt, wie schwer es ist, einen politisch korrekten Begriff zu finden. Dabei besteht keine Garantie, dass sich die Mehrheitsgesellschaft von den kritisch zu bewertenden Begriffen abwendet (Albrecht, 2017).

1.7.3 Wann ist ein Sprachgebrauch rassistisch?

Um zu bestimmen, wann ein Sprachgebrauch rassistisch ist, müssen immer sowohl situative als auch kontextuelle Faktoren berücksichtigt werden (Nduka-Agwu & Hornscheidt, 2014). Dementsprechend müssen Machtpositionen und Sprechpositionen reflektiert werden, sowie gesellschaftliche Konventionen, Situationen und Kontexte. Es gibt keine einfache klare Definition, ab wann welche Aussage rassistisch ist. In erster Linie sollte daher der eigene Sprachgebrauch reflektiert werden. Jedoch reicht es nicht, sich darauf zu beschränken, dass eine Äußerung nicht rassistisch gemeint war (Nduka-Agwu & Hornscheidt, 2014). Die bloße Intention ist kein ausreichendes Beweisstück dafür, ob etwas rassistisch ist oder nicht. Dies wird deutlich durch ein Beispiel: Die meisten Personen, die in unserer Gesellschaft das „N-Wort" benutzen, also ein Begriff, der während der europäischen Expansion erfunden wurde, um südlich der Sahara lebende Menschen zu kategorisieren (Kilomba, 2009), haben kaum primär das Ziel, *People of Color* rassistisch zu diskriminieren oder zu verletzen (Nduka-Agwu & Hornscheidt, 2014, S. 34). Trotzdem sprechen sie als Teil von Antirassismus-Konventionen (cf. ICERD), die in der Gesellschaft von großer Bedeutung sind, und welche diesen Ausdruck im Kontext einer „Rassenvorstellung" verbannen. Unabhängig von der persönlichen Intention reproduzieren rassistische Begriffe eine auf „Rasse" basierende Hierarchie in unserer Gesellschaft und wir müssen darüber bewusst sein, dass viele dieser Begriffe im deutschsprachigen Raum nicht mehr ohne eine rassistische Dimension genutzt werden können (Nduka-Agwu & Hornscheidt, 2014).

Literatur

Addy, D. N. (2005). *Rassistische Diskriminierung – Internationale Verpflichtungen und nationale Herausforderungen für die Menschenrechtsarbeit in Deutschland.* (3., aktual. Aufl.) (Studie/Deutsches Institut für Menschenrechte). Deutsches Institut für Menschenrechte. https://nbn-resolving.org/urn:nbn:de:0168-ssoar-329743. Zugegriffen: 27. Dez. 2020.

ADS. (2013). *Diskriminierung im Bildungsbereich und im Arbeitsleben.* Zweiter Gemeinsamer Bericht der Antidiskriminierungsstelle des Bundes und der in ihrem Zuständigkeitsbereich betroffenen Beauftragten der Bundesregierung und des Deutschen Bundestages. https://www.antidiskriminierungsstelle.de/SharedDocs/Kurzmeldungen/DE/2013/nl_04_2013/nl_04_im_blickpunkt.html. Zugegriffen: 11. Feb. 2021.

Albrecht, M. (2017). *Rassismus und Sprache.* (Hintergrund- und Diskussionspapier). Minden: Bund für Soziale Verteidigung e.V. https://nbn-resolving.org/urn:nbn:de:0168-ssoar-53074-9. Zugegriffen: 27. Dez. 2020.

Alvarez, R. (1979). Institutional discrimination in organizations and their environments. In R. Alvarez, K. G. Lutterman, and Associates (Hrsg.), *Discrimination in Organizations.* (S. 2–49). Jossey-Bass Publishers.

Antidiskriminierungsstelle, D. und Deutschland Antidiskriminierungsstelle des Bundes. (2014). *Handbuch „Rechtlicher Diskriminierungsschutz".* Nomos Verlagsgesellschaft.

Arndt, S. (2004). *Kolonialismus, Rassismus und Sprache.* bpb. https://www.bpb.de/gesellschaft/migration/afrikanische-diaspora/59407/afrikaterminologie.

Attia, I., & Keskinkilic, O. Z. (2017). Rassismus und Rassismuserfahrung: Entwicklung – Formen – Ebenen. *Wissen Schafft Demokratie, 1*(2), 116–125. https://doi.org/10.19222/201702/11.

Auernheimer, G. (2005). Interkulturelle Kommunikation und Kompetenz. *Zeitschrift für Migration und Soziale Arbeit, 1*(2005), 15–22.

Balibar, E. (2002). Kultur und Identität. In A. Demirovic & M. Bojadzijev (Hrsg.), *Konjunkturen des Rassismus* (S 136–156). Westfälisches Dampfboot.

Basting, H. (2020). *Inquisition.* Planet Wissen. https://www.planet-wissen.de/geschichte/mittelalter/geschichte_der_inquisition/index.html.

Blakemore, E. (2019). *What is colonialism?* National Geographic. https://www.nationalgeographic.com/culture/article/colonialism.

Bleich, E. (2013). Freedom of expression versus racist hate speech: Explaining differences between high court regulations in the USA and Europe. *Journal of Ethnic and Migration Studies, 40*(2), 283–300. https://doi.org/10.1080/1369183x.2013.851476.

Böhnke, A. (2020). *Nationalsozialistische Rassenlehre: Vordenker der NS-Rassenlehre.* Planet Wissen. https://www.planet-wissen.de/geschichte/nationalsozialismus/nationalsozialistische_rassenlehre/pwievordenkerdernsrassenlehre100.html.

Brügger, N., & Vigsø, O. (2008). *Strukturalismus.* UTB; 3162: Profile. Wilhelm Fink Verlag.

Bundschuh, W. (2010). Anregungen für Unterrichtseinheiten zum Gedenktag gegen Gewalt und Rassismus im Gedenken an die Opfer des Nationalsozialismus am 5. Mai. In Forum Politische Bildung (Hrsg.), *Erinnerungskulturen. Informationen zur Politischen Bildung* (32, S. 43–56).

Çiçek, A., Heinemann, A., & Mecheril, P. (2014). Warum Rede, die direkt oder indirekt rassistische Unterscheidungen aufruft, verletzen kann. *Sprache–Macht–Rassismus* (S. 309–326). Metropol.

Das Internationale Übereinkommen der Vereinten Nationen zur Beseitigung jeder Form von Rassendiskriminierung (ICERD) vom 21. Dezember 1965. (2017). *Bundesministerium der Justiz und für Verbraucherschutz.* https://www.bmjv.de/SharedDocs/Publikationen/DE/ICERD. Zugegriffen: 10. Dez. 2020.

Decker, O., Kiess, J., & Brähler, E. (2016). *Die enthemmte Mitte: Autoritäre und rechtsextreme Einstellung in Deutschland/Die Leipziger »Mitte«-Studie.* psychosozial.

Deutsches Institut für Menschenrechte. (2018). *Rassistische Straftaten erkennen und verhandeln: ein Reader für die Strafjustiz* (Praxis/Deutsches Institut für Menschenrechte). https://nbn-resolving.org/urn:nbn:de:0168-ssoar-61081-4. Zugegriffen: 9. Dez. 2020.

Die Welt des Mittelalters. (o. D.). Schoolwork. http://www.schoolwork.de/mittelalter/mittelalter-welt.php.

Dudenredaktion. (2021). *Inquisition, die.* Duden. https://www.duden.de/rechtschreibung/Inquisition.

DWDS – Digitales Wörterbuch der deutschen Sprache. Das Wortauskunftssystem zur deutschen Sprache in Geschichte und Gegenwart, hrsg. v. d. Berlin-Brandenburgischen Akademie der Wissenschaften. https://www.dwds.de/wb/Inquisition.

Erkurt, M. (2020). *Generation haram: Warum Schule lernen muss, allen eine Stimme zu geben* (3. Aufl.). Paul Zsolnay Verlag.

Eschner, K. (2017). *The horrible fate of John Casor, the first black man to be declared slave for life in America.* Smithsonian Magazine. https://www.smithsonianmag.com/smart-news/horrible-fate-john-casor-180962352/.

Essed, P. (2008). Everyday racism. In John H. Moore (Hrsg.), *Encyclopedia of race and racism.* (S. 447–449). Macmillan Cengage Learning. http://eng1020detroit.pbworks.com/w/file/fetch/51675090/Everyday. Zugegriffen: 11. Feb. 2021.

Essed, P. (1994). *Understanding everyday racism. An interdisciplinary theory.* Sage Publications.

Europäische Menschenrechtskonvention. (2014a). *Freie Meinungsäußerung.* https://www.menschenrechtskonvention.eu/freie-meinungsaeusserung-9295/. Zugegriffen: 4. Jan. 2021.

Europäische Menschenrechtskonvention. (2014b). *Bildung.* https://www.menschenrechtskonvention.eu/bildung-9389/. Zugegriffen: 4. Jan. 2021.

Fereidooni, K. (2016). *Diskriminierungs-und Rassismuserfahrungen im Schulwesen.* Springer Fachmedien.

Freie Universität Berlin. (o. D.). *Limpieza de Sangre.* Freie Universität Berlin. https://www.lai.fu-berlin.de/e-learning/projekte/caminos/lexikon/limpieza_de_sangre.html#:%7E:text=Die%20Doktrin%20der%2c%20Herkunft.

Friebel, H. (2016). „Wir" und „die". *Sozial Extra, 40*(2), 6–11. https://doi-org.proxy.bnl.lu/10.1007/s12054-016-0027-y.

Geiger, L. (2017). *Die Reproduktion von Rassismus in der Sozialen Arbeit mit Geflüchteten. evtl.* unveröffentlichte Bachelorarbeit, Hochschule für Sozialarbeit und Sozialpädagogik Berlin.

Geulen, C. (2014). *Geschichte des Rassismus* (2. Aufl.). C.H. Beck.

Gomolla, M. (2013). Fördern und Fordern allein genügt nicht! Mechanismen institutioneller Diskriminierung von Migrantenkindern und-jugendlichen im deutschen Schulsystem. *Schieflagen im Bildungssystem* (S. 87–102). Springer VS.

Gomolla, M., & Radtke, F. O. (2009). *Die Untersuchung von Diskriminierung in der Schule.* VS Verlag für Sozialwissenschaften. https://doi.org/10.1007/978-3-531-91577-7_4.

Green, M. J., Sonn, C. C., & Matsebula, J. (2007). Reviewing whiteness: Theory, research, and possibilities. *South African Journal of Psychology, 37*(3), 389–419. https://doi.org/10.1177/008124630703700301.

Hall, S. (2004). *Ideologie Identität Repräsentation.* Ausgewählte Schriften IV.

Hinnenkamp, V. (1995). Rassismus und Diskriminierung in Alltagsdiskursen. *Vortrag zur Ringvorlesung: Rassismus, Nationalismus und Antisemitismus im heutigen Deutschland: Rolle und Verantwortlichkeit der Intellektuellen.* Universität Augsburg.

Hormel, U., & Scherr, A. (2010). Einleitung: Diskriminierung als gesellschaftliches Phänomen. In *Diskriminierung* (S. 7–20). VS Verlag für Sozialwissenschaften.

Hormel, U., & Scherr, A. (2004). *Bildung für die Einwanderungsgeselllschaft. Perspektiven der Auseinandersetzung mit struktureller, institutioneller und interaktioneller Diskriminierung.* Springer VS.

Hund, W. D. (2006). *Negative Vergesellschaftung. Dimensionen der Rassismusanalyse.* Münster.

Informations- und Dokumentationszentrum für Antirassismusarbeit e. V. (2013). *„Was heißt eigentlich … Rassismus?".* https://www.idaev.de/publikationen/produkt-details?tx_cartproducts_products%5Bproduct%5D=51&cHash=a3d871c44236fa0131244e104f5cbc53. Zugegriffen: 05. Jan. 2021.

Kalpaka, A., & Räthzel, N. (1990). *Die Schwierigkeit, nicht rassistisch zu sein.* Unter Mitarbeit von Michael Haupt (2. Aufl). Mundo-Verlag.

Kilomba, G. (2009). *Das N-Wort | bpb.* bpb.de. https://www.bpb.de/gesellschaft/migration/afrikanische-diaspora/59448/das-n-wort

Kyl, A. (2013). *The first slave. Today I found out.* http://www.todayifoundout.com/index.php/2013/08/the-first-legal-slave-owner-in-what-would-become-the-united-states-was-a-black-man/.

Lang, K. (2018). *„Rassistische Straftaten – Warum behördliche Statistiken nicht aussagekräftig sind",* Expertise für den Mediendienst. https://mediendienst-integration.de/desintegration/rassismus.html Zugegriffen: 09. Jan. 2021.

Marmer, E., & Sow, P. (2015). *Wie Rassismus aus Schulbüchern spricht. Kritische Auseinandersetzung mit »Afrika«-Bildern und Schwarz–Weiß-Konstruktionen in der Schule–Ursachen, Auswirkungen und Handlungsansätze für die pädagogische Praxis.* Beltz.

Mediendienst Integration. (2021). https://mediendienst-integration.de/desintegration/rassismus.html Zugegriffen: 09. Jan. 2021.

Meißner, T. (2020). (persönliche Mitteilung, 28. Dez. 2020).

Messerschmidt, A. (2011). Distanzierungsmuster. Vier Praktiken im Umgang mit Rassismus. In A. Broden & P. Mecheril (Hrsg.), *Rassismus bildet. Bildungswissenschaftliche Beiträge zu Normalisierung und Subjektivierung in der Migrationsgesellschaft* (S. 41–57). transcript.

Münz, R., Seifert, W., & Ulrich, R. (1997). *Zuwanderung nach Deutschland*. Campus.

Murray, J. (2012). Re-imagining criminal prosecution: Toward a color-conscious professional ethic for prosecutors. *American criminal law review, 49*(3), 1.

Nduka-Agwu, A., & Hornscheidt, A. L. (2014). *Rassismus auf gut Deutsch*. Beltz Verlag.

O'Neill, J. (2013). *Which came first, Slavery or Racism?* https://core.ac.uk/download/pdf/232796553.pdf.

Osman, J. (2017). *Colonialism, Explained*. Teen Vogue. https://www.teenvogue.com/story/colonialism-explained#:%7E:text=The%20motivations%20for%20the%20first,because%20colonizers%20would%20exploit%20resources.

Pates, R., Schmidt, D., & Karawanskij, S. (2010). Antidiskriminierungspädagogik. Konzepte und Methoden für die Bildungsarbeit mit Jugendlichen. In S. Karawanskij (Hrsg.). VS Verlag.

Petrova, D. (2001). Racial discrimination and the rights of minority cultures. In S. Fredman (Hrsg.), *Discrimination and human rights: The case of racism* (S. 45–76). Oxford University Press.

Reconquista in Spanien. (o. D.). Kinderzeitmaschine. https://www.kinderzeitmaschine.de/mittelalter/hochmittelalter/lucys-wissensbox/europa-und-die-welt/reconquista-in-spanien/.

Rommelspacher, B. (2009). Was ist eigentlich Rassismus. In C. Melter & P. Mecheril (Hrsg.), *Rassismuskritik: Band 1: Rassismustheorie und -forschung (Politik und Bildung)* (Bd. 1, S. 25–38). Wochenschau Verlag.

Sachler, A. (2018). *Warum Schule so wichtig für das Sozialverhalten ist.*, Kurier.at. https://kurier.at/chronik/oesterreich/warum-schule-so-wichtig-fuer-das-sozialverhalten-ist/400315062. Zugegriffen: 10. Feb. 2021.

Schlüter, S., & Schoenes, K. (2016). Zur Ent-Thematisierung von Rassismus in der Justiz. Einblicke aus der Arbeit der Prozessbeobachtungsgruppe Rassismus und Justiz. *Movements. Journal for Critical Migration and Border Regime Studies, 2*, 199–210.

Slavery and Servitude. (2017). Cliveden. https://www.cliveden.org/slavery-and-servitude/.

Spirinelli, F. (2012). *Geschichte des Rassismus und des Antirassismus in Luxemburg von 1970 bis 2011*. Grin Verl.

Universalismus – Definition und Begriff. (o. D.). Ikud. https://www.ikud.de/glossar/universalismus.html.

UN-Rassendiskriminierungskonvention. (2013). *Internationales Übereinkommen zur Beseitigung jeder Form von Rassendiskriminierung*. https://www.rassendiskriminierungskonvention.de/internationales-uebereinkommen-zur-beseitigung-jeder-form-von-rassendiskriminierung-3100/. Zugegriffen: 9. Dez. 2020.

Vereinte Nationen: Menschenrechtsabkommen. (2020). Deutsches Institut für Menschenrechte. https://www.institut-fuer-menschenrechte.de/menschenrechtsschutz/deutschland-im-menschenrechtsschutzsystem/vereinte-nationen/vereinte-nationen-menschenrechtsabkommen. Zugegriffen: 28. Dez. 2020.

Wa Baile, M., Dankwa, S. O., Naguib, T., Purtschert, P., & Schillinger, S. (2019). *Racial Profiling. Struktureller Rassismus und antirassistischer Widerstand*. Transcript Verlag.

Weber, J. (2015). *Language Racism*. Palgrave Macmillan.

Wie kann man rassistische Verhaltensweisen erklären?

2

Luise Nathusius, Lisa Frast, Tabea Schmidt-Alkadri und Charlotte Duske

2.1 Einleitung

Haben Sie sich schon einmal so einen typischen amerikanischen Teenagerfilm angeschaut in dem Cheerleader*innen, Footballspieler, Mathefreaks, Musiker*innen usw. vorkamen? Sie haben wahrscheinlich bereits jetzt bei all diesen Personengruppen ein Bild vor Augen, wie die Mitglieder dieser Gruppe aussehen, wie sie sich verhalten, welche Ideale sie verfolgen und mit welchen Leuten sie sich abgeben.

Nun läuft der Film weiter, und Sie lernen zum Beispiel eine Cheerleaderin genauer kennen. Auf einmal sympathisieren Sie mit der Person, die Sie Anfangs als überheblich, egozentrisch, oberflächlich und sogar vielleicht als dumm eingeschätzt haben. Sie erfahren, dass dieses Mädchen tiefgründige Probleme hat, wie z. B. einen kranken Opa, um den sie sich zuhause kümmern muss. Außerdem hat ihre Familie große Geldsorgen, weswegen sie nach der Schule noch in einem Restaurant arbeitet, damit die Familie sich

L. Nathusius
Universität Luxemburg, Freiburg, Deutschland
E-Mail: luise.nathusius@t-online.de

L. Frast
Universität Luxemburg, Peppange, Luxemburg
E-Mail: lisa.frast.001@student.uni.lu

T. Schmidt-Alkadri
Universität Luxemburg, Bobritzsch-Hilbersdorf, Deutschland
E-Mail: tabea.schmidt.001@student.uni.lu

C. Duske (✉)
Universität Luxemburg, Berlin, Deutschland
E-Mail: charlotte.duske.001@student.uni.lu

© Der/die Autor(en), exklusiv lizenziert durch Springer Fachmedien Wiesbaden GmbH, ein Teil von Springer Nature 2022
M. Böhmer und G. Steffgen (Hrsg.), *Rassismus an Schulen*,
https://doi.org/10.1007/978-3-658-36611-7_2

die Medikamente für den Opa leisten kann. Auch in der Schule verteidigt sie immer wieder die Schwachen. Sie merken langsam aber sicher, dass das Mädchen sich viele Gedanken um andere Menschen macht und eine sehr sanfte Persönlichkeit hat. Hätten Sie diese Person aber nicht genauer kennengelernt, dann hätten Sie höchstwahrscheinlich das oben beschriebene Bild von ihr gehabt. „Sie ist Cheerleaderin, also oberflächlich.".

Auf ähnliche Art funktionieren wir auch in unserem Alltag. Woran liegt es aber nun, dass wir Kategorien und die dazugehörenden Stereotype und Vorurteile nutzen, um Menschen zu beurteilen? Und wie hängen Vorurteile und Stereotype mit Rassismus zusammen?

In diesem Kapitel werden Ihnen grundlegende sozialpsychologische Konzepte und Theorien vorgestellt, welche eine Basis für die Erklärung und das Verständnis von Rassismus liefern können. Zu Beginn des Kapitels in *2.2 Grundlegende Begriffe* werden die relevanten Konzepte, z. B. soziale Gruppe, soziale Kategorisierung, Einstellung, Vorurteil und Stereotyp definiert. Im weiteren Verlauf des Kapitels wird unter *2.3 Der Mensch als kognitiver Geizhals* die Funktionsweise des menschlichen Denkens als mögliche Grundlage für die Entstehung von Vorurteilen, Stereotypen und letztendlich Rassismus beleuchtet. In *2.4 Der Ingroup und Outgroup Bias* wird Ihnen erklärt, warum Menschen dazu neigen, die eigene Gruppe als positiver wahrzunehmen als Fremdgruppen. Im Folgenden *2.5 Vorurteile als Wurzel des Rassismus* werden Theorien der Entstehung von Vorurteilen im Kindesalter betrachtet. Anschließend wird in *2.6 Stereotype* auf die Bedeutung und Entstehung von Stereotypen eingegangen. *2.7 Aufwachsen in einer diversen Welt* legt dar, welche Risiko- und Schutzfaktoren für die Entstehung von Rassismus existieren. Anschließend wird in *2.8 Was erschwert die Auseinandersetzung mit Rassismus* thematisiert warum die Auseinandersetzung mit Rassismus schwierig sein kann. Weiterhin wird in *2.9 Verdeckter Rassismus* auf Hindernisse bei der Erkennung von Rassismus eingegangen. Das Unterkapitel *2.10 Aber das ist doch die Wahrheit!* führt aus wie etwas für uns als gut begründet wirken kann, es jedoch nicht ist. Das letzte Unterkapitel *2.11 Warum es uns dennoch gelingen kann* beschreibt abschließend welche psychologischen Mechanismen es erleichtern nicht rassistisch zu handeln.

2.2 Grundlegende Begriffe

Im Folgenden sollen die grundlegenden Begriffe welche v. a. aus dem Gebiet der Sozialpsychologie stammen, eingeführt werden. Um Unterschiede und Ähnlichkeiten zu bemerken, braucht es zuerst eine Wahrnehmung verschiedener Gruppen. Der Begriff *soziale Gruppe* beschreibt mindestens zwei oder mehr Individuen, welche sich gegenseitig durch soziale Interaktionen beeinflussen und häufig durch Strukturen wie ihre sozialen Rollen, den gesellschaftlichen Normen, ihren Grad an Zusammenhalt und ihre gemeinsamen Ziele miteinander verbunden sind (*APA Dictionary of Psychology,* o. D.). Beispielsweise sind die Schüler*innen einer Klasse eine soziale Gruppe, deren soziale Rolle das Schüler*innen sein ist und welche durch die Norm der Allgemeinbildung miteinander verbunden sind. Die Bestrebung die Schullaufbahn zu meistern, ist das gemeinsame Ziel und die Gemeinschaft innerhalb der Klasse kann mittels des Klassenzusammenhaltes beschrieben werden. Jede*r dieser Schüler*innen gehört verschiedenen weiteren sozialen Gruppen an, sowie sie auch verschiedene andere soziale Rollen (z. B. Kind der Eltern, Geschwisterkind, Freund*in) innehaben. Vorstellbare soziale Gruppen könnten sein: die Freundesgruppe innerhalb der Klasse, die Freundesgruppe außerhalb der Klasse, die eigene Familie, aber auch eine Zugehörigkeit zu größer gefassten Gruppen wie Schüler*in einer bestimmten Schule, eines Landkreises oder Bundeslandes könnten möglich sein. Aber auch die Zuordnung zu einer Nationalen Gruppe, auch vielleicht der der Eltern oder dem Umfeld in dem man aufwächst, oder einer spezifischen ethnischen oder religiösen Minderheit ist denkbar. Jede*r Schüler*in und jede*r Lehrer*in ist Teil von ganz verschieden sozialen Gruppen.

▶ **Soziale Gruppe** Sozialpsychologischer Begriff für zwei oder mehr Individuen, welche sich gegenseitig durch soziale Interaktionen beeinflussen und häufig Strukturen wie Rollen, Normen, Grad an Zusammenhalt und gemeinsame Ziele beinhalten (*APA Dictionary of Psychology*, o. D.)

Die Basis für die sozialen Gruppen bildet die Funktionsweise des menschlichen Gehirns. Das Gehirn arbeitet so gut wie möglich energiesparend. Damit nicht alle Eindrücke einzeln verarbeitet werden müssen, versucht es diese zusammenzufassen. In der Sozialpsychologie spricht man dann von Kategorien. Weiteres hierzu erfahren Sie in *2.3 Der Mensch als kognitiver Geizhals*. Der Prozess, Personen in Form von Gruppen mit ähnlichen Eigenschaften zu betrachten, heißt *soziale Kategorisierung* (*APA Dictionary of Psychology*, o. D). Laut Jonas und Beelmann (2009) kann die Zuordnung in die verschiedenen sozialen Gruppen von außen durch andere geschehen *(soziale Kategorie)*, aber in erster Linie auch durch die Person selbst *(Selbstkategorie)*. Die oben genannte soziale Gruppe der Schüler*innen bezeichnet sich selbst beispielsweise als Klasse 10a (Selbstkategorie) und wird auch von außen z. B. vom Schulleiter in die Kategorie Schüler*innen der Klasse 10a (soziologische Kategorie) eingeordnet. Bei diesen Zuordnungsvorgängen spielt es außerdem eine Rolle, ob die Zuordnung in eine sogenannte Eigen- oder Fremdgruppe erfolgt. Die Schüler*innen der Klasse 10a (Eigengruppe) sehen beispielsweise die Schüler*innen der Klasse 10b als Fremdgruppe. Derartige Zuordnungen beeinflussen das Verhalten der Schüler*innen und haben einen großen Einfluss auf die Bildung von Vorurteilen. Diese Prozesse werden in *2.4 Der Ingroup und Outgroup Bias* genauer erklärt werden.

▶ **Soziale Kategorisierung** Kognitive Leistung der Gruppierung von Personen mit ähnlichen Eigenschaften (*APA Dictionary of Psychology*, o. D)

Laut APA (o. D) beschreiben Einstellungen, die Art und Weise wie man nun über ein bestimmtes Objekt denkt. Objekte können hierbei Personen, Gruppen, aber auch

Probleme oder Konzepte sein. Eine Einstellung gegenüber einem bestimmten Objekt ist zeitlich relativ stabil, d. h. hat ein*e Schüler*in die Einstellung Mathe sei blöd, so ist es wahrscheinlich, dass er*sie diese Einstellung mehr oder weniger über seine*ihre gesamte Schullaufbahn beibehält. An diesem Beispiel wird auch die bewertende Komponente klar. Mathematik wird als negativ bewertet. Einstellungen können z. B. aus Emotionen (z. B. Scham eine Aufgabe vor der Klasse falsch gelöst zu haben) oder früheren Verhaltensweisen (z. B. Mathematikhausaufgaben werden ausgelassen), welche mit dem Objekt in Verbindung stehen, resultieren.

▶ **Einstellung** Relativ dauerhafte und allgemeine, positive oder negative Bewertung eines Zielobjekts, häufig abgeleitet aus Überzeugungen, Emotionen, früheren Verhaltensweisen in Verbindung mit Objekt (z. B. Person, Gruppe, Problem, Konzept) (*APA Dictionary of Psychology*, o. D)

Einstellungen, Vorurteil, Stereotyp und Diskriminierung stehen im engen Zusammenhang miteinander. Laut APA (o. D) sind *Vorurteile* im Gegensatz zu Einstellungen auf Personen oder Gruppen gerichtet. Sie resultieren häufig nicht aus eigenen Erfahrungen mit diesen Personen oder Gruppen, sondern stellen Annahmen über diese dar. Außerdem sind es negative Bewertungen gegenüber diesen Personen oder Gruppen. Die Schüler*innen der 10a haben beispielsweise das Vorurteil, dass eine neue Schülerin der Klasse 10b eine extreme Streberin und Petze ist, obwohl die Schüler*innen noch keinen Kontakt zu dieser Schülerin hatten. Die Thematik der Vorurteile wird in Abschn. 2.5 *Vorurteile als Wurzel des Rassismus* eingängig beschrieben.

▶ **Vorurteil** Negative Einstellung zu einer Person/Gruppe ohne Erfahrungen mit der Person/Gruppe zu haben (*APA Dictionary of Psychology*, o. D)

Laut APA (o. D) stellen *Stereotype* unter anderem die kognitive Komponente von Vorurteilen dar. Sie beschreiben die Eigenschaften einer Gruppe in einer verallgemeinernden Art und Weise, hierbei sind die Verallgemeinerungen häufig negativ, sie können aber im Gegenzug zu Vorurteilen auch positiv sein (v. a., wenn die Verallgemeinerung die Eigenschaften der Eigengruppe betrifft). Die neue Schülerin der Klasse 10b ist eine Austauschschülerin aus Korea. Wenn die Schüler*innen der Klasse 10a nun denken „Alle Asiaten sind gut in der Schule", und dadurch die Schlussfolgerung ziehen, dass die neue Schülerin gut in der Schule ist, dann haben sie ein Stereotyp angewendet, um diese zu beschreiben. Hierzu finden Sie ausführliche Informationen in *2.6 Stereotype*.

▶ **Stereotyp** Kognitive Komponente von Vorurteilen, Verallgemeinerung über Eigenschaften einer Gruppe, häufig negative Verallgemeinerung, aber auch positive sind möglich (*APA Dictionary of Psychology*, o. D)

Laut APA (o. D) stellt *Diskriminierung* die behaviorale Komponente von Vorurteilen dar, d. h. die Komponenten, die sich auf der Verhaltensebene zeigen. Sie gehen mit einem besonders negativen aber nicht immer offensichtlichen, feindseligen und schädlichem Umgang gegenüber einer Gruppe einher. Schüler*innen der Klasse 10a beschimpfen die neue Schülerin als „Streber" und „Fitschi".

▶ **Diskriminierung** Verhaltenskomponente von Vorurteilen einhergehend mit besonders negativen, feindseligen und schädlichen Umgang gegenüber einer Gruppe (*APA Dictionary of Psychology*, o. D)

Laut APA (o. D) kann *Rassismus* als Vorurteil, welches auf der Zugehörigkeit einer ethnischen Gruppe basiert, bezeichnet werden aufgrund dessen die Gruppe als unterlegen bewertet wird. Rassistische Vorurteile beinhalten häufig negative emotionale Reaktion gegenüber den Gruppenmitgliedern, eine Akzeptanz der negativen Stereotypen und Diskriminierung gegenüber den Gruppenmitgliedern. Die oben genannten Verhaltensweisen der Schüler*innen der Klasse 10a können als Rassismus eingestuft werden (siehe auch differenzierte Darstellung und Definition von Rassismus in Kap. 1 dieses Bandes).

▶ **Rassismus** Vorurteil basierend auf ethnischer Gruppe, basierend auf diesen Vorurteilen wird Gruppe als unterlegen bewertet, beinhaltet häufig negative emotionale Reaktion gegenüber Gruppenmitgliedern, Akzeptanz negativer Stereotypen, Diskriminierung gegenüber Mitgliedern der Gruppe (*APA Dictionary of Psychology*, o. D)

2.3 Der Mensch als kognitiver Geizhals

Eine Person genauer kennenzulernen erfordert Zeit und Anstrengung. Der Mensch hingegen ist ein kognitiver Geizhals (Taylor, 1981). Was heißt das?

Da die Informationsverarbeitungskapazität von Menschen generell limitiert ist (Miller, 1956), ist es nicht ungewöhnlich, dass verschiedene Strategien benutzt werden, um die Informationsverarbeitung zu vereinfachen. Eine dieser Strategien ist die der sozialen Kategorisierung. Das Denken in sozialen Kategorien und entsprechende Stereotypisierung erleichtert kognitive Prozesse, reduziert Anstrengung und ist also ökonomisch. Dem kognitiven Geizhals ist es wichtiger, die Information schnell und ohne Anstrengung zu verarbeiten, als sie richtig zu interpretieren (Fiske & Taylor, 1984).

2.3.1 Strategien zur kognitiven Entlastung: Heuristiken

Neben der sozialen Kategorisierung gibt es aber noch weitere Strategien um die Informationsverarbeitung zu erleichtern. Tversky und Kahneman (1973) sprechen hier von *Heuristiken*.

▶ **Heuristik** Eine auf Erfahrung basierte Strategie zum Treffen von Entscheidungen, die effizient ist, aber keine Sicherheit des korrekten Outcomes bieten kann (*APA Dictionary of Psychology*, o. D)

Tversky und Kahneman's (1973) Annahmen zufolge, werden die meisten Entscheidungen die wir treffen dadurch beeinflusst, wie wahrscheinlich wir es wahrnehmen, dass ein bestimmtes Ereignis eintreten wird. Heuristiken sollen dazu dienen, solche komplexen Wahrscheinlichkeitsberechnungen zu vereinfachen, und sie schnell und möglichst effektiv zu tätigen. Dass diese Effektivität aber nicht immer gegeben ist, ist dem kognitiven Geizhals jedoch egal. Hauptsache die Entscheidung wird schnell getroffen und der kognitive Aufwand bleibt so gering wie möglich.

2.3.2 Repräsentativitätsheuristik

Eine dieser Heuristiken, die oft von Menschen verwendet werden, ist die *Repräsentativitätsheuristik* (Tversky & Kahneman, 1973, 1974).

▶ **Repräsentativitätsheuristik** Strategie, die es einem erlaubt, kategorische Bewertungen einer Person oder eines Zielobjekts durchzuführen, indem verglichen wird wie sehr das Zielobjekt mit dem Durchschnittsobjekt der Kategorie übereinstimmt (*APA Dictionary of Psychology*, o. D)

Laut Tversky und Kahneman (1974) beurteilen Menschen die Wahrscheinlichkeit eines Ereignisses danach, wie sehr die vorhandenen Informationen einem bestimmten Stereotyp entsprechen; also wie repräsentativ diese Informationen für das entsprechende Stereotyp sind. In anderen Worten: wenn wir herausfinden wollen, ob ein junger Mann den Beruf „Feuerwehrmann" ausübt, dann schätzen wir die Wahrscheinlichkeit ein, indem wir alle Informationen, die wir zu dem Mann haben, mit dem Stereotyp eines Feuerwehrmanns vergleichen. Hierzu haben Kahneman und Tversky (1973) eine Studie durchgeführt, bei der Versuchspersonen eine kurze Beschreibung verschiedener Personen bekommen haben, und später beurteilen sollten, ob diese Personen eher Anwalt oder Ingenieur sind. Es gab zwei Gruppen von Versuchspersonen. Der ersten Gruppe wurde mitgeteilt, dass die Gesamtpopulation, aus der man die Beispiele gezogen hat, zu 70 % aus Anwälten und zu 30 % aus Ingenieuren besteht. Der zweiten Gruppe hat man das Gegenteil mitgeteilt; die Gesamtpopulation besteht zu 70 % aus Ingenieuren und zu

30 % aus Anwälten. Aufgrund dieser Information, müsste die Wahrscheinlichkeit, dass jemand Anwalt ist, größer, und dass jemand Ingenieur ist, kleiner in der ersten Gruppe eingeschätzt werden, als in der zweiten Gruppe. Das war aber nicht der Fall. In beiden Gruppen waren Wahrscheinlichkeitseinschätzungen sehr ähnlich. Dies deutet darauf hin, dass Menschen sich zur Einschätzung einer Wahrscheinlichkeit eher auf Informationen bezüglich der stereotypen Merkmale der Zielpopulation verlassen, als dass Sie tatsächliche Wahrscheinlichkeitsmaße heranziehen, sogar wenn diese bekannt sind.

2.3.3 Verfügbarkeitsheuristik

Eine zweite häufig verwendete Heuristik ist die *Verfügbarkeitsheuristik* (Tversky & Kahneman, 1973, 1974).

▶ **Verfügbarkeitsheuristik** Strategie zur Bewertung der Auftrittswahrscheinlichkeit eines Ereignisses, wobei die Bewertung auf Informationen beruht, die gerade verfügbar sind und als relevant wahrgenommen werden (*APA Dictionary of Psychology,* o. D)

Dabei handelt es sich darum, dass Menschen zum Treffen von Entscheidungen jene Informationen heranziehen, die gerade am verfügbarsten sind (Tversky & Kahneman, 1973). Stellen Sie sich vor, Sie lesen morgens einen Zeitungsartikel über eine Frau, die von 3 dunkelhäutigen Männern überfallen wurde. Danach gehen Sie mit dem Hund spazieren, und laufen einem schwarzen Mann über den Weg. Wenn Sie nun nach der Verfügbarkeitsheuristik handeln, werden Sie beim Anblick des Mannes an den Zeitungsartikel denken und einen großen Bogen um ihn machen, damit dieser Sie nicht angreift. Diese Entscheidung ist rational gesehen völlig unangebracht, da die Wahrscheinlichkeit, dass dieser Mann Sie angreifen wird, sehr gering ist. Die Reaktion ist darauf zurückzuführen, dass der Zeitungsartikel die erste Information ist, die Ihnen in dem Moment in den Kopf kommt. Da Sie schnell eine Entscheidung treffen wollen, machen Sie sich keine weiteren Gedanken, verlassen sich auf diese Information und stufen somit die Wahrscheinlichkeit als viel höher ein, als sie eigentlich ist.

Ein verwandtes Phänomen der Verfügbarkeitsheuristik ist der Ankereffekt. Tversky und Kahneman (1974) berichten von einem Experiment, bei dem Versuchspersonen verschiedene Quantitäten in Prozent einschätzen sollten, wie zum Beispiel die Anzahl an afrikanischen Ländern, die der UNO angehören. Bevor sie diese Einschätzung machen mussten, wurde ein Glücksrad gedreht, das bei einer bestimmten Zahl stehen blieb. Danach sollten sie einschätzen, ob der Prozentsatz größer oder kleiner ist als auf dem Rad angezeigt wird. Schlussendlich sollten Sie den tatsächlichen Prozentsatz schätzen. Die Ergebnisse dieses Experiments zeigten, dass die Einschätzung erheblich von der vorher vom Rad angezeigten Zahl beeinflusst wurde. Die vom Rad angezeigte Zahl wurde also als Anker genutzt, an dem sich die Versuchspersonen unbewusst orientierten. Zum Beispiel haben Leute denen die Zahl 10 angezeigt wurde, den Prozentsatz afrikanischer

Mitgliedsländer im Durchschnitt auf 25 % geschätzt, während der Anker 65 zu einer durchschnittlichen Einschätzung von 45 % führte. Sogar die Motivation durch eine Belohnung bei richtigen Antworten konnte den Ankereffekt nicht reduzieren. Obwohl die Versuchspersonen also wissen, dass die vom Rad angezeigte Zahl eine willkürliche Zahl ist, die nichts mit ihrer Einschätzung zu tun hat, scheinen sie sich nicht dagegen wehren zu können, dass diese Zahl *unbewusst* trotzdem einen Einfluss auf ihre Entscheidung hat.

2.3.4 Beispiele zur Nützlichkeit von kategorisiertem Denken und Heuristiken

Aus evolutionspsychologischer Sicht macht das Benutzen von Kategorien durchaus Sinn, weil dadurch, wie bereits erklärt, die Informationsverarbeitung bedeutend vereinfacht werden kann. Stellen Sie sich mal vor, bei dem vorher beschriebenen Film wäre nicht nur eine Cheerleaderin genauer vorgestellt worden, sondern jedes einzelne Mitglied jeder einzelnen Personengruppe. Dies würde so lange dauern, und die Verarbeitung und Speicherung dieser Informationen würde so viel Anstrengung kosten, dass es fast unmöglich wäre, sich auf die eigentliche Geschichte und die Hauptfigur zu konzentrieren. Um die Geschichte zu verstehen, muss man nur diese einzige Person genauer kennenlernen. Alle anderen individuellen Geschichten der verschiedenen Darsteller sind irrelevant und lenken vom Fokus ab. Dies illustriert, auf welche Weise Kategorisierung auch im realen Leben von Nutzen sein kann. Das Denken in Kategorien hilft Überforderung zu vermeiden und die eigenen kognitiven Kapazitäten für „wichtigere" Informationsverarbeitung aufzusparen.

Ein Beispiel das die evolutionspsychologischen Vorteile von Heuristiken noch stärker hervorhebt ist folgendes: Sie sind Soldat*in und treffen auf ein Mitglied der feindlichen Truppe. Nun schließen Sie aufgrund einer schnellen Kategorisierung und ihrer Vorerfahrung, dass die Person, die in feindlicher Uniform vor Ihnen steht, versuchen wird Sie zu erschießen. Daraufhin können sie entweder selbst schießen („fight"- Reaktion) oder wegrennen („flight"-Reaktion). Wenn Sie in diesem Moment nicht intuitiv eine Kategorisierung vornehmen würden, sondern die Motive der Person erst individuell analysieren müssten, wären Sie wahrscheinlich tot bevor Sie zu einer Entscheidung über eine passende Reaktion kommen könnten. Auch wenn eine Möglichkeit besteht, dass die andere Person Sie nicht erschossen hätte, ist dies statistisch gesehen unwahrscheinlich. Die Kategorisierung trägt hier also aus evolutionspsychologischer Sicht auf direkte Weise zum eigenen Überleben bei.

Das Denken in Kategorien ist also nicht grundlegend schlecht, sondern in einigen Situationen sinnvoll und sogar notwendig. In anderen Situationen macht es aber durchaus auch manchmal Sinn, diese Kategorisierung und die dazugehörigen Stereotype zu hinterfragen, um zu verhindern, dass daraus diskriminierende und rassistische Verhaltensweisen resultieren. Wie dies funktioniert, wird im Abschn. 2.6 *Stereotype* genauer erläutert.

2.4 Der Ingroup und Outgroup Bias

Mehrere Studien weisen darauf hin, dass Menschen eine allgemeine Tendenz dazu haben, die eigene Gruppe gegenüber anderen Gruppen zu begünstigen und favorisieren (Aberson et al., 2000; Brewer, 1979, 1999). Diese Eigengruppenfavorisierung bezeichnet man als „Ingroup bias". Handelt es sich um eine Favorisierung auf regionalem, kulturellem oder nationalem Level, kann man auch von *Ethnozentrismus* sprechen (American Psychological Association, o. D.)

▶ **Ethnozentrismus** Tendenz, die eigene ethnische Gruppe anderen Gruppen gegenüber als überlegen anzusehen (*APA Dictionary of Psychology*, o. D)

Intuitiv kann man aus dieser Definition schließen, dass eine Favorisierung der eigenen Gruppe Hand in Hand auftritt mit einer Fremdgruppenabwertung und möglicherweise Feindlichkeit gegenüber der Fremdgruppe (Sumner, 1906). Dies wäre dann der „Outgroup bias"

2.4.1 Neuronale Basis des In- und Outgroup Biases

Wie wir Ingroup und Outgroup wahrnehmen und bewerten kann sich tatsächlich sogar auf neuronaler Basis unterscheiden lassen. Zum Beispiel werden verschiedene Regionen des Gehirns aktiviert, wenn wir Personen aus Ingroup oder Outgroup wahrnehmen (Cheon et al., 2011; Lin et al., 2018; Molenberghs, 2013). Diese Wahrnehmung hat manchmal sogar sehr ernste Auswirkungen, zum Beispiel darauf, wie wir Schmerzen Anderer wahrnehmen. Dementsprechend tendieren wir auch dazu, die Schmerzen von Menschen, die wir als Mitglieder*innen unserer Gruppe (der Ingroup) sehen, ernster zu nehmen, als die Schmerzen von Menschen, die wir zu der Outgroup zählen. (Cheon et al., 2011; Han, 2018; Xu et al., 2009). Dies bezieht sich wiederum auf die Empathie und das Verständnis mit dem wir auf andere Menschen zu gehen. Was wir dabei sehen können, ist das Rassismus und Diskriminierung uns auf einer grundlegenden Ebene beeinflussen können, weshalb es um so wichtiger ist, sich dies bewusst zu machen.

2.4.2 Theorie des realistischen Gruppenkonfliktes

Eine Begründung für Ingroup- und Outgroup Biases liefert die Theorie des realistischen Gruppenkonfliktes (Sherif, 1966). Diese Theorie basiert auf der Annahme, dass Gruppenkonflikte aus dem Wettbewerb um knappe Ressourcen entstehen (Campbell, 1965). Laut Sherif (1966) liegt der Ursprung von Vorurteilen und Diskriminierung in solchen Gruppenkonflikten. Stellen Sie sich vor, Sie sind Mitglied einer armen Bauernfamilie und benötigen Lebensmittel um den Winter zu überstehen. Die Nachbarfamilie befindet sich in derselben Situation. Wenn die Ressourcen knapp sind, und es nur für eine der beiden Familien ausreicht, werden Sie alles dafür tun, dass Ihrer eigenen Familie genügend Lebensmittel zur Verfügung stehen. Die Nachbarfamilie wird das gleiche tun. Sie sind nun also im Wettbewerb mit der Nachbarsfamilie und befinden sich in einer Situation der negativen Interdependenz. Das heißt, sie sind negativ von der anderen Familie (also von der anderen Gruppe) abhängig, da diese für das Erreichen Ihrer Ziele ein Hindernis darstellt. Diese negative Interdependenz wird dazu führen, dass Sie die Mitglieder der konkurrierenden Familie nicht mögen, sie zurückweisen und als Feind ansehen. Aus evolutionspsychologischer Sicht macht es also Sinn, dass die Eigengruppenfavorisierung in Wettbewerbskontexten, sich im Menschen verankert haben könnte, um das eigene Überleben zu sichern. Dies kann sich dann in diskriminierenden Verhaltensweisen wie Rassismus äußern. Auf der anderen Seite gibt es aber auch Situationen der positiven Interdependenz. Wenn beispielsweise die einzige Möglichkeit um genügend Lebensmittel zu erlangen darin besteht, mit den Nachbarn zusammenzuarbeiten, dann verfolgen Sie und die Nachbarfamilie ein gemeinsames Ziel. In solch einer Situation ist Kooperation erforderlich und Sie sind positiv von der anderen Familie abhängig. Folglich werden Sie eine größere Akzeptanz für diese Familie verspüren und ihr freundlich gegenübertreten. Sherif (1966) geht also davon aus, dass Fremdgruppenabwertung davon abhängig ist, in welcher Beziehung die beiden sozialen Gruppen zueinanderstehen und ob sie sich in einer Wettbewerbssituation befinden oder eher Kooperation gefragt ist. Diese Grundannahmen der Theorie des realistischen Gruppenkonfliktes haben Sherif und Kollegen in mehreren Feldstudien überprüft (Sherif & Sherif, 1953; Sherif et al., 1955, 1961).

Die wohl berühmteste dieser Studien ist das Robbers Cave Experiment (Sherif et al., 1961). Hier wurden Jungs in einem Sommercamp in zwei Gruppen eingeteilt, ohne von der anderen Gruppe zu wissen. Die Mitglieder einer Gruppe konnten sich eine Weile lang kennenlernen und erledigten gemeinsame Gruppenaktivitäten. In einer zweiten Phase sollten beide Gruppen dann in einigen Wettkämpfen gegeneinander antreten *(Intergruppenwettkampf)*. Dies waren alles Aktivitäten, die konkurrierendes Verhalten beanspruchen, wie zum Beispiel Tauziehen. Bei jedem Wettbewerb gab es eine Belohnung für die Gruppe, die gewonnen hat. Was den Versuchsleiter*innen in dieser Phase aufgefallen ist, ist dass der Zusammenhalt innerhalb der einzelnen Gruppen gestiegen ist, aber auch die Feindseligkeit zwischen den Gruppen. Nicht nur in den Wettbewerbssituationen selbst zeigten die Jungs aggressives Verhalten gegenüber den Fremdgruppenmitgliedern, sondern auch darüber hinaus im Alltag. Dieses Verhalten äußerte sich in Beschimpfungen, Drohungen und geplanten Angriffen auf die andere Gruppe. Nach einigen Tagen musste diese Wettbewerbsphase von den Versuchsleiter*innen abgebrochen werden um eine Eskalation zu verhindern. In einer dritten Phase, der *Intergruppenkooperation,* wurden gemeinsame Ziele festgelegt, die die beiden Gruppen erreichen sollten. So sollte eine positive Interdependenz geschaffen werden. Nach einigen Aufgaben die nur durch Zusammenarbeit erledigt werden konnten, klang die

Feindseligkeit zwischen den Gruppen allmählich ab, die Gruppen fingen an sich gegenseitig zu akzeptieren und die Fremdgruppenmitglieder besser zu bewerten.

Die Ergebnisse des Robbers Cave Experiments (1961) unterstützen also die Annahme, dass Fremdgruppenabwertung durch eine negative Interdependenz entsteht, und durch positive Interdependenz verringert oder aufgehoben werden kann. Was jedoch zusätzlich erwähnt werden sollte ist, dass die Versuchsleiter*innen bereits vor den Wettkämpfen Hinweise auf negative Einstellungen gegenüber den Mitgliedern der anderen Gruppe feststellen konnten. Während Sherif und Kollegen (1961) diese Observation als unwichtig bewerten, ist sie jedoch in Einklang mit dem sozialpsychologischen Erklärungsansatz der sozialen Identitätstheorie.

2.4.3 Soziale Identitätstheorie

Laut der sozialen Identitätstheorie (Tajfel & Turner, 1979, 1986) reicht eine beliebige Aufteilung in zwei Gruppen bereits aus, um eine Wettbewerbssituation hervorzurufen. Studien zum *minimalen Gruppenparadigma* haben gezeigt, dass die alleinige Aufteilung in verschiedene Gruppen bereits zu Eigengruppenbegünstigung führen kann, sogar wenn diese Aufteilung durch triviale und unsinnige Kriterien erfolgt (Bsp. Tajfel et al., 1971).

▶ **Minimale Gruppe** Eine nominale Gruppe ohne psychologische oder interpersonale Bedeutsamkeit (*APA Dictionary of Psychology,* o. D)

In einem Experiment haben Tajfel und Kollegen (1971) die Versuchsteilnehmer*innen aufgrund eines bedeutungslosen Kriteriums in zwei Gruppen aufgeteilt. Das Kriterium war, ob man die Bilder von Klee oder Kandinsky als schöner bewertet. Teilnehmer*innen kannten die Mitglieder ihrer Gruppe nicht, es herrschte also vollständige Anonymität. Sie bekamen dann die Aufgabe, eine gewisse Menge an Geld an Mitglieder der Eigengruppe und der Fremdgruppe zu verteilen. Sich selbst konnten Sie kein Geld zuteilen. Alle Resultate dieser Studie weisen darauf hin, dass Menschen die Eigengruppe gegenüber der Fremdgruppe favorisieren, sogar wenn die Zuteilung in Gruppen willkürlich erfolgt. Teilnehmer*innen favorisierten die Eigengruppe obwohl sie die Möglichkeit gehabt hätten, im Sinne des Allgemeinwohles zu handeln (was für die Eigengruppe nur geringe Kosten gehabt hätte), und obwohl diese Entscheidung dem/der Versuchsteilnehmer*in persönlich weder Vorteile noch Nachteile gebracht hätte. Am interessantesten war aber folgendes Ergebni: Wenn Teilnehmer*innen die Wahl hatten, ob beide Gruppen den höchsten Gewinn erzielen sollten, oder ob die eigene Gruppe im Vergleich zur Fremdgruppe mehr gewinnen sollte (dafür aber beide Gruppen nicht den Maximalbetrag bekommen würden), wurde sich eher für das *Gewinnen* der Eigengruppe entschieden, als für den Höchstgewinn. Die *Favorisierung* der Eigengruppe wurde also als wichtiger wahrgenommen, als die Größe des Gewinns selbst. Tajfel und Turner (1979) führen diese

Resultate darauf zurück, dass die alleinige Kategorisierung von Menschen bereits zu einer *sozialen Identität* führt, durch die sich diese Menschen definieren.

▶ **Soziale Identität** Aus sozialpsychologischer Sicht, der Teil des Selbstkonzepts, der durch eine Gruppenzugehörigkeit oder Kategorie (z. B. Familie, Nationalität, usw.) definiert wird (*APA Dictionary of Psychology*, o. D)

Die soziale Identitätstheorie von Tajfel und Turner (1986) geht von einer allgemeinen Tendenz des Menschen aus, nach einem positiven Selbstkonzept und somit auch nach einer positiven sozialen Identität zu streben. Die soziale Identität einer Person wird durch eine Gruppenmitgliedschaft definiert. Damit die eigene soziale Identität als positiv betrachtet werden kann, muss die eigene Gruppe also im Vergleich zu anderen relevanten Gruppen als positiv distinkt wahrgenommen werden. Wenn dies nicht, oder nur unbefriedigend der Fall ist, dann wird die Person alles versuchen, um die eigene soziale Identität zu verbessern, indem sie zum Beispiel die Gruppe verlässt und einer positiveren Gruppe beitretet *(soziale Mobilität)*. Wenn das Verlassen der Gruppe nicht möglich ist, wird sie andere Strategien anwenden um die eigene soziale Identität zu verbessern. Im Falle wo die Gruppenunterschiede zugunsten der Outgroup als *stabil und gerechtfertigt* erlebt werden, wird die Person ihre *soziale Kreativität* einsetzen um eine Neubewertung vorzunehmen. Die soziale Identität kann in diesem Moment zum Beispiel positiver wahrgenommen werden, wenn man eine andere Fremdgruppe als Vergleichsstandard benutzt oder den Vergleichskontext verändert. Wenn die Gruppenunterschiede zugunsten der Outgroup jedoch als *instabil und nicht gerechtfertigt* wahrgenommen werden, dann wird die Person sich, wenn möglich, in den *sozialen Wettbewerb* begeben und auf diese Weise versuchen, die Überlegenheit der eigenen Gruppe zu beweisen. Dies wird in Abb. 2.1 verbildlicht.

Mummedey und Kollegen (1999) veranschaulichen diese Strategien zur Bewältigung negativer sozialer Identität anhand des Beispiels der deutschen Wiedervereinigung. Nach der Wiedervereinigung standen die Westdeutschen in verschiedenen Aspekten besser da als die „Ostdeutschen" wie zum Beispiel was die Lebensstandards oder die Wirtschaft betrifft (Mummedey et al., 1999). In einem sozialen Vergleich würden die Ostdeutschen den Status ihrer Gruppe also als unterlegen wahrnehmen. Laut der sozialen Identitätstheorie, würden die Ostdeutschen nun anstreben ihre soziale Identität zu verbessern, indem sie oben genannte Strategien anwenden. Sie könnten einerseits versuchen, ihre Gruppe zu verlassen um zu Westdeutschen zu werden *(soziale Mobilität)*. Andererseits, könnten sie ihre Gruppe neu bewerten, indem sie die materielle Komponente als weniger wichtig einstufen und den Vergleich basierend auf einem neuen Kriterium vornehmen, auf dem sie besser abschneiden als die Westdeutschen *(soziale Kreativität)*. Eine dritte Möglichkeit wäre die des *sozialen* (oder realen) *Wettbewerbs*, bei der Ostdeutsche versuchen würden ihre Überlegenheit zu beweisen indem sie beispielsweise anstreben mehr materielle Ressourcen zu besitzen als die Westdeutschen.

2 Wie kann man rassistische Verhaltensweisen erklären?

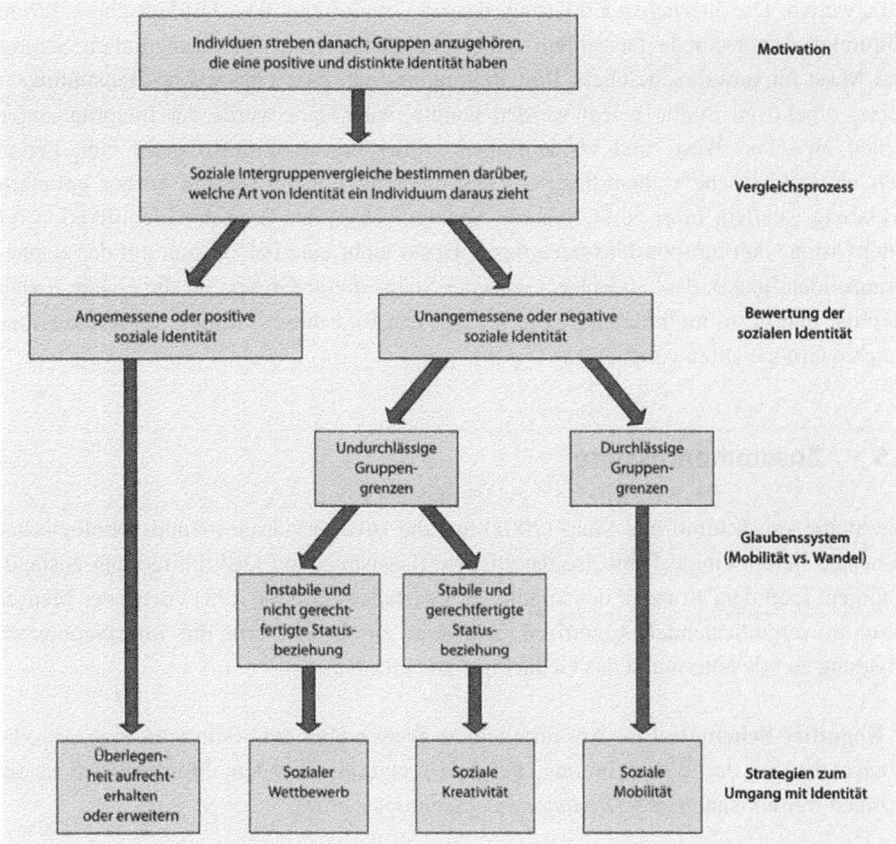

Abb. 2.1 Theorie der sozialen Identität: Motivations-, Vergleichs- und Bewertungsprozesse sowie Arten des Intergruppenverhaltens (übernommen aus Jonas et al., 2007)

Schmitt und Maes (2002) haben eine Studie durchgeführt, bei der sie West- und Ostdeutsche nach der Wiedervereinigung zu verschiedenen Aspekten befragt haben. Der Fragebogen enthielt Fragen über die Lebensqualität in Ost- und Westdeutschland. Außerdem sollten Teilnehmer*innen den typischen Ost- und Westdeutschen Bürger anhand einer Adjektivliste beschreiben. Was die Lebensqualität betrifft, zeigten die Ergebnisse der Studie, dass Ostdeutsche sich deutlich benachteiligt fühlten. Was die Adjektivliste angeht, haben Ostdeutsche sich interessanterweise aber auf der Dimension der Integrität bedeutend höhere Werte zugeschrieben als der Vergleichsgruppe. Schmitt und Maes (2002) erklären diese Resultate anhand des Ingroup-bias. Ostdeutsche fühlen sich durch materielle Faktoren benachteiligt, wodurch sie sich in ihrer sozialen Identität bedroht fühlen. Diese wahrgenommene negative soziale Identität führt dazu, dass sie sich auf einer anderen Dimension als überlegen darstellen, um das eigene Selbstkonzept aufzuwerten. Die alternative Erklärung, dass es sein könnte, dass Ostdeutsche aufgrund kultureller Unterschiede tatsächlich höhere Integritätswerte verfolgen, halten Schmitt und Maes für unwahrscheinlich. Ihre Begründung ist, dass eine solche Behauptung in keiner objektiven Studie belegt werden konnte. Außerdem wurde der Integritätsunterschied zwischen West- und Ostdeutschen größer bewertet, desto mehr eine Person sich als Ostdeutsche*r identifizierte. Dies unterstützt nicht nur die vorher gelieferte Erklärung, sondern führt zusätzlich zur Annahme, dass der Grad der Identifikation mit einer Gruppe den Ingroup-bias beeinflusst. Desto mehr eine Person sich mit der eigenen Gruppe identifiziert, desto wichtiger wird der Status dieser Gruppe für die eigene soziale Identität und desto motivierter ist die Person, das Bild dieser Gruppe im Vergleich zur anderen Gruppe aufzuwerten.

2.5 Zusammenfassung

Die Studie von Schmitt und Maes (2002) und die zuvor erklärten sozialpsychologischen Konzepte liefern einige Hinweise darauf, wie Rassismus und Diskriminierung zustande kommen. Laut dem Konzept des kognitiven Geizhalses (Taylor, 1981) neigt der Mensch dazu, in vereinfachenden *kognitiven Schemata* zu denken, um die Informationsverarbeitung zu erleichtern und das Gedächtnis zu entlasten.

▶ **Kognitive Schemata** Eine Ansammlung an Wissen über ein bestimmtes Konzept oder Objekt, das bei der Wahrnehmung, der Interpretation oder dem Problemlösen herangezogen werden kann (*APA Dictionary of Psychology*, o. D)

Dies bedeutet, dass andere Individuen nicht individuell betrachtet werden, sondern in Kategorien eingeteilt und dann anhand von Gruppenmerkmalen bewertet werden. Die Kategorisierung nach ethnischem Hintergrund ist ein Beispiel für eine solche Strategie der kognitiven Entlastung. Die Theorie des realistischen Gruppenkonflikts (Sherif, 1966) geht davon aus, dass Intergruppenkonflikte durch einen Wettbewerb um knappe Ressourcen ausgelöst werden und so zu Eigengruppenfavorisierung sowie Fremdgruppenabwertung führen. Das würde also heißen, dass der Ursprung für Rassismus darin liegt, dass Menschen unterschiedlicher Ethnien negativ voneinander abhängig sind (negative Interdependenz). Die Überlegenheit der einen ethnischen Gruppe bringt die Unterlegenheit der anderen mit sich und umgekehrt, wodurch Fremdgruppenabwertung ausgelöst wird. Laut der sozialen Identitätstheorie (Tajfel & Turner, 1979, 1986) liegt der Ursprung von verschiedenen Intergruppenverhaltensweisen (darunter auch Vorurteile, Diskriminierung und Rassismus) im Streben nach positiver sozialer Distinktheit. Eine positive soziale Identität ist dann vorhanden, wenn die eigene Gruppe im Vergleich zur Fremdgruppe besser abschneidet. Fremdgruppenabwertung und somit auch Rassismus stellen Mittel zu diesem Ziel dar; wenn die Fremdgruppe durch negative Aspekte definiert wird, dann hat die eigene Gruppe im Vergleich zur Fremdgruppe einen höheren Status.

2.6 Vorurteile als Wurzel des Rassismus – Wie entwickeln sich Vorurteile?

Nach Raabe und Beelmann (2009) lassen sich die Theorien zur Entwicklung von Vorurteilen bei Kindern in drei Ansätze unterscheiden: den lerntheoretischen, kognitiv und sozial-kognitiven sowie den motivationalen Ansatz. Im Folgenden sollen diese beschrieben werden.

2.6.1 Lerntheoretischer Ansatz

Grundsätzlich basiert dieser Ansatz auf den lerntheoretischen Erkenntnissen des Modelllernens. Der bekannteste Vertreter ist wohl Bandura (1971). In seinen Experimenten konnte er nachweisen, dass das soziale Umfeld von Kindern, heute beispielsweise die Eltern, Freunde, Lehrer oder auch (soziale) Medien, deren Verhalten beeinflussen. Häufig wird hierbei von Modelllernen gesprochen. Die Kinder nehmen das Verhalten der Welt um sie herum als Vorbild für ihr eigenes Verhalten.

Raabe und Beelmann (2009) gehen davon aus, dass diese Vorgänge auch einen Einfluss auf die Bildung von Vorurteilen bei Kindern haben. Vor allem betonen die Autoren, dass dieser Ansatz Kinder zunächst als vorurteilsfrei sieht und die Vorurteilsbildung eine Übernahme beziehungsweise eine Spiegelung der Einstellungen der sozialen Umwelt darstellt. Sie fügen hinzu, dass empirisch festgestellt werden konnte, dass es sich nicht um eine „ungefilterte Übernahme von Einstellungsmustern" (S. 117) handle, sondern eher von einem Prozess gesprochen werden sollte, der die Grundlagenbegriffe bezüglich der Vorurteilsbildung legt. Damit meinen die Autoren, dass die Kinder die in den jeweiligen Quellen verwendeten Begriffe für bestimmte soziale Gruppen sowie die Bewertung dieser Gruppen lernen. Allerdings stellen sie fest, dass dies geschieht, bevor die Kinder diese Gruppen überhaupt selbst definieren oder Gruppenmitglieder identifizieren können. Sie beschreiben, dass für Kinder „zunächst allein auf sprachlicher Ebene gedankliche Verbindungen zwischen Gruppenbezeichnung und negativen Bewertungen" (S. 118) und die vor allem für stark negativ ausgeprägte Bezeichnungen erlernt werden. Die Autoren erinnern, dass schon Allport (1954) als einer der ersten Forscher auf diesem Gebiet dieses Phänomen als „linguistische Präferenz im Erlernen von Vorurteilen" (S. 118) hervorgehoben hatte.

Sie fassen zusammen, dass dieser Ansatz keine ausreichende Erklärung für die Vorurteilsentwicklung bei Kindern ist und die Fähigkeit erlernte Assoziationen selbst zu verändern, sowie auch andere kognitive Prozesse des sozialen Lernens außer Acht lassen.

2.6.2 Kognitiver und sozial-kognitiver Ansatz

Infolgedessen beschäftigen sich die Autoren mit weiteren Ansätzen zur Beschreibung der Vorurteilsentwicklung bei Kindern. Der kognitive und sozial-kognitive Ansatz bezieht die gedanklichen Prozesse und deren Wechselwirkung mit der sozialen Umwelt in die Betrachtung ein. Raabe und Beelmann (2009) thematisieren die Entwicklungstheorie von Aboud (1988) und den sozial-kognitiven Ansatz von Bigler und Liben (2007).

Abouds (1988) Entwicklungstheorie geht davon aus, dass der Stand der kognitiven Entwicklung von Kindern einen großen Einfluss auf die Vorurteilsbildung hat. Eine erste Phase ist davon gezeichnet, dass die Basis der Einstellung von Kindern auf emotionalen Erfahrungen beruht, d. h. sie ihre Einstellungen z. B. eine Ablehnung auf ihren eigenen Gefühlen z. B. Furcht basiert. In einer zweiten Entwicklungsphase fokussieren sich Kinder eher auf wahrgenommene v. a. äußere Ähnlichkeiten zwischen verschiedenen Gruppen. Diese Phase beschreibt den Entwicklungszeitpunkt, während dem das Kind zwischen Eigen- und Fremdgruppe unterscheiden lernt. In einer dritten Phase, auch kognitive Stufe genannt, lernt das Kind zu verstehen, dass es Verschiedenheiten im Vergleich zu Personen der eigenen Gruppe als auch der Fremdgruppe aufweist. Diese Fähigkeit beruht auf den kognitiven und sozial-kognitiven Entwicklungen bei Kindern in diesem Alter.

Bigler und Liben (2007) erklären die Vorurteilsentwicklung bei Kindern über kognitive Schemata, wobei die Kategorisierung die Grundlage der Vorurteilsbildung darstellt.

Sie weisen auf die unterschiedlichen Arten der Kategorisierung hin: Kategorisierung nach äußeren Merkmalen (z. B. Hautfarbe oder Geschlecht), über die Kategorisierung aufgrund der Gruppengröße (kleine Gruppen fallen auf) und aufgrund expliziter Gruppenbezeichnung (z. B. Schüler*innen und Lehrer*innen) und impliziter Dimension zur Unterscheidung (Beobachtung der Gruppenunterschiede z. B. zwischen Mädchen und Jungen). Jedoch beschreiben die Autoren, dass verschiedene Bedingungen gegeben sein müssen, um von einer Kategorisierung zu einer Vorurteilsbildung zu gelangen. Es müssen essenzielle Überzeugungen vorliegen. Diese beschreiben die Annahme, dass man von äußeren auf innere Merkmale schließen kann. Sie treten v. a. auf, wenn Kindern nicht erklärt wird, warum eine bestimmte Kategorisierung relevant ist. Die zweite Bedingung ist eine starke Favorisierung der Eigengruppe, welche beispielsweise durch die elterliche Abwertung einer anderen Gruppe verstärkt werden kann. Eine Dritte ist das Erleben von expliziten Gruppenzuschreibungen, z. B. ebenfalls über negative Äußerung gegenüber einer bestimmten Gruppe. Eine letzte Bedingung ist die Gruppen-Eigenschafts-Kovariation. Hiermit ist die gehäufte Beobachtung von gewissen Merkmalen bei bestimmten Personengruppen gemeint. Raabe und Beelmann (2009) fassen zusammen, dass die Bedingungen zeigen, dass eine Vorurteilsbildung „eine Folge aktiver Kategorisierungsleistungen der sozialen Umwelt" (S. 121) darstellt. Bigler und Liben (2007) erklären, dass Vorurteile eher dann gebildet werden, wenn den Kindern die Gründe einer sozialen Kategorisierung nicht erklärt werden.

2.6.3 Motivationaler Ansatz

Als dritten Ansatz stellen Raabe und Beelmann (2009) den motivationalen Ansatz vor. Dieser beschreibt die „inneren Beweggründe" (S. 122) bei der Vorurteilsentstehung im Kindesalter. Sie heben zunächst das Bedürfnis, sich einer sozialen Gruppe zugehörig zu fühlen, hervor.

Laut der Social Identity Developemtal Theory (SIDT, Nesdale, 2000) können Dreijährige Unterschiede zwischen Ethnien bemerken und das umso stärker, je ausgeprägter die Fremdgruppe von der eigenen Gruppe hervorgehoben wird. Vier- und Fünfjährige bevorzugen dann ihre eigene Gruppe (ethnische Präferenz) und bewerten die Fremdgruppe negativer als die eigene Gruppe, jedoch nicht grundsätzlich negativ. Die Autoren weisen auf die von Nesdale (2000) entwickelten Bedingungen hin. Dieser beschreibt, dass für eine Fremdgruppenabwertung mittels einer Zuschreibung von negativen Charakteristika, also mittels Vorurteilszuschreibung folgende Bedingungen gegeben sein müssen:

1. Die Kinder müssen sich stark mit einer sozialen Gruppe identifizieren.
2. Die Vorurteile gegenüber der Fremdgruppe müssen normativ sein.
3. Die Eigengruppe muss eine Bedrohung durch die Fremdgruppe wahrnehmen.

Raabe und Beelmann (2009) schlussfolgern, dass es dann auch Bedingungen gibt, unter denen es nicht zu einer Vorurteilsbildung bzw. einer neutralen oder positiven Einstellung der Kinder gegenüber einer Fremdgruppe kommen sollte.

1. Die Kinder identifizieren sich schwach mit der eigenen Gruppe.
2. Die Vorurteile gegenüber der Fremdgruppe werden sanktioniert.
3. Die Eigengruppe nimmt keine Bedrohung wahr oder es gibt eine gemeinsame Zielvorstellung.

Die Social Identity Developemtal Theory beschreibt, das soziale Umwelt als Einflussgröße, die bestimmt, wie stark oder schwach sich Kinder mit der Eigengruppe identifizieren, inwiefern Vorurteile gegenüber der Fremdgruppe erwünscht oder unerwünscht sind und wie die Bedrohungseinschätzung kommuniziert wird.

Zusammenfassenden bilden diese Ansätze eine Basis, um die Entstehung von Vorurteilen bei Kindern und damit die Basis der Entstehung von Rassismus besser verstehen und erklären zu können. Allerdings, kann nicht davon ausgegangen werden, dass der komplette aktuelle Forschungsstand abgebildet werden konnte. Im Folgenden wird genauer auf die kognitiven Mechanismen, Stereotypenbildung und generelle Eindrucksbildung eingegangen.

2.7 Stereotype

Um genauer zu verdeutlichen, welche Mechanismen an der Entstehung von Diskriminierung und Rassismus beteiligt sind, wird sich im Folgenden mit den kognitiven Prozessen beschäftigt, die mit Stereotypen im Zusammenhang stehen. Des Weiteren wird thematisiert, wie solche Prozesse sich auf die generelle Eindrucksbildung auswirken und so zu diskriminierenden und rassistischen Verhaltensweisen führen können. Schlussendlich wird erläutert, wie Stereotype Auswirkungen in Form von selbsterfüllenden Prophezeiungen hervorrufen können.

2.7.1 Automatische Informationsverarbeitung

Laut Devine (1989) werden Stereotype bei Menschen automatisch aktiviert, wenn sie einem Mitglied der Gruppe begegnen, auf die sich dieser Stereotyp bezieht. Er spricht also von einer automatischen Verarbeitung, was bedeutet, dass wir keine Kontrolle über diese Prozesse haben und uns nicht einmal bewusst sind, dass gerade ein solcher Prozess abläuft. Wir begegnen also einer Person – wir kategorisieren sie – und dann haben wir sie bereits teils durch verschiedene Attribute definiert, die typisch für diese Kategorie sind, ohne es zu merken. Diese automatische Verarbeitung dient der kognitiven Entlastung, die bereits im Abschn. 2.3 *Der Mensch als kognitiver Geizhals* beschrieben wurde.

Stereotype werden schon als Kind durch Eltern und Kultur gelernt und sind bereits etabliert bevor man dazu fähig ist, etwas kritisch zu evaluieren oder zu hinterfragen (Allport, 1954; Katz, 1976; Porter, 1971; Proshansky, 1966). Persönliche Überzeugungen, wie zum Beispiel die Beurteilung der Angemessenheit stereotypisierter Zuschreibungen, etablieren sich erst in einem späteren Teil der Entwicklung (Higgins und King, 1981). Das bringt aber mit sich, dass Stereotype viel länger vorhanden sind und somit auch leichter aktivierbar sind und weniger kognitiven Aufwand kosten, als persönliche Überzeugungen.

Deswegen geht Devine in seiner Studie (1989) davon aus, dass alle Menschen das gleiche Wissen über das kulturelle Stereotyp von Schwarzen besitzen, unabhängig davon ob diese Menschen vorurteilsbehaftet sind oder nicht. Dieses gemeinsame Wissen führt er auf gemeinsame Sozialisierungserfahrungen zurück (Brigham, 1972; Ehrlich, 1973; Katz, 1976; Proshansky, 1966). Die automatische Aktivierung von Stereotypen müsste also gleichermaßen bei Menschen stattfinden die keine oder geringe Vorurteile haben, als bei Menschen die zu Vorurteilen tendieren. Die Annahme des gemeinsamen *Wissens* belegt Devine indem er die Versuchsteilnehmer*innen in einer ersten Studie

die kulturellen Stereotype von Schwarzen auflisten lässt. Die Annahme der automatischen Aktivierung bei beiden Personengruppen, belegt er mit einer weiteren Studie. In dieser Studie teilte er die Teilnehmer in zwei Gruppen ein. Um seine Annahme zu testen benutzte er das Paradigma des *subliminalen Primings:* Der einen Gruppe wurden subliminal Wörter präsentiert, die mit dem Stereotyp von Schwarzen in Verbindung stehen, aber nicht direkt etwas mit Feindseligkeit zu tun haben (z. B.: arm, Jazz, Afro, athletisch).

▶ **Subliminales Priming** Stimulation unterhalb der Schwelle des Bewusstseins, wodurch das spätere Verhalten des Probanden beeinflusst werden kann. (*APA Dictionary of Psychology*, o. D)

Der anderen Gruppe wurden neutrale Wörter präsentiert. Später sollten die Versuchsteilnehmer*innen in einer nächsten Aufgabe das Verhalten einer Person bewerten, deren ethnische Herkunft unbekannt war. Das Verhalten dieser Person wurde von den Versuchsteilnehmer*innen als deutlich feindseliger beurteilt, wenn vorher ein subliminales Priming des Stereotyps von schwarzen Menschen stattgefunden hat. Da Feindseligkeit ebenfalls zu der stereotypen Beschreibung von Schwarzen gehört, zeigt dieses Resultat, dass Stereotype automatisch durch das Priming aktiviert wurden und die anschließende soziale Wahrnehmung von Versuchspersonen beeinflusst haben. Dies war sowohl der Fall, wenn der/die Teilnehmer*in Vorurteilsbehaftet war, als auch wenn er/sie wenig zu Vorurteilen tendierte. Diese Ergebnisse belegen also nicht nur, dass die Aktivierung von Stereotypen automatisch ist, sondern auch dass diese automatische Aktivierung unabhängig davon ist, ob man zu Vorurteilen tendiert oder nicht.

Laut Fazio und Kollegen (1995) ist diese automatische Aktivierung aber nicht ganz so Personenunabhängig als von Devine angenommen. Fazio und Kollegen (1995) haben eine Studie durchgeführt, in der Versuchspersonen abwechselnd Gesichter und Wörter präsentiert wurden. Dann sollten sie die Wörter bewerten. Gemessen wurde die Reaktionszeit. Es handelt sich also um eine Messung *impliziter Vorurteile*.

▶ **Implizites Vorurteil** Eine unbewusst vorhandene negative Einstellung gegenüber einer bestimmten sozialen Gruppe. (*APA Dictionary of Psychology*, o. D)

Den Resultaten zufolge, wurden negative Wörter schneller als negativ eingestuft, und positive Wörter wurden langsamer als positiv eingestuft, wenn ihnen ein schwarzes Gesicht vorangegangen ist. Dies zeigt, dass Stereotype automatisch aktiviert werden und ist also im Einklang mit Devines Befunden. Was sich von Devines Annahmen unterscheidet, ist jedoch, dass diese automatische Aktivierung nicht bei allen Versuchsteilnehmer*innen gleich stattgefunden hat. Während der Effekt bei einigen Versuchspersonen sehr ausgeprägt war, gab es bei anderen Personen keinen oder nur einen geringen Einfluss von Hautfarbe auf die Reaktionszeit. Es ist anzunehmen, dass es interindividuelle Unterschiede im Ausmaß automatischer Aktivierung von Stereotypen gibt.

2.7.2 Einfluss automatischer Aktivierung von Stereotypen auf das Verhalten

Dass stereotypes Denken durch Priming (also automatische Aktivierung von Stereotypen) gefördert werden kann und die eigene Wahrnehmung beeinflussen kann, hat Devine's Studie (1989) bereits gezeigt. Es gibt aber auch belege dazu, dass automatische Aktivierung von Stereotypen sich gravierend auf das eigene Verhalten auswirken kann. Hierzu haben Correll und Kollegen (2002) einen interessanten Versuch gewagt. In ihrer Studie wurden weißen Versuchspersonen Fotos gezeigt, auf denen Männer zu sehen waren, die einen Gegenstand in der Hand hielten. Einige Männer auf den Fotos waren Afro-amerikanischer Herkunft und andere waren weiß. Einige hielten eine Waffe in der Hand, bei anderen handelte es sich um einen harmlosen Gegenstand. Die Aufgabe bestand darin, auf „schießen" zu drücken, wenn die Person einen gefährlichen Gegenstand in der Hand hielt. Die Resultate dieser Studie waren eindeutig. Ähnlich wie beim Experiment von Fazio und Kollegen (1995), wurde die Entscheidung zu schießen schneller getroffen, wenn die bewaffnete Person schwarz war. Analog wurde die Entscheidung nicht zu schießen schneller getroffen, wenn die Person weiß war. Unter höherem Zeitdruck, also wenn Versuchspersonen nicht viel Zeit zur Entscheidung hatten, wurden signifikant mehr schwarze unbewaffnete Männer irrtümlich erschossen, als weiße. Ebenfalls wurden signifikant mehr bewaffnete weiße fälschlich *nicht* erschossen, als schwarze.

Dieses Experiment ist vergleichbar mit realen Situationen die Polizisten tagtäglich durchleben und zeigt also, wie gefährlich die automatische Aktivierung von Stereotypen – gegen die wir uns laut Devine nicht wehren können – wirklich werden kann.

Ein schulbezogenes Beispiel für ethnische Diskriminierung wäre die in Schweden durchgeführte Studie von Hinnerich und Kollegen (2011). Hier wurden sowohl schwedische Schüler*innen als auch Schüler*innen mit Migrationshintergrund auf ihre Kompetenzen in der schwedischen Sprache getestet. Diese Tests wurden einerseits von den eigenen Lehrer*innen benotet, die die Schüler*innen und deren Herkunft kannten, und andererseits von „blinden" Lehrer*innen. Blind heißt in diesem Kontext, dass die benotende Person den/die Schüler*in nicht kannte, nichts über dessen Herkunft wusste und vorher keine Informationen bezüglich des Ziels der Studie erhalten hat. Der spätere Vergleich der Benotungen hat gezeigt, dass Schüler*innen schwedischer Herkunft von „nicht-blinden" Lehrer*innen signifikant besser benotet wurden, als Schüler*innen mit Migrationshintergrund. Dieses Resultat könnte natürlich darauf zurückzuführen sein, dass die Kompetenzen bezüglich der schwedischen Sprache bei Schüler*innen mit schwedischer Herkunft generell besser sind, als bei Schüler*innen mit Migrationshintergrund. Da aber kein Notenunterschied zwischen beiden Personengruppen zu erkennen war, wenn der/die benotende Lehrer*in „blind" war, ist ein objektiver Kompetenzunterschied jedoch unwahrscheinlich. Viel mehr kann man vermuten, dass Stereotype und deren Einfluss auf das Verhalten von „nicht-blinden" Lehrer*innen eine Rolle gespielt haben. Auch in der Schule können (unbewusste) Stereotype also zu diskriminierenden Verhaltensweisen führen.

2.7.3 Kontrollierte Informationsverarbeitung

Bis hier hin klingt alles ziemlich deprimierend: Stereotype werden automatisch und unbewusst aktiviert, wir haben keine Kontrolle über diese Aktivierung und unsere Wahrnehmung so wie auch unser Verhalten werden unbewusst dadurch geprägt. Gibt es denn überhaupt noch die sogenannte Willensfreiheit, oder ist dies nur eine Illusion?

Obwohl Devine (1989) postuliert, dass die Aktivierung von Stereotypen automatisch erfolgt, weist er gleichermaßen darauf hin, dass dieser automatischen Aktivierung jedoch immer kontrollierte Prozesse nachgeschaltet sind. Er argumentiert, dass die Annahme, automatische Aktivierung von Stereotypen würde automatisch auch zu Vorurteilen und diskriminierenden Verhaltensweisen führen, das alleinige *Wissen* über Stereotype bereits mit Vorurteilen gleichsetzen würde. Dies wäre aber falsch. Hierzu liefert er das Beispiel von Menschen afro-amerikanischer oder jüdischer Herkunft. Obwohl die Mitglieder dieser Gruppe die Stereotype kennen, die ihre Gruppe betreffen, werden diese nur selten von ihnen akzeptiert (Bettleheim und Janowitz, 1964). Vielmehr sind sie dazu motiviert, diese Stereotype abzulehnen und dagegen anzukämpfen. Wenn also genügend Zeit vorhanden ist, um das aktivierte Stereotyp zu unterdrücken oder diesem entgegenzuwirken, kann der Einfluss auf die eigene Wahrnehmung und das eigene Verhalten laut Devine durchaus reduziert oder eliminiert werden. Dieses Entgegenwirken ist jedoch anstrengend und kostet kognitive Ressourcen, weswegen die Motivation ein wichtiger Einflussfaktor ist.

Devine hat die Annahme kontrollierter Prozesse überprüft (Devine, 1989), indem er Versuchspersonen bat, ihre Meinung über schwarze Menschen anonym aufzuschreiben. Da in der Frage explizit auf die ethnische Herkunft hingewiesen wurde, kann man davon ausgehen, dass dadurch das Stereotyp von Schwarzen automatisch bei den Versuchsteilnehmer*innen aktiviert wurde. Die Ergebnisse der Studie haben gezeigt, dass die Teilnehmer*innen, bei denen eine höhere Tendenz zu Vorurteilen gegenüber Schwarzen gemessen wurden, auch eher dazu neigten, stereotype Gedanken über diese Personengruppen aufzuschreiben. Teilnehmer*innen bei denen eine niedrige Tendenz zu Vorurteilen gemessen wurde, benutzten eher nicht-stereotype Eigenschaften zur Beschreibung. Dies zeigt, dass nicht-vorurteilbehaftete Menschen sich sogar unter anonymen Konditionen anstrengen, um das zuvor automatisch aktivierte Stereotyp zu unterdrücken und diese Gedanken *bewusst* und *kontrolliert* mit nicht-stereotypen Eigenschaften zu ersetzen. Kontrollierte Verarbeitung ist also trotz automatischer Aktivierung tatsächlich möglich.

2.7.4 Modelle der Eindrucksbildung

Auch bei der generellen Eindrucksbildung spielen Stereotype und deren automatische und kontrollierte Verarbeitung eine große Rolle. Es ist jedem schon einmal passiert: man lernt eine Person kennen, die man anfangs überhaupt nicht leiden kann. Auf einmal lernt man die Person aber näher kennen, sie wächst einem ans Herz und dann fragt man sich, warum man sie anfangs eigentlich nicht mochte. Im Folgenden werden zwei sozialpsychologische Modelle vorgestellt, die sich mit den Prozessen beschäftigen, die bei der Eindrucksbildung von Bedeutung sind.

2.7.4.1 Das Kontinuummodell der Eindrucksbildung

Nach dem *Kontinuummodell* von Fiske und Neuberg (1990) liegt unsere Eindrucksbildung auf einem Kontinuum zwischen stereotyper und kategorisierter Verarbeitung auf der einen Seite, und individualisierender Beurteilung auf der anderen Seite. Sie gehen davon aus, dass bei der Begegnung mit einer Person immer erst Kategorien genutzt werden, um diese einzuschätzen. Folglich bildet sich ein erster Eindruck anhand offensichtlicher äußerlicher Merkmale wie zum Beispiel Geschlecht oder Hautfarbe. Automatisch werden also Stereotype aktiviert. Fiske und Neuberg (1990) postulieren, dass es nur über diese initiale automatische Stereotypisierung hinausgeht, wenn eine (zumindest minimale) Motivation besteht, die Person auch genauer kennenzulernen. Diese Motivation wäre beispielsweise vorhanden, wenn die Person als interessant oder zumindest relevant wahrgenommen wird. Dann wird man seine Aufmerksamkeit auf diese Person richten und versuchen, sich einen differenzierteren Eindruck zu bilden. Während weitere Informationen von der eindrucksbildenden Person gesammelt werden, wird dann überprüft, ob diese Informationen mit der initial aktivierten Kategorie übereinstimmen. Wenn dies der Fall ist, dann wird die eindrucksbildende Person gegenüber der anderen Person die Gefühle, Gedanken und Verhaltensweisen zeigen, die sie gegenüber der entsprechenden Kategorie/Personengruppe hat. Wenn es nicht der Fall ist, wird nach einer anderen Kategorie gesucht, die besser zu den Eigenschaften der relevanten Person passt. Das nennt sich Rekategorisierung. Wenn die Rekategorisierung aber fehlschlägt, dann bleibt nur noch die Stückweise Integration, bei der erhaltene Informationen einzeln betrachtet, verarbeitet und verbunden werden um sich einen Eindruck zu bilden. Dies ist die individuellste Form der Verarbeitung dieses Modells, da sie am wenigsten auf Kategorien basiert. Die Person wird also nicht mehr aufgrund einer Gruppenzugehörigkeit definiert, sondern die Gruppenzugehörigkeit stellt nur noch *eine* der zahlreichen vorhandenen Informationen bezüglich der Person dar. Folglich ist das Verhalten des/der Eindrucksbildenden also so wenig wie möglich von kategorienbasierten Verallgemeinerungen beeinflusst. Wenn der Prozess aber vor der stückweisen Integration unterbrochen wurde, ist es möglich, dass das Verhalten gegenüber der anderen Person auf Stereotypen basiert, Vorurteile widerspiegelt und sich als diskriminierend und rassistisch herausstellt. Abb. 2.2 zeigt die genannten Prozesse der Eindrucksbildung anhand eines Schemas.

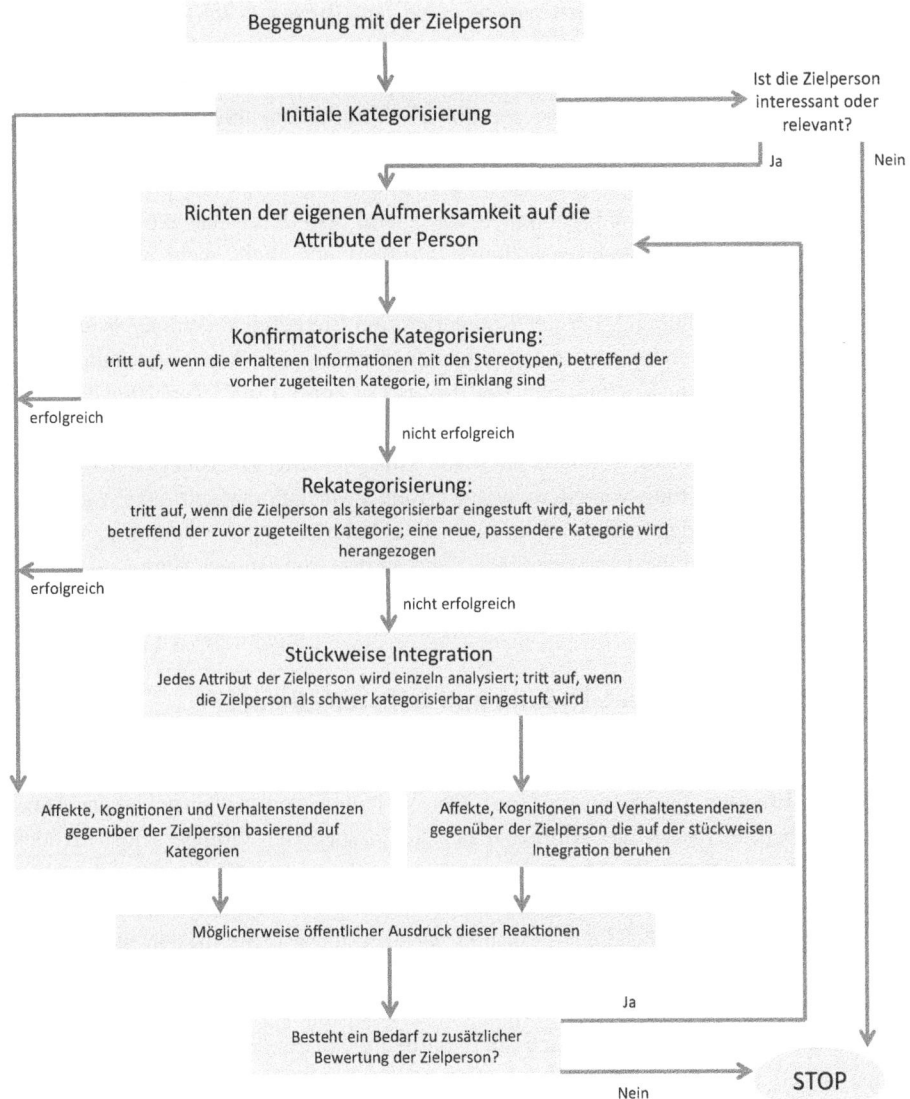

Abb. 2.2 Das Kontinuummodell der Eindrucksbildung (übernommen und übersetzt aus Fiske & Neuberg, 1990)

2.7.4.2 Das Zwei-Prozess-Modell der Eindrucksbildung

Das *Zwei-Prozess-Modell* von Brewer (1988; Brewer & Feinstein, 1999) geht genau so wie das Kontinuummodell von einer anfänglich automatischen Informationsverarbeitung aus. Der/die Eindrucksbildende begegnet einer Person, und es findet eine Kategorisierung statt. Die Person wird erstmal verschiedenen Stereotypen entsprechend wahrgenommen. Alles was danach passiert, sind laut Brewer (1988) jedoch ganz klar bereits kontrollierte Prozesse. Dann entscheidet der/die Wahrnehmende nämlich *bewusst* ob er in folgenden Schritten eine „top-down"- oder eine „bottom-up"- Verarbeitungsstrategie benutzen möchte. Bei der „top-down"- Verarbeitung bleibt es bei der kategorialen Einschätzung des Gegenübers, und alle zusätzlichen Informationen, die über die Person erhalten werden, werden entsprechend des Stereotyps interpretiert und eingeordnet. Wie die Person wahrgenommen wird, wird also durch das aktivierte Stereotyp bestimmt und kann durch zusätzliche Informationen nicht mehr viel verändert werden. Bei der „bottom-up"- Verarbeitung handelt es sich um die personalisierte, individualisierte Verarbeitung, bei der Kategorien und Stereotypen weniger Wichtigkeit zugeteilt werden, da eine Integration individueller Merkmale der Person stattfindet.

Der Unterschied zum Kontinuummodell ist also in erster Linie, dass Brewer (1988) davon ausgeht, dass nicht nur die personalisierte Informationsverarbeitung bewusst und kontrolliert stattfindet, sondern auch die Entscheidung zur kategorisierten Verarbeitung. Die Aktivierung von Stereotypen erfolgt zwar automatisch, aber wenn sich danach dazu entschieden wird, die kategorisierte Verarbeitung fortzuführen, um den eigenen kognitiven Aufwand zu verringern, dann ist dies laut Brewer ein b*ewusster* und *kontrollierter* Prozess.

2.7.5 Stereotype-Threat-Theorie und selbsterfüllende Prophezeiung

Neben den Effekten die Stereotype auf das Verhalten von Außenstehenden haben können, bleiben aber auch die Mitglieder der stereotypisierten Gruppe selbst oft nicht von Einflüssen verschont. Dies kann man anhand der *Stereotype-Threat-Theorie* (Steele & Aronson, 1995) illustrieren. Steele und Aronson (1995) erklären, dass die reine Existenz eines Stereotyps bedeutet, dass alles was man tut, was mit diesem Stereotyp im Einklang steht, dazu führt, dass andere Menschen (oder sogar man selbst) dieses Stereotyp als ein plausibles Merkmal zur Beschreibung der eigenen Persönlichkeit sehen. Sie gehen davon aus, dass Menschen sich also von den existierenden Stereotypen, die ihre Gruppe betreffen, bedroht fühlen, wenn diese negativ sind. In anderen Worten: Wenn Menschen sich einer bestimmten Gruppe zugehörig fühlen, die gesellschaftlich negativ stereotypisiert ist, machen sie sich Sorgen darüber, dass sie das entsprechende Stereotyp eventuell bestätigen könnten. Steele und Aronson (1995) nennen dieses Phänomen „stereotype threat". Sie nehmen jedoch an, dass diese wahrgenommene Bedrohung das eigene Verhalten in Richtung einer *selbsterfüllenden Prophezeiung* beeinflussen könnte.

▶ **Selbsterfüllende Prophezeiung** Wenn ein Glaube oder eine Erwartung dazu beitragen, dass ein Ereignis tatsächlich eintritt (*APA Dictionary of Psychology,* o. D)

Diese Annahmen haben Sie anhand mehrerer Studien getestet (Steele & Aronson, 1995) und herausgefunden, dass schwarze Student*innen signifikant schlechter in einem verbalen Test abschneiden als weiße, wenn vorher das Stereotyp von Schwarzen aktiviert wird. Ohne diese Aktivierung waren in ihrem Experiment keine Leistungsunterschiede zu erkennen. Was die Fähigkeiten angeht, sind beide Gruppen also ähnlich kompetent. Proband*innen mit schwarzer Hautfarbe haben jedoch signifikant schlechter abgeschnitten, wenn vorher das ethnische Stereotyp aktiviert wurde und sie motiviert waren, dieses Stereotyp *nicht* zu erfüllen.

Die Annahme, dass „stereotype threat" bei äußerlicher Gruppenzugehörigkeit zu Leistungseinbußen führen kann wurde in mehreren anderen Studien bestätigt. Zum Beispiel schneiden, bei aktivierten Stereotypen, Lateinamerikaner*innen schlechter in Tests ab als Weiße (Gonzales et al., 2002) und Weiße schneiden schlechter in Mathetests ab als Asiat*innen (Aronson et al., 1999).

„Stereotype threat" bezieht sich aber nicht nur auf leistungsbezogene Verhaltensweisen. Goff und Kollegen (2008) haben beispielsweise herausgefunden, dass weiße Menschen dazu tendieren, den Kontakt zu schwarzen Menschen zu reduzieren, wenn sie Angst davor haben, dem Stereotyp des „rassistischen Weißen" gerecht zu werden. Hier entwickelt sich also ironischerweise eine nach außen hin rassistische Verhaltensweise, aus dem eigentlichen Wunsch, *nicht* rassistisch zu wirken. Anhand einer weiteren Studie haben Goff und Kollegen (2008) jedoch gezeigt, dass Menschen sich den Prozess des „stereotype threat" bewusst machen können. Durch dieses Bewusstmachen könnte der Zusammenhang zwischen der Angst, rassistisch zu wirken, und der Kontaktreduktion zu Schwarzen also beeinflusst und verringert werden.

2.8 Risiko- und Schutzfaktoren der Rassismusentstehung

Nachdem in den vorherigen Kapiteln viele neue Begriffe eingeführt wurden und viele theoretische Prozesse erklärt wurden, sollen nun Risiko- und Schutzfaktoren für die Entstehung von Rassismus erläutert werden. Hierbei wird zunächst die Bedeutung der Globalisierung hinterfragt, weiterhin werden Mikroaggressionen und deren Wirkung beschrieben als auch Beispiele zu möglichen Schutzfaktoren erläutert.

2.8.1 Globalisierung und Mikroaggressionen

Die Welt verändert sich ständig, und damit auch die Möglichkeiten und Anforderungen an junge Menschen. Durch das Internet, günstigere Flüge und ein wachsendes Interesse an Diversität wird die Welt gefühlt etwas kleiner. Man kann mit Freunden, die weiter weg wohnen, über soziale Medien einfach in Kontakt bleiben: Egal ob in der Stadt nebenan oder auf einem ganz anderen Kontinent. Zudem kann man auch einfacher reisen und von einem Land ins andere ziehen. Diese Seite der Globalisierung birgt viele

Möglichkeiten, um eine Vielzahl an Kulturen kennenzulernen. Auf einmal sitzt ein Kind, welches seit Generationen in einem Land lebt neben einem anderen, welches vor ein paar Monaten in das Land gezogen ist. Sie reden miteinander, tauschen sich aus, spielen zusammen, und lernen voneinander.

Dass dies auch manchmal zu Missverständnissen oder sogar Ablehnung führt, ist herausfordernd und sollte verhindert werden. Es ist aber auch eine Möglichkeit Toleranz und Zusammenhalt zu entwickeln. Es ist wichtig, dass Kinder sich sicher fühlen, und nicht vor der steigenden Diversität abschrecken. Diversität bedeutet Vielfalt, Diversität bedeutet Möglichkeiten, jedoch stehen nicht jedem dieselben Möglichkeiten zur Verfügung.

Die Zeiten ändern sich mit wachsender Diversität und einem Fokus auf Gerechtigkeit, jedoch heißt dies nicht, dass Probleme nicht mehr existieren. Mikroaggressionen sind ein Problem, welches viele Menschen betrifft, und besonders in einer toleranten Umgebung aufkommen, aber nicht erkannt werden kann.

▶ **Mikroaggression** Subtile Beleidigungen oder Erniedrigungen gegen eine marginalisierte Gruppe die bewusst oder unbewusst auftreten können (*APA Dictionary of Psychology* (o. D); Sue, 2010)

Mikroaggression können bewusst oder unbewusst ausgeführt werden. Oft werden sie ohne schlechten Willen oder sogar Bewusstsein ausgeführt. Im Folgenden soll ein Beispiel einer Mikroaggression dargestellt werden. Ein Kind mit dunkler Hautfarbe kommt neu in die Schulklasse, und wird von einem anderen Kind gefragt, wo es den herkomme (DeAngelis, 2009). Auf den ersten Blick, kann man die Frage des Kindes als ein Ausdruck von Neugier und Interesse sehen. Was sich aber auch darunter verbirgt, ist die Annahme, dass das neue Klassenmitglied schon auf der Basis seiner dunkleren Hautfarbe als fremd eingeschätzt wird. Die Frage des Kindes muss keine böse Absicht beinhalten, um trotzdem als Mikroaggression zu gelten.

Mikroaggressionen sind wichtig, da sie sehr subtil auftreten und dadurch oft vom Sender und Empfänger gar nicht bewusst wahrgenommen werden, bis diese sich damit auseinandersetzen (DeAngelis, 2009; Sue, 2010), falls dies überhaupt passiert. Die Auseinandersetzung kann schwierig für die Person sein, die Mikroaggressionen ausführt. Vor allem dann, wenn keine rassistische Intentionen vorliegen, und das Verständnis der eigenen Beteiligung an Mikroaggressionen das Selbstbild der Person als gute Person, die sich nicht selbst als rassistisch einschätzt, gefährdet (Sue, 2010).

Mikroaggressionen sind belastend für die Menschen, die ihnen ausgesetzt sind (Kluge et al., 2020). Sie begleiten ihren Alltag und können diesen ebenfalls noch erschweren. Die Erfahrung von Mikroaggressionen kann die psychische Gesundheit, das Wohlbefinden, und die schulischen Leistungen von Kindern gefährden (Kluge et al., 2020; Nadal et al., 2014; Nguyen, 2013). Sie sind besonders gefährlich, weil sie den Betroffenen als auch den Agierenden nicht direkt auffallen.

2.8.2 Den negativen Auswirkungen von Rassismus entgegenwirken

Eines der einflussreichsten Erlebnisse während der Schulzeit, die Schüler*innen erfahren können, ist der Schulabbruch. Die Schule abzubrechen, schließt viele Türen für junge Menschen und trägt negativ zu ihrem Selbstwertgefühl bei. Auch Rassismus kann einen Risikofaktor für den Schulabbruch darstellen (Makarova, 2015)

Laut Makarova (2015) brauchen Kinder und Jugendliche, um sich in der Schule wohl zu fühlen, das Gefühl Teil der Klasse zu sein. Dieses Gefühl der Zugehörigkeit führt des Weiteren zu erhöhtem Engagement im schulischen Bereich (Makarova, 2015). Wenn Kinder Diskriminierung bezogen auf Teile ihrer ethnischen oder kulturellen Herkunft erleben, kann dies dazu beitragen, dass sie sich in der Schule weniger willkommen fühlen (Martinez et al., 2004). Dies kann zu einem schlechten Klassenklima führen und soziale Ausgrenzung begünstigen. Zusätzlich, kann es auch das Risiko der betroffenen Kinder erhöhen, nicht mehr aktiv an der Schule teilzunehmen oder die Schule sogar abzubrechen (McBrien, 2005).

Man lernt viel mehr während der Schulzeit als nur den Lehrstoff: man wächst auf, lernt wie soziales Miteinander funktioniert, und man fängt an sich die ersten Eindrücke darüber zu machen, wie die Welt funktioniert. Wenn Kinder rassistischen Mikroaggressionen ausgesetzt sind, können negative Auswirkungen auf die spätere schulische Laufbahn folgen (Forest-Bank & Jenkins, 2015). Das optimale Aufwachsen und lernen das man in der Schule und weiteren Bildung erreichen kann, wird dadurch erschwert, welches einen Einfluss auf die gesamte Entwicklung eines Kindes haben kann.

Kinder, die Rassismus erleben sind auch dem Risiko einer Selbstwertgefühlminderung ausgesetzt (Weiß, 2020). Kinder brauchen Anerkennung und Wertschätzung. Dies hilft ihnen selbstsicher zu werden, an ihre Fähigkeiten zu glauben und letztendlich sich zu trauen, ihr Potenzial auszuschöpfen. Wenn Kinder sich selbst für fähig halten, haben sie häufig mehr Erfolg in ihren schulischen Leistungen und im schulischen Sozialleben (Forest-Bank & Jenkins, 2015). Zusätzlich ist das Selbstwertgefühl ausschlaggebend für eine weitere positive Entwicklung und kann als Schutzfaktor für den Umgang mit anderen schwierigen Situationen dienen. Das Selbstwertgefühl wird durch Diskriminierung beeinträchtigt, da negative Erwartungen und Bewertungen von anderen das Selbstbild von Kindern beeinflussen.

Manche Kinder können mit Steinen, die ihnen in den Weg gelegt werden besser umgehen als andere. Dies ist auch der Fall im Umgang mit Rassismus. In den vorherigen Absätzen wurden Schwierigkeiten, die Rassismus mit sich bringt, identifiziert. Im Folgenden soll darauf eingegangen werden, welche Faktoren dazu beitragen können, dass Kinder weniger an den negativen Konsequenzen von Rassismus leiden.

Eine Möglichkeit den Einfluss dieser Konsequenzen zu lindern ist das Thema nicht zu umgehen. Im Gegenteil kann eine Auseinandersetzung mit der Thematik für Lehrkräfte sowie auch Schüler*innen sinnvoll sein. Zudem profitiert das ganze Klassen- und Schulklima davon, da unbewusste Normvorstellungen und ihre Konsequenzen auf Seiten von denen, die diskriminieren und denen, die diese Diskriminierung erfahren angesprochen werden können, und daraufhin verändert werden können (Wagner, 2003; Neblett et al., 2012).

Jeder Mensch hat mehr oder weniger Vorurteile gegenüber anderen. Wenn auf schulischer Ebene Vorurteile und Rassismus angesprochen werden, gibt dies die Möglichkeit für einen Diskurs, Bildung und eine Veränderung der Ansichten durch Erfahrung und Empathie. Sogar schon kleine Kinder definieren sich zum Teil aufgrund ihrer Herkunft und den Gruppen zu denen sie sich selber angehörig fühlen, oder die die ihnen von anderen zugewiesen werden (Wagner, 2003). Mehr zur Entstehung von Vorurteilen konnten Sie schon in *2.5 Vorurteile als Wurzel von Rassismus* erfahren.

Für Kinder, die einer Minorität zugehören, konnte festgestellt werden, dass die Auseinandersetzung mit der eigenen ethnischen Identität als Schutzfaktor gegen die negativen Effekte der Diskriminierung dienen kann (Neblett et al., 2012; Seider et al., 2019). Ziel dahinter ist, dass die Kinder für sich selbst verstehen, was die Bedeutung ihrer eigenen Identität für sie darstellt. Dies kann für jedes Kind anders sein. Eine positive Einstellung zur eigenen Identität kann auch das Selbstwertgefühl stärken, und den negativen Effekten von Rassismus entgegenwirken (Neblett et al., 2012; Forest-Bank & Jenkins, 2015).

Sich mit Rassismus und Diskriminierung auseinander zu setzen, kann auch eine schützende Wirkung mit sich bringen, da es Bewusstsein und Empathie fördern kann (Wagner, 2003). Zum Beispiel, wenn Kinder einander von ihren Erfahrungen berichten, wird das Thema ins Bewusstsein gerufen, besser verstanden und die Kinder haben die Chance selbst zu erfahren, wie es sich anfühlt, wenn andere ihnen von vornherein mit einer negativen Einstellung begegnen. Eine Diskussion über die Fairness solcher Situationen, kann schon im Grundschulalter begonnen werden (Wagner, 2003). Dies gibt nicht nur Kindern, die Ungerechtigkeit erfahren, die Möglichkeit davon zu berichten und sich damit auseinander zu setzen, sondern auch denen, die sich damit noch kaum ausgesetzt haben. Diese bekommen die Möglichkeit, darauf aufmerksam zu werden und sich in die Lage der anderen Kinder hineinzuversetzen.

Ein anderer Schutzfaktor gegenüber den negativen Effekten von Rassismus ist die wahrgenommene Zugehörigkeit (Wagner, 2003). Wir kennen es alle: Wenn man Teil der Gruppe ist, fühlt man sich sicher, wichtig, und hat einfach mehr Spaß. Kinder profitieren davon sehr, wenn sie sich als Teil der Gruppe fühlen. Das kann insbesondere so sein, wenn sie verschiedenen Diskriminierungen ausgesetzt sind. Teil einer Gruppe zu sein, vermittelt die Idee, dass niemand ausgegrenzt wird, und dass Hautfarbe oder andere äußerliche Charakteristika nichts daran ändern, dass wir alle Menschen sind. Kinder lernen hierdurch Zugehörigkeit, und Verschiedenheiten zu akzeptieren.

2.9 Was erschwert die Auseinandersetzung mit Rassismus?

Einerseits gibt es den offenen gewalttätigen Rassismus, der mit voller Absicht geschieht und auf einer rassistischen Weltanschauung beruht wie z. B. in dem Fall als Jugendliche im Dezember 2019 in Sebnitz, Deutschland auf ein elfjähriges Mädchen eintreten, ihr den Mund zu halten, das Kopftuch herunterreißen und brüllen, dass sie hier nichts zu suchen hätte (Schipkowski, 2019). Man könnte denken: Das ist also das Gesicht des Rassismus, brutal, klar und hasserfüllt. Andererseits ist es jedoch so, dass Rassismus sehr viel breiter aufgestellt ist und unterschiedliche Formen annehmen kann.

Während die extremen Auswüchse die Welt erschüttern, agieren verdeckte, oft unbewusstere Formen des Rassismus auf einem anderen Level – mit fatalen Konsequenzen. Beispielsweise, wenn ein Kind nicht richtig eingeschätzt und auf die Hauptschule statt auf das Gymnasium geschickt wird oder wenn dessen Mutter aufgrund ihrer Hautfarbe trotz guter Qualifikationen keinen Arbeitsplatz erhält. Schließlich dürfen neben äußeren Konsequenzen von Rassismus auch die inneren, psychischen Konsequenzen nicht vergessen werden, weshalb die Wahrnehmung der Betroffenen von besonderer Bedeutung ist. Seit Polizisten George Floyd in Minnesota töteten (Denkler, 2020) hat die Bewegung Black Lives Matter weltweit an Bedeutung gewonnen und auch im deutschsprachigen Raum wird Rassismus breiter diskutiert. Jedoch fällt vielen die Auseinandersetzung damit schwer und die Debatte ist sehr aufgeheizt. Warum?

In diesem Abschnitt wird Rassismus im Sinne des *Kulturrassismus* behandelt, in dem Gruppen nach ethnischen, kulturellen oder religiösen Differenzen getrennt werden, die dieser Weltanschauung nach als biologische, unveränderliche Unterschiede gesehen werden (Rommelspacher, 2009; siehe auch Kap. 1 dieses Bandes). Es geht hier insbesondere um den *individuellen Rassismus* (Rommelspacher, 2009) und der aktuelle Kontext und bestehende Ideologien werden in ihrem Einfluss auf das Individuum miteinbezogen.

Unabhängig von Herkunft, Religion oder Ethnie fällt uns die Auseinandersetzung mit unangenehmen Themen schwer, vor allem, wenn sie uns selbst betreffen. Denn wenn in uns negative Emotionen ausgelöst werden, verwenden wir verschiedenste Strategien damit umzugehen, wie z. B. Ablenkung oder die Auseinandersetzung mit dem Auslöser (Webb et al., 2012). Im Laufe der aktuellen Rassismusdiskussion kam bei manchen weißen sowie ein paar nicht-weißen Menschen vielleicht die Frage auf: „Warum geht es hier so oft um Weiße als Täter, wenn doch Rassismus von jedem ausgehen kann?".

2.9.1 Machtverhältnisse und Inhalt von Stereotypen

Eine erste Antwort darauf ist, dass in Ländern wie Luxemburg, Österreich, der Schweiz und Deutschland die Mehrheit der Bevölkerung weiß ist. Die Mehrheit hat in diesen Fällen auch mehr Macht und trägt daher eine Verantwortung gegenüber der Minderheit, was auch in nationalem, sowie europäischem Gesetz abgesichert ist (Europarat, 1998).

Da die weiße Bevölkerung in diesen Ländern zahlenmäßig und machtpositionell größer ist, trägt sie auch mehr Verantwortung, da der Rassismus, der von ihr ausgeht, einen breitflächigeren und stärkeren Einfluss hat als der von Minderheiten ausgehende Rassismus. Struktureller Rassismus beispielsweise ist hier hauptsächlich von Weißen geprägt. Daher ist die Debatte über von Weißen ausgehendem Rassismus hierzulande zentral.

Zweitens geht es bei Rassismus auch um geschichtliche Entwicklung. Schließlich ist es nicht die Existenz von Stereotypen, die schädigend ist, sondern die mangelnde Reflektion darüber und vor allem: ihr Inhalt. Woher kommt der Inhalt der Stereotypen? Und was bedeutet das für den Stereotypisierten?

Geschichte spielt hier eine wichtige Rolle, zum Beispiel die Kolonialgeschichte. Diese ist nicht nur mit einer rassistischen Lehre, Völkermorden und Grausamkeiten verbunden, sie kommt auch immer noch erstaunlich wenig im Lehrplan vor. In manchen Bundesländern Deutschlands kommt die Kolonialgeschichte gar nicht im Lehrplan vor; es liegt dann in der Verantwortung und dem Engagement der Lehrkraft das Thema noch irgendwie unterzubringen (Hille, 2020). Es ist kein Wunder, dass auf der einen Seite Geschehnisse wie der Völkermord an Nama und Herero in Namibia durch deutsche Kolonialherren (BBC, 2017), sowie z. B. die Grausamkeiten von dem belgische König Leopold II in der jetzigen Demokratische Republik Kongo (Rannard & Webster, 2020) kein Allgemeinwissen sind, sowie auf der anderen Seite afrikanische Errungenschaften auch im Dunkeln bleiben (Blatch, 2013). Beide Seiten sind wichtig, weil unser kulturbedingtes (bildungssystembedingtes) Allgemeinwissen die Grundlage unserer Stereotypen bildet, und zwar unabhängig von unserer persönlichen Einstellung (Devine, 1989). Daher dürfte es für einen besseren Umgang mit Stereotypen von Bedeutung sein einerseits das Bewusstsein über deren Entwicklung zu stärken, sowie andererseits gegensätzliche Informationen aufzunehmen. Der Mangel an letzterem könnte auch eine Rolle im wachsenden Anti-Semitismus spielen. Vielleicht wurde ausreichend Information über den Holocaust geboten, aber nicht genug Anknüpfungspunkte an die heutige jüdische Gemeinschaft, was Nährboden dafür liefern könnte, jüdische Mitbürger immer noch schnell als „die anderen" zu betrachten und Verschwörungstheorien Glauben zu schenken („Warum meet a Jew," 2021).

Schwarze Menschen trifft Rassismus weltweit am härtesten (Olayinka Sule, 2019) und das kann durch die unterschiedliche Entwicklung des Inhalts von Stereotypen erklärt werden. Zum Beispiel, wenn ich Schwarze Menschen nur aus Bilderbüchern kenne, wo sie als Menschenfresser dargestellt werden und aus Flyern von Hilfswerken, wo abgemagerte Kinder mich mit traurigen Blicken anschauen, wenn ich nichts gehört habe über die ersten Schrift-, Rechen-, Kunst-, Architekturpraktiken und Kultur auf dem afrikanischen Kontinent, die Diversität seiner Bevölkerung usw. (Blatch, 2013), dann wird mein Stereotyp dementsprechend ausfallen und es bedarf einer aktiven Gegensteuerung meinerseits, um ihm entgegenzuwirken und mich nicht ihm entsprechend zu verhalten. Leider ist Geschichte also kein isoliertes Gefüge: Die Gegenwart entwickelt sich aus der Geschichte heraus. Deshalb erfahren schwarze Menschen weltweit eine andere Art der Diskriminierung als weiße Menschen.

Ein Beispiel für unterschiedliche Stereotypenbildung kommt aus China: Es lässt sich hier beobachten, wie weiße Menschen auf der Straße angesprochen werden, Englischunterricht an einer Schule zu geben für ein Gehalt, dass das der ausgebildeten chinesischen Englischlehrer*innen weit übersteigt – und dabei wird manchmal nicht einmal geprüft, ob diese weiße Person überhaupt richtig Englisch sprechen kann. Warum? Das weiße Gesicht an der Schule wirkt wie eine Werbung, da viele chinesische Eltern nicht so gut Englisch können und weiße Menschen ihren Stereotypen nach als Muttersprachler*innen und kompetente Lehrkräfte einschätzen (Quinn, 2019; Wibawa & Xiao, 2018). Für schwarze Menschen sieht der Stereotyp jedoch ganz anders aus: Ein schwarzer US-amerikanischer Englischlehrer bewirbt sich auf einen Job als Englischlehrer und wird abgewiesen. Die Erklärung: Die Eltern würden nicht glauben, dass er Muttersprachler sei (Griffiths, n. d.; Quinn, 2019). Zum Unbehagen der chinesischen Regierung und aller nicht-weißen Englischlehrer*innen führt der weiße Stereotyp der perfekten Englischlehrkraft dazu, dass alle anderen in der Rekrutierung benachteiligt werden – und ganz am Schluss dieser Hierarchie steht der Stereotyp der schwarzen Menschen. Der psychologische Mechanismus von Rassismus mag also gleich sein, das Resultat fällt aber sehr unterschiedlich aus. Da Rassismus weltweit schwarze Menschen am härtesten trifft (Olayinka Sule, 2019), wird Rassismus gegen schwarze Menschen auch öfter thematisiert. Natürlich muss rassistische Diskriminierung gegen Weiße nicht immer wie in diesem Beispiel bevorteilend ausfallen, sondern kann auch negative Züge annehmen, wie im Interview mit T. M. (siehe Kap. 1) angedeutet.

Damit ist ein wichtiger Punkt angesprochen: Wenn jemand Leid erfährt, darf, nein, sollte dies angesprochen werden – und natürlich unabhängig von Herkunft, Religion oder Ethnie. Jedoch darf das Leid des einen nicht als Ablenkung vom Leid des anderen missbraucht werden. Wenn die Diskussion über Diskriminierung gegen Weiße dazu benutzt wird, die Diskussion über Diskriminierung gegen Schwarze zu untermauern, dann hat das wenig mit Mitleid gegenüber weißen Diskriminierungsopfern zu tun, sondern mehr mit dem Versuch, die aktuelle Diskussion zu unterbinden. Eine Analogie von Arthur Chu, Comedian, bringt das sehr gut auf den Punkt: Auf einer Fundraisingaktion einer Organisation, die sich für Krebskranke stark macht, würde wohl kaum jemand durchlaufen und „ES GIBT AUCH ANDERE KRANKHEITEN!" rufen (Lopez, 2016).

Der Kampf gegen Rassismus ist kein Kampf zwischen Weißen und Nichtweißen, es ist überhaupt kein Kampf zwischen Ethnien. So sagte auch Meral Sahin von der Interessengemeinschaft Keupstraße (Kölner Zielort von NSU Attacke, 2014): *„Jeder Mensch ist auf irgendeiner Ebene rassistisch, und wir müssen daran arbeiten, auch ich muss daran arbeiten, wir müssen alle dagegen arbeiten"* (ZDF, 2020). Die Auseinandersetzung mit Rassismus fängt, wie so viele andere Themen, bei einem selbst an. Das ist aber nicht immer so einfach…

2.9.2 Selbstbild – Ich bin doch ein guter Mensch

„Das war aber ganz schön rassistisch von Ihnen"

Viele Menschen reagieren abwehrend, wenn sie darauf hingewiesen werden, dass eine ihrer Aussagen oder Handlungen rassistisch ist, so Hadija Haruna-Oelker, Politologin (ZDF, 2020). Warum eigentlich? Es könnte sein, dass einige sich ungerecht behandelt fühlen, weil sie davon überzeugt sind, dass die Aussage oder Handlung nicht rassistisch war. Hier stellt sich jedoch die Frage, warum sie davon so überzeugt sind und anstatt sich die Zeit zu nehmen, dem anderen zuzuhören und darüber nachzudenken, direkt einen „Gegenangriff" starten oder es unter den Teppich kehren. Hierfür gibt es einige psychologische Erklärungen: Zum einen könnte es mit unserer sensiblen Art über unser Selbstbild zu wachen zusammenhängen, zum anderen mit unserem Verständnis von Rassismus.

Ein positives Selbstbild ist gesundheitsförderlich. Psychisch gesunde Menschen schätzen sich oft als besser ein, als sie es eigentlich sind, was daran zu sehen ist, dass die meisten Menschen sich für überdurchschnittlich klug und attraktiv halten (Epley & Whitchurch, 2008; Williams & Gilovich, 2008). Das wird der „Überdurchschnittseffekt" (Englisch: above-average-effect) genannt und gilt auch für andere positive Eigenschaften. Menschen wiederum, die an Depressionen leiden, haben oft ein akkurateres Selbstbild (Moore & Fresco, 2012). Dieser durchaus gesunde Mechanismus also könnte jedoch auch eine Rolle dabei spielen, dass wir vehement auch berechtigte Kritik ablehnen, um unser sensibles Selbstbild zu schützen. Die Selbstdiskrepanz-Theorie von Higgins (1989) erklärt dieses Phänomen weiter. Dieses Modell besteht aus drei Selbstbildern: Erstens, dem Selbst, das wir sind, genannt *das tatsächlichen Selbst* (Englisch: actual self), zweitens, dem Selbst, wie es sein sollte, genannt *das Soll-Selbst* (Englisch: ought self) und drittens dem Selbst, wie wir gerne sein würden, genannt *das ideale Selbst* (Englisch: ideal self) (Higgins, 1989). Eine Diskrepanz zwischen dem tatsächlichen Selbst und dem Soll-Selbst oder idealem Selbst löst in uns Unbehagen aus, während Übereinstimmung dieser Selbstvorstellungen uns mit Stolz und Zufriedenheit erfüllen (Higgins, 1989). Aber warum wird Kritik an einer Handlung oder Äußerung so oft überhaupt als persönlicher Angriff auf das Selbstbild wahrgenommen?

2.9.3 Definitionsunsicherheiten und Teufelshörnereffekt

Wer genau als „Rassistin" oder „Rassist" zu definieren ist, ist diskussionswürdig. Da Rassismus von dimensionaler Natur ist, sprich, man weniger oder mehr rassistisch sein kann, stellt sich die Frage, wo man die Linie ziehen soll, die den Rassisten vom Nicht-Rassisten trennt. Für die aktuelle Diskussion ist diese Kategorisierung jedoch nicht so bedeutend, es reicht zu wissen, dass jemanden zum Rassisten zu erklären in unserer Gesellschaft – und das ist bereits eine Errungenschaft – einen abschreckenden Effekt hat. Ein Rassist wird als böser, unmoralischer Mensch betrachtet (DiAngelo, 2018).

Mit diesen Menschen wollen wir nicht in Verbindung gebracht werden. Mit der Kritik „das ist aber ganz schön rassistisch von Ihnen", könnte bei einigen die Befürchtung aufkommen, mit Nazis und händeabhackenden Kolonialherren in einen Topf geworfen zu werden. Kurz: Es wird die *Bestrafung durch Assoziation* befürchtet (Englisch: punishment by association) (Kenrick et al., 2010). Ironischerweise gibt uns diese Angst die Möglichkeit, das Unbehagen, welches Menschen mit anderem ethnischen Hintergrund durch weitreichende und häufige Verallgemeinerungen ertragen müssen ein wenig nachzufühlen. Zum Beispiel müssen Muslime*a hier oft befürchten mit religiösen Extremisten oder Terroristen in einen Topf geworfen und dafür gestraft zu werden (Massarrat, 2002; Pickel & Pickel, 2019; Pickel & Yendell, 2016).

Wilde Assoziationen sehen wir auch, wenn wir auf Namen schauen. Diese können u. a. mit verschiedenen kulturellen und sozioökonomischen Hintergründen assoziiert werden. Studien zeigen eine Tendenz von Lehrkräften, unbewusst Kinder mit fremdklingenden Namen schlechter zu bewerten als Kinder mit einheimisch-klingenden Namen (Nick, 2017). Nun nehmen wir an, Sie sind Lehrer*in und einer dieser Fälle: Sie haben Anna für die Arbeit, die sie bei Aliyah abgeschrieben hat, eine bessere Note gegeben als Aliyah selbst. Das Ganze ist aufgeflogen, die beiden Mädchen wurden für das Schummeln zurechtgewiesen und die Kollegin sagt: „Wenn man es genau betrachtet, war das aber ganz schön rassistisch von dir". Meine Güte, denken Sie, jetzt werde ich zur/zum Rassist*in deklariert, dabei habe ich doch nur nach bestem Wissen und Gewissen die Arbeiten korrigiert; reiner Zufall, totaler Blödsinn! Was Ihnen hier höchstwahrscheinlich passiert ist, ist dass Sie dem Teufelshörnereffekt zum Opfer fallen. Die Logik ist:

Ein Rassist ist kein guter Mensch.

Ich bin ein guter Mensch, daher ist meine Handlung/Denkweise XY nicht rassistisch.

Ein typisch menschlicher Denkfehler: Wir generalisieren eine bestimmte Handlung oder Denkweise auf den gesamten Menschen (Delamater et al., 2015). Wer einmal rassistisch handelt, ist ein Rassist. Punkt. Eine Person zeigt einen negativen Aspekt und dieser beeinflusst die Beurteilung der Person im Ganzen, was übrigens auch andersherum mit positiven Aspekten passieren kann, was dann Heiligenscheineffekt (Englisch: Haloeffect) genannt wird (Delamater et al., 2015; Kroeber-Riel & Gröppel-Klein, 2019). Jedoch ist natürlich eine Person, die einmal auf dem Gehsteig ausrutscht, nicht unbedingt eine ungeschickte, tollpatschige Person, sondern kann genauso gut Weltmeisterin im rhythmischen Turnen sein, die im Allgemeinen ein großartiges Körpergefühl hat. Daher: Auch ohne, dass Sie überzeugte Rassist*in sind, kann Ihre Handlung/Denkweise rassistisch sein. Es wäre also nützlich, nicht auf den Teufelshörnereffekt hereinzufallen, sein positives Selbstbild von einzelnen Handlungen abzukoppeln, die Kritik ernst zu nehmen und zu überlegen, was getan werden kann. Von der Seite der kritisierenden Person wäre es natürlich wünschenswert, dass Kritik konstruktiv ausgedrückt wird, was bedeutet spezifisch und änderbar (Schweda Nicholson, 1993). Folglich ist der vage Ausruf „Sie Rassist*in" nicht zielführend, genaueres Nachfragen, welche Handlung gemeint ist, könnte weiterhelfen.

2.9.4 Absicht keine Voraussetzung

Tatsächlich kommt rassistisch verzerrte Bewertung leider noch viel zu häufig vor (Gerritzen & Tischewski, 2019). Es könnte sein, dass man sich denkt: „Ich wollten die Aliyah doch gar nicht ungerecht benoten. Daher war das doch überhaupt nicht rassistisch, denn ich habe es nicht mit Absicht getan." Die Logik ist also: Meine Handlung war nicht rassistisch gemeint, daher ist sie nicht rassistisch. Nach dieser Logik kann man sich schon ungerecht kritisiert fühlen. Dazu sagte Prof. Aladin El-Mafaalani, Soziologe an der Universität Osnabrück (ZDF, 2020):

> „Die meisten Handlungen, die rassistisch ausgrenzen, sind ohne böse Absicht – und jetzt wird's spannend, sie sind trotzdem rassistisch"

Denn es kommt nicht darauf an, wie die Handlung gemeint ist, sondern viel mehr, was für eine Wirkung sie hat. Sie kennen das sicherlich von den Kindern: „ich habe die Scheibe nicht mit Absicht eingeworfen!" – Ja, nicht mit Absicht, aber dennoch ist die Scheibe kaputt.

2.10 Verdeckter Rassismus

2.10.1 Deutungshoheit

Wahrscheinlich kennen Sie auch die Situation, wenn man ein paar Kinder beim Spielen beaufsichtigt und ein Streit ausbricht, man aber nicht sofort genau weiß, ob es sich um einen ernsten oder einen Spielstreit handelt. Nehmen wir an Karl hat Elias an der Jacke gepackt und nennt ihn „du Sübbele". Die Situation kommt Ihnen zunehmend komisch vor und sie fragen nach: „Hallo, was ist denn hier los?". Karl erklärt Ihnen, dass sie nur Spaß machen. Elias wiederum sagt, dass es kein Spaß sei und dass er nicht „Sübbele" genannt werden will. Obwohl „Sübbele" irgendein erfundenes Wort der Kinder ist und Sie keine Ahnung haben, was es bedeuten soll, werden Sie wohl kaum Karl Glauben schenken, dass es nur Spaß sei und Elias für zu sensibel erklären. Im Kontext von Rassismus kommt es leider noch viel zu häufig vor, dass den Geschädigten genau das vorgeworfen wird – zu sensibel zu sein (Gerritzen & Tischewski, 2019). Das führt nicht nur dazu, dass Opfer von Rassismus diesen nicht mehr melden, sondern auch zu einer Verschlimmerung der Konsequenzen von Rassismus (Gerritzen & Tischewski, 2019). Es wird hier auch auf einen Kampf um Deutungshoheit hingewiesen (Sharifi, 2015).

Manche machen sich vielleicht nicht klar, dass man selbst nur den einen Vorfall mitbekommen hat, im Leben der Geschädigten solche Vorfälle jedoch weitaus öfter vorkommen.

2.10.2 Wandel in der Ausdrucksweise

In dem Fall der Benotung und der zerschossenen Glasscheibe sind die Effekte der Handlungen gut und direkt ersichtlich: Aliyahs schulische Leistung wurde nicht angemessen eingeschätzt und die Scheibe... nun ja, ist nun mal kaputt. Bei anderen Handlungen ist es aber schwieriger, die Effekte zu sehen. Wie Hadija Haruna-Oelker, Politologin (ZDF, 2020) feststellte, hört man dann oft die Aussage: *„Ich kann da keinen Rassismus drin erkennen".* Warum Rassismus für Nicht-Betroffene manchmal schwer zu erkennen ist, darauf wird im Folgenden eingegangen.

Zuallererst sind wir soziale Wesen, die das Bedürfnis nach Anerkennung und Zugehörigkeit haben. Daher hängt die Art von unseren Vorurteilen auch von den wahrgenommenen Normen innerhalb unserer Gruppe ab (Kenrick et al., 2010). Das heißt, es hängt davon ab, was wir denken, wie andere in unserem Umfeld über eine Sache denken. Zudem hängt davon auch ab, ob und wie wir unser rassistisches Gedankengut ausdrücken (Kenrick et al., 2010). Im Schulkontext ist der Begriff des Gruppendrucks bekannt. Tatsächlich neigen wir auch als Erwachsene, besonders wenn wir um unsere Zugehörigkeit zu einer Gruppe bangen, zur überspitzten Äußerung von Ansichten, von denen wir meinen, dass sie von der Gruppe vertreten werden (Noel et al., 1995). Zum Beispiel zeigt eine Studie über neue Mitglieder von Burschenschaften, dass diese sehr viel mehr ihre Abneigung gegenüber Menschen außerhalb der Gruppe äußern, wenn sie in Gesellschaft der alteingesessenen Mitglieder sind. Dabei äußern sie sogar mehr Abneigung als die Alteingesessenen selbst. Privat hingegen äußern die neuen Mitglieder weniger Abneigung gegen Fremdgruppen als die Alteingesessenen (Noel et al., 1995). Was hier auch sichtbar wird, ist die Fremdgruppenabwertung (Englisch: outgroup bias). Der Gruppe, der man sich zugehörig fühlt (und sei diese Gruppenzugehörigkeit darauf basiert, ob man Kopf oder Zahl mit einer Münze geworfen hat) spricht man mehr positive Eigenschaften zu, als der anderen Gruppe, die man weniger positiv wahrnimmt (Delamater et al., 2015). Wir orientieren uns jedoch nicht nur als neue Mitglieder an den wahrgenommenen Normen der Gruppe, sondern orientieren uns ganz allgemein an diesen, um die Richtigkeit unserer Einstellungen und die Angemessenheit unserer Aussagen zu evaluieren (Kenrick et al., 2010). Hier wird zwischen offiziellen und tatsächlichen Normen unterschieden.

Offizielle Normen (Englisch: injunctive norms) werden beispielsweise von Gesetzen ausgedrückt (Kenrick et al., 2010). In Luxemburg, Österreich, der Schweiz und Deutschland gibt es zur Vorbeugung und Bekämpfung von Rassismus und anderen Arten der Diskriminierung ähnliche Gesetzte. Es wird hier von dem Antidiskriminierungsgesetz gesprochen, dem Gleichbehandlungsgesetz oder dem Diskriminierungsverbot.

Gemeinsam haben die Rechtssysteme, dass das Verbot der Diskriminierung aufgrund ethnischer Herkunft in den Grundrechten festgeschrieben ist. Das war aber nicht schon immer so, vor einigen Jahren gab es trotz verfassungsmäßiger Verankerung noch keine expliziten einfachen Gesetze, welche rassistische Diskriminierung verurteilten. In Luxemburg und Deutschland trat das Gleichbehandlungsgesetz erst 2006 in Kraft („Antidiskriminierungsgesetz ", 2019; Antidiskriminierungsstelle, o. D.). Tatsächliche Normen auf der anderen Seite (Englisch: descriptive Norms) sind die Normen, die die Gesellschaft (oder Gesellschaftsteile) aktuell vertritt. Tatsächliche Normen und offizielle Normen beeinflussen sich gegenseitig; sie können übereinstimmen, müssen aber nicht (Kenrick et al., 2010). Wie schon im Beispiel mit den Burschenschaften lässt sich auch erkennen, dass ausgedrückte Meinungen, nicht mit tatsächlichen Meinungen übereinstimmen müssen. Da sich *Normen* über die Zeit verändern, verändert sich daher auch der Ausdruck von Rassismus (Kenrick et al., 2010). Das bedeutet, dass uns rassistische Äußerungen und Handlungen vielleicht nicht sofort auffallen, wenn wir nicht persönlich davon betroffen sind, weil diese in ihrer Ausdrucksart an unsere aktuellen Normen angepasst sind. Sehen Sie sich die folgenden Aussagen an und überlegen Sie, ob diese rassistisch sind oder nicht.

1. „Schwarze Schüler sind weniger intelligent als weiße Schüler".
2. „Rassismus ist hier kein Problem"
3. „Weiße sollten nicht mit Schwarzen romantische Beziehungen führen"
4. „Nicht-weiße Menschen werden heutzutage zu sehr gefördert – das ist im Grunde Diskriminierung gegen Weiße".

In diesen Beispielen werden unterschiedliche Ausdrucksweisen von Rassismus dargestellt. Bei der ersten und dritten Aussage wird Rassismus auf eine altmodische Art und Weise ausgedrückt und ist heutzutage für die meisten einfacher als Rassismus zu identifizieren als die zweite und vierte Aussage (Kenrick et al., 2010), die sich mehr an heutige Ausdrucksweisen halten, jedoch immer noch einen rassistischen Effekt haben. „Ja, in den USA mag Rassismus ein Problem sein, aber hier? Nee!". Wenn man selbst noch nie Opfer von Rassismus wurde und auch sonst keine rassistische Situation bewusst wahrgenommen hat, kann es gut sein, dass man die für einen selbst logische, jedoch fatale Schlussfolgerung zieht, dass Rassismus hier kein Problem sei und dies so äußert. Der Zweifel, dass Rassismus existiert, weil man es noch nicht erlebt hat, ist natürlich eine unzureichende Argumentation. Schließlich hat man auch noch nicht mit eigenen Augen betrachtet, dass die Erde rund ist oder dass Viren Krankheiten auslösen. Das etwas existieren kann, auch wenn man es noch nicht gesehen hat, müsste also einleuchten. Gerade bei Rassismus mit seinen verheerenden Folgen, ist eine oberflächliche Thematisierung oder die Leugnung seiner Existenz erschreckend. In einem anderen Kontext wird dies schnell ersichtlich: Nehmen wir an, eine Person geht gedankenverloren spazieren. Ein Krankenwagen kommt in Höchstgeschwindigkeit angepresst und stoppt mit quietschenden Reifen. Der Fahrer fragt: „Wir haben einen Anruf von einem Unfallgeschehen erhalten? War hier ein Unfall? Wo sind die Verletzten?". Ohne sich umzuschauen, antwortet die Person: „Nein, also, ich bin unverletzt, sonst habe ich auch nichts gesehen. Hier gibt es weder Unfall noch Verletzte. Sie können wieder zurückfahren." Gerade verglimmen die Rücklichter des Krankenwagens in der Ferne, da schaut die Person zur Seite und sieht einen Menschen im Straßengraben liegen. Die Moral von der Geschicht' ist natürlich klar: Wie ein Unfall kann auch Rassismus schwere Konsequenzen haben, weshalb eine voreilige Feststellung von „in unserem Land/an unserer Schule gibt es keinen Rassismus" fatal enden kann. Die Ignoranz eines Problems, dass man nicht sieht, führt dazu, dass den Opfern dieses Problems nicht geholfen wird und die Täter ungeschoren davonkommen, ja nicht einmal zurechtgewiesen werden. Daher unterstützt die Aussage „hier gibt es keinen Rassismus" rassistisches Handeln – man wird zum Komplizen, ohne es zu merken. Leider reicht ein Blick zur Seite, wie in der Unfallgeschichte, um Rassismus zu erkennen höchst selten aus. Rassismus ist weitaus perfider und unterschiedliche Formen annehmen. Hat man es am eigenen Leib nicht erfahren, muss man sich auf die Aussagen anderer verlassen. Bei einem Unfall wäre das wieder recht offensichtlich: Kaum jemand würde die Aussage des Arztes und des Unfallopfers hinterfragen, dass dieses innere Verletzungen erlitten habe. Bei Rassismus ist das anders. Hier werden deutlich öfter die Wahrnehmungen und Erfahrungen der Geschädigten hinterfragt.

2.10.3 Ethnische Identität

Nehmen wir an, Sie müssen sich bei einer Onlinekonferenz vorstellen, die ohne Kameras läuft. Sie würden vermutlich Ihre Namen sagen und je nach Konferenzthema vielleicht etwas was Sie gerne machen, etwas über Ihre Lebenssituation oder Ihre Kompetenzen. Würden Sie etwas über Ihre Ethnie sagen? Viele wahrscheinlich nicht, denn man würde wahrscheinlich nicht denken, dass die eigene Ethnie einen gut beschreiben würde, bzw. nützliche Informationen über einen liefern. Zum einen müssen wir uns erst dann mit unserer zugeschriebenen Ethnie auseinandersetzen, wenn wir auf andere Ethnien stoßen. Sich mit der eigenen zugeschriebenen Ethnie zu befassen, mit was diese in Verbindung gebracht wird und wie sie historisch und global eingeordnet wird, ist für viele komplettes Neuland (Adichie, 2018). Schwarz zu sein unter Schwarzen oder weiß zu sein unter Weißen ist kein Unterscheidungskriterium und die zugeschriebene Ethnie wird daher wohl kaum zum Thema einer Diskussion (Adichie, 2018). Zum anderen kann man aufgrund der Fremdgruppenabwertung unter der Denkverzerrung leiden, dass die Ethnie einer anderen Person wichtige Informationen liefern könnte, dass bei der eigenen Ethnie jedoch weniger der Fall wäre, da man fälschlicherweise davon ausgeht, dass sich die Mitglieder der anderen Gruppe untereinander ähnlicher sind, als die eigenen Gruppenmitglieder (Delamater et al., 2015).

Den Konflikt mit dem Selbstbild im Kontext Rassismus und das Unbehagen sich mit der eigenen zugeschriebenen Ethnie zu befassen, zeigt auch das Ergebnis einer US-amerikanische Studie: Weiße beschrieben Rassismus lieber als Diskriminierung von Schwarzen, als als Privilegierung von Weißen (Lowery et al., 2007).

2.10.4 Bewusste und unbewusste Vorgänge

Die eigene Voreingenommenheit gegenüber anderen ist schwer zu erkennen, denn man ist sich nur seinen *expliziten* Stereotypen bewusst. So hört man manchmal: *„Für mich gibt es keine Hautfarbe, denn alle Menschen sind gleich"*. Diese Aussage kann als freundlich und offen wahrgenommen werden oder auch als naive Verharmlosung des Problems, im Besonderen zeigt sie aber, dass sich die Person impliziter Stereotypen nicht bewusst ist. Allerdings beeinflussen auch *implizite* Stereotypen unser Handeln (Kenrick et al., 2010). Um nicht rassistisch zu handeln ist also guter Wille alleine nicht ausreichend, es Bedarf der Selbstreflektion und des Bewusstseins. Es geht nicht um Schuld, sondern um Verantwortung. Im Internet gibt es eine Vielzahl an Tests um mehr über seine eigene implizite Voreingenommenheit zu erfahren. Einer der bekanntesten Tests ist der implizite Assoziationstest von der Harvard University, welcher unter folgendem Link zugänglich ist https://implicit.harvard.edu/implicit/germany/takeatest.html.

Diese Erfahrung kann verstörend sein, da sie kognitiv-emotionale Muster aufzeigt, denen man sich selbst gar nicht bewusst ist.

2.11 Begründungsfehler

Unser soziales Umfeld, kognitive und emotionale Mechanismen, sowie grundlegende Wahrnehmung beeinflussen unser Verhalten hinsichtlich rassistischer oder antirassistischer Verhaltensweisen. Im Folgenden wird darauf eingegangen wie etwas für uns als gut begründet wirken kann, es jedoch nicht ist.

2.11.1 Sehen die anderen das denn gar nicht?!

Im Allgemeinen unterhalten wir uns gerne – und zwar mit denen, die uns zustimmen (Kennedy & Pronin, 2008). Es ist wahrscheinlich, dass unser Freundeskreis aus Menschen mit ähnlichen Einstellungen besteht und dass wir Menschen, die unsere Einstellungen ablehnen eher meiden, was dazu führt, dass wir mehr und mehr Argumente geliefert bekommen, dass unsere Meinungen die richtigen und die der anderen falsch sind (Kennedy & Pronin, 2008). Wir begehen damit leicht den sogenannten *Bestätigungsfehler* (Englisch: confirmation bias): Um herauszufinden, ob unsere Annahme richtig ist, suchen wir nach bestätigenden Argumenten und übersehen Gegenargumente. In unserer heutigen Zeit wird dieser Effekt jedoch noch verstärkt:

Algorithmen analysieren unsere Präferenzen und liefern uns maßgeschneiderte Suchergebnisse (Cho et al., 2020). Dies führt zu einer Polarisierung der Gesellschaft und einer Verringerung von differenzierten Meinungen: Beide Lager verstehen die Einstellungen des jeweils anderen nicht mehr, da die für sie jeweils zugänglichen Informationen nur die eine Seite belegen. Sehen die anderen das denn gar nicht? Die Antwort ist ja, die sehen das nicht, wenn sie das Thema in irgendeine Suchmaschine eintippen – und sind schwer von etwas anderem zu überzeugen, da sie hunderte Informationsteile, die ihre Thesen stützen im Kopf haben. Dieser Effekt könnte auch im Zusammenhang mit Rassismus kritisch werden.

2.11.2 Der Irrglaube an biologische Unterschiede

Die Soziologin Colette Guillaumin sagte einst: *„Rasse existiert nicht, aber sie tötet"* (Chémery et al., 2015). Ein faszinierender Ausspruch mit dem Guillaumin zum einen auf die genetische Nichtexistenz von Rasse anspielt und zum anderen darauf, dass allein der Glaube daran, dass es so etwas wie Rasse gäbe, massive Konsequenzen hat – bis zum Mord. Tatsächlich ist es so, dass eine Einteilung von Menschen in Rassen keinen Sinn ergibt. Wieso? Ganz einfach, weil sie nicht genetisch voneinander abgrenzbar sind: Es gibt genetische Cluster in unterschiedlichen geographischen Regionen, diese sind jedoch verwaschen und die Individuelle genetische Unterschiede innerhalb eines Clusters sind zu klein, um diese Cluster klar zu trennen (Chou, 2017). Auf gut Deutsch: Es kann sein, dass Sie mehr genetische Ähnlichkeit mit einem Menschen auf der anderen Seite des Globus haben als mit dieser einen Person von nebenan, die dieselbe Augen- und Haarfarbe hat wie Sie (Chou, 2017). Rasse ist also nicht biologisch, sondern ein soziales Konstrukt: Kategorien, die noch dazu vollkommen arbiträr sind. Wenn Sie ein Aussehen haben, dass nicht klar eingeordnet werden kann, kennen Sie diese Situation bestimmt: Sind Sie an dem einen Ort werden Sie z. B. als braun bezeichnet, und gehen Sie ein paar Kilometer weiter, gelten Sie plötzlich als weiß.

2.11.3 Rassistische Gruppenzuordnung – ein Chaos

Die Bundeszentrale für politische Bildung spricht von „asiatisch gelesenen Menschen", wenn sie über anti-asiatischen Rassismus spricht. Warum sie das macht, sehen wir an folgendem Beispiel: Nach dem Ausbruch der Covid-Pandemie stiegen anti-chinesischen motivierte Übergriffen an, worunter jedoch nicht nur tatsächliche chinesische Staatsbürger*innen litten, sondern auch alle möglichen anderen asiatisch gelesenen Menschen, die von den Tätern als „chinesisch" definiert wurden. Das bedeutet, Sie können z. B. auch zweite Generation Deutsche sein mit Vorfahren aus den Philippinen und trotzdem unter Stereotypen gegen Chinesen leiden, einfach weil die Täter sie dieser Gruppe zuordnen (Suda et al., 2020).

Ein aktuelles Thema ist auch die Islamophobie. Hier kann diese Vereinfachung von Gruppenzuordnung dazu führen, dass religiöse Diskriminierung sich mit Rassismus vermischt, da alle Menschen, die von ihrem Aussehen her von Tätern als muslimisch eingeordnet werden – unabhängig von ihrer tatsächlichen Religiosität – den rassistischen Handlungen zum Opfer fallen können. In den USA und Europa kann man in den letzten Jahren eine Steigerung islamfeindlicher Tendenzen beobachten (Ogan et al., 2014).

Die in dem Abschn. 2.6 dieses Kapitels bereits beschriebene Verfügbarkeitsheuristik könnte auch in dem Falle islamophobischer Reaktionen eine Rolle spielen. Bei dieser kognitiven Abkürzung ziehen wir die erste Information, die uns einfällt zu Rate. Die Information, die uns als erstes einfällt, ist wahrscheinlich eine, die wir erst eben gehört haben, schon sehr oft gehört haben, oder die sehr schockierend war (Haselton et al., 2015; Kenrick et al., 2010; Newhagen & Reeves, 1992). Die Verfügbarkeitsheuristik ist im Alltagsleben sehr nützlich, denn sie ist schnell, verbraucht wenig Energie und liegt öfter richtig als eine zufällige Schätzung (Kenrick et al., 2010), was jedoch nicht bedeutet, dass sie oft oder immer richtig ist.

Allerdings kann unser modernes Umfeld uns einen Streich spielen, wie im Falle von Nachrichten: Das es evolutionär für uns wichtiger ist negative Informationen zu erhalten und zu erinnern (Haselton et al., 2015), wir gespiegelt durch unsere heutigen Nachrichten, da sie tendenziell uns über potenzielle Gefahrenquellen informieren und weniger auf positive Entwicklungen eingehen. Früher kamen die Nachrichten nur aus dem Dorf indem man lebte und wo ab und zu etwas Erschreckendes geschah; heutzutage erhalten wir Nachrichten aus aller Welt, und daher jeden Tag erschreckende Nachrichten, die nicht mehr mit unserem direkten Umfeld in Verbindung stehen. Das führt dazu, dass Versicherungen auch gerne Schutz gegen terroristische Anschläge anbieten – allerdings die Wahrscheinlichkeit Opfer eines Terroranschlages zu werden geringer ist als durch einen Blitz zu sterben. Terrorismus scheint aber weitaus wahrscheinlicher für manche, da es oft in den Nachrichten kommt (Südkurier, 2016), jedenfalls öfter als dass jemand von einem Blitz stirbt.

Tatsächlich ist das Risiko bei einem Unfall im Haushalt zu sterben 2054 mal wahrscheinlicher als bei einem Terroranschlag (Südkurier, 2016). Die Verfügbarkeitsheuristik kann also zu wenig begründeten Ängsten führen und daraus resultierenden abwehrenden Verhaltensweisen gegenüber Menschen, die mit den Geschehnissen assoziiert werden.

2.12 Warum es uns dennoch gelingen kann

„Hass zerstört jedes Miteinander […], je dünner die Decke der Argumentation, desto größer die Gewalt" Marius Jung (Jung, 2020)

Nun ging es darum, dass wir uns unabsichtlich rassistisch Verhalten können, eine Tendenz haben andere Gruppen als negativer, gefährlicher und homogener wahrzunehmen und unbewusste Vorurteile haben. Sind wir also geborene Rassisten und können nichts dagegen machen?

Nein, natürlich nicht. Zum einen gibt es, wie z. B. bei der Inhaltsentwicklung von Stereotypen ersichtlich, eine starke erlernte Komponente im Rassismus (Raabe & Beelmann, 2009). Zum anderen besitzt der Mensch auch viele angeborene Eigenschaften, die rassistisches Verhalten vorbeugt wie z. B. Neugierde, das Bedürfnis nach sozialer Interaktion, angeborene Abneigung gegen Ungerechtigkeit und Tendenz zur Kooperation (Loewenstein, 1994). Die weltweiten antirassistischen Bewegungen, wie Black Lives Matter oder nationale Organisationen wie z. B. Mnemty in Tunesien, zeigen, dass Antirassismus auch ein universelles Phänomen ist. Die Erkenntnis, dass in uns gleiche Ängste und Bedürfnisse wohnen, kann uns vereinen und die erhöhte Diversität unserer Gesellschaften kann uns neue Perspektiven eröffnen. Nur so können wir jedes Individuum schützen und stärken. Dass Sie dieses Buch lesen ist doch schonmal ein guter Anfang.

2.13 Take Home Message

Übersicht

Wenn wir über andere urteilen, versuchen wir so wenig Energie wie möglich dafür aufzubringen, was häufig zu fehlerhaften Schlüssen führt. Das passiert auch, wenn sich Menschen rassistisch verhalten. Geschichtliche Vorurteile, Meinungen, die wir von unserem Umfeld übernehmen, oder mangelnde Erfahrung im Kontext mit anderen Menschen, können Ursachen sein.

Oftmals ist das Verhalten nicht durchdacht oder beabsichtigt. Jedoch ist dies keine Entschuldigung für das Aufkommen von rassistischem Verhalten und Verhindert auch nicht das Leid, was mit rassistischem Verhalten einhergeht. Ein Bewusstsein für eigenes rassistisches Verhalten ist unangenehm, denn die meisten Personen möchten nicht mit solchem Verhalten assoziiert werden. Dies erschwert die Auseinandersetzung mit der Thematik. Zusätzlich führen mangelnde Aufklärung und gesellschaftlich anerkannte Stereotypen dazu, dass sich die Menschen nur ungern damit befassen.

Allerdings besteht in einer Gesellschaft, in der immer mehr Menschen bereit sind, sich mit dem Thema des Rassismus auseinanderzusetzten, Hoffnung. Hoffnung, dass das Miteinander in Zukunft besser, realitätsbezogener und bedachten gestaltet wird.

Literatur

Aberson, C. L., Healy, M., & Romero, V. (2000). Ingroup bias and self-esteem: A meta-analysis. *Personality and Social Psychology Review, 4*(2), 157–173. https://doi.org/10.1207/S15327957PSPR0402_04

Aboud, F. E. (1988). *Children and prejudice*. Blackwell.

Adichie, C. N. (2018). Chimamanda Ngozi Adichie: I became Black in America Retrieved from: https://daily.jstor.org/chimamanda-ngozi-adichie-i-became-black-in-america/.

Allport, G. W. (1954). *The nature of prejudice*. Addison-Wesley Publishing Company.

American Psychological Association. (o.D.). *APA Dictionary of Psychology*. https://dictionary.apa.org

Antidiskriminierungsgesetz (2019). *Le Gouvernement du Grand-Duché de Luxembourg*, Retrieved from: https://luxembourg.public.lu/de/leben/lebensqualit%C3%A4t/diskriminierung.html.

Antidiskriminierungsstelle. (o. D.). Das Allgemeine Gleichbehandlungsgesetz (AGG). Retrieved from: https://www.antidiskriminierungsstelle.de/DE/ThemenUndForschung/Recht_und_gesetz/DasGesetz/dasGesetz_node.html.

Aronson, J., Lustina, M. J., Good, C., Keough, K., Steele, C. M., & Brown, J. (1999). When White men can't do math: Necessary and sufficient factors in stereotype threat. *Journal of Experimental Social Psychology, 35*(1), 29–46. https://doi.org/10.1006/jesp.1998.1371

Bandura, A. (1971). *Psychological Modelling: Conflicting Theories*. Aldine-Atherton Inc.

BBC. (2017). Namibia's reparations and Germany's first genocide. Retrieved from: https://www.theguardian.com/theguardian/1999/may/1913/features1911.g1922

Bettleheim, B., & Janowitz, M. (1964). *Social change and prejudice*. Free Press of Glencoe.

Bigler, R. S., & Liben, L. S. (2007). Developmental intergroup theory. *Current Directions in Psychological Science, 16*, 162–166. https://doi.org/10.1111/j.1467-8721.2007.00496.x

Blatch, S. (2013). Great achievements in science and technology in ancient Africa. Retrieved from: https://www.asbmb.org/asbmb-today/science/020113/great-achievements-in-stem-in-ancient-africa.

Brewer, M. B. (1979). In-group bias in the minimal intergroup situation: A cognitive-motivational analysis. *Psychological Bulletin, 86*(2), 307–324. https://doi.org/10.1037/0033-2909.86.2.307

Brewer, M. B. (1988). A dual process model of impression formation. In T. K. Srull & R. S. Wyer, Jr. (Hrsg.), *Advances in social cognition, Vol. 1. A dual process model of impression formation* (S. 1–36). Lawrence Erlbaum Associates, Inc.

Brewer, M. B. (1999). The psychology of prejudice: Ingroup love or outgroup hate? *Journal of Social Issues, 55*(3), 429–444. https://doi.org/10.1111/0022-4537.00126

Brewer, M. B., & Feinstein, A. S. H., et al. (1999). Dual processes in the cognitive representation of persons and social categories. In S. Chaiken & Y. Trope (Hrsg.), *Dual-process theories in social psychology* (S. 255–270). The Guilford Press.

Brigham, J. C. (1972). Racial stereotypes: Measurement variables and the stereotype-attitude relationship. *Journal of Applied Social Psychology, 2*, 63–76.

Campbell, D. T. (1965). Ethnocentric and other altruistic motives. In D. Levine (Hrsg.), *Nebraska Symposium on Motivation, 1965* (Bd. 13, S. 283–311). University of Nebraska Press.

Cheon, B. K., Im, D. M., Harada, T., Kim, J. S., Mathur, V. A., Scimeca, J. M., & Chiao, J. Y.(2011). Cultural influences on neural basis of intergroup empathy. *NeuroImage, 57*(2), 642–650.

Cho, J., Ahmed, S., Hilbert, M., Liu, B., & Luu, J. (2020). Do search algorithms endanger democracy? an experimental investigation of algorithm effects on political polarization. *Journal of Broadcasting & Electronic Media, 64*(2), 150–172.

Chou, V. (2017). How science and genetics are reshaping the race debate of the 21st Century. *Harvard University*, Retrieved from: http://sitn.hms.harvard.edu/flash/2017/science-genetics-reshaping-race-debate-2021st-century/.

Chémery, V., Fouteau, C., Jobard, F., Guillibert, P., Henneton, T., & Wahnich, S. (2015). La race n'existe pas, mais elle tue. *Vacarme, 71*, 1–21. https://doi.org/10.3917/vaca.071.0001

Correll, J., Park, B., Judd, C. M., & Wittenbrink, B. (2002). The police officer's dilemma: Using ethnicity to disambiguate potentially threatening individuals. *Journal of Personality and Social Psychology, 83*(6), 1314–1329. https://doi.org/10.1037/0022-3514.83.6.1314

DeAngelis, T. (2009, February). Unmasking ‚racial micro aggressions'. *Monitor on Psychology,40*(2). http://www.apa.org/monitor/2009/02/microaggression

Delamater, J., Myers, D., & Collett, J. (2015). *Social psychology*: Westview Press

Denkler, T. (2020). Der Tod von George Floyd: 8 Minuten, 46 Sekunden. *Süddeutsche Zeitung*, Retrieved from: https://www.sueddeutsche.de/politik/george-floyd-tod-polizeigewalt-videos-rekonstruktion-1.4928047.

Devine, P. G. (1989). Stereotypes and prejudice: Their automatic and controlled components. *Journal of personality and social psychology, 56*(1). doi:https://doi.org/10.1037//0022-3514.56.1.5

DiAngelo, R. (2018). *White fragility: Why it's so hard for white people to talk about racism*: Beacon Press.

Ehrlich, H. J. (1973). *The social psychology of prejudice*. Wiley.

Epley, N., & Whitchurch, E. (2008). Mirror, mirror on the wall: Enhancement in self-recognition. *Personality and Social Psychology Bulletin, 34*(9), 1159–1170.

Europarat. (1998). Framework convention for the protection of national minorities, Retrieved from: https://www.coe.int/en/web/conventions/full-list/-/conventions/treaty/157.

Fazio, R. H., Jackson, J. R., Dunton, B. C., & Williams, C. J. (1995). Variability in automatic activation as an unobtrusive measure of racial attitudes: A bona fide pipeline? *Journal of Personality and Social Psychology, 69*(6), 1013–1027. https://psycnet.apa.org/doi/10.1037/0022-3514.69.6.1013 https://doi.org/10.1037/0022-3514.69.6.1013

Fiske, S. T. & Neuberg, S. L. (1990). A continuum of impression formation, from category-based to individuating processes: Influences of information and motivation on attention and interpretation. *Advances in Experimental Social Psychology, 23*(C), 1–74. https://doi.org/10.1016/s0065-2601(08)60317-2

Fiske, S. T., & Taylor, S. E. (1984). *Social cognition*. Addison Wesley.

Forrest-Bank, S., & Jenson, J. (2015). The relationship among childhood risk and protective factors, racial microaggression and ethnic identity, and academic self-efficacy and antisocial behavior in young adulthood. *Children and Youth Services Review, 50*, 64-74.

Gerritzen, N., & Tischewski, O. (2019). Gleiche Leistung, schlechtere Noten: Rassismus in der Schule. Retrieved from: https://www.swr.de/swr2/wissen/rassismus-in-der-schule-100.html.

Goff, P. A., Steele, C. M. & Davies, P. G. (2008). The space between us: Stereotype threat and distance in interracial contexts. *Journal of Personality and Social Psychology, 94*(1), 91–107. https://doi.org/10.1037/0022-3514.94.1.91

Gonzales, P. M., Blanton, H., & Williams, K. J. (2002). The effects of stereotype threat and double-minority status on the test performance of latino women. *Personality and Social Psychology Bulletin, 28*(5), 659–670. https://doi.org/10.1177/0146167202288010

Griffiths, J. (n. d.). Black teachers in China: Everything you need to know. Retrieved from: https://janinesjourneys.com/black-teachers-in-china-a-definitive-guide/.

Han, S. (2018). Neurocognitive Basis of Racial Ingroup Bias in Empathy. *Trends in Cognitive Sciences, 22*(5), 400–421. https://doi.org/10.1016/j.tics.2018.02.013

Haselton, M. G., Nettle, D., & Murray, D. R. (2015). The evolution of cognitive bias. *The handbook of evolutionary psychology*, 1–20.

Higgins, E. T., & King, G. (1981). Accessibility of social constructs: Information-processing consequences of individual and contextual variability. In N. Cantor & J. E. Kihlstrom (Hrsg.), *Personality and social interaction* (S. 69–121). Erlbaum.

Higgins, E. T. (1989). Self-discrepancy theory: What patterns of self-beliefs cause people to suffer? In *Advances in experimental social psychology* 22, S. 93–136, Elsevier.

Hille, P. (2020). Kolonialgeschichte: Kein Platz im Unterricht? . Retrieved from: https://www.dw.com/de/kolonialgeschichte-kein-platz-im-unterricht/a-55200764.

Hinnerich, B. T., Höglin, E., Johannesson, M., (2011). Ethnic discrimination in high school grading: Evidence from a field experiment. *SSE/EFI Working Paper Series in Economics and Finance, 733*, 1-36.

Jonas K.J., Beelmann A. (2009) Einleitung: Begriffe und Anwendungsperspektiven. In: Beelmann A., Jonas K.J. (Hrsg.) *Diskriminierung und Toleranz*. VS Verlag für Sozialwissenschaften.

Jonas, K., Stroebe, W. & Hewstone, M. (Hrsg.). (2007). *Sozialpsychologie. Eine Einführung* (5., vollst. überarb. Aufl.). Springer.

Jung, M. (2020). Woher kommt Rassismus? . *ZDF*, Retrieved from: https://www.zdf.de/dokumentation/terra-x/woher-kommt-rassismus-100.html.

Kahneman, D., & Tversky, A. (1973). On the psychology of prediction. *Psychological Review, 80*(4), 237–251.

Katz, P. A. (1976). The acquisition of racial attitudes in children. In P. A. Katz (Hrsg.), *Towards the elimination of racism* (S. 125–154). Pergamon Press.

Kennedy, K. A., & Pronin, E. (2008). When disagreement gets ugly: Perceptions of bias and the escalation of conflict. *Personality and Social Psychology Bulletin, 34*(6), 833–848.

Kenrick, D. T., Neuberg, S. L., Cialdini, R. B., & Cialdini, P. R. B. (2010). *Social psychology: Goals in interaction*.

Kluge, U., Aichberger, M.C., Heinz, E. et al. Rassismus und psychische Gesundheit. *Nervenarzt* 91, 1017–1024. https://doi.org/10.1007/s00115-020-00990-1

Kroeber-Riel, W., & Gröppel-Klein, A. (2019). *Konsumentenverhalten*: Vahlen.

Lin, L.C., Qu, Y. & Telzer, E.H. (2018). Cultural influences on the neural correlates of intergroup perception. *Cult. Brain* 6, 171–187. https://doi-org.proxy.bnl.lu/10.1007/s40167-018-0070-6

Loewenstein, G. (1994). The psychology of curiosity: A review and reinterpretation. *Psychological bulletin, 116*(1), 75.

Lopez, G. (2016). Why you should stop saying "all lives matter," explained in 9 different ways. Retrieved from: https://www.vox.com/2016/2017/2011/12136140/black-all-lives-matter.

Lowery, B. S., Knowles, E. D., & Unzueta, M. M. (2007). Framing inequity safely: Whites' motivated perceptions of racial privilege. *Personality and Social Psychology Bulletin, 33*(9), 1237-1250.

Makarova, E. (2015). 9. Wahrgenommene Diskriminierung als Risikofaktor für Hidden-Dropout von Schülerinnen und Schülern mit Migrationshintergrund. *EQUITY–DISKRIMINIERUNG UND CHANCEN GERECHTIGKEIT IM BILDUNGSWESEN*, 101.

Martinez, C. R., DeGarmo, D. S., & Eddy, J. M. (2004). Promoting academic success among Latino youths. *Hispanic Journal of Behavioral Sciences*, 26(2), 128–151. https://doi.org/10.1177/0739986304264573

Massarrat, M. (2002). Der 11. September: Neues Feindbild Islam? *Budeszentrale für politische Bildung*, Retrieved from: https://www.bpb.de/apuz/27150/der-27111-september-neues-feindbild-islam.

McBrien, J. L. (2005). Educational needs and barriers for refugee students in the United States: A review of the literature. *Review of Educational Research*, 75(3), 329–364. https://doi.org/10.3102/00346543075003329

Miller, G. A. (1956). The magical number seven plus or minus two: Some limits on our capacity for processing information. *Psychological Review*, 63(2), 81–97.

Molenberghs, P. (2013). The neuroscience of in-group bias. *Neuroscience & Biobehavioral Reviews*, 37(8), 1530–1536.

Moore, M. T., & Fresco, D. M. (2012). Depressive realism: A meta-analytic review. *Clinical psychology review*, 32(6), 496–509.

Mummedey, A., Kessler, T., Klinik, A., & Mielke, R. (1999). Strategies to cope with negative social identity: Predictions by social identity theory and relative deprivation theory. *Journal of Personality and Social Psychology*, 76(2), 229–245.

Nadal, K. L., Griffin, K. E., Wong, Y., Hamit, S., & Rasmus, M. (2014). The impact of racial microaggressions on mental HHealth: Counseling implications for clients of color. *Journal of Counseling & Development*, 92(1), 57–66. https://doi.org/10.1002/j.1556-6676.2014.00130.x

Neblett, E. W., Jr., Rivas-Drake, D., & Umaña-Taylor, A. J. (2012). The promise of racial and ethnic protective factors in promoting ethnic minority youth development. *Child development perspectives*, 6(3), 295–303.

Nesdale, D. (2000). Developmental changes in children's ethnic preferences and social cognitions. *Journal of Applied Developmental Psychology*, 20, 501–519.

Newhagen, J. E., & Reeves, B. (1992). The evening's bad news: Effects of compelling negative television news images on memory. *Journal of Communication*, 42(2), 25-41.

Nguyen, T. Q. (2013). „Es gibt halt sowas wie einen Marionettentäter." Schulisch-institutionelle Rassismuserfahrungen, kindliche Vulnerabilität und Mikroaggression. *Zeitschrift Für Internationale Bildungsforschungund Entwicklungspädagogik*, 2, 20–24.

Nick, I. M. (2017). Names, grades, and metamorphosis: A small-scale socio-onomastic investigation into the effects of ethnicity and gender-marked personal names on the pedagogical assessments of a grade school essay. *Names – A Journal of Onomastics*, 65(3), 129–142.

Noel, J. G., Wann, D. L., & Branscombe, N. R. (1995). Peripheral ingroup membership status and public negativity toward outgroups. *Journal of personality and social psychology*, 68(1), 127.

Ogan, C., Willnat, L., Pennington, R., & Bashir, M. (2014). The rise of anti-Muslim prejudice: Media and Islamophobia in Europe and the United States. *International Communication Gazette*, 76(1), 27-46.

Olayinka Sule, A. (2019). Racism harms black people most. It's time to recognise 'anti-blackness'. *The Guardian*, Retrieved from: https://www.theguardian.com/commentisfree/2019/aug/2009/black-people-racism-anti-blackness-discrimination-minorities.

Pickel, G., & Pickel, S. (2019). Der „Flüchtling" als Muslim–und unerwünschter Mitbürger? In *Flucht und Migration in Europa* (S. 279–323): Springer.

Pickel, G., & Yendell, A. (2016). Islam als Bedrohung? *Zeitschrift für vergleichende Politikwissenschaft, 10*(3), 273–309.

Porter, J. D. R. (1971). *Black child, white child: The development of racial attitudes*. Harvard University Press.

Proshansky, H. M. (1966). The development of intergroup attitudes. In L. W.Hoffman & M. L. Hoffman (Hrsg.), *Review of child development research* (Bd. 2, S. 311–371). Russell Sage Foundation.

Quinn, C. (2019). The country where over 260k ESL teachers work illegally. Retrieved from: https://thepienews.com/analysis/china-esl-teachers-work-illegally/.

Raabe, T. & Beelmann, A. (2009). Entwicklungspsychologische Grundlagen. In A. Beelmann & K. J. Jonas (Hrsg.), *Diskriminierung und Toleranz*. Psychologische Grundlagen und Anwendungsperspektiven. (S. 113–135). VS Verlag für Sozialwissenschaften.

Rannard, G., & Webster, E. (2020). Leopold II: Belgium 'wakes up' to its bloody colonial past. *BBC*, Retrieved from: https://www.bbc.com/news/world-europe-53017188.

Rommelspacher, B. (2009). Was ist eigentlich Rassismus. *Initiative Schlüsselmensch*, 25–38.

Sharifi, B. (2015). Warum eine Rassismusdebatte unmöglich ist. Retrieved from: https://www.migazin.de/2015/2010/2007/deutungshoheit-willkommens-kultur-warum-rassismus/.

Schipkowski, K. (2019). Rassistische Gewalt gegen Kinder: Völlig enthemmt. *Taz*, Retrieved from: https://taz.de/Rassistische-Gewalt-gegen-Kinder/!5652952/.

Schmitt, M., & Maes, J. (2002). Stereotypic ingroup bias as self-defense against relative deprivation: Evidence from a longitudinal study of the German unification process. *European Journal of Social Psychology, 32*(1), 209–236.

Schweda Nicholson, N. (1993). *The constructive criticism model*: University of Delaware

Seider, S., Clark, S., Graves, D., Kelly, L. L., Soutter, M., El-Amin, A., & Jennett, P. (2019). Black and Latinx adolescents' developing beliefs about poverty and associations with their awareness of racism. *Developmental Psychology, 55*(3), 509–524. https://doi.org/10.1037/dev0000585

Sherif, M. (1966). *In common predicament. Social psychology of intergroup conflict and cooperation*. Houghton Mifflin.

Sherif, M., & Sherif, C. W. (1953). *Groups in harmony and tension*. Harper.

Sherif, M., White, B. J., & Harvey, O. J. (1955). Status in experimentally produced groups. *American Journal of Sociology, 60*(4), 370–379.

Sherif, M., Harvey, O. J., White, B. J., Hood, W. R., & Sherif, C. W. (1961). *Intergroup conflict and cooperation. The robbers cave experiment*. University of Oklahoma Press.

Steele, C. M., & Aronson, J. (1995). Stereotype threat and the intellectual test performance of African Americans. *Journal of Personality and Social Psychology, 69*(5), 797–811. https://doi.org/10.1037/0022-3514.69.5.797

Suda, K., Mayer, S. J. & Nguyen, S. (2020). Antiasiatischer Rassismus in Deutschland. *Bundeszentrale für politische Bildung*. Retrieved from: https://www.bpb.de/apuz/antirassismus-2020/316771/antiasiatischer-rassismus-in-deutschland

Sue, D. W. (2010). *Microaggressions in everyday life: Race, gender, and sexual orientation*. Wiley.

Sumner, W. G. (1906). *Folkways: A study of the sociological importance of usages, manners, customs, mores and morals*. Ginn and Company.

Südkurier. (2016). Warum vieles wahrscheinlicher ist als Opfer eines Terroranschlags zu werden Retrieved from: https://www.suedkurier.de/ueberregional/panorama/Warum-vieles-wahrscheinlicher-ist-als-Opfer-eines-Terroranschlags-zu-werden;art409965,8657606.

Tajfel, H., Billig, M. B., Bundy, R. P., & Flament, C. (1971). Social categorization and intergroup behavior. *European Journal of Social Psychology, 1*, 149–178.

Tajfel, H., & Turner, J. C. (1979). An integrative theory of intergroup conflict. In W. G. Austin, & S. Worchel (Hrsg.), *The social psychology of intergroup relations* (S. 33–47). Brooks/Cole.

Tajfel, H., & Turner, J. C. (1986). The social identity theory of intergroup behavior. In S. Worchel & W. G. Austin (Hrsg.), *Psychology of intergroup relations* (S. 7–24). Hall Publishers.

Taylor, S. E. (1981). The interface between social and cognitive psychology. In J.H. Harvey (Hrsg.), *Cognition, social behaviour and the environment.* Erlbaum.

Tversky, A., & Kahneman, D. (1973). Availability: A heuristic for judging frequency and probability. *Cognitive Psychology, 5*(2), 207–232. https://doi.org/10.1016/0010-0285(73)90033-9

Tversky, A., & Kahneman, D. (1974). Judgment under uncertainty: Heuristics and biases. *Science, 185*(4157), 1124–1131. https://doi.org/10.1126/science.185.4157.1124

Wagner, P. (2003). „Anti-Bias-Arbeit ist eine lange Reise..." Grundlagen vorurteilsbewusster Praxis in Kindertageseinrichtungen. In C. Preissing & P. Wagner (Hrsg.), *Kleine Kinder – keine Vorurteile? Interkulturelle und vorurteilsbewusste Arbeit in Kindertageseinrichtungen.* Herder. Verfügbar unter: https://situationsansatz.de/wp-content/uploads/2019/08/07_Wagner2003_ABA-ist-eine-lange-Reise_Buchbeitrag-Herder.pdf

Warum meet a Jew? (2021). *Meet a Jew*, Retrieved from: https://www.meetajew.de/.

Weiß, A. (2020). *Rassismus – ein Selbstwertproblem.* neobooks.

Webb, T. L., Miles, E., & Sheeran, P. (2012). Dealing with feeling: A meta-analysis of the effectiveness of strategies derived from the process model of emotion regulation. *Psychological bulletin, 138*(4), 775.

Wibawa, T., & Xiao, B. (2018). Australian travellers teaching English overseas without qualifications cause alarm. *ABC News*, Retrieved from: https://www.abc.net.au/news/2018-2009-2022/unqualified-travellers-teaching-english-causing-alarm/10220830.

Williams, E. F., & Gilovich, T. (2008). Do people really believe they are above average? *Journal of Experimental Social Psychology, 44*(4), 1121–1128.

Xu, X., Zuo, X., Wang, X., & Han, S. (2009). Do you feel my pain? Racial group membership modulates empathic neural responses. *Journal of Neuroscience, 29*(26), 8525–8529. https://doi.org/10.1523/JNEUROSCI.2418-09.2009

ZDF. (2020). Streitfall Rassismus – wie gleich sind wir?. *ZDFzeit*, Retrieved from: https://www.zdf.de/dokumentation/zdfzeit/zdfzeit-streitfall-rassismus-wie-gleich-sind-wir-100.html.

Auswirkungen von rassistischer Diskriminierung

Nora Welter, Jos Wagner, Katharina Dincher und Hicham Quintarelli

3.1 Einleitung

Der Irrglaube an „Rasse" als existierende biologische Realität und die damit einhergehenden Strukturen sozialer Ungleichheit führen zu destruktiven Auswirkungen auf individueller und gesellschaftlich-institutioneller Ebene. Auch wenn der Begriff „Rasse" keinen biologischen Determinanten unterliegt, die eine hierarchische Klassengesellschaft rechtfertigten, ist „Rassismus" ein psychosozial-relevantes Konstrukt, was erhebliche psychologische und psychosomatische Gesundheitsnachwirkungen auf Betroffene ausüben kann (American Association of Physical Anthropologists, 2019). Ein substanzieller Anteil an Forschungsbefunden belegt die gesundheitsbezogenen Konsequenzen von Rassismus auf den unterschiedlichen Ebenen wie psychisches Wohlbefinden, physiologische Gesundheit oder psychosoziale Erlebniswelt. Während interpersonale Erfahrungen mit Rassismus mit wahrgenommener sozialer Unterminierung, Ausgrenzung und Stigmatisierung verbunden sind, kennzeichnet sich struktureller Rassismus unter anderem durch materielle Deprivation sowie eingeschränktem bzw. benachteiligtem Zugang zu Bildungs- und Gesundheitseinrichtungen. Dieses Kapitel gibt daher einen vertieften Einblick in die unterschiedlichen Auswirkungen von rassistischer Diskriminierung. Zunächst erfolgt in den Abschn. 3.2 und 3.3 eine Auseinandersetzung mit den psychologischen Gesundheitsfolgen, anschließend werden im Abschn. 3.4 die physiologischen Auswirkungen und zu guter Letzt in Abschn. 3.5 Auswirkungen von Rassismus auf Ebene der Bildungsstruktur Schule aufgegriffen.

N. Welter (✉) · J. Wagner · K. Dincher · H. Quintarelli
Universität Luxemburg, Esch-sur-Alzette, Luxemburg
E-Mail: nora.2108@hotmail.fr

© Der/die Autor(en), exklusiv lizenziert durch Springer Fachmedien Wiesbaden GmbH, ein Teil von Springer Nature 2022
M. Böhmer und G. Steffgen (Hrsg.), *Rassismus an Schulen*,
https://doi.org/10.1007/978-3-658-36611-7_3

3.2 Rassistische Diskriminierung und psychische Gesundheit

3.2.1 Forschungszugang

▶ Innerhalb des Forschungssettings werden rassistisch geprägte Diskriminierungserfahrungen zusammengefasst als ungleiche, benachteiligende und/oder ausgrenzende Behandlung von Personen bzw. Gruppen auf Grundlage ihrer ethnischen Herkunft oder Religionszugehörigkeit definiert (Buchna, 2019)

Die obenstehende Definition hat sich inhaltlich bewährt und rassistische Diskriminierungserfahrungen werden in qualitativen oder quantitativen Untersuchungsdesigns in Form von Selbstberichten (self-report recalls, vgl. Okazaki, 2009) bei Proband*innen unterschiedlichster kultureller Minderheiten erhoben. Unter Forscher*innen besteht allerdings eine thematische Grunddebatte hinsichtlich wahrgenommenen Diskriminierungserfahrungen als umstrittenes Konstrukt. Es herrscht vereinzelt Uneinigkeit darüber, welche Erfassungsmethoden den wissenschaftlichen Standards in der empirischen Forschung gerecht werden können. Aufgrund des Mangels einer festdefinierten Objektivität diskutiert man, inwieweit rassistische Erfahrungen durch eine bestimmte Anzahl an Befragungsinstrumenten wie beispielsweise „Haben Sie jemals rassistische Gewalt erlebt?" oder „Haben Sie sich aufgrund rassistischer Erfahrungen langfristig schlecht gefühlt?" umfassend erfasst und in wissenschaftlichen Forschungsarbeiten auf eine Zahl heruntergebrochen werden können. Rassistische Erfahrungen oder Diskriminierungserfahrungen allgemein werden in publizierten Studien zunächst anhand eines Fragebogens mit festdefinierten Fragen oder Aussagen erfasst. Betroffene schätzen auf einer mehrstufigen Skala wie sehr sie diesen Aussagen zustimmen oder ablehnen. Anschließend erfolgt eine Analyse, um die Genauigkeit bzw. Zuverlässigkeit des Fragebogens mittels eines Kennwertens von 0 bis 1 zu bestimmen, was in akademischen Fachkreisen als *interne Konsistenz* oder auch *Reliabilität* bezeichnet wird. Je näher der Kennwert bei 1 liegt, desto besser eignet sich der Fragebogen und er misst das, was er messen soll: *Erfahrungen mit rassistischer Diskriminierung*. Ein Wert unter 0,5 bedeutet, dass eine mangelhafte Genauigkeit vorliegt und, dass die eingesetzten Aussagen zusammen sich nicht eigenen, um rassistisch geprägte Diskriminierungserfahrungen zu erfassen und infolgedessen die Untersuchung von psychischen Auswirkungen erschweren oder verfälschen können. Diese Vorgehensweise wird jedoch nicht zu knapp von Wissenschaftlern hinterfragt. So argumentieren Pascoe und Smart Richman (2009), dass wie bei allen stressbehafteten Lebensereignissen, mehrere Befragungsaussagen sich nicht ohne weiteres auf einem Oberbegriff, sprich *rassistische Diskriminierung* einschränken lassen. Eine Berechnung einer „objektiven" Zuverlässigkeit sei daher fragwürdig und stattdessen kann auf eine einzige Aussage zurückgegriffen werden (z. B.: „Haben Sie jemals Erfahrungen mit rassistischer Diskriminierung gemacht?"), um rassistische Diskriminierungserfahrungen zu erfassen. Allerdings verweisen andere Forschungsbefunde darauf hin, dass der Einsatz von mehreren Aussagen unterschiedliche Facetten rassistischer Diskriminierung sowie diverse psychische Auswirkungen über Studien hinweg präziser aufdecken können. (Carter et al., 2017; Pieterse et al., 2012). Daher wird in einschlägigen Wissenschaftsartikeln abgewogen, welche Vorgehensweise je nach Umfang und Komplexität der Analysen vorzuziehen ist. Qualitative und explorative Befragungsstudien verwenden in der Regel einfache Befragungsaussagen.

3.2.2 Rassismus und psychische Gesundheit

Im wissenschaftlichen Rahmen haben sich quantitative Designs progressiv durchgesetzt, da der Zusammenhang von rassistischer Diskriminierung mit spezifischen Indikatoren psychischer Gesundheit korrelativ untersucht werden kann. In einer amerikanischen Übersichtsarbeit haben Harrell et al. (2003) vier Kategorien von Untersuchungsarten identifiziert, die im Rahmen der Erforschung der Auswirkungen rassistischer Diskriminierung wiederkehrend vorzufinden sind: korrelative Selbst-Report-Studien, Studien mit Mediatoren bzw. Moderatoren und Labor- bzw. Experimentalstudien.

Korrelationsstudien sind der Grundbaustein für wissenschaftliche Arbeiten und untersuchen, ob überhaupt ein bedeutsamer Zusammenhang zwischen rassistischer Diskriminierung und spezifischen Auswirkungen psychischer Beschwerden vorliegt. Studien mit sogenannten *Mediations-* und/oder *Moderationseffekten* gehen weiter und versuchen herauszufinden, wie genau der Zusammenhang zustande kommt. In Mediationsstudien wird geschaut, was neben rassistischer Diskriminierung das Ausmaß und die Langfristigkeit psychischer Beschwerden herstellt (Nyborg & Curry, 2003; Reid & Foels, 2010). Ein klassisches Beispiel wäre hier, dass rassistische Diskriminierung den Selbstwert von Betroffenen angreift und der niedrige Selbstwert wiederum führt zu dem subjektiv wahrgenommen Leidensdruck (Verkuyten, 1998; Williams et al., 2003). Moderationsstudien beschäftigen sich mit der Unterschiedlichkeit der Stärke des Zusammenhangs, d. h. dass Auswirkungen bei Betroffenen unterschiedlich stark ausgeprägt sein können. Ein gut untersuchter Einflussfaktor ist der sogenannte *sozioökonomische Status,* der sich aus mehreren Indikatoren zusammensetzt wie unter anderem Bildungs-, Besitz- und Einkommenshintergrund der Eltern von Betroffenen. Es wurde mehrfach beobachtet, dass Kinder und Jugendliche mit einem *hohen sozioökonomischen Status* vergleichsweise weniger stark unter den Folgen rassistischer Diskriminierungserfahrungen leiden als Kinder und Jugendliche mit einem *niedrigen sozioökonomischen Status* (Bell & Owens-Young, 2020). Es ist anzumerken, dass die zuvor beschriebene Einteilung für Studien, die vorwiegend Auswirkungen auf physiologischer Ebene untersuchen, zutreffender ist.

Dies gilt insbesondere für *Labor- bzw. Experimentalstudien,* die unter kontrollierten Bedingungen negative Erinnerungen und ihre Auswirkungen auf den Blutdruck, Herzschlag sowie Kreislauf untersuchen können. Die ausschließliche Betrachtung psychologischer, d. h. kognitiver oder motivationaler Auswirkungen unterliegt in der Mehrzahl einfachen Befragungs-, Korrelations- oder auch Gruppenvergleichsstudien.

In der deutschsprachigen Literatur werden psychische Auswirkungen selten unter dem Oberbegriff „Rassismus" thematisiert und erforscht. Vielmehr ist die Rede von Risikogruppen (z. B.: Migrationshintergrund, Personen multikultureller Identität), die Opfer von diversen Diskriminierungserfahrungen mitunter rassistischer Art werden (Igel et al., 2010; Kluge et al., 2020; Yeboah, 2017). Es liegt eine weite Übereinstimmung an Forschungsbefunden vor, die belegen, dass insbesondere Menschen mit Migrationshintergrund zur größeren gesundheitlichen Risikogruppen angehören (Mesch et al., 2007; Salentin 2007; Schmitt & Branscombe, 2002). Hierzu zählt weiterhin die gefährdetere Subrisikogruppe von Personen mit Flüchtlingshintergrund, da bei dieser Minderheitengruppe der Integrationsprozess mehr Zeit und umfangreichere soziale sowie institutionelle Unterstützungsangebote benötigt werden (Schouler-Ocak, 2019). Menschen mit Migrations- bzw. Flüchtlingshintergrund weisen im Vergleich zur migrationsfreien Population eine überhöhte Vulnerabilität für Infektions- und chronische Grunderkrankungen sowie für psychische Kurz- oder Langzeiterkrankungen auf (Robert-Koch-Institut, 2008; Schenk, 2007; Schouler-Ocak, 2019; Zeeb & Razum, 2006).

In der Bundesrepublik Deutschland leben rund 21,2 Mio. Menschen mit Migrationshintergrund, von denen 11,1 Mio., sprich knapp 48 % ausländischer Herkunft sind (Statistisches Bundesamt, 2020). Die Untersuchung des Zusammenhangs zwischen Migration und gesundheitlicher Belastung ist vorwiegend im deutschsprachigen Raum noch mit unzureichenden Befunden abgedeckt. Mit zunehmenden Zuwanderungszahlen in den letzten Jahren und dem stetig wachsenden Bewusstsein für die Belange von Migrant*innen steigt auch das Interesse die Anzahl an Studien und Forschungsinstituten, zu erweitern.

Inhaltliche Überlegungen hinsichtlich Migrationsstatus und psychischer Gesundheit stützen sich oft auf Erkenntnissen aus klinischen Beobachtungsstudien, d. h. Studien, bei denen die Teilnehmer*innen aus klinischen Einrichtungen stammt. Diese Studien zeigen, dass Migrant*innen hohe Suizidraten aufweisen und dazu neigen psychiatrische Erkrankungen zu entwickeln (Göbber et al., 2010; Koch et al., 2007; Schouler-Ocak et al., 2015). Ein allgegenwertiger Kritikpunkt an klinischen Populationsstudien liegt in der hohen Grundrate an klinisch relevanten Krankheitssymptomen. Mit anderen Worten: im klinischen Setting besteht die Gefahr, eine vermeintliche Verbindung zwischen psychischen Symptomen und einem zufällig ausgewählten soziodemographischen Merkmal herzustellen (auch Koinzidenz vgl. Pospeschill & Siegel, 2018). Befragt man Personengruppen mit psychischen Erkrankungen in teil- oder stationären Einrichtungen nach ihren Erfahrungen mit rassistischer Diskriminierung, so muss streng bei Studien darauf geachtet werden, keine voreiligen Schlüsse zu ziehen. Ohne eine entsprechende Vergleichsgruppe (d. h. Personen *ohne* psychische Erkrankungen und *mit* rassistischen Diskriminierungserfahrungen oder Personen *mit* psychischen Erkrankungen aber *ohne* rassistische Diskriminierungserfahrungen) kann nur schwer gesagt werden, ob psychische Erkrankungen tatsächlich und ausschließlich von rassistischen Diskriminierungserfahrungen ausgelöst worden sind. Eine plausible Betrachtung wäre beispielsweise der Umstand, dass Personengruppen mit psychischen Erkrankungen anfälliger für externe Stresssituationen sind und dementsprechend besonders stark unter den Folgen von Diskriminierungserfahrungen unterschiedlicher Art leiden.

Ein anderer Einwand an klinischen Populationsstudien liegt darin, dass der Migrationsstatus häufig pathologisiert wird, d. h. als krankhaft bewertend bzw. zu Krankheiten führend, sodass andere Einflussgrößen wie die psychosoziale Erlebniswelt oder diskriminierende Erfahrung in den Auswertungen vernachlässigt werden (Yeboah, 2017).

Im Vergleich zu deutschsprachigen gewähren internationale Forschungsarbeiten, insbesondere Studien aus dem amerikanischen Großraum, ein breiteres Spektrum an wiederholt belegten Befunden hinsichtlich nachgewiesener negativer Auswirkungen von rassistischer Diskriminierung auf die mentale Gesundheit. Es konnte mehrfach in internationalen Studien aufgezeigt werden, dass subjektiv wahrgenommene Benachteiligungen erhebliche negative Folgen auf das allgemeine psychische und körperliche Wohlbefinden haben (Williams et al., 1997, 2003). Dabei sind Auswirkungen in Form psychischer Symptome wie beispielsweise Angst, Depression (Cassidy et al., 2004; Merbach et al., 2008), psychotische Episoden (Veling, 2013; Veling et al., 2008) oder geringes Selbstwertgefühl (Verkuyten, 1998; Williams et al., 2003) zentrale Folgen zu sein. Der Einfluss von Diskriminierungserfahrungen als vermittelnder sozialer Stressor hinsichtlich Entstehung und Manifestation der Langfristigkeit von psychischen Erkrankungen wurde ebenfalls stark thematisiert (Davis et al., 2005; Din-Dzietham et al., 2004; Pieterse & Carter, 2007).

3.2.3 Empirischer Forschungsstand

3.2.3.1 Repräsentativstudien aus Deutschland

Die umfangreiche Querschnittstudie von Igel et al. (2010) mit 1844 befragten, in Deutschland lebenden Migrant*innen aus dem Sozio-ökonomischen Panel[1] untersuchte den Zusammenhang von Diskriminierungserfahrungen, Sorge um Fremdenfeindlichkeit und wahrgenommener psychischer als auch physischer Gesundheit. Erfahrungen mit Diskriminierung und Fremdenfeindlichkeit wurden mittels folgender Fragen erhoben:

---

[1] Beim Sozio-oekonomischen Panel (SOEP) handelt es sich um eine repräsentative Datenerhebung von ca. 22.000 Personen aus 12.000 Haushalten, die seit 1984 vom Deutschen Institut für Wirtschaftsordnung im Jahresrhythmus durchgeführt wird (Igel et al., 2010).

„Wie häufig haben Sie persönlich innerhalb der letzten beiden Jahre die Erfahrung gemacht, hier in Deutschland aufgrund Ihrer Herkunft benachteiligt worden zu sein?" und „Machen Sie sich Sorgen über Ausländerfeindlichkeit und Fremdenhass in Deutschland?". Subjektive Gesundheit wurde wie folgt erfasst: „Wie zufrieden sind Sie mit Ihrer Gesundheit?". Auf Grundlage dieser Studie konnte erstmalig in Deutschland gezeigt werden, dass Personen, die sich aufgrund ihrer ethnischen Herkunft benachteiligt fühlten, ihre mentale wie auch körperliche Gesundheit statistisch signifikant niedriger einschätzen als Personen ohne wahrgenommene Diskriminierungserfahrungen. Weiterhin konnte aufgezeigt werden, dass neben sozioökonomischen und demographischen Faktoren (Alter, Geschlecht, Ausbildungsdauer, Beziehungsstatus, etc.) Diskriminierungs- und Fremdenfeindlichkeitserlebnisse gesondert die Auswirkungen der wahrgenommenen Gesundheit in hohem Maße vorhersagen. Diese Erkenntnisse decken sich mit vorangegangenen amerikanischen Ergebnissen (Williams et al., 2003).

In einer Repräsentativ- und Betroffenenbefragung des Berliner Instituts für empirische Integrations- und Migrationsforschung aus dem Jahr 2017 wurden die allgemeinen Auswirkungen von Diskriminierungserfahrungen in ganz Deutschland untersucht. Aus einer Befragungsstichprobe von 16.438 Betroffenen, von denen 3984 (24,2 %) rassistische Diskriminierung[2] erlebten, gaben rund 47 % der Fälle an, dass sie durch die zwangsläufig aufkommenden Erinnerungen von wahrgenommen Diskriminierungserfahrungen sich emotional belastet fühlen. In 41,5 % der beschriebenen Diskriminierungserfahrungen gaben Betroffene an, aufmerksamer gegenüber Diskriminierungserlebnisse zu sein und infolgedessen, sich langfristig unter der subjektivgeschärften Wahrnehmung hinsichtlich potenzieller Benachteiligungen belastet zu fühlen (Diskriminierungsaussagen: „Es hat mich belastet, dass ich immer wieder an die Situation denken musste." oder „Ich bin aufmerksamer gegenüber Diskriminierungserfahrungen geworden."). Weiterhin gaben 40,2 % aller Befragten an, dass durch die belastenden Diskriminierungserfahrungen sie langfristig misstrauischer geworden sind und rund 17,6 % gaben zusätzlich an, soziale Kontakte aufgrund der daraus resultierenden emotionalen Labilität dauerhaft aufgegeben zu haben (vgl. Beigang et al., 2017, S. 281). Dies verdeutlicht den Umstand, dass rassistische Diskriminierungserfahrungen nicht nur negative Auswirkungen unmittelbar auf Betroffene haben, sondern darüber hinaus gefährdend für die Entwicklung und Aufrechterhaltung des sozialen Netzwerks sind, bzw. die damit einhergehenden Unterstützungsangebote der informationellen, instrumentellen sowie insbesondere der emotionalen Unterstützung (Scherr, 2011). Ferner wurden die angegebenen Auswirkungen in Abhängigkeit der Diskriminierungsform[3], d. h. materielle Benachteiligung, soziale Herabwürdigung

---

[2] Darunter ein Anteil von 13,0 % aller Befragten aus dem Bildungsbereich (vgl. Beigang et al., 2017; S. 127–133).

[3] Beispiele angegebener Diskriminierungsformen (vgl. Beigang et al., 2017, S. 131): (1) materielle Deprivation: „Ich durfte eine Bildungseinrichtung nicht besuchen."/„Meine Leistungen wurden vergleichsweise schlechter bewertet oder herabgesetzt.". (2) soziale Herabwürdigung: „Ich wurde

oder körperliche Übergriffe, näher betrachtet. Es zeigte sich, dass Diskriminierungserfahrungen in Form von körperlicher Gewalt gefolgt von der Kombination aus materieller Benachteiligung und sozialer Herabwürdigung den höchsten Einfluss auf die zuvor beschriebenen Auswirkungen ausmachen: Belastung durch chronisches Rumifizieren (wiederkehrende, gedankliche Auseinandersetzung) an die negative Erfahrung bei 64,0 % vs. 58,3 %, erhöhtes Misstrauen bei 61,8 % vs. 51,3 % und Einschränkung sozialer Kontakte bei 29,3 % vs. 26,2 % aller Fälle. Während insgesamt 6,9 % aller Betroffenen angegeben hat, körperlich krank geworden zu sein, konnte ein überhöhter Anteil von 12,9 % verzeichnet werden, der aufgrund psychischer Beschwerden krank geworden ist (vgl. Beigang et al., 2017, S. 283). Hinsichtlich der Abgrenzung nach Diskriminierungsform dominierten bei körperlicher Gewalt sowie bei materieller Benachteiligung in Kombination mit sozialer Herabwürdigung ebenfalls die psychischen (über 20 %) im Vergleich zu den körperlichen Erkrankungen (über 11 %). Diese quantitative Studie diente in erster Instanz als Untersuchung der subjektiven Folgen von rassistischen Diskriminierungserfahrungen und ermöglicht eine grobe Übersicht der wahrgenommen Diskriminierungserfahrungen unterschiedlicher Formen. Sie zeigt auf, dass generelle Diskriminierungserfahrungen sich nicht nur auf einzelne Situationen begrenzen, sondern überdauernd sind und folgenschwere Konsequenzen im Hinblick auf die Lebensqualität und Gesundheit von Betroffenen nach sich ziehen können.

Die Studie der Berliner Charité aus dem Jahr 2015 konnte einen weiteren Aufklärungsbeitrag im Hinblick auf den bedeutsamen Einfluss ethnischer Diskriminierung auf psychische Beschwerden leisten. Die Studie umfasste 205 zufällig rekrutierte und in Berlin lebende Frauen mit türkischem Migrationshintergrund, von denen mehr als die Hälfte (55.1 %) berichteten, in ihrer Lebensspanne bereits ethnische Diskriminierung zu einem gewissen Grad erlebt zu haben. Ethnische Diskriminierung wurde in dieser Studie als das Zusammenwirken folgender vier Facetten betrachtet: *wahrgenommene Diskriminierung, interkulturelle Stresswahrnehmung, Heimatschmerz/Heimweh* und *genereller psychologischer Stress*. Zur Feststellung wahrgenommener psychischer Beschwerden wurde die Gesamtausprägung folgender Symptome hinzugezogen: *somatisches Leiden, Angstzustände* und *Schlaflosigkeit* sowie *soziale Dysfunktionen* und *schwere Depression*. Um die Stärke des Effekts ethnischer Diskriminierung auf die Ausprägung der psychischen Beschwerden adäquat einschätzen zu können, wurden als Kontrollvariablen weitere Einflussfaktoren wie Alter, Neurotizismus, Beziehungsstatus, Akkulturationsstrategie oder Wohnsituation in die Auswertungen eingeschlossen.

---

ausgegrenzt oder übergangen."/ „Ich wurde beleidigt oder beschimpft.". (3) körperlicher Übergriffe: „Ich wurde körperlich bedroht."/ „Ich wurde körperlich angegriffen."

Es zeigte sich, dass die erfasste ethnische Diskriminierung ungeachtet der Einwirkung anderer, migrationsrelevanter Stressoren einen beachtlichen positiven Effekt ausübt, d. h. einen Anstieg von psychischen Beschwerden (Aichberger et al., 2015).

3.2.3.2 Internationale Befunde

Williams et al. (2003) dokumentieren in ihrer systematischen Übersichtarbeit, dass in der Forschung von Auswirkungen ethnischer bzw. rassistischer Diskriminierung die Untersuchung der psychischen Gesundheit den höchsten Anteil ausmacht. Von 53 eingeschlossenen Studien beinhalteten 32 mindestens einen erfassten Indikator für psychisches Wohlbefinden. Die Indikatoren umfassen in der Mehrzahl emotionsrelevante Auswirkungen wie negative Gefühlsstimmung und Lebensunzufriedenheit (vgl. Werkuyten & Nekuee, 1999; Williams, 2000; Williams et al., 1997), niedriges Selbstbewusstsein (vgl. Fisher et al., 2000; Rumbaut, 1994; Verkuyten, 1998) oder auch Auswirkungen auf Kognitionsebene wie generelle Erfolgswahrnehmung sowie internalisierte Kontrollüberzeugungen (vgl. Becker & Krzystofiak, 1982; Werkuyten & Nekuee, 1999). Von 25 untersuchten Studien, konnten 20 Studien einen statistisch positiven Zusammenhang zwischen wahrgenommener Diskriminierung und psychischen Beschwerden belegen. Inhaltlich gesprochen gibt ein positiver Zusammenhang an, dass hohe Angaben von Diskriminierungserfahrungen mit einem hohen, überdauernden psychischen Leidensdruck einhergehen. Vereinzelte Studien konnten darüber hinaus einen positiven Zusammenhang zwischen Diskriminierungserfahrungen und schweren Depressionssymptomen (vgl. Karlsen & Nazroo, 2002; Kessler et al., 1999), generelle Angststörung (vgl. Kessler et al., 1999), Psychosen (vgl. Karlsen & Nazroo, 2002) oder ferner Substanzmissbrauch und Ärger (vgl. Whitbeck et al., 2001) feststellen.

Metaanalytische Befunde, d. h. generalisierende Auswertungen von Ergebnissen aus vielen Einzelstudien, haben den Einfluss von Diskriminierung unterschiedlichster Erscheinungsformen (unter anderem Rassismus) auf die Gesundheit bestätigt (Paradies et al., 2015; Pascoe & Smart Richman, 2009; Schmitt et al., 2014). Pascoe und Smart Richman (2009) konnten auf Grundlage einer Studienstichprobe von 105 Betroffenen ermitteln, dass allgemein wahrgenommene Diskriminierung mit psychischer Gesundheit im Durchschnitt mit einer signifikant negativen Korrelation (von $r=-.16$) einhergeht. Inhaltlich gesprochen bedeutet das, dass Betroffene im Durchschnitt eine etwas geringe Gesundheit bei steigenden Angaben zu Diskriminierung angeben. Paradies et al. (2015) konnten darüber hinaus in ihrer umfangreichen Metaanalyse von 293 publizierten US-Studien (von 1983 bis 2013) feststellen, dass im direkten Vergleich zu physischer Gesundheit der Zusammenhang zwischen Rassismus und psychischen Auswirkungen bedeutend stärker ausfällt. Es konnte ein durchschnittlicher Zusammenhang von $r=-.13$ zwischen Rassismus und positiver Gesundheitsindikatoren (Selbstbewusstsein, Lebenszufriedenheit, Kontrollüberzeugungen, Wohlbefinden, positiver Affekt) und $r=-.09$ zwischen Rassismus und physischer Gesundheit (Blutdruck und Hypertonie, Übergewicht, Cholesterinspiegel) nachgewiesen werden. Negative Gesundheitsindikatoren (Depression, Angst, posttraumatisches Störungsbild, suizidbezogene

Gedanken; Planung; Handlungen) korrelierten am stärksten mit Rassismus: $r = -.23$. Dieser gemessene Zusammenhang unterstützt das Ergebnis einer früheren Metanalyse von 2012 (66 eingeschlossene Studien mit über 18.000 Afroamerikaner*innen), bei der rassistischen Diskriminierung mit einer niedrigen psychischen Gesundheit von $r = .20$ einhergeht. Weiterhin haben die Autoren die Unterscheidung zwischen Diskriminierungsfrequenz (Häufigkeit rassistischer Vorkommnisse) und Diskriminierungsintensität (berichteter Stresslevel bei jeder rassistischen Diskriminierungserfahrung) vorgenommen. Diskriminierungsfrequenz konnte ($r = .20$) im Vergleich zu Diskriminierungsintensität ($r = .14$) den Zusammenhang zwischen psychischen Beschwerden und rassistischen Erfahrungen erheblich verstärken. Anders ausgedrückt bedeutet das, dass längere Erfahrungen mit Diskriminierung schädlichere Auswirkungen auf die psychische Gesundheit haben als die Intensität (Pieterse et al., 2012). Diese Befunde bekräftigen die so oft diskutierte Annahme, dass überdauernde, wiederholte und/oder emotional belastende Diskriminierungserfahrungen traumatisch sein können und ferner die Gefahr mit sich bringen, schwere psychische Beeinträchtigungen wie Posttraumatische Belastungsstörung (PTBS) oder andere stress- bzw. anpassungsbezogene Störungsbilder auszulösen (Carlson, 1997; Slavin et al., 1991). Neben psychischen und physiologischen Gesundheitsfolgen untersuchten die Autoren Carter et al. (2017) zusätzlich den Einfluss auf Substanzmissbrauch und kulturelle Identität. Psychische Folgen waren eindeutig stärker als physiologische Auswirkungen mit Diskriminierung verbunden ($r = .20$ vs. $r = .09$; vgl. Carter et al., 2017, S. 241). Rassismus erwies sich dennoch als signifikanter, sozialer Stressor hinsichtlich Entstehung von biopsychologischen Stressreaktionen, die ihrerseits Einfluss auf den emotionalen Zustand und der generellen Gesundheit von Betroffenen ausüben. Diese Erkenntnisse decken sich mit der vorherrschenden Annahme, dass sobald ethnische Minderheiten rassischen Diskriminierungserfahrungen ausgesetzt sind und über ein mangelndes Copingmanagement (Fähigkeit negative Emotionen und Gedanken zu verarbeiten) verfügen, sie aufkommende Stressreaktionen durch gesundheitsgefährdendes Verhalten (z. B. Alkohol- und Tabakkonsum, illegale Substanzen) kompensatorisch entgegenwirken (Borrell et al., 2007; Hunte & Barry, 2012). Metaanalytisch konnte weiterhin ein negativer Einfluss auf kulturelle Determinanten (Sozialisation, ethnisches Zugehörigkeitsgefühl, kollektivorientierter Selbstwert) durch erlebte rassistische Diskriminierung verzeichnet werden. Carter (1995) und Hughes et al. (2006) betonen die Bedeutsamkeit kultureller Identität (Enkulturation und Akkulturation vgl. Berry, 1997) für die Entwicklung und langfristige Entfaltung der psychischen Gesundheit von ethnischen Minderheiten. Zum einen können Diskriminierungserfahrungen den allgemeinen Erwerb von kulturellem Wissen, Handlungskompetenzen sowie die Auseinandersetzung mit Rollenmodellen der Kultur, in der man lebt und aufwächst (Prozess der Enkulturation) erheblich beeinträchtigen. Zum anderen können Diskriminierungserfahrungen den Prozess der Kulturübernahme, d. h. die Aneignung neuer Normen, Werte und Rollenbilder einer bisher fremden bzw. zugezogenen Kultur (Akkulturation) nachhaltig schaden. In beiden Fällen besteht das

Risiko, dass Betroffene keine kulturelle Identität innerhalb der Aufenthaltskultur entwickeln und infolgedessen sich nicht zugehörig fühlen und schließlich hierunter leiden.

Die Untersuchung und Aufdeckung rassistischer Auswirkungen hat im europäischen Kontext ebenfalls eine gesellschaftlich-politische Relevanz. Schätzungsweise berichten 22,3 % kultureller Minderheiten aus unterschiedlichen europäischen Ländern bereits unter diskriminierenden Erfahrungen aufgrund ihres Migrationshintergrunds psychisch gelitten zu haben (Missinne & Bracke, 2010). Die umfangreiche Metaanalyse von de Freitas et al. (2018) hatte das Forschungsziel, die Auswirkungen von Diskriminierungserfahrungen von kulturellen Minderheiten unter Einwirkung von soziodemographischen und integrationspolitischen Merkmalen zu identifizieren. Es konnte folgende Auswirkungen gefunden werden: niedriges subjektive Wohlbefinden, Depression, Angst, Stress, psychotische Episoden und niedriges Selbstbewusstsein. Der beachtlich hohe Anteil von Psychosen als ernstzunehmende Folgeerkrankung rassistischer und traumaassoziierter Erfahrungen wird fortlaufend von der Literatur aufgegriffen und scheint sich empirisch in unterschiedlichen Studien immer mehr zu bewahrheiten (vgl. Cooper et al., 2008; Karlsen & Nazroo, 2002; Veling, 2013; Veling et al., 2008). Darüber hinaus ließen sich vereinzelt soziodemografische und politisch-infrastrukturelle Einflüsse aufdecken. Es zeigte sich, dass Frauen, Heranwachsende sowie strukturell benachteiligte Migrant*innen besonders unter den psychischen Folgen rassistischer Gewalt leiden (de Freitas et al., 2018).

Es kann also festgehalten werden, dass die vorrangegangenen Forschungsergebnisse die facettenreiche Erscheinungsform psychischer Gesundheitsrisiken von rassistischer Diskriminierung umfänglich verdeutlichen und belegen.

3.2.4 Soziodemografische Unterschiede

Forschungsbefunde aus der Entwicklungspsychologie und Psychopathologie bestätigen den Trend, dass bei Frauen eine höhere Vulnerabilität vorliegt, internalisierte Symptome wie Angst, Depression und niedrigen Selbstwert zu entwickeln. Bei der männlichen Population besteht hingegen eine höhere Vulnerabilität, dass sich externalisierte Verhaltensauffälligkeiten wie sozialgestörtes oder auffälliges Verhalten manifestieren (Rutter et al., 2003). Im Kontext ethnischer Diskriminierung herrscht daher die begründete Annahme, dass ein geschlechtsspezifischer Einfluss im Hinblick auf Auswirkungen von psychischer Gesundheit vorliegt. Qualitativ betrachtet, scheint die Art diskriminierender Erfahrungen bei Frauen im Vergleich zu Männern zu variieren. Eine Interviewbefragung mit insgesamt 42.000 Teilnehmerinnen aus 28 europäischen Ländern ergab, dass immigrierte Frauen im Alter von 15 aufwärts, in ihrer Lebensspanne mehr physischer und/oder sexueller Gewalt ausgesetzt waren als Frauen, die in ihren Heimatländern ansässig waren (European Union Agency for Fundamental Rights, 2015). Weiterhin besteht die Annahme, dass Geschlechterrollen einen Einfluss auf ethnische Diskriminierung haben (Cole, 2009). Im Hinblick auf die Reaktion und Auswirkungen von wahrgenommener Diskriminierung, gewähren empirische Forschungsbefunde noch kein konsistentes Bild, ob sich Frauen und Männer grundlegend unterscheiden. Manche Studienergebnisse konnten zum Beispiel keinen Zusammenhang zwischen Diskriminierungserfahrung und depressiven Symptomen oder Einbrüchen im Selbstwert bei Frauen feststellen, gleichwohl aber bei Männern (Cassidy et al., 2004). Andere Studienergebnisse gehen eher davon aus, dass fundamentale Unterschiede erst aus der Kombination zwischen Geschlecht, Migrationsstatus (1. oder 2. Generation) und infrastrukturellen Zugangsmöglichkeiten erklärbar sind (Borrell et al., 2015).

Die Forschung zeigt weiterhin einen ähnlichen Zusammenhang zwischen Diskriminierungserfahrungen, subjektiven Wohlbefinden und Selbstwert über die verschiedenen Altersklassen, sprich Kinder, Jugendliche und Erwachsene hinweg (Benner et al., 2018; Cave et al., 2020; Schmitt et al., 2014). Paradies et al. (2015) konnten keinen signifikanten Einfluss in der Stärke des Zusammenhangs von rassistischer Diskriminierung und den Gesundheitsfolgen durch Alter identifizieren. Inhaltliche Überlegungen gehen dennoch von nicht zu unterschätzenden Unterschieden aus. Mit zunehmendem Alter, besonders im Zeitraum der Emerging Adulthood (Altersbereich zwischen 18. Lebensjahr bis Ende der Zwanziger vgl. Arnett, 2000), besteht bei betroffenen Migrant*innen eine höhere Wahrnehmung von Diskriminierung unterschiedlicher Lebensbereiche: von interpersonalen Beziehungskonflikten, medizinische Versorgungs- und Zugangsmöglichkeiten, berufliche Perspektiven, Miet- und Wohnsituation bis hin zu Zugang und Kreditaussichten bei Banken. Diese vielschichtigen Diskriminierungserfahrungen können zu nachhaltigen Stressoren werden und schränken die Lebensqualität von Betroffenen ein, was zu allgegenwertigen psychischen Beschwerden führt (Link & Phelan, 2001). Die damit einhergehende Wahrnehmung von potenziellen Diskriminierungserfahrungen kann unweigerlich auslösend für verschiedene Gesundheitsauswirkungen sein, die im Erwachsenenalter stärker vorliegen als im Kindes- oder Jugendalter (Schmitt et al., 2014). Gleichzeitig wird aber argumentiert, dass die Verarbeitung von konfliktbeladenen Emotionen (Copingstrategien) mit steigendem Alter effektiver abläuft und daher die negativen Auswirkungen von Diskriminierung entgegenwirken können. Der Einfluss der ethnischen Identitätsbildung in Abhängigkeit vom Alter scheint ein zentrales Protektionsschild für die psychische Gesundheit zu sein. So liegen Belege vor, dass eine hohe Identifikation mit der eigenen ethnischen Bezugsgruppe den Selbstwert von Betroffenen bei Diskriminierungserfahrungen schützt (Jasinskaja-Lahti et al., 2006; Mewes et al., 2015). Nichtsdestotrotz wird folgende Abgrenzung angenommen: Während bei Kindern und Jugendlichen das Ausmaß psychischer Auswirkungen weitestgehend auf soziale Unterminierung und/oder Ausgrenzung zurückzuführen ist, sind die psychischen Belastungen im frühen und späteren Erwachsenenalter Folgen struktureller Diskriminierung. Inwieweit diese qualitativen Unterschiede bedeutsam sind, ist noch von der Forschung abzuklären.

Im Hinblick auf den Migrationsstatus herrscht weitestgehend noch Unstimmigkeit darüber, ob Migrant*innen erster Generation und Migrant*innen zweiter Generation (Kinder von Eltern mit Migrationshintergrund, die im jeweiligen „Gastland" geboren sind) ähnlichen Diskriminierungserfahrungen und Gesundheitsfolgen ausgesetzt sind (André & Dronkers, 2016; Borrell et al., 2015; de Freitas et al., 2018). Es liegen allerdings evidenzbasierte Studien vor, die feststellen, dass Migrant*innen zweiter Generation im Vergleich zu Migrant*innen erster Generation ein niedrigeres Grundrisiko für die Entstehung von Depressionssymptomen haben (Levecque & Van Rossem, 2014; Missinne, & Bracke, 2010). In der Studie von Borell et al. (2015), mit Daten aus 18 europäischen Ländern, konnte beispielsweise Diskriminierung in Verbindung mit Depression, niedrig eingestufter Gesundheitszustand und chronischer Belastung ausschließlich bei Migrant*innen erster Generation festgestellt werden. Eine aktuelle europäische Umfragestudie konnte Aufschluss darüber geben, dass negative Einstellungen gegenüber Migrant*innen weniger auf strikten Rassismus an sich (im Sinne einer Abneigung gerichtet auf das Aussehen), sondern vielmehr auf Xenophobie (Abneigung gerichtet auf das kulturelle „Fremdsein" und Verhalten) zurückzuführen sind (Heath & Richards, 2016). Inhaltlich betrachtet, kann also argumentiert werden, dass der Grund warum Migrant*innen der ersten Generation tendenziell Diskriminierung erleben, ist, weil sie eine höhere kulturelle Diversität widerspiegeln. Migrant*innen der zweiten Generation sind hingegen kulturell integrierter und schüren nach der Theorie weniger Ängste vor unbekannten bzw. andersartigen Werten, Haltungen oder Verhaltensweisen. So fand eine finnische Vergleichsstudie heraus, dass Migrant*innen, die besonders als kulturell verschieden zu Einheimischen wahrgenommen werden, eher Diskriminierung erfahren. Überraschend war allerdings der Befund, dass der Zusammenhang zwischen Diskriminierung und psychischen Beschwerden am geringsten bei den kulturell diversifizierten Gruppen (Araber und Somalier) ausfiel (Jasinskaja-Lahti et al., 2006). Dies könnte jedoch auf den Einfluss von ethnischer Zugehörigkeit zurückgeführt werden, der dafür sorgt, dass Betroffene innerhalb ihres eigenen Kulturkreises und „Gleichgesinnten" Unterstützung finden. (Jasinskaja-Lahti et al., 2006; Schmitt et al., 2014; Wong et al., 2003). Weitere Forschungsarbeiten insbesondere Langzeitstudien sind bei diesen Überlegungen und Annahmen wichtig für abschließende Klärungen.

3.3 Psychische Auswirkungen von Rassismus

Wie bereits im vorangegangenen Forschungszugang erwähnt, führt Rassismus bzw. rassistisch konnotierte Diskriminierung zu einer emotional belastenden biographischen Erfahrung und somit zu einem besonderen Erleben von Stress (Trevisan, 2019). Eine Vielzahl an Studien legen hierbei nahe, dass der ausgelöste traumatische Stress zu negativen gesundheitlichen Folgen führen kann, welche noch weit über die gesellschaftlichen und sozialen Konsequenzen herausragen (Carter, 2007; Schouler-Ocak et al., 2015). Die Literatur zeigt weiterhin, dass wiederkehrende Rassismus- und Diskriminierungserfahrungen mit einem Gefühl der Ohnmacht einhergehen und sich negativ auf das subjektiv wahrgenommene Wohlbefinden auswirken (Trevisan, 2019). So weisen beispielsweise Priest et al. (2013) auf die Auswirkungen rassistischer Diskriminierung auf die Gesundheit von Kindern und Jugendlichen hin und verweisen auf einen starken Zusammenhang zwischen Rassismus und psychologischen Auffälligkeiten wie Angstzustände, Depressionen und psychologischem Stress sowie Verhaltensauffälligkeiten und Substanzgebrauch. Zudem verweisen sie auf physiologische Befunde, die eine zusätzliche Beeinträchtigung der Somatik nahelegen. Dies bedeutet, dass sich die Folgen rassistischer Diskriminierung nicht bloß auch psychologische Aspekte beschränken, sondern sich ebenso in der körperlichen Befindlichkeit manifestieren können. Betrachtet man den Umstand, dass Schüler*innen innerhalb der Kindheit und Adoleszenz besonders vulnerabel sind, zeigen sich die Auswirkungen von Rassismus innerhalb dieser sensiblen Lebensperiode als besonders gravierend (Sanders-Phillips, 2009; Williams & Mohammed, 2008). Zudem befinden sie sich in Entwicklungsphasen, in welchen ihre kognitive, emotionale und soziale Reife noch nicht vollständig ausgeprägt ist (Pforr, 2009). Die rassistische Diskriminierung innerhalb des Schulsettings hat somit nicht nur das Potenzial, die Entwicklung von Kindern und Jugendlichen bezüglich ihres sozialen und edukativen Umfelds negativ zu beeinträchtigen, sondern führt ebenfalls zu negativen Konsequenzen innerhalb ihrer psychischen Gesundheit. Diese Auswirkungen sind häufig nicht nur auf die Schulzeit beschränkt, sondern können sich auf den gesamten weiteren Lebensverlauf ausdehnen (Priest et al., 2013). Die Auswirkungen von Rassismus, einem auffälligen und schädlichen psychosozialen Stressor, können je nach den biopsychosozialen Prozessen, die an der Initiierung und Aufrechterhaltung der Störung beteiligt sind, variieren.

BELLA STUDIE (Ravens-Sieberer et al., 2007)
Die BELLA-Studie umfasst eine umfangreiche Längsschnittstudie zur Erfassung der psychischen Gesundheit von Kindern und Jugendlichen in Deutschland. Hierzu wurde das seelische Wohlbefinden und Verhalten von 2863 Familien mit Kindern im Alter von 7–17 Jahren erfragt. Insgesamt konnten bei 21,9 % aller Kinder und Jugendlichen Hinweise auf psychische Auffälligkeiten erkannt werden. Dabei wurden Ängste (10 %), Störungen des Sozialverhaltens (7,6 %) und Depressionen (5,4 %) als häufigste psychische Auffälligkeiten im Kindes- und Jugendalter identifiziert. In den nachfolgenden Kapiteln werden diese näher erläutert.

3.3.1 Angststörungen

Zu Angststörungen im Kindesalter gehören weit verbreitete Phänomene wie beispielsweise die Trennungsängstlichkeit bei Kleinkindern oder die Angst im Dunkeln bei Vorschul- und Grundschulkindern (Steinhausen, 2000). Diese stellen in erster Linie eine Verstärkung normaler Entwicklungsstände dar, wodurch es sich zumeist um leichte und vorübergehende Störungsbilder handelt, welche in der Regel bereits durch kurze Beratungen erfolgreich angegangen werden können (Auhuber, 2020; Steinhausen, 2000).

Tab. 3.1 Altersbindung der Angststörung (Steinhausen, 2000)

Alter	Angststörung
Säuglings- und Kleinkindalter	Trennungsangst
Vorschulalter, mittlere Kindheit	Tierphobie, Dunkelangst
Mittlere Kindheit, frühe Adoleszenz	Schulphobie (Trennungsangst) und Schulangst
Adoleszenz	Generalisierte Angststörung, Panikstörung

Ängste stellen natürliche Entwicklungsphänomene dar und sind sowohl im Kindes- als auch im Jugendalter weit verbreitet. Der Zeitpunkt ihrer Entstehung erfolgt hinsichtlich typischer Altersbedingungen. Dementsprechend sind altersspezifische Ängste Teil einer normalen Entwicklung, ebenso wie Schüchternheit eine Eigenschaft des Temperamentes ist, die keinen Störungscharakter aufweist (Adornetto & Schneider, 2009; Walitza & Melfsen, 2016). Viele Eltern kennen die Angst ihres Kleinkindes bei einer Trennungssituation oder die Ängste, die ein Schulkind äußert, wenn es vor seiner Klasse ein Referat halten soll. Bei milden und vorübergehenden Ängsten, die altersspezifisch auftreten, wird von sogenannten „Entwicklungsängsten" gesprochen. Diese sind Ausdruck der fortscheitenden kognitiven und emotionalen Entwicklung und führen durch ihre erfolgreiche Bewältigung zum Erlernen wichtiger Bewältigungsstrategien und -mechanismen sowie zu einem gesteigerten Selbstvertrauen des Kindes (Walitza & Melfsen, 2016). Es kann also festgehalten werden, dass Ängste lebenswichtige Aspekte der menschlichen Entwicklung sind und Kindern daher auch nicht erspart werden können (Hopf, 2018). Manifestieren sich diese Ängste jedoch, entsprechen nicht mehr der Entwicklungsphase des Kindes oder führen zu einer Beeinträchtigung des Lebensalltags, so werden sie klinisch bedeutsam und bedürfen besonderer Aufmerksamkeit (Tab. 3.1).

Angststörungen zeichnen sich durch eine starke und anhaltende Beeinträchtigung aus, welche zu einer Behinderung der normalen Entwicklung des Kindes oder Jugendlichen führt (Walitza & Melfsen, 2016). Klinisch bedeutsame Angstsyndrome sind durch ein abnormes Ausmaß diffuser oder situations- bzw. objektbezogener Angst charakterisiert. Hierbei manifestiert sich der Ausdruck der Angst nicht nur über die Emotion selbst, sondern kann auch anhand von körperlichen Reaktionen (z. B. beschleunigte Herzfrequenz, Schwitzen, Erröten oder Erblassen, Kälte- oder Hitzewallungen, etc.) und Änderungen im Verhalten (z. B. Vermeidung der Angstsituation) gezeigt werden (Steinhausen, 2000). Zu den kindheitsspezifischen emotionalen Störungen zählen gemäß der Internationalen statistischen Klassifikation der Krankheiten und verwandter Gesundheitsprobleme (Dilling et al., 1993), unter anderem folgende Störungsbilder: Emotionale Störung mit Trennungsangst, phobische Störung des Kindesalters und Störungen mit sozialer Ängstlichkeit (Bundesinstitut für Arzneimittel und Medizinprodukte [BfArM], 2020).

3.3.1.1 Trennungsängste

Trennungsängste zeichnen sich durch eine panikartige Reaktion auf eine Trennungssituation (zumeist von Bezugspersonen) aus. Bei älteren Kindern wird diese Symptomatik häufig von unrealistischen Befürchtungen über potenzielle Gefahren, die die Familie bedrohen, oder durch depressive Gefühle nach erfolgter Trennung ergänzt (Steinhausen, 2000). Während die Trennungsangst im Alter zwischen 7 und 18 Monaten als „normale" entwicklungsphasentypische Angst verstanden wird, gilt die klinische Trennungsangst als eine Form kindlicher Angststörungen (Schneider & In-Albon, 2004). Die klinisch bedeutsame Trennungsangst unterscheidet sich durch eine unübliche Ausprägung, die abnorme Dauer über eine typische Altersstufe hinaus sowie der Entstehung deutlicher Probleme in sozialen Funktionen von der normalen Trennungsangst (BfArM, 2020).

> **Deutsche Gesellschaft für Kinder-, Jugendpsychiatrie, Psychosomatik, & Psychotherapie, 2007**
> Unrealistische und anhaltende Besorgnis, der Bezugsperson könne etwas zustoßen oder der/die Betroffene könne durch unglückliche Ereignisse von der Bezugsperson getrennt werden
> Andauernder Widerwille oder Weigerung, zur Schule/zum Kindergarten zu gehen, um bei der Bezugsperson oder zu Hause bleiben zu können
> Anhaltende Abneigung oder Weigerung, ohne Beisein einer engen Bezugsperson oder weg von zu Hause schlafen zu gehen
> Anhaltende, unangemessene Angst davor, allein oder ohne eine Hauptbezugsperson zu Hause zu sein
> Wiederholte Alpträume, die Trennung betreffend
> Wiederholtes Auftreten somatischer Symptome (Übelkeit, Bauchschmerzen, Erbrechen oder Kopfschmerzen) vor oder während der Trennung
> Extremes und wiederholtes Leiden in Erwartung, während oder unmittelbar nach der Trennung von einer Hauptbezugsperson (z. B. Unglücklichsein, Schreien, Wutausbrüche, Anklammern)

3.3.1.2 Phobische Störung des Kindesalters

Spezifische Phobien im Kindesalter sind durch eine unangemessene, anhaltende und stark ausgeprägte Angstreaktion gegenüber einem bestimmten Objekt, einer Situation oder einem Tier gekennzeichnet, von dem keine reale Gefahr ausgeht (Schneider & Döpfner, 2004). Die Angstreaktion des Kindes erfolgt in der Regel unmittelbar nach der Konfrontation mit dem angstauslösenden Stimulus und äußert sich in Form von Weinen, Schreien, Gefühl von Gelähmtheit, Fortlaufen oder dem Anklammern an eine Bezugsperson. Zusätzlich wird sie von physiologischen Symptomen wie beispielsweise Herzrasen oder Zittern begleitet. Die betroffenen Kinder beginnen üblicherweise mit der Zeit die mit Furcht verbundene Situation zu meiden, wobei starke Ausprägungen der Phobie zu erheblichen Beeinträchtigungen in den Bereichen Schule, Freizeit und Familie führen. Die gesteigerte Furcht ist alterstypisch und entspricht der jeweiligen Entwicklungsphase des Kindes oder des Jugendlichen (Weiler & Blanz, 2002). Nach Muris et al. (2000) sind die häufigsten Inhalte der phobischen Störung im Kindesalter bei Vorschulkindern die Angst vor Fremden, Dunkelheit und Tieren, wobei im Grundschulalter zusätzlich die Angst vor Stürmen, Gewittern und um die eigene Sicherheit hinzukommt. Die häufigsten Angstinhalte der Kinder und Jugendlichen im Alter von 12 bis 17 Jahren sind Angst vor Tieren, Blut, Naturkatastrophen und vor Situationen, die enge Räume oder Höhe beinhalten.

3.3.1.3 Störung mit sozialer Ängstlichkeit des Kindesalters

Die Soziale Phobie zeichnet sich wie die Phobische Störung des Kindesalters durch eine anhaltende und stark ausgeprägte Angstreaktion aus, die altersunangemessen auftritt. Auslöser der Ängste beziehen sich jedoch auf soziale Situationen, in denen das Kind auf fremde bzw. wenig bekannte Erwachsene oder Gleichaltrige trifft (Weiler & Blanz, 2002). Hierbei zeigt das Kind große Befangenheit, Verlegenheit oder extreme Sorge gegenüber der fremden Person. Diese Befürchtungen beziehen sich lediglich auf fremde Personen, während zu Mitgliedern der eigenen Familie oder bereits bekannten Gleichaltrigen zumeist ein inniges Verhältnis besteht. Weiterhin kommt es zu körperlichen Auswirkungen während oder in Erwartung der angstauslösenden sozialen Situation. Dies kann sich in Zittern, Erröten, Schwitzen, Herzklopfen oder Übelkeit äußern. Auch auf kognitiver Ebene, welche die Gedankengänge des Kindes betrifft, kann es dazu kommen, dass sich das Kind übermäßige Sorgen macht, beispielsweise indem es befürchtet von anderen Gleichaltrigen ausgelacht zu werden. Im Hinblick auf das Verhalten führt die Störung mit sozialer Ängstlichkeit im Kindesalter zu Verhaltensveränderungen in sozialen Situationen, beispielsweise zu Weinen, Schweigen oder Weglaufen. Aufgrund dieser weitreichenden Auswirkungen der sozialen Phobie ist die soziale Kontaktfähigkeit des Kindes in der Regel stark beeinträchtigt, was zu einem erheblichen Leidensdruck der Betroffenen führt (Schneider & Döpfner, 2004).

3.3.1.4 Schulphobie

Entgegen der eigentlichen Begrifflichkeit bezieht sich die Schulphobie (nicht zu verwechseln mit der Schulangst) nicht auf die spezifische Angst vor der Schule, sondern vielmehr vor der damit verbundenen Trennungssituation und ist somit in ihrem Kern ebenfalls eine Trennungsangst. Hierbei weigert sich das Kind die Schule aufzusuchen, aus Angst vor einer Trennung mit der zumeist primären Bindungsperson. Weiterhin hat das Kind häufig Befürchtungen, dass der Beziehungsperson in seiner Abwesenheit etwas zustoßen könnte. Zusätzlich zu der Verweigerung des Schulbesuches und extremer Ängstlichkeit oder depressiver Verstimmung treten häufig körperliche Symptome (z. B. Übelkeit, Kopf- oder Bauchschmerzen) als psychosomatische Begleiterscheinung auf (Steinhausen, 2000).

3.3.1.5 Schulangst

In Abgrenzung zur Schulphobie richtet sich die Schulangst auf eine reale Angst vor der Schule, bzw. vor bedrohlichen Situationen innerhalb des Schulkontextes (und erfüllt somit im definitorischen Sinne das Kriterium einer Phobie). Die Auslöser für die Ängstlichkeit können in unterschiedlichen Bereichen liegen, wobei sich die Frage stellt, wieso die Institution Schule von Kindern und Jugendlichen so häufig mit Ängsten in Verbindung gebracht wird. Hopf (2018) beantwortet diese Frage, indem er die Schule als „Angstmacher erster Güte" bezeichnet, welcher Leistung verlangt und Druck ausübt. Er sieht sie als Ort, indem Schüler*innen belohnt oder bestraft werden und feste Regeln gelten, aber auch als Ort der Begegnung und sozialer Beziehungen. Die Vielfalt der Ängste, die aus dem Schulalltag resultieren können, reicht somit weit über Leistungsdruck angesichts einer bevorstehenden Klassenarbeit hinaus und umfassen ebenfalls den sozialen Wirkkreis von Mitschüler*innen oder Lehrkräften und der Angst von diesen bestraft, beschämt oder verletzt zu werden. Wenn die Symptome älterer Kinder zunehmend diffuser werden, sich Befürchtungen und Sorgen manifestieren und verdichten sowie eine Neigung zur Somatisierung entsteht, entsprechen sie der Symptomatik einer generalisierten Angststörung (Steinhausen, 2000). Diese umfasst übermäßig starke, unbegründete oder nicht kontrollierbare Sorgen über unterschiedliche Situationen und Lebensbereiche. Diese Besorgnis kann Kleinigkeiten, wie z. B. Sorgen über Unpünktlichkeit betreffen oder beispielsweise die Sorge Leistungen nicht erfüllen zu können oder zu wenig sozialen Anschluss zu finden. Viele der betroffenen Kinder haben ein verstärktes Bedürfnis nach Anerkennung ihrer Leistung und ihres Verhaltens. Weiterhin ist das Auftreten somatischer Begleiterscheinungen (z. B. Nervosität, Anspannung, Schlafprobleme, Konzentrationsschwierigkeiten, Reizbarkeit, Nägel kauen) kennzeichnend für das besagte Störungsbild. Um das Kriterium einer generalisierten Angststörung zu erfüllen, müssen sich die Ängste und Sorgen auf mehrere Bereiche (z. B. Schule und Familie) beziehen (Schneider & Döpfner, 2004).

3.3.2 Zwangsstörungen

Zwangsstörungen sind komplexe Störungsbilder und bezeichnen wiederkehrende und anhaltende Gedanken und Handlungen (Steinhausen, 2000). Zwangsgedanken, also sich aufdrängende und als unsinnig erlebte Ideen und Gedanken, die schweres Unbehagen auslösen, werden als ungewollt und beängstigend erlebt und sind häufig mit Gefühlen von Scham oder Ekel besetzt. Der oder die Betroffene versucht die sich unwillkürlich aufdrängenden Gedanken zu ignorieren, zu unterdrücken oder sie mithilfe anderer Gedanken oder Handlungen abzuwehren bzw. ungeschehen zu machen (Goletz & Döpfner, 2020). Dementsprechend beziehen sie sich häufig auf die Befürchtungen im Zusammenhang mit Kontaminationen oder drohenden Gefahren, beispielsweise der Angst vor Schmutz, Bakterien, Infektionen oder tödlichen Erkrankungen. Sie können

Tab. 3.2 Komorbidität der Zwangsstörungen über das gesamte Kindes- und Jugendalter (Wewetzer, 2004)

Komorbidität	Häufigkeit
Angststörungen	38 %
Depressionen	33 %
ADHS und expansive Störungen	29 %
Tic-Störungen	20 %

sich aber auch ebenso auf Symmetrie und Genauigkeit beziehen (Walitza et al., 2017). Zwangshandlungen bezeichnen wiederholte und sinnlose Aktivitäten, die das Resultat von willentlichen Handlungsimpulsen sind (Steinhausen, 2000). Sie folgen einer bestimmten Regelhaftigkeit und verfolgen das Ziel eine subjektiv empfundene Angst, drohende Gefahr oder Unbegangen zu reduzieren bzw. zu vermeiden. Die häufigsten Formen von Zwangshandlungen im Kindes- und Jugendalter sind exzessives Waschen oder Säubern, exzessives Kontrollieren (z. B. ob Türen oder Fenster geschlossen sind) und Wiederholungsrituale (Berühren von Gegenständen und Oberflächen, Zählen; Walitza et al., 2017). Die Inhalte der Zwangsgedanken befinden sich jedoch in einer starken Abhängigkeit zum Alter und der Entwicklungsphase des Kindes oder Jugendlichen. So zeigen jüngere Kinder Zwänge vermehrt beim Anziehen oder dem Toilettengang, während sich Zwangsinhalte bei Jugendlichen auch auf entwicklungsspezifische Interessen wie Sexualität oder Religion beziehen. So könnten Jugendliche beispielsweise den automatischen und wiederkehrenden Gedanken haben, bei dem Toilettengang schwanger zu werden, was nicht nur eine große emotionale Belastung für die Betroffene darstellt, sondern auch mit Schamgefühl verbunden ist (Walitza et al., 2017).

Vielen Betroffenen ist die Unsinnigkeit ihrer Verhaltensweisen bewusst, wobei Kindern jedoch meist die Einsicht sowie der Widerstand gegen die Symptomatik gänzlich fehlen. Daher sollte bei Minderjährigen die teilweise mangelnde Fähigkeit die Zwangssymptomatik als eigene Gedanken zu erkennen, denen Widerstand geleistet werden kann, berücksichtigt werden. Nichtsdestotrotz werden die wiederkehrenden Zwangsgedanken sowie die Wiederholung der Zwangshandlungen als belastend erlebt und führen zu einem hohen Leidensdruck (Walitza et al., 2017). Aufgrund der hohen Komorbidität der Zwangsstörungen, also der hohen Wahrscheinlichkeit, dass noch weitere klinisch relevante psychische Störungen vorhanden sind, bedarf es einer guten und differenzierten Diagnostik der teilweise recht umfangreichen Symptomatik (Tab. 3.2).

3.3.3 Depressive Störungen

Ähnlich wie auch die Angst ist die Depression ein Bestandteil menschlicher Erfahrungen und kann infolge von Verlusten und Enttäuschungen als Symptom auftreten, welches aber keine klinische Relevanz aufweist. Diese klinische Relevanz war viele Jahre umstritten. Lange Zeit war man der Ansicht, dass Kinder und Jugendliche aufgrund ihrer nicht vollständig entwickelten kognitiven Reife noch keine Depression entwickeln können. Diese Sichtweise änderte sich erst in den 80er und 90er Jahren, indem anerkannt wurde, dass die wesentlichen Merkmale einer Depression im Erwachsenenalter auch der Symptomatik dieser Altersgruppe entsprechen (Groen & Petermann, 2011). Der heutige Forschungszugang legt nahe, dass depressive Symptome und Störungen im Kindes- und insbesondere dem Jugendalter weit verbreitete Phänomene sind und zu ernsthaften Beeinträchtigungen in verschiedensten Lebens- und Funktionsbereichen führen (Greiner et al., 2018). Nach Nevermann und Reicher (2020) sind sogar mehr als 5 % aller Kinder und Jugendlichen heutzutage von einer schweren Depression betroffen und etwa 10 % weisen depressive Symptome auf. Diese in der Kindheit oder Jugend beginnende Symptomatik sowie deren Auswirkungen können bis ins Erwachsenenalter reichen und zu psychischen Erkrankungen sowie psychosozialen Komplikationen beitragen (Groen & Petermann, 2011). Die Klassifikation der affektiven Störungen gemäß der ICD-10 (Dilling et al., 1993) gilt für alle Altersgruppen und beinhalten keine spezifische Kategorie für Kinder und Jugendliche (BfArM, 2020). Obwohl einige diagnostische Kennzeichen der Depression altersunabhängig sind, spielt der Entwicklungskontext der Depression bei Kindern und Jugendlichen eine besondere Rolle (Steinhausen, 2000). Je jünger die Betroffenen sind, desto mehr unterscheiden sich bei Minderjährigen die Symptome einer Depression von der klassischen Symptomatik im Erwachsenenalter (Mehler-Wex & Kölch, 2008). Bei einem Säugling führen insbesondere psychosoziale Deprivation sowie der Mangel an Zuwendung zunächst zu protestierendem Schreien und Weinen und rufen letztlich Rückzug und Apathie hervor. Diese Form der Depression im Säuglings- oder Kleinkindalter, die auf einen Mangel an Zuwendung zurückzuführen ist, wird als Anaklitische Depression bezeichnet und kann zusätzlich von Schlafstörungen und Jaktation (Vor- und Zurückbeugen, bzw. Schaukeln oder Wippen des Oberkörpers) begleitet werden. Im darauffolgenden Kleinkindalter kann das Auftreten von Gehemmtheit, Antriebsminderung oder Trennungsängstlichkeit, insbesondere in Folge auf elterliche Zurückweisungen, die Frage nach depressiven Symptomen aufwerfen (Steinhausen, 2000). Außerdem sollten Symptomen, wie beispielsweise ein verminderter bzw. nicht altersgerecht ausgeprägter körperlicher und geistiger Entwicklungsstand, Appetit- oder Schlafstörungen oder auch dem Vermehrten Auftreten von Bauschmerzen genauere Beachtung geschenkt werden, da diese ebenfalls Indikatoren der Depression sein können und bei Kleinkindern häufiger als affektive Veränderungen zu beobachten sind (Mehler-Wex & Kölch, 2008). In der mittleren Kindheit (6–11 Jahre) ist der Ausdruck dieser Symptome bereits differenzierter. Traurigkeit, Weinen, sowie der Rückgang von Spiellust und Phantasiefähigkeit bilden hierbei Anzeichen für das Vorliegen einer depressiven Symptomatik. Weiterhin können sozialer Rückzug, Einschlaf- oder Appetitstörungen, Gewichtsverlust, Müdigkeit und Passivität aber auch Stimmungsschwankungen und Reizbarkeit sowie eine Verschlechterung der schulischen Leistungen als Hinweiszeichen dienen (Mehler-Wex & Kölch, 2008; Steinhausen, 2000).

Dennoch ist es wichtig an dieser Stelle zu erwähnen, dass beispielsweise der depressive Gesichtsausdruck des Kindes für Erwachsenen wahrnehmbar ist, dem Klein- oder Schulkind jedoch noch die kognitive Fähigkeit zur Wahrnehmung der eigenen Depressivität fehlt. Mit zunehmendem Alter entwickelt sich diese Fähigkeit, sodass im späteren Kindesalter Depressionen mit einem niedrigen Selbstwertgefühl einhergehen. Es können sich zunehmend Todeswünsche und Suizidgedanken manifestieren. Ab der Adoleszenz empfinden Betroffene vermehrt Gefühle von Schuld, Versagen und Sinnlosigkeit, welche sich aus übersteigerten und irrationalen Gedankengängen ableiten. Jene Gedankengänge, die mit vermehrtem Grübeln einhergehen, bilden gemeinsam mit Suizidalität und Minderwertigkeitsgefühlen die wichtigsten Symptome der Depression im Erwachsenenalter (Steinhausen, 2000). Reine depressive Störungen sind im Kindes- und Jugendalter selten. Viel eher treten sie in Verbindung mit anderen Störungsbildern, beispielsweise einer Angst- oder Zwangsstörung, auf. Ein weiteres, diagnostisch abgrenzbaren Krankheitsbild, welches zusätzlich zur Grunderkrankung vorliegt, wird als Komorbidität bezeichnet (Nevermann & Reicher, 2020).

Symptome der Depression nach ICD-3.10 (Mehler-Wex & Kölch, 3.2008)
Hauptsymptome der Depression

- Herabgestimmtheit, die meiste Zeit, fast täglich, seit mindestens 2 Wochen
- Interessenverlust, Freudlosigkeit, Aktivitätseinschränkung
- Antriebslosigkeit, schnelle Ermüdbarkeit, Müdigkeit

Weitere mögliche Symptome

- kognitive Einschränkungen (Konzentration, Aufmerksamkeit), Unentschlossenheit oder Unschlüssigkeit
- reduziertes Selbstwertgefühl, geringes Selbstvertrauen, Gefühle der Wertlosigkeit
- unangemessene Schuldgefühle, Selbstvorwürfe
- psychomotorische Agitation oder Gehemmtheit
- Suizidgedanken, suizidales Verhalten
- Schlafstörung
- Appetitmangel oder -steigerung mit Gewichtsveränderung

3.3.4 Störungen des Sozialverhaltens

Störungen des Sozialverhaltens mit dem Beginn in der Kindheit und Jugend sind durch ein sich wiederholendes und anhaltendes Muster dissozialen, aggressiven und aufsässigen Verhaltens gekennzeichnet, welches die altersentsprechenden sozialen

Erwartungen verletzt (BfArM, 2020). Während oppositionelles Trotzverhalten sowie dissoziale oder aggressive Verhaltensweisen im Entwicklungsverlauf vieler Kinder und Jugendlichen vorkommen, ohne dass von einer klinisch relevanten Störung des Verhaltens gesprochen werden kann, reicht das Verhaltensmuster dieser Störung weit über deviantes Verhalten, kindlichen Unfug oder jugendliche Aufmüpfigkeit hinaus (Schmeck & Stadler, 2012). So zeigen beispielsweise nach Tremblay et al. (1999) etwa 90 % aller Kinder zum Ende ihres 2. Lebensjahres aggressive Verhaltensweisen gegenüber Gleichaltrigen (Beißen, Treten, Schlagen, Wegnehmen von Spielsachen). Den meisten Kindern gelingt es jedoch im Laufe ihrer Entwicklung ihre antisozialen Impulse zu kontrollieren, wobei eine kompetente Erziehung maßgeblich für diese Entwicklung ist. Lediglich bei einem kleinen Teil der Kinder gelingt der Sozialisationsprozess im Laufe ihrer Entwicklung nicht oder nur unzureichend, wodurch die Kontrolle oppositioneller, aggressiver und dissozialer Impulse misslingt. Wenn sich diese Verhaltensweisen zu einem sich ständig wiederholenden und anhaltenden Muster manifestieren, welches sich bezüglich des Schweregrades deutlich von Gleichaltrigen abhebt, so spricht man von einer Störung des Sozialverhaltens (Schmeck & Stadler, 2012). Störungen des Sozialverhaltens gelten als besonders stabil und sind, direkt nach den emotionalen Störungen, die zweithäufigste Diagnose innerhalb der Kinder- und Jugendpsychiatrie (Petermann & Petermann, 2013; Steinhausen, 2000). Störungen des Sozialverhaltens äußern sich durch folgende Symptome: extremes Maß an Streiten oder Tyrannisieren, Grausamkeit gegenüber anderen Personen oder Tieren, Zerstörung von Eigentum, Feuerlegen, Stehlen, häufiges Lügen, von Zuhause weglaufen, Schulschwänzen, häufige und heftige Wutausbrüche sowie Ungehorsam (BfArM, 2020). Wie auch bei den meisten anderen spezifischen Störungsbildern der Kindheit und Jugend sind die Symptome zumeist Alters- und Entwicklungsgebunden, wobei jedoch die individuelle Variation sehr unterschiedlich ausfallen kann.

3.3.5 Posttraumatische Belastungsstörung

Der Begriff „Trauma" stammt aus dem Griechischen und bedeutet übersetzt „Verletzung" oder „Wunde". Die Psychotraumatologie befasst sich demnach mit der Entstehung, dem Verlauf, sowie der Behandlung von seelischen Verletzungen, die als Folge eines belastenden oder bedrohlichen Ereignisses auftreten (Landolt & Hensel, 2012). Diese Verletzung und nachhaltige Schädigung einer Struktur, kann sowohl körperliche als auch seelische Auswirkungen auf ein Individuum haben. Als ein psychisches Trauma wird dabei ein zumeist plötzlich auftretendes Ereignis außergewöhnlicher Bedrohung, welches für die betroffene Person nicht bewältigbar erscheint, charakterisiert. Die menschlichen Schutzmechanismen, wie beispielsweise Flucht und Gegenwehr, können während eines traumatischen Erlebnisses nicht, beziehungsweise nur bedingt angewendet werden, da man ihm hilflos ausgeliefert ist (Hausmann, 2006). Folglich sind traumatische Erfahrungen von Kontrollverlust, Angst und tiefer Erschütterung durchdrungen, die in den Menschen meist auch noch nach der Situation haften bleiben und immer wieder neu ausgelöst und erlebt werden können (Schulze et al., 2016). Allgemein unterscheidet man zwischen einer *akuten Belastungsreaktion,* welche eine vorübergehende Reaktion auf außerordentliche physische oder psychische Belastung beschreibt, die jedoch in der Regel innerhalb einiger Stunden oder Tage nach dem Erleben der belastenden Erfahrung wieder abklingt, und der *Posttraumatischen Belastungsstörung (PTBS).* Gemäß der ICD-10 (Dilling et al., 1993) wird die Posttraumatische Belastungsstörung als eine „Reaktion auf ein belastendes Ereignis oder eine Situation kürzerer oder längerer Dauer mit außergewöhnlicher Bedrohung oder katastrophenartigem Ausmaß, die bei fast jedem eine tiefe Verzweiflung hervorrufen würde" (BfArM, 2020) bezeichnet. In einer Studie aus dem Jahr 2010, in der Kinder von Menschen mit Fluchterfahrung untersucht wurden, konnte bei 19 % dieser Kinder eine Posttraumatische Belastungsstörung diagnostiziert werden. Dies ist insbesondere auf die traumatischen Erlebnisse im Herkunftsland und während der Flucht zurückzuführen (Ruf et al., 2010). Somit sind insbesondere Flüchtlingskinder dem erhöhten Risiko von Traumafolgeerkrankungen ausgesetzt, welche in ihrem Verlauf auch die soziale und schulische Entwicklung beeinflussen. Die schwerwiegenden Belastungen mit denen Kinder und Jugendliche mit Migrationshintergrund konfrontiert sind, können zu der Entwicklung einer anhaltenden Belastungsreaktion führen, welche folgende Kernsymptomatik enthält:

> **Kernsymptomatik der PTBS (Brunner et al., 2012)**
> - Wiedererleben des traumatischen Ereignisses in Form von wiederkehrenden, intrusiven Gedanken, Erinnerungen und Träumen
> - Emotionaler und sozialer Rückzug mit ausgeprägte, Vermeidungsverhalten
> - Zustand der vegetativen Übererregtheit

Die Symptomatik tritt in Folge einer belastenden Erfahrung auf, deren Erleben mit Gefühlen von intensiver Furcht verbunden ist und Verzweiflung hervorruft (Dilling et al., 1993). Obwohl nach traumatisch erlebtem Stress bei Kindern grundsätzlich ähnliche biopsychologische Abläufe wie auch beim Erwachsenen zu verzeichnen sind, ist ihre symptomatische Reaktion sehr komplex und kann sich von den Verhaltensabläufen Erwachsener unterscheiden. Auch dadurch können die psychischen Leiden eines Kindes oft nicht sofort bzw. nicht in angemessenen Umfang wahrgenommen und angemessen darauf reagiert werden. Die Auswirkungen von Taumafolgestörungen sind zumeist Übererregungssymptome, die sich beispielsweise durch wenig Geduld und ein überhitztes Gemüt auszeichnen, oder Vermeidungssymptome, bei denen sich das Kind übermäßig zurückzieht (Krüger, 2008). Welche Symptome auftreten, sind vor allem vom Kindesalter und dem damit verbundenen Entwicklungsstand abhängig. Innerhalb des ersten Lebensjahres sind Schreien, vermehrte Schreckhaftigkeit und eine gestörte Bindungsentwicklung typische Symptome nach traumatischen Stresserfahrungen. Bis zum dritten Lebensjahr sind vor allem Hyperaktivität bzw. Hyperreagibilität oder Apathie als Traumaindikatoren zu sehen, infolgedessen Schreien, Wimmern, Erstarrung, ungezielter Bewegungsdrang oder extremes Klammern auftreten können. Zwischen dem dritten und sechsten Lebensjahr ist das Kind in der Lage, seine traumatischen Erlebnisse innerhalb von Spielsequenzen zu reinszenieren (Levine & Kline, 2013; Krüger, 2008). Die im spielerischen Kontext wiedergegeben Erfahrungen erfolgen häufig in einem dissoziativen Zustand oder mit gesteigertem Erregungsniveau. Sozialer Rückzug, der Verlust bereits erlangter sozialer Kompetenzen oder eine rückläufige Sprachentwicklung können infolgedessen auftreten, dass Kinder nach traumatischen Stresserfahrungen häufig auf Reaktionsformen zurückgreifen, die für frühere Lebensabschnitte typisch sind. Somit kann es auch im Grundschulalter zu motorischen Ausfällen und Zwangssymptomen kommen (Krüger, 2008). Je älter das Kind wird, desto eher lassen sich die Symptome in Störungsbilder einteilen. Kinder in der frühen Adoleszenz zeigen zunehmend klassische Symptome im Sinne einer Posttraumatischen Belastungsstörung. Hierzu gehören vor allem Rückzug und Isolation, suizidale Tendenzen und Selbstverletzungen, Depression, Intrusion (Wiedererleben von traumatischen Erlebnissen), emotionale Taubheit, Gleichgültigkeit, Substanzmissbrauch, Dissoziation (Abspaltung der bewussten Wahrnehmung), antisoziales Verhalten und psychosomatische Symptome, wie beispielsweise Bauch- oder Kopfschmerzen (BfArM, 2020).

3.3.6 Resilienz

Nachdem mögliche psychischen Auswirkungen rassistischer Diskriminierung im Schulkontext dargestellt wurden, stellt sich die Frage, wie manche Kinder trotz der enormen Belastungen und des traumatischen Stresserlebens dennoch zu selbstbewussten und kompetenten Individuen heranwachsen, ohne psychische Auffälligkeiten zu zeigen (Güfel, 2010). Grundsätzlich verfügen alle Menschen über Ressourcen, die dabei helfen können Probleme zu bewältigen oder Belastungen zu verhindern bzw. abzumildern. Ressourcen sind dabei „als positive Potenziale und Möglichkeiten zu verstehen, die einer Person, nicht nur als Mittel zur Bewältigung belastender Lebensereignisse, sondern darüber hinaus zur Befriedigung seiner grundlegenden Bedürfnisse zur Verfügung stehen" (Lenz, 2008, zit. Nach Lenz, 2010, S. 82). Hierbei kann im Wesentlichen zwischen intrapsychischen Ressourcen und Ressourcen, die in Interaktion mit der sozialen Umwelt entstehen unterschieden werden. Dabei sollte erwähnt werden, dass Sozialisationsprozesse intrapsychische Faktoren beeinflussen, indem individuelle Fähigkeiten entweder gefördert oder blockiert werden (Wolf, 2012). Diese Ressourcen sind ausschlaggebend dafür, dass es innerhalb von Risikogruppen immer wieder Kinder gibt, die belastende Erfahrungen ohne schädliche Auswirkungen überstehen und sich trotz schwierigster Lebensumständen in der Kindheit zu „gesunden" Erwachsenen entwickeln (Laucht, 2003). Protektive Faktoren, die die Wirkung von Risikofaktoren moderieren und die Wahrscheinlichkeit von Störungen senken können, werden allgemein mit den Begriffen „Resilienz" oder „Widerstandsfähigkeit" bezeichnet (Henninger, 2016; Lenz, 2014). Resilienz beschreibt die menschliche Widerstandsfähigkeit gegenüber belastenden Lebensumständen und stellt somit einen positiven Gegenbegriff zur Vulnerabilität dar. Sie kann als eine Art psychische Robustheit verstanden werden und ist ausschlaggebend dafür, dass trotz ungünstiger Entwicklungsbedingungen gelungene Biografien möglich sind (Gabriel, 2005). Es existiert eine Vielzahl protektiver Faktoren, welche Kinder und Jugendliche dabei helfen problematische und krisenhafte Ereignisse oder Lebensumstände zu bewältigen. Diese haben eine restaurative oder schützende Funktion und sind entweder in der individuellen Disposition der betroffenen Person oder in deren Umwelt verankert (Hausmann, 2006). Zu den personalen Ressourcen des Kindes können beispielsweise individuelle Stressbewältigungs- oder Problemlösefähigkeiten sowie ein positives Selbstkonzept oder eine hohe Selbstwirksamkeitserwartung gezählt werden (Lenz, 2014). Weiterhin wirkt soziale, und im Besonderen familiäre Unterstützung als Puffer, der die Belastung und somit auch die Auswirkung von traumatischem Stress abmildern kann (Hausmann, 2006). Insbesondere Kinder sind auf die familiären Ressourcen und die Unterstützung ihres primären Bezugskreises angewiesen, da die elterliche Fürsorge maßgeblich für deren Schutz- und Wohlbefinden ist. So konnte beispielsweise gezeigt werden, dass emotional sichere und stabile Bindungserfahrungen sowie ein akzeptierendes und in einem angemessenen Rahmen forderndes Erziehungsverhalten als protektiv Faktoren dienen können (Lenz, 2014; Masten, 2001). Somit können personale, familiäre und soziale Ressourcen als generelle Schutzfaktoren bezeichnet werden, die das Risiko der Entstehung psychischer Auffälligkeiten mindern. Wie Gabriel (2005) beschreibt, verschiebt die Frage nach Resilienz den Fokus der Forschung sowohl auf die positiven Einflüsse individueller Entwicklung als auch die damit verbundene Bewältigung von erfahrenen Belastungen. Demzufolge rückt die Aufdeckung protektiver Faktoren, welche zu einer stabilen Entwicklung trotz widriger Umstände beitragen, in den Fokus der kinder- und jugendbezogenen Präventions- und Interventionsstrategien. Somit können die Ressourcen der Schüler*innen durch gezielte Maßnahmen spezifisch gestärkt werden und den Auswirkungen belastender Erlebnisse innerhalb des Schulalltages entgegenwirken. Es besteht demnach ein hohes individuelles Potenzial zur Entwicklung und Förderung von Resilienz sowie der Bekämpfung von Vulnerabilität (Gabriel, 2005). Anhand der Resilienz kann verdeutlicht werden, dass die Erfahrung rassistischer Diskriminierung innerhalb der Schule zwar zu negativen psychischen Beeinträchtigungen des Individuums führen können, jedoch nicht zwingendermaßen dazu führen muss. Ob und in welchem Ausmaß psychische Auffälligkeiten entwickelt werden hängt mit einer Vielzahl unterschiedlicher Faktoren zusammen, die sowohl die persönlichen Ressourcen, Kompetenzen und Dispositionen der Kinder und Jugendlichen als auch deren soziales Umfeld betreffen.

3.3.7 Behandlung psychischer Störungen bei Kindern und Jugendlichen

Da sich psychische Störungen im Kindes- und Jugendalter häufig von den psychopathologischen Merkmalen klassischer psychischer Erkrankungen des Erwachsenenalters unterscheiden, sollte dem Auftreten von Symptomen besondere Beachtung geschenkt werden. Bei vielen Betroffenen deuten zunächst somatoforme Anzeichen wie beispielsweise vermehrte Bauchschmerzen auf den seelischen Leidensdruck hin. Somit ist es wichtig professionelle Beratung und Hilfe aufzusuchen, um eine etwaige psychische Störung und deren Entstehungsbedingungen zu identifizieren. Die meisten Störungen im Kindesalter können gut und erfolgreich behandelt werden, wobei die Prognose desto besser ist, je früher die Behandlung erfolgt (Steinhausen, 2000). Unabhängig vom gezeigten Störungsbild des Kindes oder Jugendlichen sollte zunächst eine ausführliche Diagnostik der vorliegenden Symptomatik erfolgen. Die Diagnostik hat sowohl innerhalb der Kinder- und Jugendpsychiatrie und Psychotherapie die Aufgabe psychische Störungen zu erkennen, zu beschreiben sowie deren Entstehungswege aufzuklären und daraus therapeutische Maßnahmen abzuleiten (Fegert et al., 2012). Hierbei können beispielsweise Fragebogenverfahren hilfreich sein, um eine Übersicht der Störungsauffälligkeiten zu bekommen, Störungsbilder voneinander abzugrenzen und die Perspektiven unterschiedlicher Beurteiler miteinzubeziehen (Eltern, Lehrer, Erzieher, Kind/Jugendliche/r). Gerade Jugendlichen fällt es häufig leichter Probleme zunächst in einem Fragebogen anzugeben (Schneider & Döpfner, 2004). Je nach Schweregrad der vorliegenden Störung, gibt es unterschiedliche Therapieansätze, die sowohl ambulant als auch stationär erfolgen können und immer individuell auf den/die Patient*in abgestimmt werden sollten. Des Weiteren ist der Einbezug der Eltern und Familienmitgliedern in die Therapie, insbesondere bei jüngeren Kindern, von großer Bedeutung. Häufig führt deren zwar gut gemeintes, aber dennoch ungünstige Verhalten zur Aufrechterhaltung oder gar Entstehung der Problematik. Somit ist deren Psychoedukation, also die systematische und strukturierte Vermittlung von gesundheits- und störungsrelevanten Informationen und Kompetenzen, besonders effektiv (Mühlig & Jacobi, 2011). Insgesamt erfolgt die Therapie von Kindern und Jugendlichen in einem ganzheitlichen Ansatz und unter Berücksichtigung derer entwicklungsspezifischer Merkmale. Sie berücksichtigt die Wechselwirkungen zwischen Kind, Familie und Umwelt sowie die Lebens- und Erlebenssituation des Heranwachsens (Fegert et al., 2012).

3.3.8 Ausblick

Für Kinder und Jugendlichen sind Schulen Hauptinstanzen in Bezug auf das Erleben von Rassismus als Ausdruck von Diskriminierung, Mobbings, sowie Viktimisierung rassistischer Natur (Mansouri & Jenkins, 2010). Dennoch kann die Institution Schule auch als Ort betrachtet werden, an dem Kinder und Jugendliche kulturelle Diversität erlernen und ihre eigene kulturelle Identität innerhalb einer multikulturellen Gesellschaft erkunden können (Walton et al., 2014). Weiterhin spielt sie eine wichtige Rolle bei der Bildung von Meinungen und Einstellungen zu kultureller Vielfalt und kann für den Umgang mit Rassismus sensibilisieren (Paluck & Green, 2009). Rassismuserfahrungen, die innerhalb der Institution Schule erlebt werden, dürfen keinesfalls verharmlost oder bagatellisiert werden, da sie insbesondere in den sensiblen Entwicklungsphasen der Kindheit und Jugend zu tiefgreifenden psychischen Folgen führen können. Die Sensibilisierung und Psychoedukation von Schüler*innen und Lehrpersonal ist somit von großer Bedeutung, um die verschiedenen Erscheinungsformen von Rassismus und rassistischer Diskriminierung frühzeitig erkennen zu können und geeignete Gegenmaßnahmen zu ergreifen. Wir alle sind aufgefordert aufmerksamer hinzuschauen und zuzuhören, um Rassismus, egal in welcher Form dieser geäußert wird, zu erkennen und aktiv dagegen einzustehen. Die Darlegung des negativen Einflusses von Rassismus in jeglicher Form auf die psychische Gesundheit von Schüler*innen verdeutlicht die Notwendigkeit effektiver schulischer Präventions- und Interventionsprogramme, um rassistischer Diskriminierung vorzubeugen und entgegenzuwirken, sowie die individuellen Ressourcen von Kindern und Jugendlichen besser zu fördern.

3.4 Physische/physiologische Auswirkungen von Rassismus

Im vorherigen Teil wurden bereits die psychischen Auswirkungen von Rassismus und Diskriminierung erläutert, im Folgenden wird auf die etwas weniger untersuchten physischen Auswirkungen eingegangen. In Abb. 3.1 ist zu sehen, wie es dazu kommt, dass Rassismus von einer betroffenen Person wahrgenommen wird. Demnach spielen nach einem aufgetretenen Umweltreiz konstitutionelle Faktoren (z. B. der Hautton), soziodemografische Faktoren (z. B. der sozioökonomische Status), psychologische und

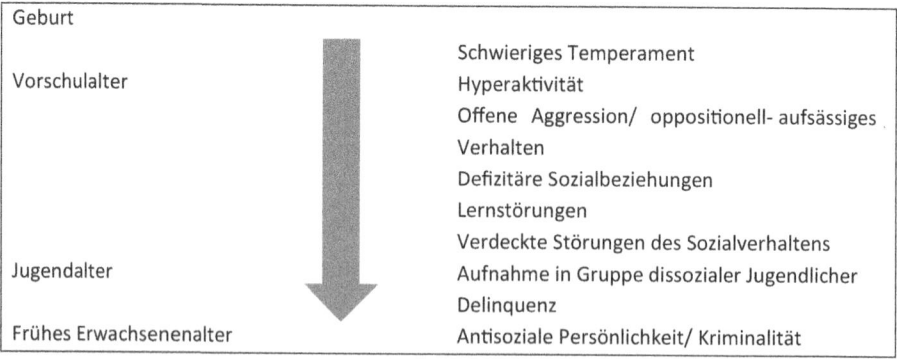

Abb. 3.1 Entwicklungsmodell für Störungen des Sozialverhaltens (Steinhausen, 2000 in Orientierung an Loeber, 1990)

3 Auswirkungen von rassistischer Diskriminierung

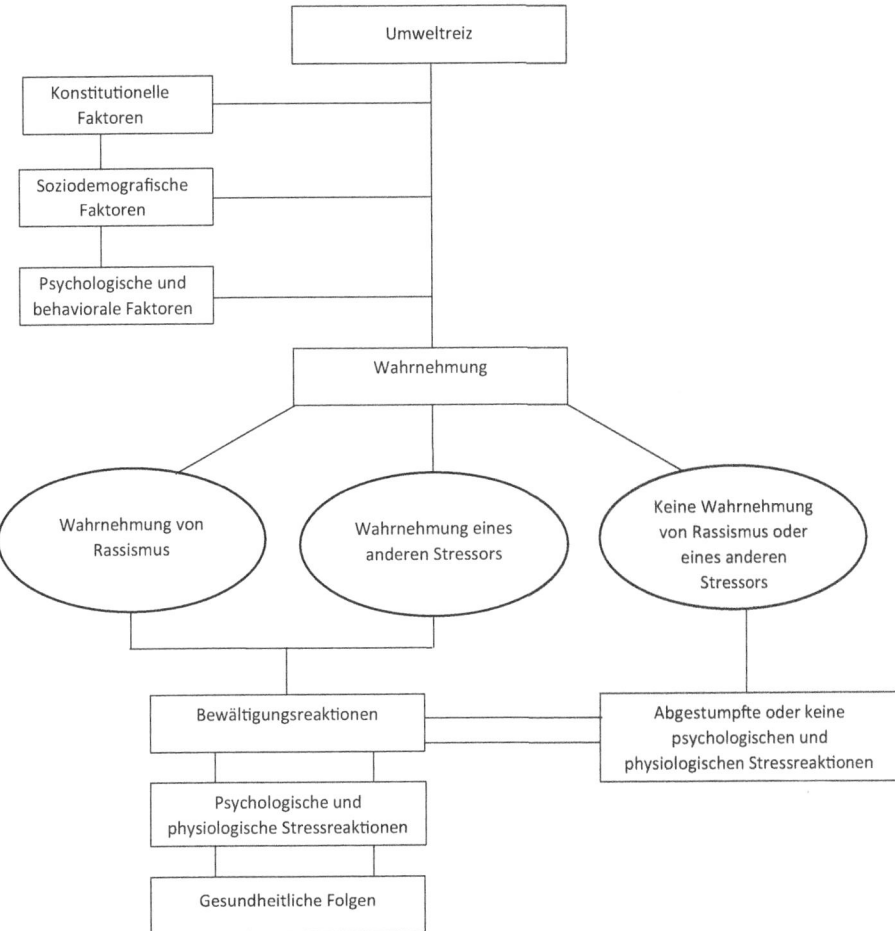

Abb. 3.2 Ein kontextuelles Modell zur Untersuchung der biopsychosozialen Auswirkungen von wahrgenommenem Rassismus nach Clark et al. (1999)

behaviorale Faktoren (z. B. zynische Feindseligkeit) eine große Rolle beim Prozess der Wahrnehmung von Rassismus (Clark et al., 1999). Außerdem kann beobachtet werden, dass es sich bei den im weiteren Verlauf beschriebenen physischen und physiologischen Auswirkungen und den damit zusammenhängenden Gesundheitszuständen um die Effekte handelt, die durch wahrgenommenen Rassismus entstehen.

Wenn Rassismus oder eine Art Diskriminierung wahrgenommen wird, dann agieren diese als mentale Stressoren bei der betroffenen Person (Anderson, 2012). Es ist demnach der aus den Erfahrungen erzeugte Stress, aus dem die somatischen Beschwerden einer Person entstehen (siehe Abb. 3.2). Der vorliegende Beitrag behandelt einerseits zu welchen körperlichen Folgen es, durch den durch Diskriminierung induzierten Stress, kommen kann. Andererseits kommt es aufgrund von Rassismus und

Abb. 3.3 U-förmiger Zusammenhang zwischen Blutdruck und Diskriminierung entnommen von Beelmann und Jonas (2009) basierend auf Befunden von Krieger und Sidney (1996)

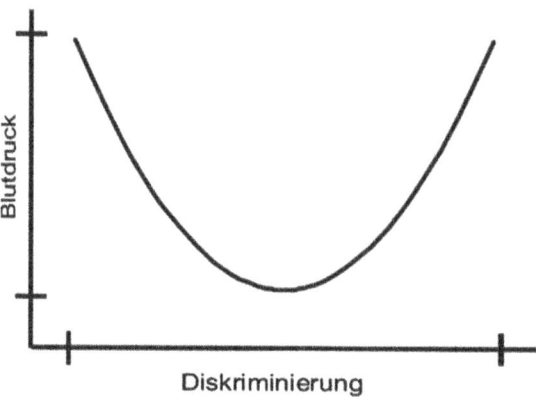

Diskriminierung häufig zu Gewalthandlungen, welche Verletzungen zur Folge haben. Diese werden in diesem Beitrag ebenfalls zu den durch Diskriminierung erzeugten körperlichen Folgen gezählt. Als Exkurs wird schließlich kurz auf mögliche Auswirkungen von Rassismus und Diskriminierung auf die Täter*innen eingegangen.

3.4.1 Bluthochdruck und Koronararterienverkalkung

Es ist bekannt, dass Herz-Kreislauf-Erkrankungen eine der häufigsten Todesursachen darstellen, wobei die sogenannte Hypertonie (Bluthochdruck) eine der Hauptrisikofaktoren für die meisten dieser Erkrankungen ist (Ehlert, 2016). Bluthochdruck kann eine Langzeitfolge von Stress sein, kann jedoch auch akut im Alltag vorkommen, beispielsweise durch das Erleben von rassistischen Äußerungen (Beelmann & Jonas, 2009). In einer Studie von Armstead et al. (1989) wurden 27 afroamerikanischen Student*innen Videos, mit Ärger induzierenden, dann mit neutralen und schließlich mit nicht-rassistischen Situationen gezeigt. Nach jedem der drei Ausschnitte wurden der Blutdruck sowie die Stimmung und der Ärger der Proband*innen gemessen. Heraus kam, dass die Exposition mit rassistischen Stimuli bei afroamerikanischen Männern mit einem Anstieg des Blutdruckes verbunden war (Armstead et al., 1989).

Ähnlich war es bei afroamerikanischen Frauen, denen Videoausschnitte mit rassistischen Situationen gezeigt wurde. Hier gab es Veränderungen in der Stimmung und Erhöhungen der kardiovaskulären Aktivität und der elektromyografischen, also der elektrischen Aktivität der Muskeln (Jones et al., 1996). Krieger und Sidney (1996) konnten bei ihrer Längsschnittstudie einen u-förmigen Zusammenhang zwischen Höhe des Blutdrucks und Diskriminierungserfahrungen feststellen (siehe Abb. 3.3). Demnach würden nicht diskriminierte Menschen einen hohen Blutdruck aufweisen, bei mittelhoher erlebter Diskriminierung wäre der Blutdruck gering, und von mittelhoher bis hoher Diskriminierung wäre der Blutdruck einer Person wiederum hoch. Da dies jedoch

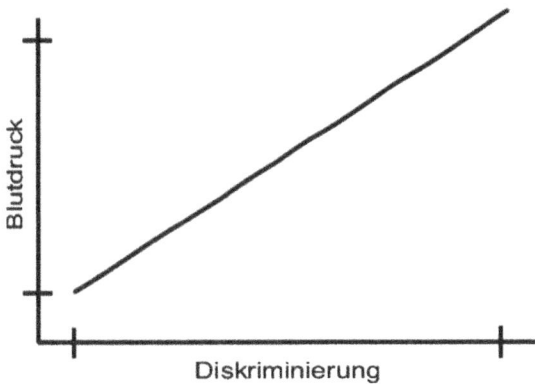

Abb. 3.4 Positiver Zusammenhang zwischen Blutdruck und Diskriminierung nach Beelmann und Jonas (2009) basierend auf Befunden von Guyll et al. (2001)

unwahrscheinlich schien, wurden die Ergebnisse so interpretiert, dass bei Personen, die Diskriminierung ausgesetzt sind, ein geringeres Risiko für erhöhten Blutdruck besteht, wenn sie in der Lage sind, ihre Diskriminierungserfahrungen nicht zu eng an sich heranzulassen (Krieger & Sidney, 1996). Andere Ergebnisse zeigen, wie in den oben geschilderten Studien, einen positiven Zusammenhang zwischen Blutdruck und Diskriminierung, wonach erhöhte Diskriminierung mit einem erhöhten Blutdruck einhergeht (siehe Abb. 3.4) (Guyll et al., 2001).

Eine der häufigsten Herz-Kreislauf-Erkrankungen ist die Arteriosklerose der Koronararterien (Verkalkung der Herzkranzgefäße). Auch bei dieser ist die Hypertonie eine Hauptrisikofaktor. Dementsprechend besteht ebenfalls zwischen Diskriminierung und der Koronararterienverkalkung ein positiver Zusammenhang, was bedeutet, dass die Wahrscheinlichkeit eine Koronararterienverkalkung zu erleiden mit erhöhter Diskriminierung steigt (Lewis et al., 2006). Bei der Studie von Lewis et al. (2006) konnte nämlich gezeigt werden, dass afroamerikanische Frauen, die Diskriminierung chronisch ausgesetzt waren, ein höheres Risiko für eine Koronarkalkbildung hatten. In der genannten Studie wurde bei 181 afroamerikanischen Frauen mittleren Alters, welche mehreren Arten von Diskriminierung chronisch (über 5 Jahre hinweg oder länger) ausgesetzt waren, einmal jährlich das Vorhandensein einer Koronararterienverkalkung ermittelt, wodurch man auf das erläuterte Ergebnis gekommen ist.

3.4.2 Schlaf- und Sexualprobleme

Der menschliche Schlaf besteht aus zwei Zuständen, dem REM- (rapid eye movement) Schlaf und dem Non-REM-Schlaf (Carskadon & Dement, 2011). Dabei ist der Non-REM-Schlaf aufgeteilt in 4 Schlafphasen, bei denen der Schlaf mit der Höhe der Schlafphase tiefer wird, was bedeutet, dass beispielsweise der Schlaf in Schlafphase 4, tiefer ist als in Phase 2. Demnach bildet Schlafphase 4 die Tiefschlafphase ab, die sowohl psychisch als auch physisch die erholsamste und daher auch die wichtigste Schlafphase ist. Die REM-Phase, während der man seine Augen schnell bewegt und träumt, bildet einen Teil für sich ab. Sie ist also eine eigene Phase, außerhalb der 4 Phasen des Non-Rem-Schlafs (Carskadon & Dement, 2011). Studien zeigten, dass Afroamerikaner*innen mehr Müdigkeit während des Tages verspürten als hellhäutige Amerikaner*innen (Steele et al., 1998) und auch weniger Tiefschlafphasen hatten (Stepnowsky et al., 2003). In einer Studie von Thomas et al. (2006) wurde untersucht, ob die ethnische Diskriminierung bei diesen Effekten eine Rolle spielt. Dabei kam heraus, dass Personen, die mehr Diskriminierungserfahrungen erlebten, über weniger Schlaf der Stufe 4 (Tiefschlaf) und eine größere körperliche Müdigkeit berichteten (Thomas et al., 2006).

Auch die Sexualität wird durch rassistische und diskriminierende Erfahrungen beeinflusst. Stress und Traumata können zu Sexualproblemen führen (Letourneau et al., 1996) und sexuelle Minderheiten, wie zum Beispiel homosexuelle Menschen, erleben durch verschiedene Formen von Diskrimination mehr Stress als Nicht-Minderheiten (Brooks et al., 2018). Durch ihren doppelten Minoritätenstatus haben es homosexuelle Afroamerikaner noch schwerer und begegnen noch häufiger täglichen Schwierigkeiten aufgrund von Diskriminierungen (Crawford et al., 2002). Genau um diese Minoritätengruppe (homosexuelle und bisexuelle Afroamerikaner) handelte es sich bei den Probanden einer Studie von Zamboni und Crawford (2006). Hier kam heraus, dass sexuelle Probleme zusammenhängen mit Beschimpfung, psychiatrischen Symptomen, geringer Lebenszufriedenheit und geringer sozialer Unterstützung. Dabei spielt wiederum der wahrgenommene Stress eine Rolle, da dieser zu psychiatrischen Symptomen führt, welche dann sexuelle Probleme zur Folge haben können (Zamboni & Crawford, 2006).

3.4.3 Abdominales Körperfett und Gewichtsveränderungen

Die Wahrnehmung von Rassismus und Diskriminierung kann sich ebenfalls auf das Erscheinungsbild eines Menschen auswirken. Dies in Form einer Veränderung am Bauchfettanteil (Vines et al., 2007) und am Gewicht (Cozier et al., 2009). In eine Studie von Tull et al. (1999) wurde unter anderem die Beziehung von internalisiertem Rassismus zu abdominaler Fettleibigkeit in einer Population Schwarzer karibischer Frauen untersucht. Internalisierter Rassismus beschreibt das Ausmaß, in dem beispielsweise Afroamerikaner*innen mit rassistischen Stereotypen über ihre eigene ethnische Gruppe übereinstimmen. Es wurde eine positive Beziehung zwischen dem Niveau von stressbezogenen Variablen (z. B. internalisierter Rassismus) und Taillenumfang gefunden. Genauer gesagt, war unabhängig von Alter, Bildung, und Gesamtfettleibigkeit die Wahrscheinlichkeit von abdominaler Fettleibigkeit 2,3-mal höher für Frauen mit hohem internalisiertem Rassismus als bei Frauen mit geringem internalisiertem Rassismus (Tull et al., 1999). Frauen hatten also weniger Motivation Sport zu betreiben beziehungsweise haben mehr gegessen, je stärker sie mit rassistischen Stereotypen gegenüber ihrer eigenen ethnischen Gruppe übereinstimmten. Im Gegensatz dazu fanden Vines et al. (2007), dass eine höhere Wahrnehmung von Rassismus eher mit einem niedrigen als mit einem hohen Taille-Hüfte-Verhältnis zusammenhängt. Allerdings wurde hier nicht der internalisierte Rassismus der Probanden erhoben. Es kann festgehalten werden, dass die Wahrnehmung von Rassismus einen Einfluss auf den Bauchfettanteil haben kann. Diesen Befund unterstreicht eine Studie von Cozier et al. (2009), in der die Veränderung des Taillenumfangs afroamerikanischer Frauen und darüber hinaus die Gewichtszunahme in einem positiven Zusammenhang mit dem wahrgenommenen Rassismus standen.

3.4.4 Gesundheit

Weltweit gibt es Befunde, dass es zu einer insgesamt schlechteren Gesundheit durch Diskriminierung kommen kann. Im asiatischen Raum (Harris et al., 2012), bei afroamerikanischen Männern und Frauen (Borrell et al., 2006), bei asiatisch-amerikanischen Einwanderer*innen (Yoo et al., 2009), bei australischen Ureinwohner*innen (Larson et al., 2007) und bei Arbeitssuchenden (Gee & Walsemann, 2009) wurden Zusammenhänge zwischen erhobener oder selbstberichteter Diskriminierung und einer schlechteren physischen oder mentalen Gesundheit gefunden. Bei Afroamerikaner*innen kann ein schlechterer Gesundheitsstatus auch durch institutionellen Rassismus entstehen, der zu Ungleichheiten in den Lebensbedingungen und im Zugang zur Gesundheitsversorgung führt (Kwate et al., 2003). Wie bereits erläutert, hängt alltägliche Diskriminierung mit mehr Stress zusammen, welcher darüber hinaus zu mehr depressiven Symptomen und auf diese Weise auch zu schlechteren gesundheitlichen Ergebnissen führt (Earnshaw et al., 2016). Neben einer schlechteren Gesundheit durch wahrgenommene Diskriminierung, können aber auch wahrgenommene rassistische Privilegien zu einer schlechteren körperlichen und psychischen Gesundheit führen (Fujishiro, 2009). Eine verminderte Gesundheit kann schließlich ebenfalls durch gesundheitsbezogene Verhaltensweisen (z. B. Alkoholkonsum, Drogenkonsum, Rauchen) entstehen, die wiederum positiv mit berichteten Diskriminierungen zusammenhängen (Priest et al., 2013).

3.4.5 Gewalt

Dass es aufgrund von Rassismus und Diskriminierung neben verbalen Aggressionen ebenfalls zu Gewalt kommen kann, ist allseits bekannt. So berichten beispielsweise homosexuelle und bisexuelle junge Männer über vermehrte physische Gewalttaten ihnen gegenüber (Huebner et al., 2004). Auch transsexuelle Menschen haben häufig mit gewalttätigen Übergriffen zu kämpfen (Lombardi et al., 2002). Wenn diese zudem einer ethnischen Minderheit angehören, dann ist das Risiko für soziale Diskriminierung und Gewalt nochmals erhöht (Wong et al., 2010).

Um solche gewalttätigen Übergriffe und deren Folgen für die Betroffenen zu veranschaulichen, werden im Folgenden zwei Fallbeispiele angeführt. Dabei sollen vor allem die Gefühle der ausgegrenzten und misshandelten Menschen zum Ausdruck kommen und die schwerwiegenden Konsequenzen der alltäglich erlebten Übergriffe.

> **Fallbeispiel 1: Gewalt durch Diskriminierung (Bochenek & Brown, 2001, S. 1–2)**

Dylan N. erzählte seiner Familie, dass er schwul ist, als er zwölf Jahre alt war, aber diese Tatsache kam für sie nicht überraschend. „Von klein auf wurde ich als anders abgestempelt", erklärte er in einem Interview im Dezember 1999 in Atlanta, Georgia. Während des ersten Semesters seines zweiten Studienjahres trat Dylan im lokalen Public-Access-Fernsehprogramm als Teilnehmer einer Diskussion über die Erfahrungen von lesbischen, schwulen, bisexuellen und transgender Schüler*innen an der High School auf. Als unter seinen Mitschüler*innen herumerzählt wurde, dass er schwul sei, setzten sie ihn ständigen Schikanen wegen seiner sexuellen Orientierung aus. Einige seiner Mitschüler*innen fingen an, ihn routinemäßig zu verspotten, indem sie ihn „Schwuchtel", „Homo" und andere abwertende Begriffe nannten. „Das war alles Teil des normalen Tagesablaufs", sagte Dylan.

Die verbale Belästigung weitete sich fast sofort in physische Gewalt aus. Andere Schüler*innen begannen ihn anzuspucken und mit Essen zu bewerfen. Eines Tages umringten ihn sechs Schüler auf dem Parkplatz vor seiner Schule, warfen ihm ein Lasso um den Hals und sagten: „Lasst uns die Schwuchtel hinten an den LKW binden."

Er entkam seinen Peinigern und rannte ins Innere der Schule. Als er eine der stellvertretenden Schulleiterinnen fand, versuchte er ihr zu erzählen, was ihm gerade passiert war. „Ich war immer noch hysterisch", sagte er. „Ich versuchte zu erklären, aber ich stolperte über meine Worte. Sie lachte."

Die Schule ergriff keine Maßnahmen, um Dylans Belästiger zu disziplinieren. Stattdessen sagten ihm die Schulbeamt*innen, er solle seine sexuelle Orientierung nicht mit anderen Schüler*innen diskutieren.

„Rückblickend war ich so unbeliebt", sagte er. „Ich habe versucht, Schwulen-Hetero-Allianzen zu gründen. Ich versuchte so viel zu tun."

Nach dem Lasso-Vorfall verstärkten sich die Schikanen und die Gewalt. „Ich lebte im Disziplinarbüro, weil andere Schikanen im Gange waren. Jeder wusste es", sagte er. „Das gab die Erlaubnis für eine ganz neue Ebene von körperlichen Dingen."

Um den unerbittlichen Schikanen zu entkommen, bat Dylan um eine Versetzung an eine andere Schule im Distrikt. Als das Semester zu Ende war, steckte ihn der Bezirk in eine alternative Schule für Schüler*innen mit schlechten akademischen Leistungen oder Verhaltensauffälligkeiten.

„Der Direktor hatte ein echtes Problem mit mir", sagte Dylan. „Er sagte mir, er würde es nicht dulden, dass ich mich in der Schule wie eine Schwuchtel aufführe.

Nach einem Semester dort wurde mir klar, dass es kein Ort war, an dem ich eine Ausbildung bekommen konnte."

Dylan gelang es, im folgenden Jahr, als er 15 Jahre alt war, eine Versetzung auf eine traditionelle Schule zu erreichen, aber die Schulleitung wies ihn erneut an, nicht mit anderen Schüler*innen über seine sexuelle Orientierung zu sprechen.

Die Knebelregel, die ihm von der Schule auferlegt wurde, schützte ihn nicht vor seinen Mitschüler*innen, die von seinen ehemaligen Klassenkamerad*innen an seiner ersten Schule erfuhren, dass er schwul war. „Es war immer wieder das Gleiche", sagte er. „Sie würden mich gegen die Schließfächer drücken und mich eine Schwuchtel nennen. Sie würden mich in ihren Autos rund um den Campus jagen und „Schwuchtel" aus dem Fenster schreien." Einmal ging sein Lehrer aus dem Raum, während einige seiner Klassenkameraden Dinge auf ihn warfen. Bei einer anderen Gelegenheit umzingelte ihn eine Gruppe von Schüler*innen außerhalb der Schule, schlug ihn, schrie, dass er eine Schlampe sei, und währenddessen standen Sicherheitsbeamte in der Nähe. Als die Schlägerei endete, erzählte er: „Ich war völlig blutig. Ich blutete aus beiden Lippen, meiner Nase und hinter meinem Ohr."

Dylan versuchte, zu seiner zweiten Schule, der Alternativschule, zurückzukehren, aber die Schulbeamten lehnten seinen Antrag ab, wieder dorthin versetzt zu werden. „Was sie taten, war, dass sie mich in das Erwachsenenbildungsprogramm steckten. Die Begründung war, dass ich dort unter Menschen sein würde, die viel akzeptabler sind. Was sie mir nicht sagten, war, dass ich keine Chance hätte, einen Highschool-Abschluss zu machen", sagte er.

In diesem Fallbeispiel handelt es sich um Diskriminierung durch sexuelle Orientierung. Hier können verschiedene Folgen alltäglicher Diskriminierung in der Schule erkannt werden sowie auch die institutionelle Diskriminierung. ◄

Fallbeispiel 2: Gewalt durch Rassismus (Wendel, 2003, S. 73–74)

„Der Angriff ereignete sich in der Silvesternacht des Jahres 1999/2000, während des sogenannten Millenniums-Silvesters. Tatort war Rathenow, das zu diesem Zeitpunkt Standort von zwei Asylbewerberunterkünften mit ungefähr 150 Asylbewerbern war. Eine Gruppe von sechs pakistanischen Asylbewerbern besuchte eine Diskothek. Anschließend gingen sie weiter ins Stadtzentrum. Sie wohnten noch nicht lange in Rathenow und erwarteten, dass sie mit Deutschen zusammen Silvester feiern könnten. Was sie nicht wussten, ist, dass die zentrale Kreuzung in Rathenow jedes Silvester Treffpunkt der rechten Szene war. So gerieten sie mitten in eine unübersichtliche Ansammlung von etwa 50 Personen, viele waren angetrunken, darunter verschiedene rechtsextreme Cliquen. Eine fünf- oder sechsköpfige Clique bemerkte die Pakistani, ein Ruf genügte, und die Clique stürmte auf die Pakistani los und schlug zwei von ihnen. Die Pakistani ergriffen die Flucht, verfolgt von den rechtsradikalen Angreifern, die mit Leuchtmunition nach ihnen schossen und Flaschen warfen. Einer der

Pakistani wurde getroffen und eingeholt. Er wurde schwer zusammengeschlagen, bis eine deutsche Familie auf dem Weg nach Hause vorbeikam und rief, sie sollten aufhören. Die Familie leistete erste Hilfe und rief die Polizei. Während sie auf die Polizei warteten, wurden sie und der Verletzte von einer anderen Clique Rechtsradikaler mit Knallern beworfen. Der Verletzte wurde ins Krankenhaus gebracht, wo zwei abgebrochene Schneidezähne und schwere Rippenprellungen festgestellt wurden. Er musste fünf Tage in stationärer Behandlung bleiben."

Dieses Fallbeispiel konnte noch einmal aufzeigen, wie schnell und unerwartet es zu einer Gewalttat kommen kann. Für eine Gewalteinwirkung gab es keinen Grund und es gab keine Andeutungen, dass eine solche bald stattfinden würde. Die unschuldigen Menschen waren einfach „zur falschen Zeit am falschen Ort", d. h. dass sich dieser Vorfall nur aufgrund der schlechten Einstellungen der sich an diesem Ort befindenden Personen ereignet hat. ◄

3.4.6 Exkurs: Auswirkungen auf den Täter

Zu welchen psychischen sowie physischen Auswirkungen es bei den Opfern durch Rassismus und Diskriminierung kommen kann, wurde bisher weitgehend erläutert. Es ist auch meistens die Perspektive der Opfer, um die es im Großteil der bislang durchgeführten Studien geht. Die Auswirkungen von Rassismus und Diskriminierung auf die Täter ist hingegen nur sehr wenig erforscht. Jedoch lässt sich vermuten, dass auch die Täter selbst körperliche und psychische Folgen erleben durch die rassistischen Verhaltensweisen. Ein ähnliches Phänomen findet man in Forschungen über die Folgen von Mobbing auf die Täter selbst. Denn Mobbingvorfälle haben anhaltende negative Effekte auf Täter, Opfer und Beobachter der Mobbinghandlungen (Polanin et al., 2012). Es ist jedoch so, dass unter anderem Täter, Diskriminierung häufig leugnen und negativ auf Konfrontier*innen reagieren (Dickter et al., 2012). Es wird angenommen, dass diese Reaktion eintritt, da die Anschuldigung von Diskriminierung, Angst und negative Gefühle hervorrufen kann (Colella & King, 2017). Diese Angst lässt sich beispielsweise dadurch erklären, dass es sozial unerwünscht ist, andere Menschen zu diskriminieren (Dovidio et al., 2005). Nach einer Beschuldigung kann es im Idealfall sogar dazu kommen, dass die Täter versuchen ihr zukünftiges Verhalten zu ändern, um nicht wieder beschuldigt zu werden (Colella & King, 2017). Diese Folgen scheinen keine größeren psychischen Konsequenzen für die Täter zu haben, im Gegensatz zu den Gewaltverbrechen, die von Evans et al. (2007) untersucht wurden. Genauer handelte ihre Studie um den Zusammenhang zwischen emotionalen und kognitiven Faktoren und intrusiven Erinnerungen bei Täter*innen von Gewaltverbrechen. Hier kam heraus, dass fast die Hälfte (ungefähr 48 Personen) der Gewaltverbrecher belastende intrusive Erinnerungen und ein paar der Befragten sogar Symptome einer posttraumatischen Belastungsstörung aufwiesen. Da es sich bei den Verbrechen um gewollte Gewaltverbrechen handelte, war die Zahl der unter posttraumatischer Belastungsstörung leidenden Täter gering. Trotzdem ist nicht außer Acht zu lassen, dass auch Täter eine posttraumatische Belastungsstörung entwickeln können. Die Intrusionen waren unter anderem mit Angst, einer negativen Sicht auf das Selbst, und Selbstbeschuldigungen assoziiert (Evans et al., 2007).

Fazit
Insgesamt kann festgehalten werden, dass Rassismus und Diskriminierung neben den ausgiebig erforschten mentalen Auswirkungen, ebenfalls physische Auswirkungen wie beispielsweise Gewichtsveränderungen, sowie Schlaf- und Sexualprobleme mit sich bringen können. Darüber hinaus kann es zu Blutdruckveränderungen kommen, die im schlimmsten Fall zu einer kardiovaskulären Krankheit führen können. Dabei ist zu beachten, dass die physischen Auswirkungen im Normalfall nach den psychischen auftreten und meist durch den mentalen Stress ausgelöst werden. Schwer vermeidbar sind zudem gewalttätige Akte gegen ethnische Minderheiten oder Menschen deren sexuelle Orientierungen von der Norm abweichen. Die oben angeführten Fallbeispiele zeigen, dass bereits Jugendliche in der Schule diskriminierende Handlungen durchführen und Minderheiten ausgrenzen. Diese Misshandlungen bleiben den Opfern meist lange noch im Gedächtnis und können ihre gesamte Schullaufbahn sowie ihr Privatleben beeinflussen. Dies gilt sowohl für die Opfer als auch für die Täter*innen, die beide negative Erfahrung machen, eben nur aus einer anderen Perspektive. Daher ist es von großer Bedeutung, so früh wie möglich Programme einzuführen, die diese negativen Verhaltensweisen unterbinden und den Menschen eine offenere Sicht ermöglichen sowie eine höhere Akzeptanz.

3.5 Auswirkungen von Rassismus auf den Schulalltag

3.5.1 Einleitung: Kulturelle Diversität

Seit den 1970er Jahren erfährt das Thema „kulturelle und sprachliche Diversität" auch in Europa größere Aufmerksamkeit, nicht zuletzt dadurch, weil Daten aus der Bildungsforschung hervorhoben, dass Kinder mit Migrationshintergrund im Schulsystem deutlich benachteiligt waren, und immer noch sind (Gogolin & Maaz, 2019). Die Migration ist ein kontinuierliches soziales Phänomen, was je nach Zeitpunkt unterschiedlich große Aufmerksamkeit erfährt. Es gibt Zeiten in welchen Migranten willkommen sind, aber oft eben auch nicht. „Gegenwärtig befinden wir uns in einer Phase der hohen Aufmerksamkeit" (Gogolin & Maaz, 2019, S. 2). Diese Phase begann mit der globalen Flüchtlingsbewegung, die seit ungefähr 2014 anhält. Es scheint als sei in der westlichen Welt die Migration überwiegend mit negativen Assoziationen verknüpft. Eine mögliche Erklärung hierfür ist, dass die Sesshaftigkeit noch immer als zivilisatorische Norm gilt und das Nomadentum als Lebensform der nicht zivilisierten Barbaren, wie es in der Antike der Fall war. Es ist beobachtbar, dass die Migration eher früh als spät im Leben auf sich genommen wird und dadurch mehr jüngere Menschen nach Europa einwandern. Deshalb sind die Institutionen der Bildung und Erziehung besonders stark betroffen (Gogolin & Maaz, 2019). Seitdem das Merkmal Migrationshintergrund zu einem festen Bestandteil der Erziehungs- und -Bildungsforschung gehört, ist ein breites Forschungsfeld entstanden, welches sich auf den Vergleich zwischen Kindern mit und ohne Migrationshintergrund fokussiert (Gogolin & Maaz, 2019).

In den letzten Jahren sind immer mehr Menschen ausgewandert oder suchten nach politischem Asyl. Obwohl die kulturelle Diversität in Schulen immer weiter heranwächst, teilen die Jugendlichen mit Migrationshintergrund einerseits das Erleben einer kulturellen Minorität anzugehören und andererseits sind die Schulen und deren Bildungssysteme häufig schlecht vorbereitet und überfordert mit dieser großen Diversität ihrer Schülerpopulation (Schachner et al., 2016). Die Schüler*innen sind im Schulalltag konfrontiert mit Vorurteilen und Ausgrenzungen, wodurch sie ein höheres Risiko besitzen für geringeres Wohlbefinden und schlechtere psychische Gesundheit, die ebenfalls Einfluss auf ihr Schulleben nehmen (Schachner et al., 2018). Vorurteile bringen Antipathie zum Ausdruck, welche auf falschen und rigiden Generalisierungen beruht. Vorurteile sind auf Gruppen bezogen und stützen sich auf die Kategorisierung von Individuen (Zick et al., 2011). Auch im Sinne des akademischen Erfolges liegen die Schüler*innen mit Migrationshintergrund meist nicht nur in den Bildungsabschlüssen ihren Gleichaltrigen zurück, sondern man findet auch eindeutige Ungleichheiten vor allem in Bezug auf Partizipationsmerkmale und erworbene Kompetenzen (Gogolin & Maaz, 2019; Schachner et al., 2016). Deshalb machten sich Wissenschaftler zur Aufgabe die Ursachen dafür zu ergründen und Angebote zur Verbesserung zu entwickeln (Gogolin & Maaz, 2019).

3.5.2 Rassismus und Diskriminierung in der Schule

Rassistische Diskriminierung ist definiert als die Wahrnehmung negativer Einstellungen und ungerechter Behandlung von verschiedenen Mitgliedern einer Gruppe (Dunbar et al., 2017). Rassismus kommt auf verschiedenen Ebenen des Bildungssystems vor. Diese beschreiben die verschiedenen Wege, auf denen die Schüler*innen ethnischer Minderheiten Diskriminierung in ihrem Schulalltag erleben (Masko, 2014). Diese unterschiedlichen Ebenen interagieren auch miteinander, wodurch der Rassismus zu einer sich ständig verändernden Unterdrückungskraft in den Schulen wird (Brooks et al., 2018).

Betrachtet man die Folgen des Rassismus in europäischen Schulen, spielen zwei Ebenen eine größere Rolle, der institutionelle sowie der personelle Rassismus.

Institutionelle Ebene Die institutionelle Ebene bezieht sich auf die Schule, eingebettet in ein System mit Regelungen, die basierend auf ihrer Herkunft, verschiedenen Menschen Vorteile verschaffen (Masko, 2014). Man unterscheidet zwischen direkter und indirekter institutioneller Diskriminierung. Die direkte Diskriminierung bezeichnet regelmäßige Handlungen in Organisationen, welche hochformalisierte Regelungen sein können oder informelle Praktiken, die als Routinen abgesichert sind. Ein

Beispiel für direkte Diskriminierung ist die Zurückstellung von Kindern mit Migrationshintergrund aus den Grundschulen in den Schulkindergarten aufgrund von sprachlichen Defiziten. Dies ist insofern diskriminierend, weil der Kindergarten rechtlich nicht zum Spracherwerb vorgesehen ist. Die indirekte Diskriminierung beinhaltet eine gesamte Bandbreite an institutionellen Vorkehrungen, die Angehörige bestimmter ethnischer Gruppen überproportional negativ treffen. Die unterliegenden Mechanismen resultieren meist aus der Anwendung gleicher Regeln, die bei verschiedenen Gruppen ungleiche Chancen zur Folge haben (Auernheimer, 2006). Die indirekte Diskriminierung wird erkenntlich, wenn zum Beispiel diagnostische Verfahren zur Einschulung genutzt werden, um aus fehlenden Deutschkenntnissen mangelnde Schulreife oder Schulfähigkeit zu diagnostizieren. In einem Gutachten fand Gomolla und Radtke (2009) folgendes Zitat: „Vermutlich könnte N. in seinem Heimatland unter optimalen Bedingungen die Anforderungen des Hauptschulniveaus erfüllen. Da er jedoch hier erschwerten Umweltbedingungen ausgesetzt ist, reicht seine Kapazität nicht aus, die Sprachdefizite zu Kompensieren." (Auernheimer, 2006, S. 93).

Personelle Ebene Der personelle Rassismus beschreibt den ausgeübten Rassismus individueller Personen, die rassistische Überzeugungen und Handlungen besitzen. Dies kann man beispielsweise in Schulen erkennen, an den niedrigen Erwartungen der Lehrkräfte gegenüber Schüler*innen mit anderer ethnischer Herkunft. Rassistische Handlungen können auch gekennzeichnet sein durch das Bescheid geben von Kindern über einen rassistischen Vorfall, welcher die Lehrkräfte jedoch nicht weitergeben oder behandeln. Dadurch fühlen sich die Kinder unsicher und unverstanden (Masko, 2014). Diese Diskriminierungen sind schädliche Erfahrung für Kinder und Jugendliche von ethnischen Minderheitsgruppen (Dunbar et al., 2017).

Die rassistische Diskriminierung, eingebettet in den Alltag, nennt man auch noch Alltagsrassismus. Dieser kann in die personelle Ebene von Rassismus eingeordnet werden. Ein hilfreiches Konzept in diesem Zusammenhang sind die breit untersuchten „Mikroaggressionen". Zusammengefasst sind Mikroaggressionen verletzende und beleidigende verbale sowie non-verbale Botschaften, die Minoritäten im Lebensalltag erfahren (Nguyen, 2013). Es handelt sich dabei häufig um automatische und unbewusste Handlungen, die jedoch schwerwiegende Effekte auf die betroffene Person haben. Die Forschung über Rassismus fokussiert sich hauptsächlich auf diese Mikroaggressionen (Masko, 2014). Ein Beispiel hierfür ist als Person *of Color*[4] nach der eigenen Herkunft gefragt zu werden (Nguyen, 2013).

Es gibt einen engen Zusammenhang zwischen dem institutionellen Rassismus und dem Alltagsrassismus, mit dem Unterschied, dass bei dem institutionellen Rassismus die benachteiligenden Verhaltensweisen an Organisationsstrukturen gebunden sind und

---

[4] „Der Begriff People of Color ist eine politische Selbstbezeichnung von Menschen, die unterschiedliche Formen von Rassismen erleben."(Nguyen, 2013, S. 24).

nicht an die Person selbst. Der Alltagsrassismus ist versteckt in harmlos scheinenden Äußerungen, Witzen und sachlichen Begriffen. Der Alltagsrassismus zielt auf die ungleiche Behandlung von Mitgliedern der Gesellschaft, aufgrund ihrer Herkunft ab, während der institutionelle Rassismus seine negativen Auswirkungen auch entfaltet, wenn alle Personen trotz ungleicher Privilegien, gleichbehandelt werden. (Fereidooni & El, 2016). An diesem Zitat kann man deutlich erkennen, dass beide Formen weitreichende Folgen für die Schüler*innen ethnischer Minderheiten haben können.

> **Anmerkung**
> Die empirische Überprüfung von Diskriminierung und Rassismus ist eine Herausforderung, denn oftmals werden Erklärungen für die Ungleichheiten angeführt, welche im ersten Moment keine offensichtliche Diskriminierung darstellen (siehe Abschn. 3.2.1). Um zu beweisen, dass die Ungleichheiten durch Diskriminierung und Rassismus entstehen, müssten diese Ungleichheiten immer noch bestehen, wenn alle anderen Faktoren kontrolliert werden. Ein solcher anderer Faktor, welcher oft als Grund für Ungleichheiten aufgeführt wird, ist zum Beispiel der sozio-ökonomische Status. In der Diskussion um Menschen mit Migrationshintergrund wird oft argumentiert, dass diese einen niedrigen sozio-ökonomischen Status besitzen und deshalb in die unteren Stufen des Arbeitsmarktes oder Bildungssystems gelangen, weil sie nicht die nötigen Ressourcen besitzen, um im Bildungswesen erfolgreich zu sein (z. B. Nachhilfe). Deshalb wird in verschiedenen Artikeln argumentiert, dass man selten sicher sein kann ob die Ungleichheiten tatsächlich durch Diskriminierung entstehen oder durch andere Faktoren (z. B. sozio-ökonomischer Status, geringe Ausbildung) und Eigenschaften der Menschen mit Migrationshintergrund (Alba et al., 2017). Auf der anderen Seite gibt es jedoch viele Forscher, die in ihren Berichten die Möglichkeit diskriminierender Handlungen oder Regelungen bejahen. Sie argumentieren trotzdem gleichzeitig, dass es zu schwierig sei die Diskriminierungs-Hypothese zu untersuchen (Flam & Kleres, 2008). Die Aufdeckung der unterliegenden Mechanismen der rassistischen Diskriminierung sind eine Herausforderung, da sie oft in die normale Alltagskultur einer Organisation eingebettet sind. Damit sind zum Beispiel alltägliche Entscheidungen innerhalb der Schule gemeint, welche negative Folgen für die Kinder haben können. Diese können beobachtet werden durch mangelnde Transparenz in der pädagogischen Arbeit gegenüber den Eltern, weil die Erwartungen der Lehrer*innen gegenüber dem Kind nicht sehr hoch sind oder weil sie zu wenig bereit sind auf die sprachlichen Fähigkeiten der Familie einzugehen (Auernheimer, 2006)

3.5.3 Europas Schulen und rassistische Diskriminierung

In Europa herrschen auch heute noch Vorurteile gegenüber Menschen mit Migrationshintergrund, was das Risiko für das Erleben von Diskriminierung erhöht und dadurch auch die Schulanpassung von Betroffenen negativ beeinflussen kann (Schachner et al., 2018). Wie bereits erwähnt erfahren viele Kinder mit Migrationshintergrund im Schulsystem eine institutionalisierte Ungleichbehandlung. Diese Bevölkerungsgruppe hat im Schulsystem schlechte Chancen. In den letzten Jahren hat sich das durchschnittliche Niveau der Schulabschlüsse von Kindern mit Migrationshintergrund zwar kontinuierlich erhöht, jedoch ist der Abstand zwischen ihnen und ihren deutschen Mitschüler*innen, durch deren ebenfalls verbesserten Schulerfolge, gleichgeblieben. Weiterhin können große Unterschiede in der Bildungsbeteiligung zwischen nationalen Gruppen beobachtet werden (Gomolla & Radtke, 2009). Dabei unterscheiden sich die Vorurteile je nach Herkunft der Menschen. Deutsche Lehrkräfte berichten beispielsweise über mehr Vorurteile bezüglich der Kompetenz, dem sozialen Verhalten und der Kultur von Kindern und Jugendlichen mit türkischer Herkunft im Vergleich zu Schüler*innen mit italienischer Herkunft oder ohne Migrationshintergrund (Schachner et al., 2018).

Pisa-Studie Die Aufmerksamkeit, welche das Thema der Migration in den Erziehungswissenschaften erhält, verdankt es jedoch hauptsächlich der PISA-Studie (Gogolin & Maaz, 2019). Durch die PISA-2000-Studie und nachfolgende Schulleistungsuntersuchungen wurde die Kritik an der Ungleichheit der Bildungschancen wiederbelebt. Beachtung fand vor allem wieder der Bildungserfolg in Zusammenhang mit dem Migrationshintergrund, dem sozio-ökonomischen Status und dem Geschlecht. Durch diese Studie wurden strukturelle Missstände im deutschen Bildungssystem offenbar, was zu einem tiefsitzenden Schock in der Bevölkerung führte. Jedoch sind diese alarmierenden Ergebnisse bis zum Jahr 2003 nicht behoben worden. Die unterschiedlichen Bildungschancen von Schüler*innen mit Migrationshintergrund haben sich sogar noch weiter verschlechtert (Auernheimer, 2006). Auch noch im Jahre 2006 belegte die PISA-Studie, dass die Bildungsungleichheiten bezogen auf Schüler*innen mit Migrationshintergrund, in Deutschland besonders stark ausgeprägt sind (Seibert et al., 2009). Insgesamt wurde durch die PISA-Studien in den letzten Jahren erkennbar, dass ein Migrationshintergrund einen negativen Einfluss auf Bildungskarrieren hat. Die unterliegenden Ursachen wurden jedoch nicht weiter analysiert und die Forschung wurde zu wenig auf die institutionellen Faktoren gelenkt. Stattdessen versuchte man Erklärungsansätze zu konstruieren, welche die Eigenschaften von Kindern und Eltern mit Migrationshintergrund abheben (Flam & Kleres, 2008).

3.5.4 Erklärungsansätze der Ungleichheiten

Es gibt unterschiedliche Erklärungen der Ungleichverteilung von Bildungschancen und -abschlüssen, welche wiederum meist im Zusammenhang mit rassistischer Diskriminierung stehen. Die Erklärungsansätze sind entweder auf die Eigenschaften der Kinder bezogen oder auf die Entscheidungsprozeduren innerhalb der Schule als Organisation. Beide Ursachenkomplexe können ebenfalls kombiniert werden. Diese unterschiedlichen Erklärungsansätze führen, je nachdem welcher gewählt wird, zu unterschiedlichen praktischen Konsequenzen (Gomolla & Radtke, 2009).

Betrachtet man die qualitative Forschung, welche sich mit der Positionierung von Kindern mit Migrationshintergrund und ihren Problemen in deutschen Schulen beschäftigt, dann erkennt man, dass diese sich vor allem auf die Eigenschaften solcher Kinder fokussiert. Es wird versucht auf die Frage zu antworten, welche dieser Eigenschaften –sei es der sozio-ökonomische Status, die Kultur oder Aufenthaltsperspektive– verantwortlich ist für das schlechtere Abschneiden verglichen mit Kindern ohne Migrationshintergrund (Flam & Kleres, 2008).

Sozio-ökonomischer Status Einer der häufigen Erklärungsansätze ist der des *sozio-ökonomischen Status (SöS)*. Wie in verschiedenen Forschungsberichten angeführt, spielen die sozio-ökonomischen Faktoren eine große Rolle, wenn es um die Divergenzen im Bildungsverlauf und Bildungsergebnis zwischen Schüler*innen mit und ohne Migrationshintergrund geht. Man versucht also die Leistungsunterschiede zwischen Schulkindern durch den SöS zu erklären. Es wird davon ausgegangen, dass Kinder mit hohem SöS leistungsstärker sind, weil ihre Eltern die nötigen Ressourcen wie zum Beispiel das Geld für Nachhilfe besitzen. In verschiedenen Studien konnte gezeigt werden, dass es einen Zusammenhang zwischen dem SöS und dem Migrationshintergrund gibt. Häufig stammen Schulkinder mit Migrationshintergrund aus Elternhäusern mit einem niedrigen SöS, wodurch die Leistungsunterschiede teilweise auch erklärt werden können (Gogolin & Maaz, 2019). Analysen von Alba et al. (2017) haben jedoch gezeigt, dass die Ungleichheiten nur teilweise dadurch erklärbar sind, aber nicht nur auf die niedrigere sozio-ökonomischen Situation der Kinder zurückzuführen ist. Dies deutet darauf hin, dass noch weitere Faktoren einen Einfluss auf die Ungleichheiten haben.

Kulturelle Faktoren Eine weitere Erklärung der Ungleichheiten bezieht sich auf die *kulturellen Faktoren,* wie zum Beispiel die gesprochene Sprache im Elternhaus und deren Auswirkungen auf die Schullaufbahn, sowie der Grad der Akkulturation der Familie (Grad inwiefern die Kultur des Aufenthaltsortes übernommen wird, d. h. die Aneignung neuer Normen, Werte und Rollenbilder einer bisher fremden bzw. zugezogenen Kultur).

In der Literatur findet man die Erklärung, dass schulrelevanten Fähigkeiten wie ausreichende Deutschkenntnisse, eine Schlüsselrolle zugeschrieben wird für die erfolgreiche Teilnahme am Schulunterricht (Tuppat & Becker, 2014). Ebenfalls findet man nicht nur die Erklärung zu den mangelnden Sprachkenntnissen der Schüler*innen, sondern auch die der Eltern werden mit einbezogen und in Zusammenhang gestellt mit einer daraus resultierenden Unfähigkeit ihren Kindern die Sprache beizubringen (Flam & Kleres, 2008). Diese Unterstellung, dass fehlende Deutschkenntnisse mit mangelnder Schulreife oder Schulfähigkeit zusammenhängen, sowie der Zusammenhang mit der Unfähigkeit der Eltern, fallen unter die Form der indirekten Diskriminierung (Auernheimer, 2006).

Betrachtet man das Argument des Grades der Akkulturation der Familie, wird oft begründet, dass ein hoher Akkulturationsgrad assoziiert ist mit besseren Möglichkeiten der familiären Förderung, welche dem Kind die Teilnahme am Schulunterricht erleichtern könnte (Tuppat & Becker, 2014). Insgesamt erkennt man, dass die Erklärungen für die Ungleichheiten nicht selten auf die Unterstützungsmöglichkeit durch die Eltern geschoben werden. Jedoch kann gegensätzlich argumentiert werden, dass diese kulturellen Eigenheiten als Zeichen der Andersartigkeit auffallen und somit Ziel von unterschwelligen Diskriminierungen sind, welche dann in schulischen Benachteiligungen enden (Alba et al., 2017).

Aufenthaltsperspektive Die *Aufenthaltsperspektive* der Menschen mit Migrationshintergrund fällt auch öfters in den Fokus, um die Benachteiligungen zu erklären. Es wird begründet, dass die Menschen mit Migrationshintergrund sich selbst nur als vorübergehende Zuwanderer betrachten und sie es vermeiden Langzeitpläne zu entwickeln, weil sie schnellstmöglich in die Heimat zurückkehren möchten. Deshalb nehmen sie ihre Kinder so früh wie möglich aus dem Schulsystem und schicken sie auf den Arbeitsmarkt, um das Familieneinkommen zu erhöhen und ihrem Ziel auf diese Weise schneller näher zu kommen. Dieser Argumentation kann jedoch entgegengebracht werden, dass das Ziel nach Hause zurückzukehren auch auf fehlende Sicherheit im Aufenthaltsland zurückgeführt werden kann. Diese Unsicherheiten könnten wiederum entstehen durch die Fremdheit, die soziale Stigmatisierung und Benachteiligung, welchen die Menschen mit Migrationshintergrund ausgesetzt sind (Alba et al., 2017).

Fazit
Diese Erklärungen reichen jedoch oft nicht aus, um die Ungleichheiten vollständig zu erklären. Betrachtet man die Erklärungen für die Ungleichheiten, dann kann man ebenfalls erkennen, dass diese teilweise in den Alltagsrassismus hineinreichen. Man findet diese Art des Rassismus zum Beispiel in dem Glauben, dass die deutsche Sprache mit Deutschsein gleichzusetzen ist, dass Fremde unfähig sind Deutsch zu lernen und in der Behauptung, dass Kinder mit Migrationshintergrund kein Deutsch lernen können, wenn ihre Eltern diese Sprache nicht sprechen. Insgesamt kann man argumentieren, dass diese Perspektive die Eltern als „indifferente und unzureichende Eltern" erscheinen lässt, „die sich nicht um die Bildung ihrer Kinder kümmern (können)." (Flam & Kleres, 2008, S. 71). Im Ergebnis werden laut Flam und Kleres (2008) die Eltern von Kindern mit Migrationshintergrund für deren schulisches Versagen verantwortlich gemacht, begründet durch ihre eigenen Eigenschaften.

> **Kritik an dem Erklärungsansatz**
> Die Ungleichheiten zwischen Schüler*innen mit und ohne Migrationshintergrund können einerseits auf verschiedene personenbezogene Faktoren zurückgeführt werden, wie zum Beispiel das Geschlecht, den Schulabschluss, bildungsrelevante Ressourcen und Fähigkeiten, elterliches Unterstützungsverhalten und den sozio-

ökonomischen Status. Andererseits muss man auch Mechanismen der Diskriminierung in Betracht ziehen. Man sollte die einzelnen Erklärungen nicht exklusiv sehen, sondern damit ein Gesamtbild erschaffen, um die Ungleichheiten durch verschiedene zusammenkommende Faktoren zu betrachten. Obwohl die Diskriminierungshypothese schwer zu untersuchen ist, konnte in verschiedenen Beiträgen gezeigt werden, dass ein Migrationshintergrund negative Auswirkungen besitzt, welcher auch bei Kontrolle kognitiver und anderer personenbezogener Merkmale, sowie dem sozialen Hintergrund, für einige ethnische Herkunftsgruppen bestehen bleibt. Auch nach der Kontrolle der Kompetenzen, wie zum Beispiel die Fähigkeiten im Deutschen, zeigt sich, dass die Hürden für den Ausbildungszugang für Jugendliche mit Migrationshintergrund höher sind als für Jugendliche ohne Migrationshintergrund. Zu der am meisten benachteiligten ethnischen Gruppe in Deutschland zählen vor allem Jugendliche türkischer und arabischer Herkunft (Gogolin & Maaz, 2019). Neben den genannten Erklärungen finden sich also auch indirekte Einflüsse von Merkmalen, die für die Schulfähigkeit nicht relevant sein sollten. Für diese indirekten Einflüsse könnten Mechanismen wie rassistische Diskriminierung verantwortlich sein (Tuppat & Becker, 2014). Deshalb darf auch dieser Einfluss nicht als Erklärung ignoriert werden. Ein letzter Erklärungsansatz fokussiert sich demnach auf die Schlechterstellung von Minderheiten als Ergebnis des Ausschlusses und der Diskriminierung durch die Mehrheit. Die Minderheit wird nach diesem Ansatz ausgeschlossen durch individuelle Akte der Diskriminierung oder durch institutionalisierte, diskriminierende Mechanismen, um die vorteilhafte Position der Mehrheit zu verteidigen (Alba et al., 2017)

3.5.5 Folgen von Rassismus für die psychosozialen schulischen Outcomes

Betrachtet man die Folgen für die psychosozialen und schulischen Ergebnisse von Rassismus auf die Schüler*innen anderer ethnischer Herkunft, dann handelt die Literatur größtenteils von den Jugendlichen. Dies kann durch das Jugendalter als kritische Phase erklärt werden.

Jugendalter als kritische Phase Das Jugendalter ist die Zeit, in der die Jugendlichen mehr Zeit außerhalb von Zuhause verbringen, wodurch die Beziehungen mit den Menschen in der Schule immer wichtiger werden (Gale & Dorsey, 2020). Im frühen Jugendalter spielt die Schule eine große Rolle bei der Entwicklung der ethnischen Identität, die bereits im Kindergarten beginnt. Im Kindergarten ist die Entwicklung jedoch noch oberflächlich. Dort fangen die Kinder an, über Klassifikationen von Menschen nach ihrer Hautfarbe oder Herkunft nachzudenken (Masko, 2014). Dabei zeigen Jugendliche eine erhöhte Vulnerabilität für Diskriminierung im Vergleich zu Kindern auf, weil sie die kognitiven Kapazitäten besitzen, um zu reflektieren, wie die eigene ethnische Gruppe in der Gesellschaft bewertet wird. Ebenfalls entwickeln sie ihre eigene soziale und ethnische Identität, was sie besser erkennen lässt, wie sie von anderen behandelt werden (Thompson & Gregory, 2011). In dieser Phase kommen viele physiologische sowie emotionale Veränderungen auf den Jugendlichen zu und diese können die Psyche, sowie das Wohlbefinden beeinflussen. Das Risiko für Anpassungsschwierigkeiten scheint für Jugendliche mit Migrationshintergrund weiter erhöht zu sein, da sie noch viele andere Anforderungen meistern müssen. Unter anderem müssen sie kulturelle, sozio-ökonomische und sprachliche Barrieren überwinden und sich in einem Kontext anpassen, der durch kulturelle Normen und Praktiken der jeweiligen Gesellschaft, charakterisiert ist. Zusätzlich zu diesen Anforderungen werden die Jugendlichen mit Migrationshintergrund meistens noch mit rassistischer Diskriminierung in der Schule konfrontiert und haben größere Schwierigkeiten sich in der neuen Klasse und der Gruppe Gleichaltriger anzupassen, sowie eine erfolgreiche Beziehung mit den Lehrer*innen aufzubauen (Schachner et al., 2016). Laut Harvey (1984) hat keine andere soziale Institution einen so direkten und signifikanten Einfluss auf die mentale Gesundheit ethnischer Minoritäten, wie das Bildungssystem. Schulen können deshalb als wichtiger akkulturativer Kontext für Jugendliche mit Migrationshintergrund gesehen werden. Ihre erfolgreichen Anpassungen in der Schule sind das Ergebnis eines gelungenen akkulturativen Prozesses, welcher die langzeitige Integration in die Gesellschaft erleichtert (Schachner et al., 2016).

Folgen für die schulischen Ergebnisse Leider ist der Kontext der Schule meistens der erste in welchem Kinder rassistische Diskriminierung erleben (Gale & Dorsey, 2020). Innerhalb des Klassenkontextes tragen die Interaktionen mit den Lehrkräften und den Gleichaltrigen zu der Entwicklung des Kindes bei. Dabei tragen diese positiven und negativen Erfahrungen zu der Entwicklung und ihren akkulturativen Ergebnissen bei, jedoch auch die Überzeugungen der Lehrkräfte, die pädagogischen Maßnahmen sowie die Art und Stärke der Interaktionen. Die akkulturativen Ergebnisse unterscheiden sich oftmals von denen der Gleichaltrigen ohne Migrationshintergrund. Wenn die Schüler*innen alltäglichen Rassismus in der Schule erleben, dann ist dies ein starker Stressor und kann zu psychischen Folgen wie Depressionen, Ängsten und anderen mentalen Erkrankungen führen (Masko, 2014; Schachner et al., 2018).

Das Erleben von Rassismus hat ebenfalls schwerwiegende negative Folgen für die psychosozialen und schulischen Outcomes und beeinflusst die Wahrnehmung des Schulklimas, die Beziehungen zu den Menschen in der Schule, die Qualität des akademischen Programms sowie die Gefühle von Sicherheit und Gerechtigkeit (Gale & Dorsey, 2020). Die Chronizität der rassistischen Diskriminierung scheint darauf hinzuweisen, dass sie als chronischen Stressor angesehen werden sollte. Außerdem erhöht das Erleben von Diskriminierung durch das Verstärken der Stressreaktion die individuelle Vulnerabilität für andere negative Erlebnisse (Dunbar et al., 2017).

Die negativen schulischen Folgen eines rassistischen Klimas und der Diskriminierung sind bereits gut erforscht (Banerjee et al., 2018). Man konnte Zusammenhänge zwischen rassistischer Diskriminierung und geringeren schulischen Leistungen, geringem schulischen Selbstkonzept und schulischer Relevanz feststellen. Ebenso konnten negative Folgen für die schulische Motivation und das Selbstbewusstsein der Kinder und Jugendlichen identifiziert werden. Die rassistische Diskriminierung kann unter anderem dazu führen, dass die Jugendlichen weniger positiv über ihre akademischen Fähigkeiten denken oder sogar ganz mit der Schule aufhören (Banerjee et al., 2018). Manche Studien unterscheiden die Folgen der rassistischen Diskriminierung abhängig davon, wer die diskriminierenden Verhaltensweisen durchführt. Im schulischen Kontext kann unterschieden werden in Lehrkräfte und Peers (Banerjee et al., 2018).

3.5.5.1 Rolle der Lehrkräfte

„Personen zu beurteilen, gehört zu den Kernaufgaben der Lehrtätigkeit" (Baumert et al., 2019, S. 596). Die Beurteilung bezieht sich auf die Leistungen, die Entwicklung von Schüler*innen, ihr Arbeitsverhalten, ihre Lernmotivation, selbstregulative Fertigkeiten und ihr soziales Verhalten. Diese personenbezogenen Urteile entwickeln sich im Unterrichtsprozess und Schulalltag und werden hauptsächlich durch leistungsbezogene Situationen (Prüfungen, Klausuren) und Unterrichtsgespräche validiert (Baumert et al., 2019). Dabei ist zu beachten, dass Bewertungen nie vollständig objektiv sein können. Auf Stereotype wird vor allem dann zurückgegriffen, wenn nur wenige oder keine personenbezogenen Informationen vorliegen (Baumert et al., 2019). Diese Stereotype und die alltäglichen Entscheidungen der Lehrkräfte können Ungleichheiten für verschiedene Gruppen zur Folge haben (Broden & Mecheril, 2007). Im Jahre 2004 wurden beispielsweise 24 Interviews von Flam und Kleres mit Lehrer*innen durchgeführt, welche zeigen, dass sie die von der Wissenschaft produzierten Argumente benutzten um die Ungleichheiten der Schüler*innen mit Migrationshintergrund zu erklären. Dies hat zur Folge, dass Lehrkräfte die angeführten wissenschaftlichen Argumentationen unbewusst verinnerlichen, welche die Antipathie und Indifferenz gegenüber Kindern mit Migrationshintergrund aufrechterhalten und verstärken. Dadurch gewinnt die Situation an besonderer Bedeutung, weil die Lehrkräfte im Schulsystem als „gate-keeper" fungieren, die über die weitere Schulkarriere aller Kinder entscheiden, wobei sie wissenschaftliche Argumente zur Rechtfertigung der expliziten Diskriminierung benutzen (Flam & Kleres, 2008).

Es konnte bewiesen werden, dass die wahrgenommene rassistische Diskriminierung seitens der Lehrkräfte eher zu schlechteren schulischen Leistungen, weniger schulischem Engagement und zum Abbrechen der Schule führt (Banerjee et al., 2018). Die schlechteren Leistungen in der Schule können teilweise durch den Einfluss des wahrgenommenen Rassismus auf die Neurokognition und dessen Einfluss auf die nötigen Kompetenzen, um Aufgaben zu erfüllen, erklärt werden. Der wahrgenommene Rassismus erhöht nämlich Ängste und Ärger, Gefühle, welche zur Wahrnehmung von Bedrohung führen und gleichzeitig zur Beeinträchtigung der neurokognitiven Kapazität (Nagendra et al., 2018). Das geringere schulische Engagement kann durch das verminderte Gefühl der akademischen Kompetenz, der akademischen Nutzlosigkeit und der verminderten Zugehörigkeit zur Schule durch die Erfahrungen rassistischer Diskriminierung, erklärt werden. Hierbei spielen die akademische Kompetenz und das Zugehörigkeitsgefühl eine Rolle was den akademischen Einsatz betrifft. Dieser ist wiederum ein wichtiger Prädiktor für den Schulerfolg der Jugendlichen mit Migrationshintergrund (Schachner et al., 2018). Man könnte dies als eine Art Kaskade sehen, in der die Diskriminierung verschiedene Folgen mit sich bringt, wodurch die Schüler*innen schlussendlich einen geringeren Schulerfolg besitzen.

Erwartungen der Lehrkräfte Eine weitere Erklärung für die geringeren schulischen Erfolge findet man in den Erwartungen der Lehrkräfte, die ebenfalls einen großen Einfluss auf die Leistungen und das Wohlbefinden ihrer Schüler*innen haben. Mehrere Studien zeigen, dass Lehrkräfte niedrigere (Leistungs-) Erwartungen an Schüler*innen ethnischer Minderheiten haben und sie auch weniger positiv ermutigen (Schachner et al., 2018). Eine ältere Studie von Holliday (1985) zeigte bereits, dass die Einstellungen der Lehrkräfte ein kritischer Moderator für die Leistung der Schwarzen Kinder sind. Es wird darüber spekuliert ob die negativen Erwartungen möglicherweise zu einer erlernten Hilflosigkeit führen. Das bedeutet, dass die Kinder lernen, dass egal wie sehr sie sich anstrengen, keine guten Noten erzielt werden können und es deshalb zu fehlenden Bemühungen kommt (Holliday, 1985). Neuere Forschungen berichten darüber, dass diese niedrigen Erwartungen zu selbstprophezeienden Effekten führen können, welche schädlich für bereits stigmatisierte Gruppen sind. Unbegründete niedrige Erwartungen können direkte Folgen für den Schulweg haben, insbesondere innerhalb von Schulsystemen, die angeblich nach Fähigkeiten geordnet sind (Schachner et al., 2018). Es konnte beispielsweise gezeigt werden, dass Lehrkräfte Schüler*innen mit Migrationshintergrund weniger günstige Empfehlungsschreiben ausgestellt haben, bei gleicher Leistung wie ihren Gleichaltrigen ohne Migrationshintergrund. Weiterhin konnten Zusammenhänge zwischen impliziten Vorurteilen und niedrigeren Noten sowie größeren Leistungsunterschiede bei Student*innen mit Migrationshintergrund gefunden werden. Diese Zusammenhänge sind von großer Bedeutung, wenn man die Effekte von unterliegenden Vorurteilen betrachtet, die weiterhin einen nachteiligen Impakt auf die Ergebnisse der Student*innen haben (Schachner et al., 2018). Diese schwerwiegenden Folgen lassen erkennen, dass die Rassismus-kritische Auseinandersetzung mit den eigenen Haltungen eine wichtige Grundlage pädagogischer Professionalität ist und bleibt (Broden & Mecheril, 2007).

Rassifizierte Zuschreibungen Auch rassifizierte Zuschreibungen können sich negativ auf die schulischen Ergebnisse der Schüler*innen auswirken. Nicht selten erfahren Schwarze Jugendliche Zuschreibungen, die wenig mit ihnen selbst zu tun haben, zum Beispiel wenn ihre sehr guten Deutschkenntnisse als ungewöhnlich erachtet werden (Nguyen, 2013). Auch diese subtile Zuschreibung kann grundsätzlich schon als rassistisch und diskriminierend eingestuft werden. Eine weitere Zuschreibung die Jugendliche mit Migrationshintergrund erfahren, ist die Vermutung, dass sie keinen Bildungserfolg haben werden, womit ihnen implizit vermittelt wird, welchen Platz sie in der Gesellschaft einzunehmen haben. Wie oben angeführt (Erklärung der Ungleichheiten durch die Eigenschaften der Kinder) werden die Jugendlichen in den Bildungsdebatten mit Zuschreibungen betreffend ihrer vermeintlichen Intelligenz, ihren Fähigkeiten, ihrer Leistungsbereitschaft und ihren Bildungsambitionen sowie die ihrer Eltern konfrontiert. Diese Zuschreibungen bringen eine Reihe von Problemen mit sich. Einerseits sind sie bedeutend, weil sie die Betroffenen wütend machen und erniedrigen. Weiterhin sind sie mit steigenden Anforderungen verbunden, um es besonders gut zu machen und letztens haben sie einen Einfluss auf das Selbstvertrauen und auf die Bildungswege der Jugendlichen (Scharathow, 2017). Bei solchen Zuschreibungen handelt es sich um Facetten defizitorientierter und rassifizierter Zuschreibungen gegenüber Menschen mit anderer ethischer Herkunft (Nguyen, 2013). Die rassistischen Erfahrungen in der Schullaufbahn sind nicht alle direkt oder öffentlich, sondern gehen mit einem Gefühl der Benachteiligung und des nicht-willkommen-seins einher. Vor allem die weniger offensichtlichen Situationen sind alltägliche Formen von Rassismus und Diskriminierung und werden diese Situationen nicht erkannt, kann das die angeführten Probleme zur Folge haben (Nguyen, 2013).

Schutzfaktoren Die Rolle der Lehrkräfte kann auch als Schutzfaktor fungieren und positive Konsequenzen zur Folge haben. Sorgen sie zum Beispiel für ein positives Schulklima und bauen unterstützende Beziehungen zu den Jugendlichen auf, dann kann dies die Anpassungsprozesse der Schüler*innen mit Migrationshintergrund erleichtern und fördern. Diese unterstützenden Beziehungen und das positive Klima haben eine besondere Bedeutung für Jugendliche mit Migrationshintergrund, da sie sogar die negativen Effekte der erlebten Diskriminierung abfedern können (Schachner et al., 2016, 2018). Unter anderem können diese Schutzfaktoren das akademische Engagement und das sozio-emotionale Wohlbefinden vorhersagen. Die Unterstützung und die hohen Erwartungen der Lehrkräfte sind wichtige Faktoren für die schulischen Leistungen von Kindern und Jugendlichen (Bottiani et al., 2016). Es existieren zahlreiche Forschungsberichte über das Schulklima und wie dieses zur Sicherheit und Unterstützung beitragen kann, damit Schüler*innen sich akademisch und emotional entfalten können (Masko, 2014).

3.5.5.2 Rolle von Gleichaltrigen

Die Quelle der Diskriminierung und der möglichen Unterstützung sind jedoch nicht nur die Lehrkräfte, sondern auch die Gleichaltrigen (Schachner et al., 2018). Die Zugehörigkeit zu Peers und Klassengemeinschaften ist sehr relevant im schulischen Kontext, jedoch sind Jugendliche nicht selten mit Fremdpositionierungen und Ausgrenzungen konfrontiert (Scharathow, 2017). Dabei erleben sie vor allem Aggression und Mobbing aufgrund ihrer ethnischen Herkunft oder Rasse. Diese Art von Mobbing wird als *besonders emotional schädigend* bezeichnet, weil es um das Selbst einer Person geht und führt vor allem zu niedrigem Selbstwert und niedrigem schulischem Engagement (Schachner et al., 2018). Dies erklärt auch, warum der Rassismus der Peers eher negative Folgen auf das psychologische Wohlbefinden und die akademische Ausdauer hat. Dabei spielt das „Feeling of Belonging" eine wichtige Rolle und ist ein guter

Prädiktor für motivationale Variablen (Banerjee et al., 2018). Diese Erfahrungen der Ausgrenzungspraktiken sind jedoch für diejenigen, die nicht damit konfrontiert sind, oft unsichtbar (Scharathow, 2017). Die Ausgrenzungen werden oft nicht explizit begründet, beispielsweise wenn alle zu einem Treffen eingeladen werden, nur der Jugendliche mit Migrationshintergrund nicht und bei Nachfrage behauptet wird, dass bereits zu viele Leute eingeladen worden sind. Ohne die rassistische Begründung fehlt der Beweis, dass diese Ausgrenzung etwas mit dem Migrationsstatus zu tun hat, der Verdacht über einen Zusammenhang bleibt jedoch bestehen (Scharathow, 2017).

Schutzfaktoren Genau wie die Lehrkräfte, können auch Peers als Schutzfaktoren fungieren. Auch die unterstützenden Beziehungen zu Klassenkameraden können die Anpassungsprozesse der Schüler*innen mit Migrationshintergrund erleichtern und fördern (Schachner et al., 2016). Eine wahrgenommene Schulgerechtigkeit, die Inklusion beinhaltet, kann die Empfindung von Verbundenheit und die schulische Motivation positiv beeinflussen, sowie auch die Empfindung der eigenen Kompetenz (Bottiani et al., 2016).

3.5.5.3 Rolle des Geschlechts

Wie Jugendliche rassistische Diskriminierung erleben und welche Auswirkungen dies auf ihr Schulerleben hat, hängt auch mit ihrem Geschlecht zusammen. Die Jungs benutzen zum Beispiel Coping Strategien, um mit negativen Lebensereignissen umzugehen, welche ihre akademische Anpassung jedoch negativ beeinflussen. Sie zeigen beispielsweise reaktive Antworten auf die negativen Ereignisse. In der Schule stellen sie sich auf rassistische und abwertende Erfahrungen ein, kuppeln sich vom schulischen Kontext ab und minimieren dabei die individuelle Relevanz dieses Bereichs. Einerseits beschützt sie dieses Coping unter anderem vor dem Verlust des Selbst-Konzepts und des Selbstwertes, andererseits ist es weniger vorteilhaft für die Leistungseinstellungen und -Verhaltensweisen, die zu akademischem Erfolg führen könnten (Chavous et al., 2008).

Mädchen hingegen sind eher besorgt was die Beziehungen, Verbundenheit und Bestätigung von und durch ihre Peers und Lehrkräfte angeht. Dadurch wird ihr akademisches Selbstkonzept eher angegriffen, wenn sie aufgrund ihrer Herkunft negativ behandelt werden. Es gibt sogar Studien, die bestätigen, dass Mädchen negative akademische Strategien anwenden, um negative Interaktionen mit Peers und Lehrkräften zu vermeiden. Sie zeigen zum Beispiel unterdurchschnittliche Leistungen oder wählen leichtere Kurse aus, um den niedrigen Erwartungen gerecht zu werden (Chavous et al., 2008).

3.5.6 Folgen auf die langfristige Schul- und Berufslaufbahn

Die rassistische Diskriminierung in der Schule hat zusammenhängend mit den negativen Konsequenzen für das Wohlbefinden und die schulischen Outcomes der Schüler*innen, ebenfalls Folgen für ihre Schullaufbahn und ihre späteren Arbeitsplatzchancen. Bei den

Ungleichheiten der Schullaufbahn spielt nicht nur der personelle Rassismus eine Rolle, sondern auch der institutionelle.

Betrachtet man die Schule als Organisation, dann hat diese mit ihren Pädagogen das Ziel „jedem Kind das bestmögliche Bildungsangebot zu machen, das seinen Fähigkeiten und Bedürfnissen gerecht wird." (Gomolla & Radtke, 2009, S. 23). Dieses Ziel dient als Basis, um Leistungen zu bewerten und Promotionsentscheidungen zu treffen. Die Aufgabe der Grundschule ist es beispielsweise für jedes Kind nach vier (oder sechs) Schuljahren den richtigen Platz im Schulsystem zu finden. Die Lehrkräfte werden vom Kindergarten bis in die Arbeitswelt mit wichtigen Entscheidungen konfrontiert. Zu diesen gehören schon frühe Entscheidungen wie die Zurückstellung in den Kindergarten, das Sitzenbleiben und die Sonderschulüberweisung (Gomolla & Radtke, 2009). Für den Übergang in die Sekundarschule müssen die Lehrkräfte ebenfalls essenzielle Selektionsentscheidungen treffen und dies alles vor dem Hintergrund, die Fähigkeiten der Kinder bestmöglich zu fördern und ihnen die größten Chancen zu ermöglichen. Diese Zertifizierungs- oder Platzierungsentscheidungen findet man besonders in den gegliederten Bildungssystemen der Benelux-Staaten (Belgien, Holland, Luxemburg) und den deutschsprachigen Ländern (Baumert et al., 2019). Jedoch darf nicht unterschätzt werden, dass diese Entscheidungen folgenreiche Eingriffe in die Leben der Schüler*innen beinhalten (Gomolla & Radtke, 2009). „Übergänge im Bildungswesen gelten als Orte der Entstehung und Verstärkung von soziokulturellen und geschlechtsspezifischen Ungleichheiten" (Baumert et al., 2019, S. 594). Dafür verantwortlich können unter anderem institutionelle Diskriminierung sowie kategorien-basierte Urteilsbildungen gemacht werden. In diesen folgenreichen Entscheidungen können soziale Präferenzen, Stereotype und/oder statistische Diskriminierung zum Ausdruck kommen. Lehrkräfte sind in ihrem Alltag oft unbewusst mit der Anwendung von ethnisierenden Zuschreibungen oder dem Zurückgreifen auf rassistische Vorurteile und Interpretationsschemata konfrontiert. Ebenfalls wird die sprachlich-kulturelle Heterogenität im Schulsystem den Kindern und Jugendlichen mit Migrationshintergrund nicht gerecht, wodurch sie strukturell benachteiligt werden (Broden & Mecheril, 2007). Diese strukturellen Benachteiligungen werden in den folgenden Abschnitten angesprochen.

Einschulung & Eintritt in die Grundschule Die Einschulung ist laut Tuppat und Becker (2014) „eine Situation, bei der statistische Diskriminierung erwartet werden kann" (S. 226). Oftmals haben die Entscheidungsträger der Schule nur begrenzte Informationen über die Kinder, vor allem was ihre Kompetenzen angeht, erfolgreich am Unterricht teilzunehmen. Deshalb ist nicht auszuschließen, dass die Entscheider vorurteilsbehaftete Erfahrungen mit in ihre Entscheidung einfließen lassen, oder dabei auf Stereotype zurückgreifen (Tuppat & Becker, 2014).

Bereits beim Eintritt in die Grundschule haben Kinder mit Migrationshintergrund ein erhöhtes Risiko in den Kindergarten zurückgestellt zu werden. Diese Zurückstellung wird meist begründet durch zusätzlichen Förderbedarf und sprachliche Defizite (Auernheimer, 2006). Auch hier könnte rassistische Diskriminierung eine Rolle spielen, was man vor allem an türkischen Kindern erkennt, die überproportional häufig zurückgestellt werden. Die Entscheidungsträger empfehlen oftmals eine Rückstellung, wenn Kinder aus weniger integrierten Familien stammen. Dabei wird die geringe Integrierung in Zusammenhang mit niedriger Bildung und geringen Unterstützungsmöglichkeiten gebracht (Tuppat & Becker, 2014). Diese Zurückstellung in den Kindergarten kann man als direkte Diskriminierung verstehen. Auch wenn die Rückstellung wohlgemeint ist, um das Kind vor antizipierten Misserfolgen zu schützen, ist die Entscheidung als Ergebnis jedoch diskriminierend (Auernheimer, 2006; Tuppat & Becker, 2014).

Überweisung auf Sonderschule Der institutionelle Rassismus lässt sich ebenfalls identifizieren, wenn man den überproportional großen Anteil von Kindern und Jugendlichen mit Migrationshintergrund in den Sonderschulen für Kinder mit einer Lernbehinderung betrachtet (Auernheimer, 2006). Die Empfehlungen einer Sonderschule werden explizit mit Deutschdefiziten begründet. Auch die negativen Leistungsprognosen werden mit gravierenden Lernbeeinträchtigungen, die aus sprachlich bedingten „Motivationsmängeln" resultieren, erklärt (Auernheimer, 2006, S. 93). Das Schulversagen von Kindern mit Migrationshintergrund wird ähnlich argumentiert wie deren Zurückstellung in den Schulkindergarten, nämlich durch mangelnde elterliche Unterstützung und psychologische Belastungen (Auernheimer, 2006). Diese Faktoren werden laut Auernheimer (2006) als Lern- und Integrationshindernis gesehen, die die Förderanstrengungen der Schule zunichte machen würden.

Übergang in die Sekundarstufe – Selektionsprozesse In mehrgliedrigen Schulsystemen, wie denen in Deutschland und Österreich, ist ein Selektionsinstrument notwendig, um die Zuweisung von Schüler*innen auf die unterschiedlichen Schulformen zu regeln. Das genutzte Selektionsinstrument ist die Sekundarschulempfehlung, welche durch Grundschullehrer*innen am Ende der Grundschulzeit vorgeschlagen wird. Diese Empfehlung ist meist nur eine Orientierung für die Schüler*innen und ihre Eltern, sie können auch eigenhändig entscheiden, jedoch folgt die Mehrzahl der Schüler*innen dieser Empfehlung. „Die Empfehlung soll auf den schulischen Leistungen der Schüler in der sechsten Grundschulklasse, den Resultaten in standardisierten Leistungstests, die in Mathematik, Deutsch und Französisch durchgeführt werden, und in der Einschätzung des Arbeits- und Lernverhalten durch die Grundschullehrkraft beruhen. Weiterhin soll der Wunsch der Eltern Berücksichtigung finden." (Klapproth et al., 2013, S. 356–357). Die Sekundarschulempfehlungen spiegeln jedoch nicht nur die genannten Fähigkeiten und Leistungen wider, sondern hängen auch von sozialen Selektionsprozessen ab, welche in Bildungsungleichheiten resultieren.

Die primären Bildungsungleichheiten bezeichnen die Ungleichheiten, die durch die soziale Herkunft entstehen und dadurch auch den Besuch oder Nicht-Besuch von verschiedenen Schulformen zur Folge haben können. „So kommt es auch bei gleicher Leistungsfähigkeit von Kindern zu unterschiedlichen Bildungsentscheidungen" (Klapproth et al., 2013, S. 350). Somit erhielten zum Beispiel Schüler*innen ohne luxemburgische Staatsbürgerschaft seltener eine Empfehlung für den höchsten Schulzweig als luxemburgische Schüler. „Trotz des relativ engen Zusammenhangs zwischen der Nationalität eines Schülers und dessen sozio-ökonomischem Status, konnten diese beiden Variablen auch dann noch signifikant einen Beitrag zur Vorhersage der Empfehlung beisteuern, wenn sich beide wechselseitig kontrollierten, [...]." (Klapproth et al., 2013, S. 373). Dies sagt aus, dass die Schüler*innen mit Migrationshintergrund trotz gleich erbrachter Leistungen, seltener eine Empfehlung für den höchsten Schulzweig erhalten haben im Vergleich mit den Schüler*innen mit luxemburgischer Nationalität. Davon betroffen waren vor allem Schüler*innen portugiesischer Herkunft, die anteilsmäßig die größte Gruppe von Schüler*innen mit Migrationshintergrund in Luxemburg darstellen (Klapproth et al., 2013).

Auch in Deutschland findet man fast die gleichen Muster beim Übergang in die Sekundarstufe. Um die Diskriminierung zu unterlegen, kann man Zahlen anführen, wie zum Beispiel, dass im Schuljahr 2002/2003, 70 % aller deutschen Schüler*innen einen mittleren oder höheren Schulabschluss erreichten, aber nur 40 % aller Schüler*innen mit Migrationshintergrund (Flam & Kleres, 2008). Die Sprachdefizite werden als direkte Diskriminierung genutzt und sorgen so für Ungleichheit. Alba et al. (2017) benutzten beispielsweise die Daten der PISA-Studie über die Sprachfähigkeiten in Deutsch, um zu betonen, dass Kinder mit Migrationshintergrund keine Nachteile zu befürchtet hätten, wenn sie deutsche Sprachfähigkeiten erwerben. Das Erreichen dieses Bildungsziels könnte man jedoch auch als Bürde betrachten, welche den Kindern auferlegt wird. Dabei wäre hier die Nachfrage wichtig, welche erleichternden Bedingungen geschaffen werden könnten, um den Kindern mit Migrationshintergrund zu helfen, die Sprachbarrieren zu überwinden (Flam & Kleres, 2008).

Selbst bei guten Schulnoten wird vermehrt die Real- oder Hauptschule empfohlen und dies wird damit begründet, dass mit mangelnden Deutschkenntnissen kein Erfolg auf dem Gymnasium möglich sei (Auernheimer, 2006). Diese Behauptung konnte durch die Längsschnittstudie „Aufwachsen in Deutschland: Alltagswelten" (AID:A) verfestigt werden. Sie führten Befragungen zu den Entwicklungsprozessen im Lebenslauf durch, wobei sie die Frage stellten, ob Kinder mit und ohne Migrationshintergrund unterschiedliche Chancen haben, nach der Grundschule ein Gymnasium zu besuchen. Sie kontrollierten die Leistungen der Schüler*innen und fanden, dass Kinder mit Migrationshintergrund, unabhängig von ihren Schulnoten, geringere Chancen auf ein Gymnasialbesuch haben als ansässige Schüler*innen (Gogolin & Maaz, 2019). Ein weiteres oft benutztes Prognosekriterium für Schulerfolg sind die häuslichen Lernbedingungen und Unterstützungsmöglichkeiten, die mit einer Vielzahl von kulturalisierenden Defizitannahmen erfüllt sind. Dabei bezieht man sich, wie auch bei der Zurückstellung in den Kindergarten oder der Sonderschulüberweisung, auf die mangelnde Schulausbildung und die Muttersprache der Eltern. Ebenfalls werden fehlende oder falsche Bildungsambitionen sowie die Unkenntnis des deutschen Schulsystems angeführt. Diese Strategie des Herunterstufens beachtet jedoch nicht, dass die Wahrscheinlichkeit von einer Haupt- oder Realschule auf eine höhere Schulform zu wechseln sehr gering ist und somit auch leistungsstärkere Kinder später keine Chance mehr haben um Aufzusteigen (Auernheimer, 2006).

Auch die Analysen von Alba et al. (2017) belegten, dass einige der größten Minderheiten in Deutschland im Schulsystem benachteiligt sind. Kinder mit Migrationshintergrund besuchen mit höherer Wahrscheinlichkeit die Hauptschule und absolvieren meist im Anschluss keine Lehre. Auch wenn diese Faktoren und andere (Sprachfertigkeiten, …) kontrolliert werden, bleiben Benachteiligungen für mindestens zwei der Gruppen vorhanden. Darunter fallen vor allem Kinder mit italienischem, türkischem und jugoslawischem Hintergrund. Obwohl die Benachteiligungen der Kinder der zweiten Einwanderungsgeneration schon deutlich niedriger ist, wirken sie doch noch immer mindestens bis in die zweite Generation, vor allem, wenn die Kinder nach dem Einschulungsalter eingetroffen sind (Alba et al., 2017).

Auf dem Arbeitsmarkt Was die Chancen auf dem Arbeitsmarkt angeht, sind die Meinungen zwiegespalten, was jedoch auch durch die Argumentationen der Ungleichheiten erklärbar ist. Auch hier fällt auf, dass in den meisten Berichten die Nachteile durch einen Mangel an Fähigkeiten in der deutschen Sprache erklärt wird. Baker und Lenhardt (1988) argumentieren beispielsweise, dass das Schulsystem auf Integration ausgelegt wäre und die Kinder mit Migrationshintergrund deshalb den gleichen Standards und Gelegenheitsstrukturen unterworfen seien (Alba et al., 2017). Was sie dabei nicht beachten ist, dass die unterliegenden Mechanismen des institutionellen Rassismus meist aus der Anwendung gleicher Regeln resultieren, die bei verschiedenen Gruppen ungleiche Chancen zur Folge haben (Auernheimer, 2006). Betrachtet man noch andere Studien, wie die von Seibert und Solga (2005, 2006), die sich mit den Arbeitsmarktchancen ausländischer (Italien, Spanien, Portugal, Jugoslawien, Griechenland und Türkei) und deutscher Jugendliche beschäftigt haben, dann erkennt man ungefähr die gleiche Herangehensweise. Sie teilen die Indikatoren des Arbeitsmarkterfolges in drei Punkte ein, einerseits haben sie herausgefunden, dass die zweite Generation der Menschen mit Migrationshintergrund, verglichen mit der Referenzgruppe, noch immer deutliche Nachteile auf dem deutschen Arbeitsmarkt hat (Kalter, 2006). Andererseits geben sie an, dass nach der Kontrolle von schulischer und beruflicher Ausbildung, keine signifikanten Nachteile, für die meisten ethnischen Gruppen, festgestellt werden kann. Der dritte Punkt betrifft die türkischen Jugendlichen, die eine offensichtliche Ausnahme darstellen und noch immer große Nachteile besitzen. In der Schlussfolgerung von Seibert und Solga (2005, 2006) findet man wiederum die Erklärung durch die Eigenschaften der Jugendlichen und damit die institutionelle indirekte Diskriminierung, da sie behaupten, dass die Nachteile der türkischen Jugendlichen weniger durch diskriminierendes Verhalten bedingt ist, jedoch mehr durch einen Mangel an Fähigkeiten in der deutschen Sprache. Sie heben hervor, dass Deutschkenntnisse unmittelbarer Bestandteil der Produktivität abbilden und relevant für eine Stellensuche sind (Kalter, 2006).

Im Gegensatz zu den vorherigen Studien konnte Imdorf (2008) zeigen, dass die Jugendlichen mit Migrationshintergrund meist mit betrieblichen Ausschussmechanismen zu kämpfen haben, die von der Schulleistung unabhängig sind. Durch Bewerberexperimente, welche die ungleichen sozialen Netzwerkressourcen kontrolliert haben, konnte die rassistische Diskriminierung auf dem Arbeitsmarkt belegt werden (Seibert et al., 2009). Imdorf (2008) fand beispielsweise, dass manche Betriebe den Jugendlichen mit Migrationshintergrund ein besonderes „Störpotenzial" unabhängig von ihrer Leistungsfähigkeit zuschreiben und der Meinung sind, dass inländische Jugendliche eine befriedigendere betriebliche und soziale Passung gewährleisten. Eine weitere Erklärung, welche Betriebe oft vorführen, ist die, dass ausländische Mitarbeiter unerwünschte Kundschaft anziehen. Deshalb kommen in diesen Kontexten die ethnischen Kategorien schon früh bei der Auswahl ihrer Mitarbeiter zum Einsatz. Aus diesem frühen Ausschluss der Jugendlichen mit Migrationshintergrund entsteht ein Teufelskreis, der die Chancen auf einen Ausbildungsplatz über weitere Ausschlussmechanismen immer weiter reduziert werden (Seibert et al., 2009).

«Wenn dennoch festzustellen ist, daß über Jahrzehnte hinweg ein Zustand der Ungleichverteilung von Bildungschancen entlang nationaler Differenzen zu beobachten ist, der mit der Bildungsbeteiligung in der Vorschule beginnt und bis zu den Übergängen in die Berufspraxis reicht, liegt es nahe, auch in der Schule nach Mechanismen der strukturellen oder institutionellen Diskriminierung zu suchen.» (Gomolla & Radtke, 2009, S. 24).

> **Wissenswertes**
> Der Rassismus kann als verschwiegene Erfahrung dargestellt werden, weil betroffene Jugendliche sehr vorsichtig über die Ausgrenzungserfahrungen sprechen. Meistens sprechen die Jugendlichen die Rassismus Erfahrungen nicht explizit, sondern indirekt oder versteckt an, zum Beispiel indem sie in Diskussionen die eigenen Erfahrungen als Erfahrungen anderer ausgeben oder von Ausgrenzung berichten, ohne den Rassismusaspekt zu erwähnen. Das ausbleibende Sprechen über Rassismus Erfahrungen lässt sich dadurch begründen, dass die Betroffenen sich verpflichtet fühlen, beweisen zu müssen, dass es sich um zielgerichteten Rassismus handelt, damit sie darüber sprechen dürfen. Der Großteil dieser Erfahrungen finden in Interaktion mit den Mitschüler*innen und Lehrkräften statt wobei die Betroffenen oft Handlungen als Diskriminierung und Rassismus wahrnehmen, welche die anderen als „normal" oder berechtigt zu halten scheinen, jedoch als Mikroaggressionen und Alltagsrassismus bezeichnet werden können. Die Thematisierung der Erfahrungen geht oft mit der Angst von Abwehrreaktionen einher und sie befürchten sich selbst in die Position der „Anderen" einzuteilen (Scharathow, 2017, S. 122)

3.5.7 Exkurs: USA und Rassismus

Die kulturelle Diversität im Bereich der Bildung ist nicht nur ein wichtiges Thema in europäischen Ländern wie Deutschland und Luxemburg, sondern war und ist auch noch ein großes Thema in Immigrationsländern wie den USA, Kanada, Australien oder ehemalige Kolonieländer wie Frankreich und die Niederlande (Schachner et al., 2016). In Amerika kommt zu der institutionellen und personellen Ebene des Rassismus auch noch verstärkt die strukturelle Ebene hinzu. Der strukturelle Rassismus ist eingebettet in die Struktur der Schule, wobei vor allem die Hindernisse und Barrieren für ethnische Minoritäten betrachtet werden. Zum Beispiel werden in den USA die meisten Schulbezirke segregiert was heißt, dass Schwarze Schüler*innen alle gemeinsam in eine Schule oder einen Schulbezirk eingeteilt werden. Im Vordergrund der Forschungsberichte stehen vor allem die Untersuchungen der hohen Segregation der Wohngebiete zwischen Menschen mit schwarzer Hautfarbe und Menschen mit weißer Hautfarbe (Alba et al., 2017).

Die Studie von Thompson und Gregory (2011) zeigte, dass afro-amerikanische Jugendliche verschiedenen Formen von Diskriminierung ausgesetzt sind. Am häufigsten kommen rassistische Schikanen vor, wie zum Beispiel Beleidigungen aufgrund ihrer Rasse. Diese Schikanen unterscheiden sich darin, wie direkt sie ausgeführt werden, was wiederum zeigt, dass Rassismus verdeckt und offen stattfinden kann. Während der offene Rassismus immer weiter abnimmt, stellt gerade der verdeckte Rassismus für afro-amerikanische Jugendliche auch heute noch ein großes Problem dar (Thompson & Gregory, 2011). Die diskriminierenden Handlungen, Richtlinien und deren Effekte erwähnen nicht direkt die „Rasse" aber sie enthalten rassistische Absichten und/oder Folgen (Crutchfield et al., 2020). Die Jugendlichen erleben eine ungerechte Behandlung in der Schule und berichten über Gefühle des Ärgers und verminderte Fähigkeiten, um Leistungen in der Klasse zu zeigen. Dies zeigt, dass die negativen Folgen der Diskriminierung sich nicht nur auf psychologische Ergebnisse beziehen, sondern auch schulbezogene Faktoren beeinflussen (Thompson & Gregory, 2011).

Benachteiligungen der afroamerikanischen Kinder und Jugendlichen Ungefähr 90 % der Jugendlichen mit schwarzer Hautfarbe berichten über das Erleben von rassistischer Diskriminierung in ihrem Leben (Gale & Dorsey, 2020). Die Geschichte der Bildung von Schwarzen Kindern ist markiert von beschränkten Möglichkeiten, Segregation und institutionellem Rassismus (Holliday, 1985).

Aufgrund schulisch-institutionellen Rassismus-Erfahrungen haben Schwarze Schüler*innen strukturelle Benachteiligungen im Bildungssystem. Diese Erfahrungen fallen unterschiedlich aus, abhängig von der Wahrnehmung, dem Erleben und den Folgen durch Rassismus und Diskriminierung. Ein wichtiger Begriff ist der des Alltagsrassismus, dabei geht es um „Erlebnisse, die zunächst nicht groß und gravierend erscheinen, die aber mit erheblicher Penetranz wiederkehren, manchmal täglich, manchmal in längeren Abständen, und die gerade in ihrer Alltäglichkeit sehr deutlich einen Unterschied markieren und dauerhaft eine Grenze etablieren zwischen „uns" und „ihnen"." (Nguyen, 2013, S. 22). Diese schulisch-institutionelle Rassismus-Erfahrungen haben große negative Auswirkungen auf das Wohlbefinden der Betroffenen in der Schule. Durch die Intensität und Kontinuität werden seelisch-körperliche Wunden verursacht (Nguyen, 2013). Eines der größten Probleme in Schulen der USA sind die Ungleichheiten zwischen Weißen und Schwarzen Schüler*innen betreffend die akademischen und disziplinarischen Ergebnisse (Bottiani et al., 2016). Es gibt Beweise, dass Schwarze und Latino-Kinder zwei Jahre hinter ihren Weißen Schulkameraden liegen und dieser Unterschied wird noch 3 bis 4 Jahre größer bis zum Achten oder 12ten Schulgrad. Eine weitere Manifestation von institutionellem Rassismus zeigt sich darin, dass Schwarze und Latino-Student*innen dreimal häufiger in Sonderschulen orientiert werden im Vergleich zu Gleichaltrigen Weißen Student*innen (Crutchfield et al., 2020). Ebenfalls erfahren Schwarze Jungs öfter eine weniger vorteilhafte Behandlung in der Schule, die rauere disziplinarische Handlungen, mehr negative Kritik und mehr soziale Ausgrenzung durch die Lehrkräfte und die Mitschüler*innen beinhaltet im Vergleich mit anderen Gleichaltrigen (Chavous et al., 2008).

In Amerika erhalten Schwarze Kinder ebenfalls Material einer geringen Qualität, nur limitierte Ressourcen und oft sind die pädagogischen Methoden und Lehrpläne inkongruent zu ihrer Kultur und ihrem Lernstil. Kozol (2006) fand, dass 35 der 48 Staaten weniger Geld pro Student*in ausgaben, in Schulbezirken mit einer höheren Anzahl an Schwarzen Kindern (Amanishakete, 2013). Obwohl die Schule für junge Menschen ein sicherer Ort sein sollte, um sich weiterzuentwickeln und zu lernen, erleben viele afro-amerikanische Jugendliche die Schule als ein Ort, wo sie schlecht von ihren Lehrkräften und Mitschüler*innen behandelt werden (Banerjee et al., 2018). Betrachtet man die extremen Ungleichheiten in der Schule, kann man sich nur darüber wundern wie Schwarze Kinder einen Ort schätzen sollen wenn dieser Ort sie nicht wertschätzt (Amanishakete, 2013).

Die Leistung der Schwarzen Kinder wird durch verschiedene Faktoren beeinflusst, unter anderem ihr Selbstwert und ihre Motivation aber auch durch die Erwartungen und Wahrnehmungen ihrer Lehrer*innen und deren Interaktion mit den Schüler*innen (Holliday, 1985). Dabei sind diese Faktoren oftmals nicht gegeben und meistens fehlt eine positive und produktive Basis für Lernerfahrungen und Lernatmosphäre in der Schullaufbahn (Nguyen, 2013). Dadurch gehören vor allem afro-amerikanische Student*innen überproportional häufig zu den Jugendlichen, die unterdurchschnittlich in der Schule abschneiden, schulische Disziplinarmaßnahmen erhalten und die Schule abbrechen (Thompson & Gregory, 2011). Es bestehen Risiken für die Schullaufbahn aufgrund der ungleichen Behandlung von afrikanisch-amerikanische Jugendlichen. Die rassistische Diskriminierung führt zum Beispiel zur Untergrabung von schulischem Erfolg. Jugendliche die mehr Diskriminierung erleben, haben niedrigere Schulnoten und weniger akademische Neugierde und Ausdauer im Vergleich zu Jugendlichen, die nur wenig oder keine Diskriminierung erfahren (Thompson & Gregory, 2011). Für Menschen mit schwarzer Hautfarbe sind Schulen oft soziale Schauplätze an denen Rassismus und Diskriminierung als determiniert erscheinen können und sie dadurch sie ihre Fähigkeiten nicht unter Beweis stellen können (Nguyen, 2013).

Literatur

Adornetto, C., & Schneider, S.(2009). Diagnostik bei Angststörungen. In D. Irblich & G. Renner (Hrsg.), *Diagnostik in der Klinischen Kinderpsychologie. Die ersten 7 Lebensjahre* (S. 259–267). Hogrefe.

Aichberger, M. C., Bromand, Z., Rapp, M. A., Yesil, R., Montesinos, A. H., Temur-Erman, S., Heinz, A., & Schouler-Ocak, M. (2015). Perceived ethnic discrimination, acculturation, and psychological distress in women of Turkish origin in Germany. *Social Psychiatry and Psychiatric Epidemiology, 50*(11), 1691–1700. https://doi.org/10.1007/s00127-015-1105-3.

Alba, R. D., Handl, J., & Müller, W. (2017). Ethnische Ungleichheit im deutschen Bildungssystem. *KZfSS Kölner Zeitschrift für Soziologie und Sozialpsychologie, 69*(1), 619–644.

Amanishakete, A. (2013). In spite of racism, inequity, and school failure: Defining hope with achieving black children. *The Journal of Negro Education, 82*(4), 408–421. https://doi.org/10.7709/jnegroeducation.82.4.0408.

American Association of Physical Anthropologists. (27. März 2019). AAPA statement on race & racism. *American Association of Physical Anthropologists.* https://physanth.org/about/position-statements/aapa-statement-race-and-racism-2019/.

Anderson, K. F. (2012). Diagnosing discrimination: Stress from perceived racism and the mental and physical health effects*. *Sociological Inquiry, 83*(1), 55–81. https://doi.org/10.1111/j.1475-682x.2012.00433.x.

André, S., & Dronkers, J. (2016). Perceived in-group discrimination by first and second generation immigrants from different countries of origin in 27 EU member-states. *International Sociology, 32*(1), 105–129. https://doi.org/10.1177/0268580916676915.

Armstead, C. A., Lawler, K. A., Gorden, G., Cross, J., & Gibbons, J. (1989). Relationship of racial stressors to blood pressure responses and anger expression in Black college students. *Health Psychology, 8*(5), 541–556. https://doi.org/10.1037/0278-6133.8.5.541.

Arnett, J. J. (2000). Emerging adulthood: A theory of development from the late teens through the twenties. *American Psychologist, 55,* 469–480.

Auernheimer, G. (2006). *Schieflagen im Bildungssystem: Die Benachteiligung der Migrantenkinder (Interkulturelle Studien, 16)* (2., überarb. u. erw.). VS Verlag für Sozialwissenschaften.

Auhuber, T. (2020). *ICD-10-GM 2021 Systematisches Verzeichnis: Internationale statistische Klassifikation der Krankheiten und verwandter Gesundheitsprobleme, 10. Revision – German Modification* (1. Aufl.). Deutscher Ärzteverlag.

Banerjee, M., Byrd, C., & Rowley, S. (2018). The relationships of school-based discrimination and ethnic-racial socialization to African American adolescents' achievement outcomes. *Social Sciences, 7*(10), 208. https://doi.org/10.3390/socsci7100208.

Baumert, J., Dumont, H., Becker, M., Neumann, M., Bachsleitner, A., Köller, O., & Maaz, K. (2019). Soziokulturelle und geschlechtsspezifische Selektivität von Übergangsberechtigungen für die gymnasiale Oberstufe in mehr- und zweigliedrigen Schulsystemen. *KZfSS Kölner Zeitschrift für Soziologie und Sozialpsychologie, 70*(4), 593–628. https://doi.org/10.1007/s11577-018-0584-0.

Becker, B. E., & Krzystofiak, F. J. (1982). The influence of labor market discrimination on locus of control. *Journal of Vocational Behavior, 21*(1), 60–70. https://doi.org/10.1016/0001-8791(82)90053-7.

Beelmann, A., & Jonas, K. J. (2009). *Diskriminierung und Toleranz: Psychologische Grundlagen und Anwendungsperspektiven* (2009. Aufl.). VS Verlag für Sozialwissenschaften.

Beigang, S., Fetz, K., Kalkum, D., & Otto, M. (2017). *Diskriminierungserfahrungen in Deutschland. Ergebnisse einer Repräsentativ- und einer Betroffenenbefragung* (S. 280–285).

Berliner Institut für empirische Integrations- und Migrationsforschung. https://www.antidiskriminierungsstelle.de/SharedDocs/Aktuelles/DE/2017/BIM_Studie_Diskriminierungserfahrung_20171211.html.

Bell, C. N., & Owens-Young, J. L. (2020). Self-rated health and structural racism indicated by county-level racial inequalities in socioeconomic status: The role of urban-rural classification. *Journal of Urban Health, 97*(1), 52–61. https://doi.org/10.1007/s11524-019-00389-7.

Benner, A. D., Wang, Y., Shen, Y., Boyle, A. E., Polk, R., & Cheng, Y.-P. (2018). Racial/ethnic discrimination and well-being during adolescence: A meta-analytic review. *American Psychologist, 73*(7), 855–883. https://doi.org/10.1037/amp0000204.

Berry, J. W. (1997). Immigration, acculturation, and adaptation. *Applied Psychology, 46*(1), 5–34. https://doi.org/10.1111/j.1464-0597.1997.tb01087.x.

Bochenek, M., & Brown, A. W. (2001). *Hatred in the hallways: Violence and discrimination against Lesbian, Gay, Bisexual, and Transgender Students in U.S. Schools*. Human Rights Watch.

Borrell, L. N., Jacobs, D. R., Williams, D. R., Pletcher, M. J., Houston, T. K., & Kiefe, C. I. (2007). Self-reported racial discrimination and substance use in the coronary artery risk development in adults study. *American Journal of Epidemiology, 166*(9), 1068–1079. https://doi.org/10.1093/aje/kwm180.

Borrell, L. N., Kiefe, C. I., Williams, D. R., Diez-Roux, A. V., & Gordon-Larsen, P. (2006). Self-reported health, perceived racial discrimination, and skin color in African Americans in the CARDIA study. *Social Science & Medicine, 63*(6), 1415–1427. https://doi.org/10.1016/j.socscimed.2006.04.008.

Borrell, C., Palència, L., Bartoll, X., Ikram, U., & Malmusi, D. (2015). Perceived discrimination and health among immigrants in Europe according to national integration policies. *International Journal of Environmental Research and Public Health, 12*(9), 10687–10699. https://doi.org/10.3390/ijerph120910687.

Bottiani, J. H., Bradshaw, C. P., & Mendelson, T. (2016). Inequality in black and white high school students' perceptions of school support: An examination of race in context. *Journal of Youth and Adolescence, 45*(6), 1176–1191. https://doi.org/10.1007/s10964-015-0411-0.

Broden, A., & Mecheril, P. (September 2007). *Tagungsdokumentation des Fachgespräches zur „Normalität und Alltäglichkeit des Rassismus"*. Informations- und Dokumentationszentrum für Antirassismusarbeit in NRW.

Brooks, J. S., & Watson, T. N. (2018). School Leadership and racism: An ecological perspective. *Urban Education, 54*(5), 631–655. https://doi.org/10.1177/0042085918783821.

Brunner, R., Plener, P. L., & Resch, F. (2012). Posttraumatische Belastungsstörung, Anpassungsstörungen und Selbstbeschädigungserkrankungen. In J. M. Fegert, C. Eggers, & F. Resch (Hrsg.), *Psychiatrie und Psychotherapie des Kindes- und Jugendalters* (S. 597–619). https://doi.org/10.1007/978-3-642-19846-5_21.

Buchna, J. (2019). Rassismus. Organisationale Deutungsmuster im Kontext Schule, *Migration und Rassismus, 21*–66. https://doi.org/10.1007/978-3-658-25744-6_2.

Bundesinstitut für Arzneimittel und Medizinprodukte. (2020). *ICD-10-GM Version 2021 – Alphabetisches Verzeichnis, Internationale statistische Klassifikation der Krankheiten und verwandter Gesundheitsprobleme* (10 überarb. Aufl., Bd. 2). W Kohlhammer GmbH.

Carlson, E. B. (1997). *Trauma assessments*. Guilford Publications.

Carskadon, M. A., & Dement, W. C. (2011). Monitoring and staging human sleep. In M. H. Kryger, T. Roth, & W. C. Dement (Hrsg.), *Principles and practice of sleep medicine* (5. Aufl., S. 16–26). Elsevier Saunders.

Carter, R. T. (1995). *The influence of race and racial identity in psychotherapy: Toward a racially inclusive model*. John Wiley & Sons, Inc.

Carter, R. T. (2007). Racism and psychological and emotional injury. *The Counseling Psychologist, 35*(1), 13–105. https://doi.org/10.1177/0011000006292033.

Carter, R. T., Lau, M. Y., Johnson, V., & Kirkinis, K. (2017). Racial discrimination and health outcomes among racial/ethnic minorities: A meta-analytic review. *Journal of Multicultural Counseling and Development, 45*(4), 232–259. https://doi.org/10.1002/jmcd.12076.

Cassidy, C., O'Connor, R. C., Howe, C., & Warden, D. (2004). Perceived discrimination and psychological distress: The role of personal and ethnic self-esteem. *Journal of Counseling Psychology, 51*(3), 329–339. https://doi.org/10.1037/0022-0167.51.3.329.

Cave, L., Cooper, M. N., Zubrick, S. R., & Shepherd, C. C. J. (2020). Racial discrimination and child and adolescent health in longitudinal studies: A systematic review. *Social Science & Medicine, 250,* 112864. https://doi.org/10.1016/j.socscimed.2020.112864.

Chavous, T. M., Rivas-Drake, D., Smalls, C., Griffin, T., & Cogburn, C. (2008). Gender matters, too: The influences of school racial discrimination and racial identity on academic engagement outcomes among African American adolescents. *Developmental Psychology, 44*(3), 637–654. https://doi.org/10.1037/0012-1649.44.3.637.

Clark, R., Anderson, N. B., Clark, V. R., & Williams, D. R. (1999). Racism as a stressor for African Americans: A biopsychosocial model. *American Psychologist, 54*(10), 805–816. https://doi.org/10.1037/0003-066x.54.10.805.

Cole, E. R. (2009). Intersectionality and research in psychology. *American Psychologist, 64*(3), 170–180. https://doi.org/10.1037/a0014564.

Colella, A. J., & King, E. B. (2017). *The oxford handbook of workplace discrimination.* Oxford University Press.

Cooper, C., Morgan, C., Byrne, M., Dazzan, P., Morgan, K., Hutchinson, G., Doody, G. A., Harrison, G., Leff, J., Jones, P., Ismail, K., Murray, R., Bebbington, P., & Fearon, P. (2008). Perceptions of disadvantage, ethnicity and psychosis. *British Journal of Psychiatry, 192*(3), 185–190. https://doi.org/10.1192/bjp.bp.107.042291.

Cozier, Y. C., Wise, L. A., Palmer, J. R., & Rosenberg, L. (2009). Perceived racism in relation to weight change in the black women's health study. *Annals of Epidemiology, 19*(6), 379–387. https://doi.org/10.1016/j.annepidem.2009.01.008.

Crawford, I., Allison, K. W., Zamboni, B. D., & Soto, T. (2002). The influence of dual-identity development on the psychosocial functioning of African-American gay and bisexual men. *The Journal of Sex Research, 39*(3), 179–189. https://doi.org/10.1080/00224490209552140.

Crutchfield, J., Phillippo, K. L., & Frey, A. (2020). Structural racism in schools: A view through the lens of the national school social work practice model. *Children & Schools, 42*(3), 187–193. https://doi.org/10.1093/cs/cdaa015.

Davis, S. K., Liu, Y., Quarells, R. C., Din-Dzietharn, R., & Metro Atlanta Heart Disease Study Group. (2005). Stress-related racial discrimination and hypertension likelihood in a population-based sample of African Americans: The Metro Atlanta Heart Disease Study. *Ethnicity & Disease, 15*(4), 585–593.

de Freitas, D. F., Fernandes-Jesus, M., Ferreira, P. D., Coimbra, S., Teixeira, P. M., de Moura, A., Gato, J., Marques, S. C., & Fontaine, A. M. (2018). Psychological correlates of perceived ethnic discrimination in Europe: A meta-analysis. *Psychology of Violence, 8*(6), 712–725. https://doi.org/10.1037/vio0000215.

Deutsche Gesellschaft für Kinder-, Jugendpsychiatrie, Psychosomatik, & Psychotherapie. (2007). *Leitlinien zu Diagnostik und Therapie von psychischen Störungen im Säuglings-, Kindes-und Jugendalter: mit 9 Tabellen.* Deutscher Ärzteverlag.

Dickter, C. L., Kittel, J. A., & Gyurovski, I. I. (2012). Perceptions of non-target confronters in response to racist and heterosexist remarks. *European Journal of Social Psychology, 42*(1), 112–119.

Dilling, H., Mombour, W., & Schmidt, M. H. (Hrsg.). (1993). *Weltgesundheitsorganisation: Internationale Klassifikation psychischer Störungen. ICD-10 Kapitel V (F). Klinisch-diagnostische Leitlinien*. Huber.

Din-Dzietham, R., Nembhard, W. N., Collins, R., & Davis, S. K. (2004). Perceived stress following race-based discrimination at work is associated with hypertension in African–Americans. The metro Atlanta heart disease study, 1999–2001. *Social Science & Medicine, 58*(3), 449–461. https://doi.org/10.1016/s0277-9536(03)00211-9.

Dovidio, J. F., Glick, P., & Rudman, L. A. (2005). Introduction: Reflecting on the nature of prejudice: Fifty years after Allport. In *On the nature of prejudice: Fifty years after Allport* (S. 1–15). Blackwell Publishing. https://doi.org/10.1002/9780470773963.ch1.

Dunbar, M., Mirpuri, S., & Yip, T. (2017). Ethnic/racial discrimination moderates the effect of sleep quality on school engagement across high school. *Cultural Diversity and Ethnic Minority Psychology, 23*(4), 527–540. https://doi.org/10.1037/cdp0000146.

Earnshaw, V. A., Rosenthal, L., Carroll-Scott, A., Santilli, A., Gilstad-Hayden, K., & Ickovics, J. R. (2016). Everyday discrimination and physical health: Exploring mental health processes. *Journal of Health Psychology, 21*(10), 2218–2228. https://doi.org/10.1177/1359105315572456.

Ehlert, U. (Hrsg.). (2016). *Verhaltensmedizin* (2. Aufl.). Springer.

European Union Agency for Fundamental Rights. (2015). *Violence against women: An EU wide survey: Main results*. Publications Office. https://data.europa.eu/doi.org/10.2811/981927.

Evans, C., Ehlers, A., Mezey, G., & Clark, D. M. (2007). Intrusive memories in perpetrators of violent crime: Emotions and cognitions. *Journal of Consulting and Clinical Psychology, 75*(1), 134–144. https://doi.org/10.1037/0022-006x.75.1.134.

Fisher, C. B., Wallace, S. A., & Fenton, R. E. (2000). Discrimination distress during adolescence. *Journal of Youth and Adolescence, 29*(6), 679–695. https://doi.org/10.1023/a:1026455906512.

Fegert, J. M., Eggers, C., & Resch, F. (Hrsg.). (2012). Spezifische Entwicklungsbedingungen. In *Psychiatrie und Psychotherapie des Kindes-und Jugendalters* (2. Aufl., S. 61–113). Springer.

Fereidooni, K., & El, M. (2016). Rassismus im Lehrer_innenzimmer. In K. Fereidooni & M. El (Hrsg.), *Rassismuskritik und Widerstandsformen* (S. 477–492). Springer VS. https://doi.org/10.1007/978-3-658-14721-1_28.

Flam, H., & Kleres, J. (2008). Ungleichheit und Vorurteil. *Österreichische Zeitschrift für Soziologie, 33*(2), 63–81. https://doi.org/10.1007/s11614-008-0018-8.

Fujishiro, K. (2009). Is perceived racial privilege associated with health? Findings from the behavioral risk factor surveillance system. *Social Science & Medicine, 68*(5), 840–844. https://doi.org/10.1016/j.socscimed.2008.12.007.

Gabriel, T. (2005). Resilienz – Kritik und Perspektiven. *Zeitschrift für Pädagogik, 51*(2), 207–217.

Gale, A., & Dorsey, M. (2020). Does the context of racial discrimination matter for adolescent school outcomes? The impact of in-school racial discrimination and general racial discrimination on black adolescents' outcomes. *Race and Social Problems, 12*(2), 171–185. https://doi.org/10.1007/s12552-020-09286-0.

Gee, G., & Walsemann, K. (2009). Does health predict the reporting of racial discrimination or do reports of discrimination predict health? Findings from the national longitudinal study of youth. *Social Science & Medicine, 68*(9), 1676–1684. https://doi.org/10.1016/j.socscimed.2009.02.002.

Göbber, J., Pfeiffer, W., Winkler, M., Kobelt, A., & Petermann, F. (2010). Stationäre psychosomatische Rehabilitationsbehandlung von Patienten mit türkischem Migrationshintergrund. *Zeitschrift für Psychiatrie, Psychologie und Psychotherapie, 58*(3), 181–187. https://doi.org/10.1024/1661-4747.a000026.

Gogolin, I., & Maaz, K. (2019). Editorial „Migration und Bildungserfolg". *Zeitschrift für Erziehungswissenschaft, 22*(1), 1–14. https://doi.org/10.1007/s11618-019-00886-0.

Goletz H., & Döpfner M. (2020) Zwangsstörungen. In M. Döpfner, M. Hautzinger, & M. Linden (Hrsg.), *Verhaltenstherapiemanual: Kinder und Jugendliche* (S. 321–324). Springer. https://doi.org/10.1007/978-3-662-58980-9_64.

Gomolla, M. & Radtke, F. O. (Hrsg.). (2009). *Institutionelle Diskriminierung: Die Herstellung ethnischer Differenz in der Schule* (3. Aufl.). VS Verlag für Sozialwissenschaften.

Greiner, W., Batram, M., Damm, O., Scholz, S., & Witte, J. (2018). *Kinder- und Jugendreport 2018. Gesundheitsversorgung von Kindern und Jugendlichen in Deutschland Schwerpunkt: Familiengesundheit – Beiträge zur Gesundheitsökonomie und Versorgungsforschung, Band 23*. medhochzwei Verlag. https://www.dak.de/dak/download/kinder--und-jugendreport-2104098.pdf.

Groen, G., & Petermann, F. (2011). *Depressive Kinder und Jugendliche* (2. über. Aufl.). Hogrefe Verlag.

Guyll, M., Matthews, K. A., & Bromberger, J. T. (2001). Discrimination and unfair treatment: Relationship to cardiovascular reactivity among African American and European American women. *Health Psychology, 20*(5), 315–325. https://doi.org/10.1037/0278-6133.20.5.315.

Güfel, L. (2010) Schwache Kinder stark machen: Vulnerabilität und Resilienz im Kontext der Jugendpsychiatrie. In F. Fredersdorf & M. Himmer (Hrsg.), *Junge Sozialarbeitswissenschaft* (S. 75–85). VS Verlag für Sozialwissenschaften. https://doi.org/10.1007/978-3-531-92564-6_7.

Harrell, J. P., Hall, S., & Taliaferro, J. (2003). Physiological responses to racism and discrimination: An assessment of the evidence. *American Journal of Public Health, 93*, 243–248.

Harris, R., Cormack, D., Tobias, M., Yeh, L. C., Talamaivao, N., Minster, J., & Timutimu, R. (2012). The pervasive effects of racism: Experiences of racial discrimination in New Zealand over time and associations with multiple health domains. *Social Science & Medicine, 74*(3), 408–415. https://doi.org/10.1016/j.socscimed.2011.11.004.

Harvey, W. B. (1984). The educational system and black mental health. *The Journal of Negro Education, 53*(4), 444. https://doi.org/10.2307/2295124.

Hausmann, C. (2006). *Einführung in die Psychotraumatologie* (1. Aufl.). UTB.

Heath, A., & Richards, L. (2016). Attitudes towards immigration and their antecedents: Topline results from round 7 of the European social survey. *ESS Topline Results Series, 7*, 13.

Henninger, M. (2016). Resilienz. In D. Frey (Hrsg.), *Psychologie der Werte* (S. 157–165). Springer. https://doi.org/10.1007/978-3-662-48014-4_14.

Holliday, B. G. (1985). Differential effects of children's self-perceptions and teachers' perceptions on black children's academic achievement. *The Journal of Negro Education, 54*(1), 71–81. https://doi.org/10.2307/2294901.

Hopf, H. (Hrsg.). (2018). *Schulangst und Schulphobie: Wege zum Verständnis und zur Bewältigung Hilfen für Eltern und Lehrer* (2. Aufl.). Brandes & Apsel.

Huebner, D. M., Rebchook, G. M., & Kegeles, S. M. (2004). Experiences of harassment, discrimination, and physical violence among young gay and bisexual men. *American Journal of Public Health, 94*(7), 1200–1203. https://doi.org/10.2105/ajph.94.7.1200.

Hughes, D., Rodriguez, J., Smith, E. P., Johnson, D. J., Stevenson, H. C., & Spicer, P. (2006). Parents' ethnic-racial socialization practices: A review of research and directions for future study. *Developmental Psychology, 42*(5), 747–770. https://doi.org/10.1037/0012-1649.42.5.747.

Hunte, H. E. R., & Barry, A. E. (2012). Perceived discrimination and DSM-IV–based alcohol and illicit drug use disorders. *American Journal of Public Health, 102*(12), 111–117. https://doi.org/10.2105/ajph.2012.300780.

Igel, U., Brähler, E., & Grande, G. (2010). Der Einfluss von Diskriminierungserfahrungen auf die Gesundheit von MigrantInnen. *Psychiatrische Praxis, 37*(04), 183–190. https://doi.org/10.1055/s-0029-1223508.

Imdorf, C. (2008). Migrantenjugendliche in der betrieblichen Ausbildungsplatzvergabe – auch ein Problem für Kommunen. In B. Michael & M. Krüger-Potratz (Hrsg.), *Migrationsreport 2008: Fakten – Analysen – Perspektiven* (S. 113–158). Campus Verlag.

Jasinskaja-Lahti, I., Liebkind, K., & Perhoniemi, R. (2006). Perceived discrimination and well-being: A victim study of different immigrant groups. *Journal of Community & Applied Social Psychology, 16*(4), 267–284. https://doi.org/10.1002/casp.865.

Jones, D. R., Harrell, J. P., Morris-Prather, C. E., Thomas, J., & Omowale, N. (1996). Affective and physiological responses to racism: The roles of afrocentrism and mode of presentation. *Ethnicity & disease, 6*(1–2), 109–122.

Kalter, F. (2006). Auf der Suche nach einer Erklärung für die spezifischen Arbeitsmarktnachteile von Jugendlichen türkischer Herkunft/In Search of an Explanation for the Specific Labor Market Disadvantages of Second Generation Turkish Migrant Children. *Zeitschrift für Soziologie, 35*(2), 144–160. https://doi.org/10.1515/zfsoz-2006-0204.

Karlsen, S., & Nazroo, J. Y. (2002). Relation between racial discrimination, social class, and health among ethnic minority groups. *American journal of public health, 92*(4), 624–631.

Kessler, R. C., Mickelson, K. D., & Williams, D. R. (1999). The prevalence, distribution, and mental health correlates of perceived discrimination in the United States. *Journal of Health and Social Behavior, 40*(3), 208. https://doi.org/10.2307/2676349.

Klapproth, F., Glock, S., Krolak-Schwerdt, S., Martin, R., & Böhmer, M. (2013). Prädiktoren der Sekundarschulempfehlung in Luxemburg. *Zeitschrift für Erziehungswissenschaft, 16*(2), 355–379. https://doi.org/10.1007/s11618-013-0340-1.

Kluge, U., Aichberger, M. C., Heinz, E., Udeogu-Gözalan, C., & Abdel-Fatah, D. (2020). Rassismus und psychische Gesundheit. *Der Nervenarzt, 91*(11), 1017–1024. https://doi.org/10.1007/s00115-020-00990-1.

Koch, E., Hartkamp, N., Siefen, R. G., & Schouler-Ocak, M. (2007). Patienten mit Migrationshintergrund in stationär-psychiatrischen Einrichtungen. *Der Nervenarzt, 79*(3), 328–339. https://doi.org/10.1007/s00115-007-2393-y.

Kozol, J. (Hrsg.). (2006). *The shame of the nation: The restoration of apartheid schooling in America*. Crown.

Krieger, N., & Sidney, S. (1996). Racial discrimination and blood pressure: The CARDIA study of young black and white adults. *American Journal of Public Health, 86*(10), 1370–1378. https://doi.org/10.2105/ajph.86.10.1370.

Krüger, A. (Hrsg.). (2008). *Akute psychische Traumatisierung bei Kindern und Jugendlichen – Ein Manual zur ambulanten Versorgung*. Klett-Cotta.

Kwate, N. O. A., Valdimarsdottir, H. B., Guevarra, J. S., & Bovbjerg, D. H. (2003). Experiences of racist events are associated with negative health consequences for African American women. *Journal of the National Medical Association, 95*(6), 450–460.

Landolt, M. A., & Hensel, T. (Hrsg.). (2012). *Traumatherapie bei Kindern und Jugendlichen*. Hogrefe Verlag.

Larson, A., Gillies, M., Howard, P. J., & Coffin, J. (2007). It's enough to make you sick: The impact of racism on the health of Aboriginal Australians. *Australian and New Zealand Journal of Public Health, 31*(4), 322–329. https://doi.org/10.1111/j.1753-6405.2007.00079.x.

Laucht, M. (2003). Vulnerabilität und Resilienz in der Entwicklung von Kindern – Ergebnisse der Mannheimer Lägnsschnittstudie. In K. H. Brisch, & T. Hellbrügge (Hrsg.), *Bindung und Trauma. Risiken und Schutzfaktoren für die Entwicklung von Kindern* (S. 53–71). Klett-Cotta.

Lenz, A. (Hrsg.). (2008). *Interventionen bei Kindern psychisch kranker Eltern: Grundlagen, Diagnostik und therapeutische Maßnahmen* (1. Aufl.). Hogrefe Verlag.

Lenz, A. (2010). *Ressourcen fördern. Materialien für die Arbeit mit Kindern und ihren psychisch kranken Eltern*. Hogrefe Verlag.

Lenz, A. (Hrsg,). (2014). *Ressourcen fördern*. Göttingen: Hogrefe Verlag.

Letourneau, E. J., Resnick, H. S., Kilpatrick, D. G., Saunders, B. E., & Best, C. L. (1996). Comorbidity of sexual problems and posttraumatic stress disorder in female crime victims. *Behavior Therapy, 27*(3), 321–336. https://doi.org/10.1016/s0005-7894(96)80020-7.

Levecque, K., & Van Rossem, R. (2014). Depression in Europe: Does migrant integration have mental health payoffs? A cross-national comparison of 20 European countries. *Ethnicity & Health, 20*(1), 49–65. https://doi.org/10.1080/13557858.2014.883369.

Levine, P. A., & Kline, M. (Hrsg.). (2013). *Verwundete Kinderseelen heilen: wie Kinder und Jugendliche traumatische Erlebnisse überwinden können*. Kösel-Verlag.

Lewis, T. T., Everson-Rose, S. A., Powell, L. H., Matthews, K. A., Brown, C., Karavolos, K., Sutton-Tyrrell, K., Jacobs, E., & Wesley, D. (2006). Chronic exposure to everyday discrimination and coronary artery calcification in African-American women: The SWAN heart study. *Psychosomatic Medicine, 68*(3), 362–368. https://doi.org/10.1097/01.psy.0000221360.94700.16.

Link, B. G., & Phelan, J. C. (2001). Conceptualizing stigma. *Annual Review of Sociology, 27*(1), 363–385. https://doi.org/10.1146/annurev.soc.27.1.363.

Loeber, R. (1990). Development and risk factors of juvenile antisocial behavior and delinquency. *Clinical Psychology Review, 10*(1), 1–41. https://doi.org/10.1016/0272-7358(90)90105-j.

Lombardi, E. L., Wilchins, R. A., Priesing, D., & Malouf, D. (2002). Gender violence: Transgender experiences with violence and discrimination. *Journal of Homosexuality, 42*(1), 89–101. https://doi.org/10.1300/J082v42n01_05.

Masko, A. (2014). Racism and mental health: Are schools hostile learning environments for students of color? *Language Arts Journal of Michigan, 30*(1), 61–67. https://doi.org/10.9707/2168-149x.2045.

Masten, A. S. (2001). Ordinary magic: Resilience processes in development. *American Psychologist, 56*(3), 227–238. https://doi.org/10.1037/0003-066X.56.3.227.

Mansouri, F., & Jenkins, L. (2010). Schools as sites of race relations and intercultural tension. *Australian Journal of Teacher Education, 35*(7). https://doi.org/10.14221/ajte.2010v35n7.8.

Merbach, M., Wittig, U., & Brähler, E. (2008). Angst und Depression polnischer und vietnamesischer MigrantInnen in Leipzig unter besonderer Berücksichtigung ihres Eingliederungsprozesses. *PPmP – Psychotherapie · Psychosomatik · Medizinische Psychologie, 58*(03/04), 146–154. https://doi.org/10.1055/s-2008-1067351.

Mehler-Wex, C., & Kölch, M. (2008). Depressive Störungen im Kindes-und Jugendalter. *Deutsches Ärzteblatt, 105*(9), 149–155.

Mesch, G. S., Turjeman, H., & Fishman, G. (2007). Perceived discrimination and the well-being of immigrant adolescents. *Journal of Youth and Adolescence, 37*(5), 592–604. https://doi.org/10.1007/s10964-007-9210-6.

Mewes, R., Asbrock, F., & Laskawi, J. (2015). Perceived discrimination and impaired mental health in Turkish immigrants and their descendents in Germany. *Comprehensive Psychiatry, 62*, 42–50. https://doi.org/10.1016/j.comppsych.2015.06.009.

Missinne, S., & Bracke, P. (2010). Depressive symptoms among immigrants and ethnic minorities: A population based study in 23 European countries. *Social Psychiatry and Psychiatric Epidemiology, 47*(1), 97–109. https://doi.org/10.1007/s00127-010-0321-0.

Mühlig S., & Jacobi F. (2011) Psychoedukation. In H. U. Wittchen, & J. Hoyer (Hrsg.), *Klinische Psychologie & Psychotherapie*. Springer-Lehrbuch, Springer VS. https://doi.org/10.1007/978-3-642-13018-2_20.

Muris, P., Merckelbach, H., Gadet, B., & Moulaert, V. (2000). Fears, worries, and scary dreams in 4-to 12-year-old children: Their content, developmental pattern, and origins. *Journal of clinical child psychology, 29*(1), 43–52. https://doi.org/10.1207/S15374424jccp2901_5.

Nagendra, A., Twery, B. L., Neblett, E. W., Mustafic, H., Jones, T. S., Gatewood, D., & Penn, D. L. (2018). Social cognition and African American men: The roles of perceived discrimination and experimenter race on task performance. *Psychiatry Research, 259,* 21–26. https://doi.org/10.1016/j.psychres.2017.09.074.

Nevermann, C., & Reicher, H. (Hrsg.). (2020). *Depressionen im Kindes- und Jugendalter: Erkennen, verstehen, helfen.* C.H.Beck.

Nguyen, T. Q. (2013). „Es gibt halt sowas wie einen Marionettentäter". Schulisch-institutionelle Rassismuserfahrungen, kindliche Vulnerabilität und Mikroaggression. *ZEP: Zeitschrift für internationale Bildungsforschung und Entwicklungspädagogik, 36*(2), 20–24. https://doi.org/10.25656/01:10620.

Nyborg, V. M., & Curry, J. F. (2003). The impact of perceived racism: Psychological symptoms among African American boys. *Journal of Clinical Child & Adolescent Psychology, 32*(2), 258–266. https://doi.org/10.1207/s15374424jccp3202_11.

Okazaki, S. (2009). Impact of racism on ethnic minority mental health. *Perspectives on Psychological Science, 4*(1), 103–107. https://doi.org/10.1111/j.1745-6924.2009.01099.x.

Paluck, E. L., & Green, D. P. (2009). Prejudice reduction: What works? A review and assessment of research and practice. *Annual Review of Psychology, 60*(1), 339–367. https://doi.org/10.1146/annurev.psych.60.110707.163607.

Paradies, Y., Ben, J., Denson, N., Elias, A., Priest, N., Pieterse, A., Gupta, A., Kelaher, M., & Gee, G. (2015). Racism as a determinant of health: A systematic review and meta-analysis. *PLOS ONE, 10*(9), e0138511. https://doi.org/10.1371/journal.pone.0138511.

Pascoe, E. A., & Smart Richman, L. (2009). Perceived discrimination and health: A meta-analytic review. *Psychological Bulletin, 135*(4), 531–554. https://doi.org/10.1037/a0016059.

Petermann, F., & Petermann, U. (2013). Störungen des Sozialverhaltens. *Kindheit und Entwicklung, 22*(3), 123–126. https://doi.org/10.1026/0942-5403/a000108.

Pforr, U. (2009). Trauma und Persönlichkeitsbildung bei Menschen mit einer geistigen Behinderung. In R. Haubl, F. Dammasch, H. Krebs, J. Bauer, A. E. S. Noerr, J. Heilmann, C. Kleemann, J. Körner, M. Rauwald, & U. Pforr (Hrsg), *Riskante Kindheit: Psychoanalyse und Bildungsprozesse* (S. 269–281). Vandenhoeck & Ruprecht.

Pieterse, A. L., & Carter, R. T. (2007). An examination of the relationship between general life stress, racism-related stress, and psychological health among black men. *Journal of Counseling Psychology, 54*(1), 101–109. https://doi.org/10.1037/0022-0167.54.1.101.

Pieterse, A. L., Todd, N. R., Neville, H. A., & Carter, R. T. (2012). Perceived racism and mental health among Black American adults: A meta-analytic review. *Journal of Counseling Psychology, 59*(1), 1–9. https://doi.org/10.1037/a0026208.

Polanin, J. R., Espelage, D. L., & Pigott, T. D. (2012). A Meta-analysis of school-based bullying prevention programs' effects on bystander intervention behavior. *School Psychology Review, 41*(1), 47–65. https://doi.org/10.1080/02796015.2012.12087375.

Pospeschill, M., & Siegel, R. (2018). *Methoden für die klinische Forschung und diagnostische Praxis.* Springer.

Priest, N., Paradies, Y., Trenerry, B., Truong, M., Karlsen, S., & Kelly, Y. (2013). A systematic review of studies examining the relationship between reported racism and health and wellbeing for children and young people. *Social Science & Medicine, 95,* 115–127. https://doi.org/10.1016/j.socscimed.2012.11.031.

Ravens-Sieberer, U., Wille, N., Bettge, S., & Erhart, M. (2007). Psychische Gesundheit von Kindern und Jugendlichen in Deutschland. *Bundesgesundheitsblatt – Gesundheitsforschung - Gesundheitsschutz, 50*(5–6), 871–878. https://doi.org/10.1007/s00103-007-0250-6.

Reid, L. D., & Foels, R. (2010). Cognitive complexity and the perception of subtle racism. *Basic and Applied Social Psychology, 32*(4), 291–301. https://doi.org/10.1080/01973533.2010.519217.

Robert Koch Institut. (2008). *Migration und Gesundheit. Schwerpunktbericht der Gesundheitsberichterstattung des Bundes.*

Ruf, M., Schauer, M., & Elbert, T. (2010). Prävalenz von traumatischen Stresserfahrungen und seelischen Erkrankungen bei in Deutschland lebenden Kindern von Asylbewerbern. *Zeitschrift für Klinische Psychologie und Psychotherapie, 39*(3), 151–160. https://doi.org/10.1026/1616-3443/a000029.

Rumbaut, R. G. (1994). The crucible within: Ethnic identity, self-esteem, and segmented assimilation among children of immigrants. *International Migration Review, 28*(4), 748–794. https://doi.org/10.1177/019791839402800407.

Rutter, M., Caspi, A., & Moffitt, T. E. (2003). Using sex differences in psychopathology to study causal mechanisms: Unifying issues and research strategies. *Journal of Child Psychology and Psychiatry, 44*(8), 1092–1115. https://doi.org/10.1111/1469-7610.00194.

Salentin, K. (2007). Determinants of experience of discrimination in minorities in Germany. *International Journal of Conflict and Violence, 1*(1), 32–50.

Sanders-Phillips, K. (2009). Racial discrimination: A continuum of violence exposure for children of color. *Clinical Child and Family Psychology Review, 12*(2), 174–195. https://doi.org/10.1007/s10567-009-0053-4.

Schachner, M. K., Juang, L., Moffitt, U., & van de Vijver, F. J. R. (2018). Schools as acculturative and developmental contexts for youth of immigrant and refugee background. *European Psychologist, 23*(1), 44–56. https://doi.org/10.1027/1016-9040/a000312.

Schachner, M. K., Noack, P., van de Vijver, F. J. R., & Eckstein, K. (2016). Cultural diversity climate and psychological adjustment at school-equality and inclusion versus cultural pluralism. *Child Development, 87*(4), 1175–1191. https://doi.org/10.1111/cdev.12536.

Scharathow, W. (2017). Jugendliche und Rassismuserfahrungen. Kontexte, Handlungsherausforderungen und Umgangsweisen. In K. Fereidooni & M. El (Hrsg.), *Rassismuskritik und Widerstandsformen* (S. 107–127). Springer VS. https://doi.org/10.1007/978-3-658-14721-1_7.

Schenk, L. (2007). Migration und Gesundheit – Entwicklung eines Erklärungs- und Analysemodells für epidemiologische Studien. *International Journal of Public Health, 52*(2), 87–96. https://doi.org/10.1007/s00038-007-6002-4.

Scherr, A. (2011). Diskriminierung und Rassismus. In H. U. Otto & H. Thiersch (Hrsg.), *Handbuch Soziale Arbeit* (S. 312–321). Ernst Reinhardt Verlag.

Scherr, A., & Breit, H. (2020). *Diskriminierung, Anerkennung und der Sinn für die eigene soziale Position. Wie Diskriminierungserfahrungen Bildungsprozesse und Lebenschancen beeinflussen.* Beltz Juventa.

Schmeck K., & Stadler C. (2012) Störungen des Sozialverhaltens. In J. M. Fegert, C. Eggers, & F. Resch (Hrsg.), *Psychiatrie und Psychotherapie des Kindes- und Jugendalters* (S. 911–935). Springer. https://doi.org/10.1007/978-3-642-19846-5_32.

Schmitt, M. T., & Branscombe, N. R. (2002). The meaning and consequences of perceived discrimination in disadvantaged and Privileged Social Groups. *European Review of Social Psychology, 12*(1), 167–199. https://doi.org/10.1080/14792772143000058.

Schmitt, M. T., Branscombe, N. R., Postmes, T., & Garcia, A. (2014). The consequences of perceived discrimination for psychological well-being: A meta-analytic review. *Psychological Bulletin, 140*(4), 921–948. https://doi.org/10.1037/a0035754.

Schneider, S., & In-Albon, T. (2004). Störung mit Trennungsangst. In S. Schneider (Hrsg.), *Angststörungen bei Kindern und Jugendlichen* (S. 105-131). Springer-Verlag.

Schneider, S., & Döpfner, M. (2004). Leitlinien zur Diagnostik und Psychotherapie von Angst- und Phobischen Störungen im Kindes- und Jugendalter: Ein evidenzbasierter Diskussionsvorschlag. *Kindheit und Entwicklung, 13*(2), 80–96. https://doi.org/10.1026/0942-5403.13.2.80

Schouler-Ocak, M. (2015). Sind Migrantinnen und Migranten anders depressiv? In T. Borde & M. David (Hrsg.), *Migration und psychische Gesundheit. Belastungen und Potentiale* (3. Aufl., S. 83–94). Mabuse Verlag.

Schouler-Ocak, M. (2019). Psychische Gesundheit von Menschen mit Migrations- und Fluchthintergrund in Deutschland. *Springer Reference Psychologie*, 1–21. https://doi.org/10.1007/978-3-658-18403-2_33-1.

Schouler-Ocak, M., Aichberger, M. C., Penka, S., Kluge, U., & Heinz, A. (2015). Psychische Störungen bei Menschen mit Migrationshintergrund in Deutschland. *Bundesgesundheitsblatt – Gesundheitsforschung – Gesundheitsschutz, 58*(6), 527–532. https://doi.org/10.1007/s00103-015-2143-4.

Schulze, H., Loch, U., & Gahleitner, S. B. (Hrsg.). (2016). *Soziale Arbeit mit traumatisierten Menschen: Plädoyer für eine Pschosoziale Traumatologie* (Bd. 28). Schneider Verlag Hohengehren.

Seibert, H., Hupka-Brunner, S., & Imdorf, C. (2009). Wie Ausbildungssysteme Chancen verteilen. *KZfSS Kölner Zeitschrift für Soziologie und Sozialpsychologie, 61*(4), 595–620. https://doi.org/10.1007/s11577-009-0084-3

Seibert, H., & Solga, H. (Hrsg.). (2005). Gleiche Chancen dank einer abgeschlossenen Ausildung? Zum Signalwert von Ausbildungsabschlüssen bei ausländischen und deutschen jungen Erwachsenen. *Zeitschrift für Soziologie 34*(5), 364–382.

Seibert, H., & Solga, H. (Hrsg.). (2006). Die Suche geht weiter. Kommentare zu "Auf der Scuhe nach einer Erklärung für die spezifischen Arbeitsmarktnachteile von Jugendlichen türkischer Herkunft". *Zeitschrift für Soziologie 35*(5), 413–417.

Slavin, L. A., Rainer, K. L., McCreary, M. L., & Gowda, K. K. (1991). Toward a multicultural model of the stress process. *Journal of Counseling & Development, 70*(1), 156–163. https://doi.org/10.1002/j.1556-6676.1991.tb01578.x

Statistisches Bundesamt. (2020). Bevölkerung mit Migrationshintergrund 2019 um 2,1 % gewachsen: Schwächster Anstieg seit 2011. *DESTATIS Statistisches Bundesamt*. https://www.destatis.de/DE/Themen/Gesellschaft-Umwelt/Bevoelkerung/Migration-Integration/_inhalt.html.

Steele, L., Dobbins, J. G., Fukuda, K., Reyes, M., Randall, B., Koppelman, M., & Reeves, W. C. (1998). The epidemiology of chronic fatigue in San Francisco. *The American Journal of Medicine, 105*(3), 83S-90S. https://doi.org/10.1016/s0002-9343(98)00158-2

Steinhausen, H. C. (Hrsg.). (2000). *Psychische Störungen bei Kindern und Jugendlichen: Lehrbuch der Kinder-und Jugendpsychiatrie*. Urban & Fischer.

Stepnowsky, C. J., Moore, P. J., & Dimsdale, J. E. (2003). Effect of ethnicity on sleep: Complexities for epidemiologic research. *Sleep, 26*(3), 329–332. https://doi.org/10.1093/sleep/26.3.329

Thomas, K. S., Bardwell, W. A., Ancoli-Israel, S., & Dimsdale, J. E. (2006). The toll of ethnic discrimination on sleep architecture and fatigue. *Health Psychology, 25*(5), 635–642. https://doi.org/10.1037/0278-6133.25.5.635

Thompson, A. R., & Gregory, A. (2011). Examining the influence of perceived discrimination during African American adolescents' early years of high school. *Education and Urban Society, 43*(1), 3–25. https://doi.org/10.1177/0013124510379827

Tremblay, R. E., Japel, C., Perusse, D., Mcduff, P., Boivin, M., Zoccolillo, M., & Montplaisir, J. (1999). The search for the age of 'onset' of physical aggression: Rousseau and Bandura revisited. *Criminal Behaviour and Mental Health, 9*(1), 8–23. https://doi.org/10.1002/cbm.288

Trevisan, A. (2019). 8. Rassismus und sein Einfluss auf die psychische Gesundheit. In A. Trevisan (Hrsg.), *Depression und Biographie* (S. 283–332). Transcript Verlag. https://doi.org/10.14361/9783839450796-009.

Tull, S. E., Wickramasuriya, T., Taylor, J., Smith-Burns, V., Brown, M., Champagnie, G., Daye, K., Donaldson, K., Solomon, N., Walker, S., Fraser, H., & Jordan, O. W. (1999). Relationship of internalized racism to abdominal obesity and blood pressure in Afro-Caribbean women. *Journal of the National Medical Association, 91*(8), 447–452.

Tuppat, J., & Becker, B. (2014). Sind türkischstämmige Kinder beim Schulstart im Nachteil? *KZfSS Kölner Zeitschrift für Soziologie und Sozialpsychologie, 66*(2), 219–241. https://doi.org/10.1007/s11577-014-0255-8

Veling, W. (2013). Ethnic minority position and risk for psychotic disorders. *Current Opinion in Psychiatry, 26*(2), 166–171. https://doi.org/10.1097/yco.0b013e32835d9e43

Veling, W., Susser, E., van Os, J., Mackenbach, J. P., Selten, J.-P., & Hoek, H. W. (2008). Ethnic density of neighborhoods and incidence of psychotic disorders among immigrants. *American Journal of Psychiatry, 165*(1), 66–73. https://doi.org/10.1176/appi.ajp.2007.07030423

Verkuyten, M. (1998). Perceived discrimination and self-esteem among ethnic minority adolescents. *The Journal of Social Psychology, 138*(4), 479–493. https://doi.org/10.1080/00224549809600402

Vines, A. I., Baird, D. D., Stevens, J., Hertz-Picciotto, I., Light, K. C., & McNeilly, M. (2007). Associations of abdominal fat with perceived racism and passive emotional responses to racism in African American women. *American Journal of Public Health, 97*(3), 526–530. https://doi.org/10.2105/ajph.2005.080663

Walitza, S., & Melfsen, S. (2016). Angststörungen im Kindes- und Jugendalter. *Monatsschrift Kinderheilkunde, 164*(4), 278–287. https://doi.org/10.1007/s00112-016-0041-y

Walitza, S., Rütter, C., & Brezinka, V. (2017). Zwangsstörungen im Kindes- und Jugendalter. *PSYCH up2date, 11*(05), 409–424. https://doi.org/10.1055/s-0043-103718.

Walton, J., Priest, N., Kowal, E., White, F., Brickwood, K., Fox, B., & Paradies, Y. (2014). Talking culture? Egalitarianism, color-blindness and racism in Australian elementary schools. *Teaching and Teacher Education, 39*, 112–122. https://doi.org/10.1016/j.tate.2014.01.003

Weiler, H. T., & Blanz, B. (2002). Angststörungen im Kindes- und Jugendalter. *Monatsschrift Kinderheilkunde, 150*(2), 172–178. https://doi.org/10.1007/s00112-002-0409-z

Wendel, K. (2003). Opfererfahrungen von Migranten und Flüchtlingen in Brandenburg. *Journal für Konflikt und Gewaltforschung, 1*, 70–87.

Werkuyten, M., & Nekuee, S. (1999). Subjective well-being, discrimination and cultural conflict: Iranians living in The Netherlands. *Social Indicators Research, 47*(3), 281–306. https://doi.org/10.1023/a:1006970410593

Wewetzer, C. (Hrsg.). (2004). *Zwänge bei Kindern und Jugendlichen*. Hogrefe Verlag.

Whitbeck, L. B., Hoyt, D. R., McMorris, B. J., Chen, X., & Stubben, J. D. (2001). Perceived discrimination and early substance abuse among American Indian children. *Journal of Health and Social Behavior, 42*(4), 405. https://doi.org/10.2307/3090187

Williams, D. R. (2000). Race, stress, and mental health: Findings from the commonwealth minority health survey. In C. Hogue, M. A. Hargraves, & K. S. Collins (Hrsg.), *Minority health in America: Findings and policy implication from the commonwealth fund minority health survey* (S. 209–243). Baltimore.

Williams, D. R., & Mohammed, S. A. (2008). Discrimination and racial disparities in health: Evidence and needed research. *Journal of Behavioral Medicine, 32*(1), 20–47. https://doi.org/10.1007/s10865-008-9185-0

Williams, D. R., Yan, Y., Jackson, J. S., & Anderson, N. B. (1997). Racial differences in physical and mental health. *Journal of Health Psychology, 2*(3), 335–351. https://doi.org/10.1177/135910539700200305

Williams, D. R., Neighbors, H. W., & Jackson, J. S. (2003). Racial/ethnic discrimination and health: Findings from community studies. *American Journal of Public Health, 93*(2), 200–208. https://doi.org/10.2105/ajph.93.2.200

Wolf, K. (2012). *Sozialpädagogische Interventionen in Familien*. Beltz Verlag.

Wong, C. A., Eccles, J. S., & Sameroff, A. (2003). The influence of ethnic discrimination and ethnic identification on African American adolescents' school and socioemotional adjustment. *Journal of Personality, 71*(6), 1197–1232. https://doi.org/10.1111/1467-6494.7106012

Wong, C. F., Weiss, G., Ayala, G., & Kipke, M. D. (2010). Harassment, discrimination, violence, and illicit drug use among young men who have sex with men. *AIDS Education and Prevention, 22*(4), 286–298. https://doi.org/10.1521/aeap.2010.22.4.286

Yeboah, A. (2017) Rassismus und psychische Gesundheit in Deutschland. In K. Fereidooni & M. El (Hrsg.), *Rassismuskritik und Widerstandsformen* (S. 143–161). Springer Fachmedien Wiesbaden. https://doi.org/10.1007/978-3-658-14721-1_9.

Yoo, H. C., Gee, G. C., & Takeuchi, D. (2009). Discrimination and health among Asian American immigrants: Disentangling racial from language discrimination. *Social Science & Medicine, 68*(4), 726–732. https://doi.org/10.1016/j.socscimed.2008.11.013

Zamboni, B. D., & Crawford, I. (2006). Minority stress and sexual problems among African-American gay and bisexual men. *Archives of Sexual Behavior, 36*(4), 569–578. https://doi.org/10.1007/s10508-006-9081-z

Zeeb, H., & Razum, O. (2006). Epidemiologische Studien in der Migrationsforschung. *Bundesgesundheitsblatt – Gesundheitsforschung – Gesundheitsschutz, 49*(9), 845–852. https://doi.org/10.1007/s00103-006-0017-5.

Zick, A., Küpper, B., & Heitmeyer, W. (2011). Vorurteile als Elemente Gruppenbezogener. Menschenfeindlichkeit – eine Sichtung der Vorurteilsforschung und ein theoretischer Entwurf. In A. Pelinka (Hrsg.), *Vorurteile: Ursprünge, Formen, Bedeutung* (S. 287–316). deGruyter. https://doi.org/10.1515/9783110267198.287.

Erkennen – Vorbeugen – Eingreifen: (Selbst-)reflexive Präventions- und Interventionsansätze für eine rassismuskritische Praxis in der Schule

Selin Göksoy und Sissy Gales

4.1 Einleitung

„Weiße Menschen [...] haben das Privileg, sich dafür entscheiden zu können, ob sie sich mit Rassismus auseinandersetzen oder nicht. Sie sind nicht diejenigen, die in Medienberichten als eine homogene Gruppe dargestellt werden. Sie erleben aufgrund ihrer vermeintlichen Herkunft keine Benachteiligung bei der Wohnungs- und Arbeitssuche. Auch müssen sie nicht in der ersten Seminarsitzung/am ersten Schultag bei ihrem vermeintlich ausländisch klingenden Namen erst einmal erklären, wo sie denn wirklich herkommen. Sich dessen bewusst zu werden und eine Sensibilität für die rassistische Normalität zu bekommen, die PoC [People of Color; Anmerkung der Autorinnen] in Deutschland tagtäglich, vor allem in Institutionen wie dem Kindergarten, der Universität und der Schule erleben, liegt in der Verantwortung der Weißen." (Initiative Intersektionale Pädagogik, 2015, S. 32).

Eine Perspektivierung von Rassismus als eine andauernde, gesellschaftliche (Re-)Produktion von Differenzlinien, eine nicht essentialistische, die Bedeutung und den Ursprung nicht in sich selbst tragende Unterscheidung zwischen Privilegierten und Rassifizierten und das Verständnis davon, dass ebendiese als strukturelles und dadurch *strukturierendes* Element jegliche Erfahrungsräume rassistisch Marginalisierter durchzieht, dient diesem Kapitel als Ausgangspunkt (Karabulut, 2020). Von diesem Leitgedanken ausgehend schwebt die allmächtige Hand des Rassismus wie ein Damoklesschwert über jedem Lebensbereich Marginalisierter, wobei Räume institutioneller Bildung eine prägnante Stelle unter den häufigsten Kontexten einnehmen, die von Rassismuserfahrungen geprägt sind (Uslucan, 2017). Dabei münden die

---

S. Göksoy (✉)
Universität Luxemburg, Bettendorf, Luxemburg

S. Gales
Universität Luxemburg, Mainz, Deutschland

Diskurse über Rassismus im Schulsystem, die in erster Linie mit einem defizitären Blick auf Schüler*innen mit (*vermeintlichem*) *Migrationshintergrund*[1] und indes *Förderbedarf* geführt werden, in einer grundsätzlichen Bildungsungleichheit zwischen denen, die als fremd markiert werden und denen, die von Anfang an mühelos dazugehören (Karabulut, 2020; Karakaşoğlu und Wojciechowicz, 2017).

▶ **Bildungsungleichheit** Bildungsungleichheit stellt einen Sammelbegriff für alle interindividuellen Differenzen im Rahmen des Bildungswerdegangs dar, der insbesondere die erreichten Abschlüsse sowie die Verteilung der angebotenen Chancen beschreibt. Die beschriebenen Unterschiede werden hierbei auf politisch-soziale Bedingungen und familiäre Kontexte zurückgeführt, die eng mit Rassismuserfahrungen verstrickt sind (Müller und Haun, 1997). Unterschieden wird zudem zwischen primären und sekundären schichtbezogenen Disparitäten. Von primären Disparitäten wird gesprochen, wenn ein Kind geringeren Schulerfolg aufgrund geringerer Leistungen erreicht. Sekundäre Disparitäten schließen alle Benachteiligungen und Unsichtbarmachungen ein, die dadurch entstehen, dass das wahre Leistungspotenzial eines Kindes bspw. durch Lehrer*innen nicht wahrgenommen und folglich nicht adäquat gefördert wird (Maaz, 2006). Dieser theoretischen Unterteilung sei hinzugefügt, dass die Disparitätskategorien womöglich in einer verwobenen Schul- und Bildungsrealität oft Hand in Hand gehen und sich gegenseitig bedingen.

Der Mikrokosmos ‚Schule' stellt dahingehend ein Gleichnis des gesellschaftlich-politischen Makrokosmos dar und zeichnet parallel Attribuierungen von Defizit und Gefahr als Kernmerkmale von migrantisierten oder migrantischen Schüler*innen nach (Bukow und Cudak, 2017). Dieses Narrativ der migrantisierten oder migrantischen Schüler*innen als „Widersacher*innen des nationalen Erfolgs" (Karabulut, 2020, S. 47) wurde insbesondere 2005 durch die Debatten um die Ergebnisse der PISA-Studie in Deutschland augenscheinlich, als medial spekuliert wurde „wie Deutschland abschneiden würde, wenn die Kinder mit Migrationshintergrund herausgerechnet würden" (Hamburger, 2005, S. 7). Folglich gerät die dadurch entstehende Schieflage der Chancenverteilung und Bildungsbeteiligung in Konflikt mit dem substanziellen

---

[1] Aus rassismuskritischer Perspektive wird bewusst auf differenzproduzierende, häufig fälschlich genutzte und zu problematisierende Bezeichnungen wie *mit Migrationshintergrund* (bspw. für Menschen ohne eigentlichen oder eigenen Migrationshintergrund) verzichtet. Stattdessen werden die Begriffe *BIPoC* (Black, Indigenous and People of Color), *PoC* (People of Color), *Marginalisierte* sowie die Bezeichnungen *Schwarz* und *Weiß* im Sinne politischer Kategorien mit unterschiedlich konstruierten Privilegien und Unterdrückungserfahrungen genutzt (vgl. Rommelspacher, 1998). Letztlich kommt die Bezeichnung *Migrantisierte* zur Verwendung; diese setzt den Fokus auf die Erfahrung von Menschen, die erst durch Außenstehende zu Migrant*innen gemacht, also *migrantisiert* werden (vgl. Hess, 2014; Lavorano, 2019).

Anspruch des Bildungssystems, Kindern und jungen Erwachsenen in ausschlaggebenden Entwicklungsstadien einen *gleichberechtigten* und *gleichberechtigenden* Raum ohne Vorurteile zu bieten (Karabulut, 2020; Quel, 2010; Weber, 2003). Dahingehend wird einer spezifischen Gruppe von Kindern ein grundlegendes Recht verweigert; das Recht auf eine sichere und positive Schulatmosphäre, welche eine wesentliche Rolle für den schulischen Erfolg sowie die Qualität einer pädagogisch-bildenden Institution und ihrer Lehre einnimmt (Ahlring, 2010). Solche Ungleichheiten bleiben häufig unter dem Deckmantel der Meritokratie verborgen und treten trotz einer Vielzahl von empirischen Befunden zur ungleichen Chancenverteilung in den Hintergrund der öffentlichen Aufmerksamkeit (vgl. Bonefeld und Dickhäuser, 2018; Gomolla und Radtke, 2009). Ein doppeltes Paradoxon entsteht dann, wenn schulischer Erfolg, bspw. gemessen an der Zurückstellung der Einschulung oder der Hauptschulempfehlung in der Grundschule, insofern individualisiert wird, als migrantisierten ‚Problemkindern' die alleinige Verantwortung für ihre Leistungen und Ergebnisse gegeben und so eine Art des Förderbedarfs zugeschrieben wird, die strukturelle Benachteiligungen und deren wirkmächtige Konsequenzen ausklammert (Fereidooni und Zeoli, 2006; Kollender, 2016; Kristen, 2002; Rohling, 2002). Folgerichtig soll dieses Kapitel aus rassismuskritischer Perspektive dazu beitragen, einerseits den Blick für (verdeckte) Rassismen auf verschiedenen Ebenen des Schulsystems zu schärfen, gleichzeitig aber auch Handreichungen für (selbst-)reflexive Präventions- und Interventionsmöglichkeiten für eine rassismuskritische Praxis und Haltung im Klassenzimmer, im Schulhof und anderswo mit auf den Weg geben.

> „Rassismus ist wie alles, was der Mensch erfunden hat, vergänglich. Er wird aber nicht von alleine verschwinden." (Arndt, 2015, S. 156).

▶ Was kann man nun tun, um Rassismen nicht nur zu erkennen, sondern diesen auch entgegenzuwirken?

Die Diversität der unterschiedlichen Schüler*innen-Lehrer*innen Konstellationen sowie weiterer Instanzen gestaltet es als unmöglich, dieser Frage mit einer einzigen, idealen Intervention zu begegnen. Grundsätzlich kann jedoch entschieden festgestellt werden, dass eine *bewusste,* intersektionale Perspektive zu Beginn jedes Präventions- und Interventionsversuchs stehen muss. Ausprägungen von Benachteiligungen, Diskriminierungen und Rassismen sind mehrdimensional, vielschichtig und können sogar überlagernd sein. So können sie sowohl von Lehrenden gegenüber Schüler*innen oder dem Kollegium an den Tag gelegt werden, als auch von Schüler*innen ausgehen und gegen Mitschüler*innen oder Lehrende gerichtet sein.

▶ **Intersektionalität** Unter Intersektionalität wird das Zusammenwirken unterschiedlicher politisch-sozialer Strukturkategorien (z. B. Geschlecht, Klasse, Nationalität,

Sexualität, Alter, etc.) verstanden, die durch ihre Kombination zu spezifischen Unterdrückungserfahrungen führen. Dahingehend unterstreicht die *Intersektionale Theorie*, dass sich Formen der Unterdrückung nicht additiv aufsummieren lassen, sondern ineinander verschränkt zu bestimmten Bildern und Benachteiligungen zusammenspielen (Baer et al., 2010).

Im vorliegenden Kapitel erfolgt aus analytischer Perspektive eine Einteilung in die Unterkapitel 4.2 und 4.3, die Präventions- und Interventionsmaßnahmen auf Ebene der Institution und seiner Lehrkräfte und auf Ebene der Schüler*innen separat behandeln. Diese Trennung entspricht jedoch nicht der realen reziproken Lehr-Lernsituation: Die Übungen können sich zwar an Schüler*innen richten, gehen jedoch immer von Lehrenden aus.

Der Lehr- und Bildungsauftrag, und dazu zählt auch Rassismussensibilisierung, ist immer auch als Lern- und Verunsicherungsprozess für die Lehrenden zu denken, dem sie sich selbstkritisch und -reflexiv gegenüberstellen müssen (Broden, 2015). Dahingehend müssen Lehrende bei der Anwendung der vorgestellten Methoden ein besonderes Augenmerk auf Prozesse der Selbstreflexivität und Fehlerfreundlichkeit richten, welche die Grundlage für eine ehrliche und erfolgreiche Erarbeitung und Vermittlung der Inhalte bilden. Selbstreflexivität bedeutet das kritische Hinterfragen der Involviertheit der eigenen Personen- und Arbeitspositionierung, des Kollegiums und der Institution als Subjekte *und* als Struktur: Leerstellen, Denklücken und Voreingenommenheiten müssen nachgespürt werden, um sich den eigenen und fremden Grenzen bewusst zu werden und innerhalb dessen Möglichkeitsraums zu handeln, ohne dabei die institutionellen Grenzen als Vorwand für das Nicht-Handeln zu nutzen (ebd.).

Es liegt in der Verantwortung der Lehrenden, den Schüler*innen nicht nur Methoden an die Hand zu geben und Rassismussensibilität einzufordern, sondern auch Räume für sie zu schaffen, in denen ihnen mit einer selbstreflexiven Haltung gegenüber eigener Voreingenommenheiten begegnet wird, sie selbst zu Wort kommen können und ihre Erfahrungen validiert werden. Dies gilt insbesondere dann, wenn es sich um Lehrende-Schüler*innen Konstellationen handelt, die nicht nur von der per se inhärenten (und unausweichlichen) Machtasymmetrie, sondern auch von ungleicher Rassismus-Betroffenheit geprägt wird. Zum Tragen kommt dahin gehend im Kontext Rassismus neben der Lehrende/Schüler*innen Machtverteilung auch die Bedeutung der Zugehörigkeit lehrender Personen zur Dominanzgesellschaft und damit einer privilegierten Sprecher*innenposition, die sich in einer höheren (symbolischen) Macht niederschlägt. Lehrende ohne Rassismus-Betroffenheit sind somit in der „natio-ethno-kulturellen Matrix" (Karabulut, 2020, S. 30) anders angesiedelt und verfügen von diesen Positionen aus über unterschiedliche Handlungsoptionen, mit den gegebenen Privilegien und Machtansprüchen umzugehen.

4.2 Präventions- und Interventionsmöglichkeiten auf Ebene der Institution und seiner Lehrkräfte

Als fester Bestandteil des Schulsystems mit einem großen Handlungsspielraum sind Lehrende Akteur*innen, die die Schulerfahrung der Schüler*innen maßgeblich definieren. So kommen im Schulalltag häufig Situationen auf, in denen ihre internalisierten Vorurteile sich in (unbewussten) Diskriminierungsmechanismen äußern können. Eine solche Situation in der schulischer Alltagsrassismus dazu führen kann, dass Schüler*innen von Lehrenden als anders gelesen und indes anders und ‚verandernd' behandelt werden, zeigen Bonefeld und Dickhäuser, 2018 in ihrer prägnanten Studie. Im Rahmen dieser Studie sollten Lehramtsstudent*innen jeweils entweder das Diktat eines Schülers namens Max oder jenes eines Schülers namens Murat verbessern und benoten. Die Ergebnisse lassen sich dahingehend lesen, dass die Bewertung des Diktats trotz gleicher Fehleranzahl für den Schüler namens Murat schlechter ausfiel als für den Schüler namens Max. Aus diesem und einer Vielzahl weiterer empirischer Befunde lässt sich schließen, dass Vorurteile zu rassistischen Denk- und Handlungsweisen führen und auch Lehrer*innen trotz intendierter Gleichbehandlung in der Ausführung ihres Lehr- und Prüfauftrags begleiten. Aufgrund dessen ist ein wiederholtes Reflektieren und Hinterfragen der eigenen Annahmen und der eigenen Position essenziel, um Rassismus entgegenzuwirken. Demnach besteht der notwendige Prozess darin, die Individualität eines jeden Kindes jenseits seiner (vermeintlichen) Herkunftsgeschichte zu akzeptieren und das eigene Wissen sowie die selbstreflexive Kompetenz im Bereich Rassismus auszubauen. Bei diesem Prozess können sowohl (selbst-)reflexive Lehrerkräftetrainings als auch die Nutzung rassismussensibler/-kritischer Programme oder Lehrbücher hilfreich sein, aus denen im Folgenden eine Selektion vorgestellt wird. Wesentlich für den Erfolg ist hierbei, dass die Schulinstitution die Durchführung dieser Trainings und Programme unterstützt und in Form von verpflichtenden Fortbildungen oder Seminaren in die Lehrer*innentätigkeit miteinbringt, um die Verantwortung zur Auseinandersetzung mit Rassismus nicht (nur) bei Betroffenen zu verorten.

4.2.1 Orientierungs- und Haltungsarbeit als Lehrende*r

Als Ausgangspunkt und vielmehr Voraussetzung einer erfolgreichen pädagogischen Präventions- und Interventionsarbeit gegen Rassismus sollten Lehrende einen sensiblen ‚Raumsinn' entwickeln: Diesen kann man sich ähnlich dem Gefühl, sich in einem Raum richtungsbezogen orientieren zu können, vorstellen. Zum einen müssen Lehrer*innen sogenannte intraindividuelle Haltungsarbeit leisten; diese meint die Auseinandersetzung mit und die Festlegung von eigenen pädagogischen, politischen und sozialen Wahrnehmungen sowie Zielen und Ansprüchen in ihrer Rolle als lehrende Person (May, 2019). Zum anderen sollten Lehrende interindividuell identifizieren, wo sie sich im Arbeitsfeld, aber auch im größeren gesellschaftlichen Kontext verorten können und wie sie ihre Betroffenheit von Rassismus definieren können (Karabulut, 2020). Aus dieser Klärung der eigenen Position heraus können sich anschließend Fragen nach Rahmenbedingungen der pädagogischen Arbeit sowie die Benennung potenzieller Schieflagen und Probleme herauskristallisieren. Wesentlich für eine sinnvolle und zielorientierte Durchführung der Haltungsarbeit ist das Erkennen und Akzeptieren dieser als einen festen, korrektiven Bestandteil der Bildungs- und Sozialarbeit (ebd.).

▶ Exemplarische Fragen zur kritischen Selbstreflexion für Lehrende

„Welche Lebensrealitäten habe ich (nicht) im Blick?"
„Wer bin ich in den Lernprozessen anderer und wer will ich sein?"
„Welche Formen von Benachteiligungen und (Mehrfach-)Diskriminierungen kenne ich aus eigener Erfahrung, welche sind für mich nicht erfahrbar?"
„Woher habe ich diesbezügliche Informationen? Kenne ich die Sichtweise von Betroffenen?"
„Welche Handlungsspielräume habe ich in meinem eigenen Arbeitsfeld, welche im privaten Kontext? Und (wie) möchte oder kann ich diese nutzen?"
„Bin ich in der Lage, diskriminierendes Verhalten in meinem eigenen Handeln/in meinem Kurs/meiner Gruppe/… wahrzunehmen und bin ich bereit und in der Lage, darauf professionell und angemessen zu reagieren?"
„Welche Konsequenzen haben diese Benachteiligungen für mich und welche für andere?"
„Welche Erfahrungen sind für mich nachvollziehbar und wie kann ich diese in Bezug auf mein Handeln berücksichtigen?"
„Welches migrationsspezifische Wissen habe ich? Was weiß ich bspw. über Fluchtursachen, globale Ungleichheit oder wirtschaftliche Zusammenhänge? Welches kulturspezifische Wissen habe ich? Woher habe ich dieses Wissen? Was weiß ich nicht?"
„Was weiß ich über die Lebenssituationen Geflüchteter in Deutschland? Woher habe ich diese Informationen?"
„In welchen Lebensbereichen erfahren Geflüchtete in Deutschland Diskriminierung und wie positioniere ich mich dazu?"
(Nadolny, 2016, zitiert nach May, 2019, S. 15).

Eine weitere Handreichung zum Identifizieren der eigenen Position im Schulkontext bietet die Kategorisierung verschiedener Lehrer*innentypen (Edelmann, 2006). Diese skizzierten Lehrer*innentypen zeichnen sich insbesondere durch spezifische Handlungstendenzen in sozialen (Konflikt-)Situationen und ihre Bereitschaft zu bzw. ihren Umgang mit Interventionsmöglichkeiten aus. Sie können daher insofern hilfreich sein, als Lehrende im Vorfeld reflektieren und sich im Klaren sein können, mit welchen Strategien sie sich wohlfühlen könnten, um ihre Lehr- und Interventionskompetenzen in Bezug auf Rassismus zu optimieren (ebd.; Kluge, 1999).

Die sechs Lehrer*innentypen (Edelmann, 2006)
Als erstes lässt sich der *abgrenzend-distanzierte* Typus definieren, der aus rassismuskritischer Perspektive in seinem pädagogischen Handeln nicht von der Heterogenität der Klasse beeinflusst wird und sowohl im Unterricht als auch außerhalb des Klassenkontextes, bspw. in Eltern- und Fachlehrpersonengesprächen den Hintergründen der Schüler*innen keine Bedeutung beimisst. Grundlage für das pädagogische Handeln des Typus stellen die Werte und Normen der Mehrheitsgesellschaft dar; die Thematik der Diversität wird mit Distanz beobachtet. Etwaige Neuerungen bezüglich Interventionsstrategien werden von diesem Typus skeptisch betrachtet.

Dahingegen ist der *stillschweigend-anerkennende* Typus von einer Toleranz und Akzeptanz kultureller, sprachlicher und religiöser Diversität gekennzeichnet und versteht die Gleichberechtigung der Schüler*innen mit unterschiedlicher Herkunft als Grundlage seines Handelns. Allerdings wird die Heterogenität nicht als Lernpotenzial verstanden, sondern im Sinne einer stillschweigenden Anerkennung, mit dem Ziel der Herstellung eines harmonischen Klassenverbandes, akzeptiert. Da differenzproduzierende Diskurse vor der Prämisse einer Gleichberechtigung ausgeblendet und etwaige Differenzen und Gemeinsamkeiten unbesprochen bleiben, werden Teambildungsmaßnahmen im Rahmen von Rassismusinterventionen wenig Bedeutung beigemessen.

Der *individuell-sprachorientierte* Typus hingegen initiiert bewusst Möglichkeiten zum Austausch auf sprachlicher Ebene. Neben der Förderung und Wertschätzung der sprachlichen Heterogenität der Klasse als Ressource für alle Schüler*innen fokussiert dieser Typus auch eine allgemeine Sprachförderung der Unterrichtssprache für die gesamte Klasse, die zur Verbesserung der schulischen Chancen *für alle* führen soll. Das pädagogische Handeln ist von Eigeninitiative geprägt und stellt für Lehrpersonen mit wenig Berufserfahrung an Schulen ohne teamorientierte Maßnahmen häufig eine Herausforderung dar.

Im Gegensatz dazu steht der *kooperativ-sprachorientierte* Typus, der im fachlichen Austausch Diversität im Klassenverband thematisiert. Durch seine fachliche Kompetenz kommen wissenschaftlich fundierte Maßnahmen des Zweitsprachenerwerbs zum Einsatz, um Schüler*innen mit anderen Muttersprachen (bspw. geflüchtete Kinder) durch strukturierten und gezielten Unterricht das Erlernen der Unterrichtssprache zu erleichtern. Die Heterogenität im Klassenverband wird als Potenzial für alle Schüler*innen verstanden.

Des Weiteren lässt sich der *individuelle-synergieorientierte* Typus definieren, der Diversität als relevante Thematik in den Unterricht aller Fächer (nicht nur sprachenfokussiert) einbindet. Kenntnisse und Wissenshintergründe aller Schüler*innen zu diversen kulturellen Räumen werden anerkannt und die daraus entstehende Mehrperspektivität als wertvolle Ressource geschätzt. Allerdings befindet sich dieser Typus nicht in einem fachlich-kompetenten Teamaustausch, sondern stützt sein pädagogisches Handeln auf persönliches Engagement und Eigeninitiative. Empfehlenswert ist dahin gehend eine intensivere Kooperation im Kollegium zu rassismuskritischen Perspektiven und Bildungsansätzen.

Als letztes lässt sich der *kooperativ-synergieorientierte* Typus definieren, der der Diversität unabhängig von ihrer Ausprägung im Klassenverband oder der Schule einen besonderen Stellenwert zuschreibt. Die pädagogische Arbeit basiert auf einem kooperativen Austausch mit Eltern, Fachkräften und Kolleg*innen zu diversitätsbezogenen Themen und wird durch Teamarbeit gestärkt, wobei Weiterentwicklungen und Verbesserungen hinsichtlich der Unterrichtsqualität für die Schüler*innen angestrebt werden.

4.2.2 Kooperation mit den Eltern

Letztlich sollten in die Bemühungen um eine rassismuskritische Praxis in der Schule die Stimmen der Eltern miteinbezogen und berücksichtigt werden. So kommt es bspw. im deutschsprachigen Raum häufig zu Konflikten bezüglich schulischer Rechte und Pflichten, die auf antimuslimischem Rassismus fußen: Grundsatzdebatten umfassen den Schwimmunterricht, angebotene Mahlzeiten in der Schulkantine sowie muslimische Feiertage und kreisen dabei um das Erziehungsrecht der Eltern (Art. 6, Abs. 2) und den Erziehungs- und Bildungsauftrag des Staates (Art. 7, Abs. 1) (Başpınar et al., 2015). Strukturhomogen zum Rassismus gegen Schüler*innen werden in diesem Zusammenhang auch Eltern migrantisiert und fühlen sich mitunter in ihren Entscheidungen um die Erziehung des eigenen Kindes eingeschränkt und bevormundet (ebd.). In dieser Weise wiederholen derartige Debatten rassistische Muster und Schemata, die den Eltern bereits aus anderen Lebensbereichen wie bspw. dem Arbeitsmarkt leidig bekannt sind.

> „Lehrkräfte nehmen unseren Einspruch nicht ernst. Sie spielen ihre Autorität und sprachliche Überlegenheit aus. Religiös begründete Erziehungsziele werden als unvereinbar mit demokratischen Prinzipien angesehen. Dabei wissen die Lehrer nichts über den Islam. Mit meinem Kopftuch komme ich mir wie eine Feindin der Demokratie vor." (ebd., S. 22).[2]

Mit Bezug auf die vorangegangenen Empfehlungen liegt auch hier die Verantwortung zur Auseinandersetzung mit Rassismus und zum Hinterfragen diskriminierender Ver-

---

[2] Hierbei handelt es sich um einen illustrativen Fallbericht aus dem Handbuch *Islam und Schule* der Initiative Schule ohne Rassismus – Schule mit Courage (Başpınar et al., 2015).

haltensweisen bei den Privilegierten (Tißberger, 2017). Exemplarisch hierfür könnte das Verbot zum Tragen eines *Burkinis* (Ganzkörperschwimmanzug) in einigen öffentlichen Schwimmbädern aus vermeintlichen hygienischen Gründen oder Gefahrenpotentialen einen Bereich darstellen, in dem (privilegierte) Lehrer*innen in Kooperation mit der Elternschaft und als Verbündete Lösungen erarbeiten können, um gegen solche diskriminierenden Verbote handlungsfähig vorzugehen und einen Schwimmunterricht für *alle* Schüler*innen zu ermöglichen. Wesentlich für eine zielorientierte und konstruktive Kommunikation zwischen Eltern und Lehrenden ist daher neben einer rassismuskritischen Selbstreflexion das Entwickeln und Aufrechterhalten gegenseitigen Vertrauens sowie die Fähigkeit, den jeweiligen Entscheidungen und Denkweisen durch Perspektivenwechsel empathisch gegenüberzutreten (Başpınar et al., 2015). Zudem sollten Kooperationshindernisse, Sorgen und Voreingenommenheiten gemeinsam identifiziert und von beiden Parteien transparent gespiegelt werden. Mit dem Ziel, gemeinsame Erziehungs- und Bildungsziele umzusetzen sowie Konflikte frühzeitig zu umgehen sollte ein sicherer und wertschätzender Raum in Form von Elternabenden oder -seminaren geschaffen werden, die unter anderem auch Übungen aus dem Unterkapitel 4.2.3 in angepasster Form beinhalten können. So soll Eltern und Lehrenden gleichermaßen die Beteiligung an der Entwicklung von Erziehungsvereinbarungen und Kompromissen ermöglicht und gleichzeitig eine geeignete Gelegenheit zur Edukation und Sensibilisierung dargeboten werden, indem Rassismen wahrgenommen und ausgesprochen sowie alternative antirassistische Verhaltensweisen gefunden werden.

4.2.3 Übungen und Handreichungen für Lehrer*innen

Nach der Aneignung der Kompetenz zur fortlaufenden Selbstreflexion im Sinne der Haltungsarbeit sowie theoretischen Auseinandersetzungen mit dem Thema Rassismus und der eigenen Betroffenheit im gesellschaftlichen Kontext werden im folgenden Kapitel praktische Übungen und Anwendungsmethoden, die spezifisch für die Sensibilisierung von Lehrpersonal konzipiert sind, vorgestellt. Ziel dieser Übungen ist es weiterhin sowohl eigene Denk- und Verhaltensweisen als auch die der Schüler*innen und Kolleg*innen zu hinterfragen und somit verdeckte Rassismen zu entdecken. Gleichzeitig soll aber auch die Entwicklung der Kompetenz, Rassismen mit alternativen Handlungsmethoden zu begegnen und diesen so entgegenzuwirken, unterstützt werden. Für die im Folgenden beschriebenen strukturierten Gruppenübungen empfiehlt sich ein offener Stuhlkreis zur optimierten Kommunikation und Flipcharts oder ähnliche Mittel zur bildlichen Veranschaulichung der gemeinsam erarbeiteten Gedanken. Zudem sei darauf hingewiesen, dass die aufgeführten Anleitungen zu den Übungen Sie als Leser*in direkt ansprechen, um die Verständlichkeit der Instruktionen zu optimieren.

4.2.3.1 Der Anti-Bias-Ansatz (Anti-Bias-Netz, 2021; Bovha und Kontzi, 2011; Gramelt, 2010)

„Der Anti-Bias-Ansatz geht davon aus, dass jeder Mensch Vorurteile hat, die er oder sie seit frühester Kindheit erlernt. Dies geschieht in erster Linie über Bilder und Haltungen, die durch das eigene Umfeld vermittelt werden (wie z. B. durch Familie, Freunde/innen, Kindergarten und Schule, Schulbücher und Medien usw.). Anti-Bias zielt darauf ab, diese Voreingenommenheiten bewusst zu machen und damit die Möglichkeit zu schaffen, diese auch wieder ‚verlernen' zu können." (Bovha und Kontzi, 2009, S. 296).

Als Lehrer*in werden durch jede Begegnung mit Schüler*innen automatisch und somit auch mitunter unbewusst Werte und Ansichten vermittelt. Der Anti-Bias-Ansatz dient im Lehrer*innenkontext als Unterstützung bei der Selbstreflexion und zielt auf das Bewusstmachen von Abweichungen der Gleichbehandlung und somit der Vermeidung von Diskriminierung einzelner Schüler*innen ab. Dahingehend verfolgt der Anti-Bias-Ansatz eine Lern- und Reflexionsstrategie, die an eigenen Erfahrungen anknüpft und für eine verstärkte Rassismussensibilität sorgen soll. Auch hier gilt: Um die eigenen Diskriminierungstendenzen kontinuierlich zu verringern, ist eine lebenslange Auseinandersetzung mit diesem Thema erforderlich (Bovha und Kontzi, 2009).

Anleitung: Die vier Schritte des Anti-Bias-Ansatzes (Anti-Bias-Netz, 2021)

1. Im ersten Schritt wird die ‚Ich-Identität' und die ‚Bezugsgruppenidentität' gestärkt, um die Vielfältigkeit der eigenen Person sowie auch die der Gesellschaft zu benennen. Schauen Sie zunächst auf sich selbst und stellen Sie sich die Frage, *wer Sie sind* und welche Gruppenzugehörigkeiten (i.e. Bezugsgruppenidentitäten) Sie haben. Diese Zugehörigkeiten werden von der Gesellschaft unterschiedlich bewertet. Einige dieser Zugehörigkeiten haben Sie sich, wenn auch nicht gänzlich ohne äußere Einflüsse, selbst ausgesucht (z. B. berufliche Orientierung). Andere werden Ihnen womöglich eher von außen zugeschrieben (z. B. „die Person mit Migrationshintergrund"). In diesem Schritt ist ebenfalls sinnvoll, sich die Frage zu stellen, in welchen Machtverhältnissen Sie zu anderen stehen.
Ich-Identität Die ‚Ich-Identität' entwickelt sich lebenslänglich und beschreibt das Gefühl innerer Unverwechselbarkeit, d. h. was die eigene Identität im Kern auszeichnet. Sie schleift sich wie ein Rohdiamant an der Interaktion mit Menschen und Objekten, wodurch das Individuum sowohl Identifizierungen als auch Abgrenzungen zu Einstellungen, Eigenschaften, Vorstellungen und Normen bildet (Diepold, 1990).
2. Im zweiten Schritt wird die respektvolle und wertschätzende Haltung gegenüber der Diversität der Menschheit gefördert. Sie haben im Laufe Ihres Lebens vielseitige Erfahrungen gesammelt und gehören unterschiedlichen Bezugsgruppen an. Diese haben möglicherweise einen Einfluss auf Ihren Umgang mit Schüler*innen. Nehmen Sie auch die vielfältige Zugehörigkeit der Ihnen gleichwertig gegenüberstehenden Schüler*innen wahr und bestärken Sie diese in ihrer Identitätsentwicklung. Ihr Ziel

sollte es sein, die Kinder und Jugendlichen nicht in eine ‚Schüler*innen-Schublade' zu stecken, sondern sie als Individuen mit unterschiedlichen Eigenschaften und Erfahrungen anzusehen. Dementsprechend ist es möglich, dass Schüler*innen dieselbe (Konflikt-)Situation sehr unterschiedlich wahrnehmen, bewerten und darauf reagieren können.

3. Der dritte Schritt lenkt die Aufmerksamkeit auf die Sensibilisierung für Vorurteile und Diskriminierung und soll kritisches Denken fördern. Ziel ist es also, sich selbst zu hinterfragen und alltägliche Situationen im Klassenzimmer mit einem kritischen Auge zu betrachten. Stellen Sie sich also die Frage, wo und wie Diskriminierung in Ihrer lehrenden Tätigkeit entstehen kann und wie Sie dem entgegenwirken können. Dabei stellen Sie möglicherweise fest, dass auch Sie in Schubladen denken und diese unterschiedlich bewerten. Reflektieren Sie, wann Vorurteile zur Diskriminierung werden und wo Ihnen Diskriminierung in Ihrem Alltag begegnet.

4. In einem letzten Schritt soll sich die Motivation und Fähigkeit entwickeln, selbst gegen Rassismus aktiv zu werden. Unterstützen Sie Schüler*innen darin, einen rassismuskritischen Blick einzunehmen, Dinge als ungerecht wahrzunehmen und dafür eine Sprache zu finden. Beziehen Sie selbst eine klare Position bezüglich Ausgrenzung und Diskriminierung und ermutigen Sie andere ebenfalls in diesem Prozess.

Diese Schritte können im Anschluss zur näheren Auseinandersetzung durch Gruppenübungen, wie bspw. Rollenspiele beziehungsweise Fallbeispiele umgesetzt und erprobt werden. Es kann hierbei mit weiteren Lehrer*innen ein tatsächlicher oder ausgedachter Fall von Rassismus thematisiert und in einem Rollenspiel geübt werden, wie diese Situation kritisch zu hinterfragen ist, wo eigene Schwachstellen liegen und wie Schüler*innen dabei unterstützt werden können, gegen Rassismus vorzugehen. Hierbei soll mit Nachdruck unterstrichen werden, dass neben Diskriminierungserfahrungen durch Mitschüler*innen auch Ausgrenzungen durch Lehrende angesprochen werden müssen und ein adäquater Raum hierfür geschaffen wird (z. B. durch Vertrauenslehrer*innen oder auserwählte Ansprechpartner*innen). Zuletzt kann diese Übung durch eine Diskussion im Plenum der Lehrer*innenschaft abgeschlossen werden.

4.2.3.2 Der/die ideale Lehrer*in (Forschungsinstitut Betriebliche Bildung, 2018)

Materialien: Papier, rote und grüne Stifte
Gruppe: 3 bis 4 Personen
Anleitung: Machen Sie sich in Ihrer Kleingruppe über folgende Frage Gedanken: *Über welche Eigenschaften sollte ein/-e Lehrer*in auf jeden Fall verfügen und über welche keineswegs?* Markieren Sie auf einem Papier erwünschte Eigenschaften grün und unerwünschte rot. Wenn Sie sich in Ihrer Gruppe uneinig über die Zuordnung einer Eigenschaft sind, diskutieren Sie diesen Aspekt und kommen Sie zu einer Einigung. Durch diese Reflektionen soll herausgearbeitet werden, welches Ideal Sie sich persönlich vorstellen, worin sich die unterschiedlichen Ideale unterscheiden sowie ein Konsens

über ein Ideal in der Gruppe gefunden werden, zu dem alle in Zukunft hinstreben. Im Anschluss stellen die Gruppen ihre Ergebnisse im Plenum vor und es besteht die Möglichkeit zur Diskussion.

4.2.3.3 Diskriminierung: Ich – und meine Arbeit (Forschungsinstitut Betriebliche Bildung, 2018)

Materialien: Flipchart oder Plakat
Gruppe: zunächst Einzel-, dann Gruppenarbeit
Anleitung:

1. *Think:* Machen Sie sich in Einzelarbeit innerhalb von ungefähr 7 min Gedanken über folgende Fragen:
   - Was bedeutet Rassismus für meine Arbeit?
   - Welche Rassismuserfahrungen mache ich in meiner täglichen Arbeit mit Jugendlichen und Lehrkräften?
   - Was gibt es vielleicht schon für Handlungsansätze um gegen Rassismus vorzugehen?
2. *Pair:* Setzen Sie sich nun in Paaren zusammen und tauschen Sie sich über die einzelnen Fragestellungen aus. Nehmen Sie sich hierfür etwa 10 min Zeit.
3. *Share:* Sammeln Sie innerhalb des Plenums Ihre Ergebnisse und visualisieren Sie diese (bspw. mithilfe eines Flipcharts). Diskutieren Sie ebenfalls, inwieweit Diskriminierung und Rassismus eine potenzielle Belastung für Ihre Arbeit darstellen.

4.2.3.4 Von Rassismus betroffen (Forschungsinstitut Betriebliche Bildung, 2018)

Materialien: Film von Amnesty International Deutschland (2017): „Alltagsrassismus Protokolliert"
Gruppe: Plenum
Anleitung: Schauen Sie sich den Film „Alltagsrassismus Protokolliert", in dem Betroffene von Rassismus ihre Erfahrungen berichten, gemeinsam an. Diskutieren Sie anschließend folgende Fragen im Plenum:

- Wie geht es Ihnen mit dem, was Sie gesehen haben?
- Was denken Sie?
- Wissen Sie, was unter *Racial Profiling* verstanden wird?
- Was denken Sie über den Begriff „Ausländer*in"?

4.2.3.5 Auf dem Weg zu einem menschenfreundlichen Gemeinwesen (Kaletsch und Rech, 2015)

Materialien: Karteikarten
Gruppe: zunächst Einzel-, dann Gruppenarbeit
Anleitung: Machen Sie sich Gedanken zu folgender Frage: *Was brauche ich, um mich wohlzufühlen und gut (mit Anderen) leben zu können? Welche Chancen, Möglichkeiten, Sicherheiten und Werte sind mir wichtig?*

1. Nennen Sie zunächst in Einzelarbeit maximal neun Aspekte für das menschenfreundliche Gemeinwesen und notieren Sie diese auf Kärtchen.
2. Bilden Sie Paare und einigen Sie sich auf neun gemeinsame Aspekte. Es besteht auch die Möglichkeit, gemeinsam neue Aspekte zu formulieren.
3. Reflektieren Sie den Entscheidungsprozess mit Hilfe folgender Leitfragen:
   - Wie sind Sie mit dem Auftrag zurechtgekommen?
   - War es leicht/schwer, sich zu einigen?
   - Wie sind Sie vorgegangen?
   - Hat Sie etwas überrascht?
   - Ist etwas Neues entstanden?
   - Was ist mit Ihren Punkten passiert?
   - Mussten Sie auf etwas verzichten?
   - Können Sie die gemeinsame Entscheidungsfindung gut mittragen?
4. Einigen Sie sich im Plenum mit Hilfe der *Fishbowl-Methode* (eine Person der jeweiligen Gruppen berichtet als Vertreter*in in der Diskussion) auf neun gemeinsame Punkte. Im Anschluss kann abgestimmt werden, ob die Teilnehmenden sich vorstellen können, in das menschenfreundliche Gemeinwesen einzuziehen.

4.2.3.6 Dilemma – Dialog (Kaletsch und Rech, 2015)

Materialien: Stuhlkreis, Kreppband, Ja– und Nein–Schilder
Anleitung:

1. Teilen Sie zur Vorbereitung den Raum mit Hilfe des Kreppbandes in zwei gleich große Hälften und markieren Sie eine Hälfte mit einem Ja-Schild und die andere mit einem Nein-Schild.
2. Erstellen Sie einen Stuhlkreis und wählen Sie eine/n Moderator*in, der/die eine Dilemma-Geschichte vorliest. Alle weiteren Teilnehmer*innen folgenden der Anweisung, sich in die Hauptperson der Geschichte hineinzuversetzen.
3. Am Ende der Geschichte steht eine Entweder-Oder-Entscheidung an, die durch die einzelnen Teilnehmer*innen getroffen wird. Je nachdem wofür Sie sich entscheiden, begeben Sie sich in den Ja- oder Nein-Raum. Den Grad Ihrer Entschiedenheit können Sie zudem durch die Wahl ihres Standortes verdeutlichen, allerdings sollten Sie sich nicht auf der Mittellinie positionieren. Es steht Ihnen frei, Ihre Gedankengänge und Entscheidung im Anschluss dem Plenum mitzuteilen und zu begründen. Zudem können Sie Ihren Standort während des Dialogs ändern.
4. Begeben Sie sich anschließend wieder in den Stuhlkreis und signalisieren Sie mit Hilfe der Ja- und Nein-Schilder, ob Sie bereit sind, dieses Dilemma zu verlassen und zum nächsten Fallbeispiel überzugehen. Führen Sie diese Übung für zwei bis drei Dilemma-Geschichten durch und kommen Sie im Anschluss zu einer allgemeinen Auswertung der Übungsphase.

Hinweis: Ziel dieser Übung ist es, einen Perspektivenwechsel durchzuführen, d. h. sich so gut es geht in die Situation anderer Personen hineinzuversetzen, auch wenn Sie selbst diese Erfahrung(en) noch nie gemacht haben.

Beispiel für eine Dilemma-Geschichte:

"‚Wieso muss das ausgerechnet mir passieren?', denkt Frau Reuter, seit zwei Jahren Kunst- und Englischlehrerin an einer Frankfurter Gesamtschule, an der sie sich gerade eine anerkannte Stellung bei den Schüler/-innen und im Kollegium erarbeitet hat: Sie hatte sich viel Mühe gegeben, um mit dem Kunstkurs der achten Klasse den im Curriculum festgelegten Schwerpunkt ‚Porträtzeichnen' zu behandeln, Ausstellungsbesuche und Bildbesprechungen sollten eine Brücke zum praktischen Arbeiten bilden. Als es dann endlich soweit war, traut sie ihren Ohren nicht. Mustafa, ein ansonsten ruhiger und disziplinierter Schüler ist zu ihr gekommen und sagte: ‚Das kann ich nicht mitmachen. Meine Religion erlaubt es nicht, dass ich Porträts male.' Während Frau Reuter darüber nachdenkt, wie sie reagieren könnte, schließen sich zwei weitere Schüler, Boualem und Cengiz, der religiös begründeten Verweigerung an. Um Zeit zu gewinnen, gibt Frau Reuter den drei Schülern zunächst eine andere Aufgabe. Sie macht aber gleichzeitig deutlich, dass das Thema damit nicht abgeschlossen ist. Mit Mustafa, von dessen Reaktion sie einigermaßen überrascht ist, möchte sie ein ernsthaftes Gespräch führen. Sie ist betroffen von dieser barschen Ablehnung, hat sie doch viel Energie für die Unterrichtseinheit aufgewendet. Konnte Mustafa sein Unbehagen nicht früher äußern? Jetzt hat sie auch noch mit dem ‚Nachahmereffekt' der beiden anderen Schüler zu schaffen. Das wird sich schon einrenken, denkt sie, wenn sie erst mit Mustafa gesprochen hat. Ihr Konzept lässt sie sich jedenfalls nicht „zerstören". Frau Reuter findet auch die Aufgabenstellung richtig und wichtig für die Entwicklung der Schüler/-innenpersönlichkeiten. Was aber, wenn Mustafa ernsthaft einen Konflikt mit seiner inneren Überzeugung hat? Soll sie einfach darüber hinwegsehen oder darauf eingehen?" (Kaletsch und Rech, 2015, S. 143). ◄

Das Buch *Heterogenität im Klassenzimmer – Methoden, Beispiele und Übungen zur Menschenrechtsbildung* von Kaletsch und Rech (2015) beinhaltet neben diesem Beispiel noch weitere empfehlenswerte und facettenreiche Dilemma-Geschichten.

4.3 Präventions- und Interventionsmöglichkeiten auf Ebene der Schüler*innen

Folgend werden verschiedene Ansätze und Handreichungen für Präventions- und Interventionsmöglichkeiten auf Ebene der Schüler*innen beleuchtet sowie Hinweise für Lehrende hinsichtlich Zielsetzungsformulierung und kritischer Selbstreflexion während der Durchführung der Interventionen gegeben. Wie bereits beschrieben handelt es sich bei der Unterteilung der Unterkapitel lediglich um eine analytische, da die Präventions- und Interventionserfahrung für Lehrende nicht mit Beginn dieses Kapitels endet. Im Gegenteil können die Auseinandersetzung mit und Durchführung von Sensibilisierungsmethoden und konkreten Übungen mit Schüler*innen, die mitunter selbst von Rassismus betroffen sind, als eine Art Herausforderung für Lehrende gesehen werden, an denen sie ihre bisher erarbeiteten Grundsätze und ihre Haltung erproben, Missstände weiter infrage stellen und benennen sowie eine aktive antirassistische Arbeit leisten können.

Aus zeitlicher Perspektive ist es im Kontext Rassismusprävention unentbehrlich, einer *Rassismusamnesie* aktiv entgegenzuwirken; diese beschreibt vermeintlich antirassistische Bemühungen, die jedoch erst *nach* rassistischen Vorfällen, d. h. wenn ‚etwas' geschieht, stattfinden. Dieses ‚etwas' kann ein/e Schüler*in sein, der/die von Mitschüler*innen rassistisch behandelt wird, ein offener Gewaltakt oder mediale rechtsextreme Äußerungen betreffen, u.v.m. Diese rassistischen Vorfälle führen zur *Sensationalisierung von Rassismus,* d. h., dass rassistisches Handeln als Ausnahme kategorisiert wird (El-Tayeb, 2016; Kleff und Terkessidis, 2017). Somit kann es durch diese ‚Rassismus-als-Ausnahme' Vorstellung zur machtverstärkenden Erwartungsumkehrung der Lehrenden kommen, indem sie von Schüler*innen einfordern, eigenständig Rassismen aufzudecken und melden, bevor überhaupt interveniert wird. Wirksamer ist es dabei, rassistische Dispositive und ungewollte Verhaltensweisen der Schüler*innen bereits im Keime zu ersticken, indem die Sozial- und Problemlösungskompetenzen gefördert und gestärkt werden um rassistische Einstellungen, Äußerungen und Handlungen frühzeitig zu entnormalisieren (Kleff, 2016).

Ausschlaggebend für eine facettenreiche und diskursorientierte Sensibilisierung ist folglich der Umgang der Lehrenden mit *allen* Schüler*innen, anstatt die Verantwortung der Beschäftigung mit und die Benennung von Rassismen bei betroffenen Schüler*innen zu verorten. Den Lehrenden kommt hierbei eine gewichtete Vorbildfunktion[3] zu, da sie für die Schüler*innen das Mikrosystem ‚Klassenzimmer' maßgeblich konstruieren und eigene Umgangsweisen hierbei als Maßstab und Pfeiler für die Bildung des Selbstkonzepts sowie für Kommunikationsweisen der Schüler*innen untereinander fungieren (Bönsch, 2018). Dahingehend ist es schwierig für Kinder, in einem institutionell auf Ungleichheit beruhenden Umfeld nicht rassistisch zu sein und anders zu handeln, wenn die Lehrenden am ersten Schultag Kinder mit vermeintlich ‚ausländischen' Nachnamen fragen, „wo sie denn eigentlich herkommen?" und sie somit bereits in der ersten Minute ins ‚Othering-Aus' manövrieren. Das gilt auch dann, wenn die Frage mit ‚guter Absicht' formuliert wird, in etwa: „Das ist aber ein schöner Name, den habe ich noch nie gehört, woher kommt er denn?". Ein adäquater Umgang wären dahingehend neben

---

[3] Die hier beschriebene „Vorbildfunktion" schmälert gleichzeitig nicht die Konzeptualisierung rassismuskritischer Sensibilisierungsarbeit als reziproke Lehr-Lernsituation. Das betrifft insbesondere Aushandlungen zu Deutungshoheiten von Rassismus, Validierungen von Erfahrungen, etc.

einer selbstedukativen Vorbereitung der Namen, eine Vorstellungsrunde mit *allen* Schüler*innen (Kalpaka et al., 2019; Initiative Intersektionale Pädagogik, 2015).

Ebenso relevant für den Erfolg der Interventionen ist die Konkretisierung der Zielsetzung, mit der sich Lehrende im Voraus auseinandersetzen und dessen Inhalte schärfen sollten. Ein in diesem Kontext häufig genanntes Ziel ist die *Gleichwertigkeit:* Schüler*innen sollen lernen, dass für alle Menschen die gleichen Grundgesetze gelten und alle Menschen gleichwertig sind (Başpınar et al., 2015). Obschon dieses Ziel in der Bildungsarbeit unbestreitbar wertvoll und erstrebenswert ist, muss hier genauer definiert werden: „Was bedeutet Gleichwertigkeit für mich als lehrende Person, für mein Umfeld, für meine Schüler*innen?". Die Beantwortung der Frage kann sich dabei als Drahtseilakt entlarven: Einerseits ist es unabdingbar, *Gleichwertigkeit* als Ideal zu definieren, zu diskutieren und anzustreben, andererseits aber muss die lehrende Person dabei vermeiden, betroffenen Schüler*innen die aktuellen und vergangenen Rassismuserfahrungen abzusprechen und tatsächliche, strukturelle Ungleichheiten auszublenden. Der Kritik an diskursiven Rhetoriken einer ‚Farbenblindheit'[4] entsprechend, muss im Vordergrund der Zielsetzung die Erkenntnis stehen, dass das Ideal *Gleichwertigkeit* für viele Schüler*innen schwer annehmbar ist, wenn ihre tatsächlichen Erfahrungen mit Alltagsrassismus ihnen wiederholt etwas anderes beweisen (Mohseni, 2020). Exemplarisch für eine Art der Dethematisierung weißer Privilegien steht zudem der *Gleichheitsmythos,* also die Annahme, dass rassismusrelevante Kategorien irrelevant und demnach „alle Menschen gleich sind". Diese Strategie sei Hooks (1992) zufolge lediglich Privilegierten möglich und sei ein Bildnis weißer Privilegien *par excellence*. Folglich wird durch das Leugnen rassismusrelevanter Kategorien, das auf den ersten Blick gutwillig oder gar antirassistisch scheinen kann, im Gegenteil die Existenz von Rassismus totgeschwiegen und Betroffenen die Relevanz und Validität ihrer Erfahrungen abgesprochen.

Aus diesem Grund müssen die Lehrenden sensibel auf Rassismuserfahrungen eingehen (können) und diese validieren, gerade wenn sie selbst diese Erfahrungen nie gemacht haben und womöglich nie machen werden. Daraus erschließt sich, dass neben Idealen wie *Gleichwertigkeit* auch dynamische Ziele mit den Schüler*innen erarbeitet und reflektiert werden sollten. Exemplarisch könnten zentrale Ziele die Veränderung und Beseitigung von „tiefer liegenden ideologischen, strukturellen und personellen Mechanismen und Machtverhältnissen" umfassen (Kleff und Terkessidis, 2017, S. 50).

---

[4] Die Aussage „Ich sehe keine Farben – für mich sind alle Menschen gleich!" ist dabei als Grundtenor der Debatten zu erachten und bildet gleichzeitig den diskursiven Nährboden für die Gegenbewegungen wie *All Lives Matter* zu *Black Lives Matter*. Siehe dazu: De Coster et al. (2016).

4.3.1 Edukation und Sensibilisierung

Die Basis für Rassismus-Interventionen und damit der erste Schritt, der geplant und durchdacht werden muss, ist die Edukation und Sensibilisierung für die Thematik als allgegenwärtige Verstrickung auf einer allumfassenden machtstrukturellen Ebene. Hierbei dient der Begriff der Basis zur Veranschaulichung der Relevanz und Voraussetzung, soll aber als dynamischer, sich ständig verändernder Lernprozess für Lehrende und Schüler*innen verstanden werden. Während weiße Menschen nicht durch externe Zuschreibungen tagtäglich dazu verpflichtet sind bzw. werden, sich mit Rassismus auseinanderzusetzen, haben Betroffene nicht die Wahl – sie erfahren *Mikroaggressionen* in unterschiedlichsten Situationen und wissen deshalb ganz genau, was Rassismus ist und was Rassismus macht (Initiative Intersektionale Pädagogik, 2015). Dahin gehend liegt die Verantwortung in den Händen der Dominanzgesellschaft, sich aktiv über Rassismus zu informieren, sich zu hinterfragen und BIPoC zuzuhören.

Sensibilisierung als Schulungseinheit sollte multiple Perspektiven in den Blick nehmen und versuchen diese zu vermitteln. Die Inhalte des Arbeitsblocks „Sensibilisierung" sollten optimalerweise in interaktiven Übungssitzungen, statt im Frontalunterricht, durchgeführt und dadurch gemeinsam erörtert werden. Eine exemplarische Sitzung zur Erarbeitung von Vorurteilen könnte wie folgt aussehen:

Vorurteile – Was ist das? (RAA Mecklenburg-Vorpommern e. V., 2018)

Ziel: Die Schüler*innen machen sich Gedanken über Vorurteile und entdecken sie als Bestandteil alltäglicher Kommunikation.
Dauer: ca. 20–30 min.
Anleitung:

1. *Begriffsbestimmung:* Die Schüler*innen werden dazu aufgefordert, ihr eigenes Verständnis von Vorurteilen zu erläutern. Im Anschluss kann die Lehrperson eine Begriffserklärung mit der Klasse teilen.
2. *Entdeckung (in Kleingruppen oder einzeln):* Die Schüler*innen suchen und markieren in verschiedenen Medien (Zeitungen, Zeitschriften, Büchern, etc.) Textstellen, die ihrer Meinung nach vorurteilsbehaftet sind.
3. *Präsentation und Diskussion:* Die gewählten Passagen werden im Plenum vorgestellt und die Wahl begründet. Gemeinsam wird diskutiert, ob es sich hierbei um Vorurteile handelt oder nicht. ◄

In erster Linie sollten Schüler*innen ein Verständnis von Konzepten wie u. a. *Othering*[5] sowie ein Abgrenzungsvermögen für Rassismus von anderen Diskriminierungsbegriffen

---

[5] Siehe hierzu Unterkapitel 4.4.2.

entwickeln (Forschungsinstitut Betriebliche Bildung, 2018). Exemplarisch hierfür ist die Abgrenzung von Rassismus und Ausländer*innenfeindlichkeit, wobei letzteres eine irreführende Benennung ist, die den wahren Merkmalsausprägungen des Rassismus nicht gerecht wird. Rassismus richtet sich nicht an ‚Ausländer*innen', sondern an alle Personen, denen das Anders-Sein von der Dominanzgesellschaft, ungeachtet der Realität, zugeschrieben wird (Stiftung für die Internationalen Wochen gegen Rassismus, 2015). Diese begrifflichen Abgrenzungen sollen jedoch nicht dem Verständnis der Intersektionalität im Wege stehen, sondern diese bestärken: Schüler*innen sollen ein einfühlsames Wissen darüber konzipieren, wie verschiedene tatsächliche oder zugeschriebene Aspekte der Identität zu spezifischen Diskriminierungsformen führen können und dadurch manche Menschengruppen besonders benachteiligt und diskriminiert sind (Initiative Intersektionale Pädagogik, 2015). Weiterhin sollten Schüler*innen durch Edukation die Mehrschichtigkeit von Rassismus erfassen können: Auf der individuellen Ebene sollen sie lernen, eigene rassistische Erfahrungen als (Nicht-)Betroffene und ihre Auswirkungen klar benennen und schildern zu können; auf der strukturellen Ebene gilt es zu verstehen, dass Rassismus nicht nur bspw. zwischen Mitschüler*innen, sondern im „großen Ganzen" der ihnen bekannten institutionellen Systeme wie Schule und Staat verankert sind (Forschungsinstitut Betriebliche Bildung, 2018). Zur Erläuterung von institutionellem Rassismus im Gegensatz zu bspw. Alltagsrassismus könnten Lehrende strukturelle Benachteiligungen von migrantisch markierten Hijabträger*innen auf dem Arbeitsmarkt in der Klasse besprechen (Weichselbaumer, 2020).

> „Rassismus äußert sich nicht nur in den Gewaltakten von Rechtsradikalen, Neonazis oder anderen faschistisch Denkenden. Viel umfangreicher als dieser extreme Rassismus ist der, der keine Leichen hinterlässt (Howitt & Owusu Bempah 1994 S. 35). Rassismus äußert sich schon allein darin, dass in den meisten (westlichen) Gesellschaften (…) Weiße* strukturell privilegiert sind. Sie besetzten die Schlüsselpositionen in der Gesellschaft, treffen die wichtigen Entscheidungen und sind im Besitz des Kapitals. (…) Rassismus ist der Garant für den Wohlstand der Weißen* und ihren Zugang zu den Ressourcen von rassistisch markierten Menschen als schlecht bezahlte Arbeitskräfte; Rassismus ist also ein Grundstein weißer* Dominanzgesellschaften (vgl. Rommelspacher, 1995)." (Tißberger, 2017, S. 11).

Damit zusammenhängend und als letzter Schritt der „Grundausbildung" zum elementaren Rassismusverständnis ist die *(Nicht-)Intentionalität* zu nennen. Schüler*innen (und Lehrende) müssen das Bewusstsein dafür stärken, dass rassistische Handlungen nicht immer ‚absichtlich' oder gar ‚aus böser Absicht' erfolgen müssen, d. h., dass die Intention hinter einer Frage oder Aussage vielleicht ‚gut' ist, sie aber dennoch rassifizierend wirken können (Initiative Intersektionale Pädagogik, 2015). Maßgeblich für das Verletzungspotenzial sind hierbei einerseits die wiederholte Erfahrung mit ähnlichen Fragen und das dadurch vermittelte Anders-Sein. Häufig kann diese Diskussion bei Lehrenden und Schüler*innen auf Widerstand treffen, die Verteidigung der eigenen Absichten auslösen, oder sogar das subtile Gefühl vom ‚Kleinreden' und Unterminieren der Gefühle von Betroffenen mit sich bringen. Grundsätzlich sollte jedoch der Konsens am Ende der Intervention sein, dass einem respektvollen Umgang zuliebe von folgenden oder ähnlichen Aussagen/Fragen abgesehen wird, ungeachtet der ‚Intention':

„Wo kommst du wirklich her?"
„Ahhh, du kommst aus der Türkei? Dann esst ihr bestimmt viel Döner!"
„Ich kenne da auch eine, die aus dem Iran kommt. Shirin heißt die, kennst du die?"
„Und wann gehst du wieder zurück?"
„Es ist bestimmt besser hier in Deutschland, oder? So als Frau?" (ebd.)

Im Anschluss an die Etablierung eines grundlegenden Verständnisses für Rassismus und die Aneignung der Fähigkeit, Rassismus an den richtigen Stellen zu identifizieren, sollte auf tiefergreifende bzw. differenzierte Rassismusformen und -ausprägungen eingegangen werden, um ein Verständnis für die Vielfältigkeit von Rassismus zu entwickeln. Im Folgenden stehen einige Empfehlungen von Konzepten, die nach Einschätzung der Lehrenden und je nach Altersgruppe diskutiert und nähergebracht werden können.

4.3.1.1 Racial Profiling
Unter *Racial Profiling* versteht man die Durchführung behördlicher Maßnahmen (z. B. bei Kontrollen oder Festnahmen) aufgrund von tatsächlichen oder zugeschriebenen körperlichen, ethnischen oder religiösen Eigenschaften einer Person, ohne sachliche Begründung (Forschungsinstitut Betriebliche Bildung, 2018). Die Bundesregierung Deutschlands reagierte 2012 auf eine Anfrage der Fraktion *Die Linke* folgendermaßen: „Ein solches ‚racial profiling' ist mit dem geltenden deutschen Recht unvereinbar und wird innerhalb der Bundespolizei nicht angewandt" (Forschungsinstitut Betriebliche Bildung, 2018, S. 9). Dennoch kommt es in verschiedenen Erfahrungsberichten Betroffener zu „Racial Profiling", die vom Alltagsrassismus gegenüber BIPoC untrennbar sind. Exemplarisch hierfür sei hier der Fall einer polizeilichen Überprüfung der Personalien eines Schwarzen Architekturstudenten im Zug von Frankfurt nach Kassel aufzuführen. Der Polizeibeamte sagte vor Gericht aus, dass er beauftragt war, nach illegalen Einreisenden Ausschau zu halten. Dafür war seines Ermessens die Wahrscheinlichkeit der Illegalität bei einer von ihm als nicht-deutsch gelesenen Person, einer BIPoC, höher. Das Oberverwaltungsgericht Rheinland-Pfalz traf in diesem Fall den Entschluss der Rechtswidrigkeit derartiger Kontrollen, da sie gegen das Diskriminierungsverbot des Grundgesetzes verstoßen (ebd.). Dennoch ist hier das Erleben des Betroffenen zu thematisieren: Gefühle der Ohnmacht, des Ärgers, der Wut und der ‚Abstemplung als Bürger*in zweiter Klasse' sind denkbare emotional belastende Auswirkungen und Reaktionen, die bei Wiederholung zur langfristigen Schädigung des Selbstkonzepts führen können (Forschungsinstitut Betriebliche Bildung, 2018). Abhängig von Faktoren

wie bspw. dem Alter der Schüler*innen kann das Thema der Zuschreibungen aufgrund phänotypischer Merkmale aus unterschiedlichen Perspektiven thematisiert werden.

4.3.1.2 Umgang mit Betroffenen – sekundäre Viktimisierungen verhindern

Nach Böttger et al. (2014) und Geschke et al. (2014) versteht man unter Viktimisierung die sozialen Prozesse hinter der Opferwerdung, die in verschiedene Stadien eingeteilt werden können. Unter primärer Viktimisierung versteht man die unmittelbaren psychischen und physischen Folgen nach bspw. der Erfahrung einer rassistischen Tat. Sekundäre Viktimisierung hingegen bezieht sich auf die maladaptive oder dysfunktionale Nachsorge, also alle Umgangsweisen durch das Umfeld und Geschehnisse die auf eine Tat folgen. Betroffene sind in dieser Phase auf eine angemessene Unterstützung durch das soziale Netzwerk (Familie, Freund*innen, Mitschüler*innen, etc.) sowie Institutionen sozialer Macht (Polizei, Staatsanwaltschaft, etc.) angewiesen, um die Tat ohne langfristige Schäden verarbeiten zu können (Rheims, 2015). Dysfunktionale Reaktionen wären dahin gehend Bagatellisierung der Tat, mangelnde Empathie, Spott oder Mitschuldvorwürfe (Täter*in-Opfer-Umkehr). Lehrende können in einer gesonderten Sensibilisierungssitzung versuchen mit den Schüler*innen respekt- und empathievolle Richtlinien sowie Zugangsmöglichkeiten für solche Situationen zu formulieren, um Betroffenen symbolisch und praktisch dabei zu helfen, Rassismuserfahrungen adaptiv zu verarbeiten und sie zu entlasten (ebd.).

4.3.1.3 Problem der Nützlichkeitsargumentation

Nachdem Schüler*innen gelernt haben, wie Aspekte des Rassismus in allen ihnen bekannten Strukturen verwoben sind, sollten sie im Sinne der *Intentionalität* verstehen, dass auch Legitimationsargumentationen von Einwanderung, die sie ggf. aus ihrem Umfeld hören, rassistisch wirken können. Eine verbreitete Argumentationsstrategie zur Verteidigung von Migration und Aufnahme von bspw. Geflüchteten ist das *Nützlichkeitsargument;* dieses besagt, dass Migration förderlich für die Landesökonomie sei, da Arbeitskräfte gebraucht werden (Broden, 2015). Solchen Rhetoriken sollte kritisch begegnet werden, da sie den Fokus von humanitären Haltungen gegenüber Schutzsuchenden auf ihre Funktionalität verschieben und denjenigen, die die Nützlichkeitskriterien nicht erfüllen (z. B. arbeitsunfähige oder alte Personen), das Recht auf ein menschenwürdiges Leben im Aufnahmeland absprechen (ebd.). Zudem verstärken solche Aussagen die bestehenden Machtasymmetrien. Stattdessen sollten Schüler*innen in menschenrechtsorientierten Denkweisen bestärkt und gemeinsam durch einen Perspektivwechsel Akzeptanz dafür geschaffen werden, dass das Dasein von Geflüchteten oder Migrant*innen, bspw. innerhalb der Schule, nicht auf der Folie einer Legitimierung gelesen und beurteilt werden darf (ebd.).

Abschließend sollten die Bemühungen und Ambitionen der Lehrenden stets die Komplexität der Sachlage berücksichtigen: simple Frage-Antwort-, Problem-Lösungsmuster sind in diesem Kontext realitätsfern und verursachen eine Übervereinfachung der vielschichtigen Lebenswirklichkeiten (ebd.). Erst die Bereitschaft, angemessen ausdifferenzierte Herangehensweisen, trotz gelegentlichen Eindrücken von Sisyphusarbeit, mit Nachdruck und Selbstreflexion durchzuführen, kann Rassismus (in der Schule) nachhaltig entgegenwirken.

4.3.2 Übungen und Handreichungen zur Durchführung mit Schüler*innen

Im Folgenden wird eine Selektion erprobter Methoden und praktischer Übungen für Rassismussensibilisierung im Klassenzimmer, eingeteilt nach Schulstufen des deutschen Bildungssystems, aufgeführt. Wie bereits am Anfang des Kapitels beschrieben, steht und fällt der Erfolg der Übungen mit der selbstreflexiven Herangehensweise der Lehrenden. Die Eignung der Übungen ist von der Lehrperson, in der Funktion als Bezugsperson der Schüler*innen, nach Abschätzung des Klassenklimas und der Strukturen, zu beurteilen. Ebenso sollte die Frequenz der Durchführung durch das Lehrpersonal auf Basis der Lernkurve und Teilnahmebereitschaft der Schüler*innen eingeschätzt werden; eine regelmäßige Wiederholung und Integration der Themen und Übungen in den schulischen Alltag ist jedoch zu empfehlen (Antidiskriminierungsstelle des Bundes, 2019).

4.3.2.1 Kindergarten und Kindertagesstätte: *Ein besonderer Tag* (Bühs, 2008)
Ziel: Die Kinder lernen, Diskriminierung aufgrund zugeschriebener Eigenschaften durch externe Merkmale (Namen die mit A, E, I, O, U anfangen) zu erkennen und erarbeiten im Plenum damit einhergehende Gefühle und alternative Handlungsoptionen.
Material: ca. 8 Puppen, ggf. Requisiten
Anleitung:

1. *Durchführung des Puppenspiels:* Die Essenz des Puppenspiels besteht darin, bestimmten Puppen den Zugang zu einem Fest nicht zu gewähren.
2. *Diskussion:* Lehrpersonal fragt die Klasse nach einer Beurteilung der Einteilung der Kinder (= Puppen) und vergleicht die unterschiedlichen geäußerten Standpunkte. Empfohlene Fragen:
   - Wie fühlt sich Anna (oder Ulf usw.)? / Wie fühlt sich Bertram?
   - Habt ihr so etwas schon einmal erlebt? *(Hier ist es wichtig, den Kindern den Raum zu geben, ihre Erfahrungen zu schildern und diese zu validieren.)*
   - Wer kann Anna helfen? / Was kann man tun?
3. *Alternativszenarien:* Die Kinder werden dazu aufgefordert, alternative Situationen als Puppenspiel vorzuführen.

▶ **Vorgaben zum Puppenspiel:**
Szene 1: Puppe 1: „Heute ist ein schöner Tag. Wir feiern heute ein schönes Fest. Es gibt tolle Sachen zu Essen und zu Trinken (usw.) – Hört, was für schöne Musik es gibt…"

(*Walzen Sie die Szene ein wenig aus, vermeiden Sie aber Bezüge zu Ihrer direkten Umgebung. Alternativen sind denkbar: etwa ein Zirkus-Besuch usw.*).

Szene 2: Puppe 1: „So, hereinspaziert, hereinspaziert! (*usw.*)"
Puppe 2: (*Der erste Besucher*) „Darf ich hinein?"
Puppe 1: „Wie heißt du denn?"
Puppe 2: „Bertram Köning."
Puppe 1: „Aber gerne, du darfst herein."
„So, hereinspaziert, hereinspaziert…"
(*Puppe 2 geht hinein*).
Puppe 3: „Was ist das für ein Fest? Darf ich hinein?"
Puppe 1: „Wie heißt du denn?"
Puppe 3: „Anna Kern."
Puppe 1: „Du darfst nicht hinein. Dein Name fängt ja mit einem A an."
(*Nacheinander kommen mehrere Puppen. Alle, deren Name mit A, E, I, O, U anfängt, dürften nicht hinein, verteilen Sie das etwa Hälfte-Hälfte.*)

4.3.2.2 Grundschule: *Starke Kinder ABC* (Fortbildungsinstitut für die pädagogische Praxis, 2010)

Diese Übung orientiert sich am Anti-Bias-Ansatz, der im Unterkapitel 4.2.2.1 vorgestellt wurde.

Ziel: Die Kinder definieren Stärke außerhalb von körperlicher Kraft (‚ein starkes Kind') nach ihrem eigenen Verständnis und lernen dabei die Vielfältigkeit an Stärken und Fähigkeiten und deren Einzigartigkeit wertzuschätzen. Zudem reflektieren sie gemeinsam erfahrungsorientierte Bedeutungen und Verantwortung von ‚Ich-Stärke'.

Dauer: 30–45 min.

Voraussetzungen: Standardklassengröße oder kleiner, ab der 1. Klasse möglich; die Schüler*innen sollten bereits schreiben können, falls die Übung in Kleingruppen durchgeführt werden soll. Ausreichend Platz für Kleingruppenarbeit an Tischen sowie Platz zur Durchführung als gesamte Gruppe.

Material: Kopien des Arbeitsblattes „Starke Kinder ABC" (s. Anhang B), Flipchart/Plakat, Stifte.

Anleitung:

1. *Erklärung der Übung und ihrer Ziele.* Anschließend Sammeln von Stärken in der Gesamtgruppe. (z. B. „Was bedeutet für Euch stark sein? Was können starke Kinder?")
2. *Kleingruppeneinteilung:* jeweils zu dritt oder viert.

3. *Aushändigung der Arbeitsblätter.* Der Arbeitsauftrag besteht darin, unter der Fragestellung „Starke Kinder sind…/ können…" gemeinsam für jeden Buchstaben eine Eigenschaft, Fertigkeit, o.Ä. zu finden und zu notieren.
4. *Präsentation und Diskussion:* Nach vereinbarter Zeit wird im Plenum auf einem Flipchart oder Plakat ein gemeinsames *Starke Kinder ABC* entworfen, das im Klassenraum sichtbar angebracht werden kann.

Evaluation: Die Kinder werden nach ihrem Empfinden während der Übung gefragt. Beispielfragen wären: „Wie hat euch die Übung gefallen? War es leicht/schwer Stärken von A-Z zu finden? Wie lief die Zusammenarbeit in eurer Kleingruppe? Konntet ihr euch gut einbringen? Welche Stärken passen zu euch selber? Welche Stärken kennt ihr aus eurer Klasse?".

4.3.2.3 Sekundarstufe I: *Zitronenübung* (AFS Interkulturelle Begegnungen e.V., 2020)

Ziel: Die Schüler*innen setzen sich kritisch mit der Bedeutung von Vorurteilen und Kategorisierungen auseinander.

Dauer: 15-20 Minuten

Voraussetzungen: Maximal 30 Teilnehmer*innen.

Material: Eine Zitrone pro Schüler*in, wobei auch eine Zitrone je zwei Schüler*innen möglich ist, Korb.

Anleitung: Die Lehrperson zeigt der Klasse eine Zitrone; gemeinsam werden deren Eigenschaften an der Tafel gesammelt (z.B. oval, gelb, sauer, Vitamin C, etc.)

1. Jede/r Schüler*in bekommt eine ‚eigene' Zitrone, der jede*r einen Namen geben und sie fünf Minuten lang genau betrachten soll. Hierbei sollte darauf geachtet werden, dass keine Schreibmaterialien auf den Tischen liegen, um eine farbliche Markierung der Zitronen zu vermeiden.
2. Die Zitronen werden alle zurück in einen Korb gelegt.
3. Die Zitronen im Korb werden gemischt und auf einem Tisch ausgebreitet.
4. Die Schüler*innen sollen ihre ‚eigene' Zitrone wiederfinden. *(Dies funktioniert fast immer, falls jedoch Unsicherheit besteht, werden die betroffenen Zitronen zunächst beiseitegelegt und am Ende nochmals begutachtet.)*
5. *Diskussion im Plenum:* In einem letzten Schritt soll erklärt werden, ob die Schüler*innen sich sicher sind, dass sie die richtige Zitrone gefunden haben, und wenn ja, woran sie diese wiedererkannt haben. Weitere Beispielfragen: „Was ist euch aufgefallen? Was hat euch überrascht?"
6. *Transfer im Plenum:* Obwohl den Zitronen am Anfang gemeinsame Eigenschaften zugeschrieben wurden und sie gleich aussahen, haben die Schüler*innen es geschafft, ihre Zitrone zu identifizieren.
Dieses neue, erfahrungsbasierte Wissen kann auch auf Alltagskategorisierungen von Menschen und Situationen aufgrund von Aussehen, Kleidern, Sprache, etc., über-

tragen werden. Hierbei kann es zur Feststellung kommen, dass die Schüler*innen selbst schon einmal oder mehrmals durch äußere Zuschreibungen und Vermutungen (z. B. bezüglich einer vermeintlichen Migrationsgeschichte) kategorisiert wurden oder selbst kategorisiert haben, ohne das tatsächliche Verhalten eines Subjekts aus einer Gruppe zu kennen.
7. An dieser Stelle kann der/die Lehrende die Diskussion in verschiedene Richtungen lenken. Optionen wären die Thematisierung von Zugehörigkeit und Identität oder auch ein wertschätzender Erfahrungsaustausch.
8. *Fazit:* „Für eine angemessene Einschätzung müssen wir genau hinsehen!"
Hinweis: Die Autor*innen weisen mit Nachdruck darauf hin, dass bei dieser Übung ein Vergleich zwischen Zitronen und Menschen sowie eine Übertragung von spezifischen Eigenschaften zu Personengruppen vermieden werden muss.

4.3.2.4 Sekundarstufe II: *Deniz* (Initiative Intersektionale Pädagogik, 2015)

Ziel: Die Schüler*innen werden sich bewusst über Selbst- und Fremdwahrnehmung, erfahren Sensibilisierung für unterschiedliche Identitätsmerkmale und deren Zusammenspiel zu spezifischen Unterdrückungs- und Diskriminierungsmodi (Intersektionalität), die für diese Personengruppen Bestandteil ihrer Lebensrealität sind. Des Weiteren wird der Raum zur Exploration und Reflexion von gesellschaftlichen Normen und deren Abweichungen, Machtverhältnissen und Kategorisierungen aufgrund von individuellen Merkmalen wie bspw. Kleidung, Habitus, Subkultur, etc. eröffnet.

Dauer: 75 min.

Voraussetzungen: 12–20 Teilnehmer*innen (ab 12 Jahren), Räumliche Möglichkeit für einen Stuhlkreis.

Material: Flipchart, Stifte, Schaufensterpuppe (u. U. Torso) „Deniz"

Anleitung:

1. *Vorbereitung:* Die Schaufensterpuppe „Deniz" soll ein bewusst gewähltes Outfit tragen: ein enges Top und eine abgenutzte Unterhose/Boxershorts, die im Schritt ausgestopft ist, Hosenträger in Regenbogenfarben mit einem politischen Button (Parteien/Organisationen), Kruzifixkette, Namensschild (wie alle anderen Teilnehmenden). Deniz wird von Anfang an im Stuhlkreis platziert.
2. *Vorstellung:* Der/die Lehrende stellt Deniz vor und fordert die Teilnehmenden auf, sich Deniz anzuschauen und einen Gegenstand auszuwählen, den sie ihm/ihr für den Tag mitgeben oder anziehen möchten. Dies soll etwas sein, was ihrer Meinung nach nützlich für Deniz sein kann. Optionen umfassen Taschentücher, Handys, Wasser, Bücher, Spielzeuge, Kondome oder aber auch Kleidungsstücke.
3. *Gedanken, Merkmalsbenennung und Normativitätsbesprechung:* Die Teilnehmenden sollen begründen, wieso sie diesen bestimmten Gegenstand für Deniz ausgewählt haben. Daraufhin werden sie aufgefordert zu erklären, was sie denken, wenn sie Deniz betrachten. Die unterschiedlichen genannten Merkmale werden auf den höher

Tab. 1 Assoziationsketten zur Hilfe der Sammlung der Kategorien und Merkmale von Deniz (nach Initiative Intersektionale Pädagogik, 2015)

Merkmale Deniz	Interpretationen	Kategorie	Norm	'Abweichung'	Diskriminierungsform
Regenbogenhosenträger	LGBTQIA*-Symbol	sexuelle Orientierung	heterosexuell	homosexuell, bisexuell, multisexuell	Homophobie
abgenutzte Unterhose	evtl. Zeichen von Armut/Geldmangel	Sozialer Status/Klasse	Mittelklasse	Arbeiter*innenklasse, Armutsklasse	Klassismus
sichtbare Brüste und männliche Genitalien	Mensch zwischen den Geschlechtern, Personalpronomen	Geschlechtsidentität	Cisgeschlechtlich	Trans*geschlechtlich oder Intergeschlechtlich	Cissexismus, Transphobie
Geschlechtsmerkmale	Geschlechterrollen, Personalpronomen	Geschlecht	Mann	Frau	Sexismus
fehlende Gliedmaßen	Behinderung	körperliche Befähigung	Mensch ohne Behinderung	Mensch mit Behinderung	Ableismus, 'Behinderten'feindlichkeit
	Behinderung	psychische und geistige Befähigung	'gesund'	'krank'	Ableism
schlanker, athletischer Körper	jung, sportlich, dynamisch	Körper	'schlank' und 'schön'	'dick', 'ungepflegt' und 'hässlich'	Lookism, Bodyism, Fatphobia (Dickenfeindlichkeit)
schlanker, athletischer Körper	jung, ohne Falten, gesund	Alter	junge Erwachsene, zwischen 25–45 Jahren	alte Menschen, Kinder und Jugendliche	Ageism (Altersfeindlichkeit), Adultismus (Kinder- und Jugendfeindlichkeit)
schwarze Puppe	Schwarzer Mensch	Weisssein, Schwarzsein, PoCsein[6]	weiße Menschen	schwarze Menschen, PoCsein	Rassismus
Kruzifix, Kreuz	religiös, katholisch	Religion, Weltanschauung	christlich sekulär	vom christlichen abweichend z. B. muslimisch, jüdisch, buddhistisch etc.	Anti-muslimischer Rassismus, Antisemitismus

---

[6] Die Autor*innen möchten auf die schwierigen und nicht eindeutigen Begriffe wie „Ethnie", [Race] oder „Ethnizität" verzichten und nutzen stattdessen diese Begriffe als Kategorie.

geordneten Kontext unterschiedlicher Kategorien (z. B. Befähigung, Religion, Klasse, etc.) übertragen und es wird diskutiert, was im jeweiligen Land Norm bzw. Abweichung ist. Darauf basierend wird Deniz anhand ihrer/seiner Merkmale positioniert.

4. *Kategorienbildung:* Die genannten Merkmale werden auf einem Flipchart/einer Tafel gesammelt und unterschiedlichen Kategorien zugewiesen. Denkanregungen und Beispielkategorien finden sich in der Tab. 1.
5. *Auswertung und Reflexion:* Der/die Lehrende regt durch moderierende Anleitung eine Diskussion an, die auch zu kontroversen Diskursen führen kann. Hierbei kann der Schwerpunkt je nach Zielgruppe auf einzelne Themen festgelegt werden. Tiefergreifende Diskussionen können in Kleingruppen weitergeführt werden.
6. *Abschluss:* Die Autor*innen betonen, dass Deniz nun als Teil der Gruppe gesehen werden kann, da er/sie Teil der Geschichten der Teilnehmenden geworden ist. Aus diesem Grund sollte er/sie je nach Stimmung verabschiedet werden, bspw. kann wieder ein Gegenstand für Deniz ausgesucht werden und sich im Namen von Deniz mit Begründung bedankt werden. Alternativ kann Deniz weiterhin Teil der Klasse bleiben und in zukünftigen Situationen wieder aufgegriffen werden.

4.3.2.5 Übung zu den Themen Flucht, Asyl und Einbindung geflüchteter Kinder

Im Folgenden wird das Augenmerk auf die Einbindung geflüchteter Kinder in der Schule gerichtet, der eine besondere Vorbereitung und Sensibilisierung vorausgehen sollte. Zu diesem Zweck sollten bereits vor der Einschulung der ‚neuen Schüler*innen' mit den ‚alten Schüler*innen' Edukationsarbeit zu den Themen Krieg, Flucht und Asyl durchgeführt werden, jedoch ist auch die interaktive Einbindung und ein bedingungsloser Versuch des Verständnisses für die Lebensrealitäten und Geschichten dieser Kinder durch die Lehrenden und die Mitschüler*innen aufzubringen (Geissler et al., 2017). Ablehnende, rassistische Stimmen und Haltungen sind im öffentlichen Diskurs, d. h. auch in der medialen Landschaft durch Parteien und politische Gruppierungen nicht zu übersehen, und können mitunter bis ins Klassenzimmer hallen (ebd.). Dabei beginnen traumatische Ereignisse und Diskriminierungserfahrungen für Geflüchtete oft bereits vor der Flucht in ihren Herkunftsländern, die durch Erweiterungen und Wirkungen von kolonialen, postkolonialen und globalen Machtverhältnissen geprägt sind; zu diesen zählen u. a. Krieg, Armut, Umweltkatastrophen und Ausbeutung (Sequiera, 2019). Ein Versuch, die Tragik der Flucht selbst zu begreifen, der undenkbaren Umstände von Lebensgefahr, körperlicher und psychischer Gewalt, sexualisierter Gewalt, Inhaftierung, Folter, Familientrennung und Todeserfahrungen und dies ggf. über Jahre hinweg, ist dabei nicht nur realitätsfern, sondern entspricht nicht der Zielsetzung. Im Ankunftskontext kommt es während der Asylverfahren häufig zu trauma-unsensiblen bis hin zu trauma-fördernden Maßnahmen, zu struktureller Unterdrückung durch die ständig drohende, unangemeldete Abschiebung und den Mangel an Unterstützungsangeboten und Perspektiven (ebd.). Durch die erschwerten rechtlichen und sozialen Zugänge zum gesellschaftlichen Leben, bspw. im Sinne einer nicht oder nur mit außerordentlich großen Mühen überwindbaren Sprachbarriere können Gefühle der Unterlegenheit auftreten, die zu diversen Reaktionstendenzen führen können (Jäger und Kauffmann, 2002; Yeboah, 2017). Für geflüchtete Kinder trägt die Rolle der Schule, der Lehrenden und der Mitschüler*innen maßgeblich zur Verarbeitung der Flucht, zur Perspektivenentwicklung und zur Hoffnungsbildung bei und bildet den Möglichkeitsrahmen, innerhalb dessen sie sich entfalten können.

Aus diesem Grund liegt die Verantwortung bei der Institution und den Lehrenden, den ‚alten Mitschüler*innen' einen respektvoll-empathischen Umgang und ein Grundverständnis nicht nur zu lehren, sondern vorzuleben. Die Schule soll für geflüchtete Kinder der Ort sein, an dem ihre Erfahrung validiert wird und sie sich ausdrücken können; sie sollte sich bewusst und (inter-)aktiv vom Rassismus in anderen Systemen (z. B. dem Gesundheitswesen, dem Rechtswesen, etc.) abgrenzen und Schüler*innen bestärken (Sequiera, 2019).

Neben der Sensibilisierung, dem offenen Diskurs und der Selbstreflexion sind auch hier spielerische Übungen empfehlenswert, die den Schüler*innen eine Möglichkeit bieten, sich auszutauschen und kennenzulernen (Geissler et al., 2017).

Obstsalat (Geissler et al., 2017).

Ziel: Aufwärmung und Kennenlernen untereinander, Sprachhemmungen abbauen, grundlegende Wortvermittlung.

Dauer: ca. 10 min.

Voraussetzungen: Räumliche Möglichkeit für einen Stuhlkreis, Mehrsprachigkeit: sprachliche Varianten können je nach Zusammensetzung der Teilnehmenden durchgeführt werden; wenn keine Zweitsprache vorhanden ist, sollte diese in Bezug auf die genutzten Begriffe vorbereitet werden.

Material: Pinnwand oder Flipchart, Stifte.

Anleitung:

1. Die Namen der Obstsorten (z. B. Apfel, Banane, Ananas, etc.) werden vorher für jede*n lesbar auf Deutsch auf das Flipchart oder die Pinnwand geschrieben.
2. Der Stuhlkreis wird aufgebaut. Dabei wird ein Stuhl weniger als die Teilnehmer*innenanzahl genutzt. Der Stuhlkreis wird im Verlauf des Spiels zum figurativen Obstkorb. Zu Beginn der Übung müssen die Teilnehmenden noch stehen.
3. *Übersetzung:* Die Obstsorten werden nun von einem/einer Teilnehmer*in übersetzt, indem sie in der Zweitsprache neben die Begriffe auf dem Flipchart oder der Pinnwand geschrieben und vorgesprochen werden. Alle Teilnehmenden wiederholen die Begriffe laut, bis sie mit der Aussprache vertraut sind.
4. *Zuteilung:* Jeder Obstsorte werden 3–5 Teilnehmende zugeordnet.
5. *Erste Nennung:* Nun steht abwechselnd eine*r der Teilnehmenden in der Mitte, da im Obstkorb nicht genügend Platz ist. Diese*r muss nun laut und deutlich eine Obstsorte nennen (in einer der beiden Sprachen). Die Teilnehmenden, die dieser Obstsorte zugeordnet wurden, „fallen" dann aus dem Obstkorb.

6. *Tausch:* Alle in dieser Obstsortengruppe tauschen nun schnell ihre Plätze. Auch die Person in der Mitte versucht währenddessen einen Platz im Obstkorb zu ergattern.
7. *Nächste Nennung:* Die neue Person in der Mitte muss eine nächste Obstsorte aufrufen, etc.
8. Ruft die Person in der Mitte „Obstsalat!", müssen alle aufstehen und ihre Plätze tauschen.

4.3.3 Buchempfehlungen für eine rassismuskritische Bildungsarbeit

„Was bedeutet es also beispielsweise, wenn in einem Lehrwerk für Deutsch als Fremdsprache ausschließlich weiße Charaktere durch das Buch führen, die Cabrio fahren und Prosecco trinken? Oder wenn Frau Müller den Haushalt macht, während Herr Müller fernsieht und nicht sprechen will? Wir müssen uns im Sinne machtkritischer Bildungsarbeit fragen, was die unmarkierte, unsichtbare Norm ist (z. B. weiße deutsche heterosexuelle Mittelschicht), und welche davon abweichenden Identitäten unsichtbar bleiben und somit nicht als legitimer Teil der gesellschaftlichen Realität in Deutschland repräsentiert sind." (May, 2019, S. 33).

Vorurteilsbehaftete Sprache und Bilder in Bildungsmaterialien konstruieren und stabilisieren die Wahrnehmung und die Einstellungen der Schüler*innen in Bezug auf Zugehörigkeit und Anders-Sein mit, und sollten demzufolge mit reflexiver Vorsicht und Bedacht im Unterricht eingebaut oder gar verhindert werden (ebd.). Exemplarisch hierfür ist die Darstellung von Flucht in Sachkundebüchern – die eindimensionale und dominierende Darstellungsweise von überfüllten Schlauchbooten als einziges Schaubild von Flucht kann problematische Auswirkungen haben, da sie indirekt ein Bedrohungsszenario zeichnet (Eder, 2018).

Die „Checkliste Bildsprache der Hochschule Fulda" (2018) bietet bspw. eine Hilfestellung, um solche verzerrten Kategorisierungen und Überzeichnungen zu vermeiden. Im Folgenden wird eine Kurzfassung dieser Checkliste dargestellt. Diese orientiert sich an folgender Frage:

„Zeigen Sie beispielsweise auch…"

…Frauen* in maskulin-konnotierten Arbeitsfeldern und bei aktiven Tätigkeiten?

…Menschen, die rassistische Zuschreibungen erfahren, in beruflich hohen und sozial angesehenen Positionen?

…Menschen und insbesondere Frauen* mit religiöser Kopfbedeckung in beruflich hohen und sozial angesehenen Positionen?

…Gleichgeschlechtliche Paare (auch mit Kindern)?

…Menschen mit Behinderung in allen sozialen Kontexten, in denen Sie auch Menschen zeigen, die keine Behinderung erfahren?

...ältere und jüngere Menschen im gemeinsamen sozialen Austausch?
...die Vielfalt von Menschen jenseits des konventionellen Schönheitsideals?

Weitere denkbare Kontrollfragen nach May (2019) sind:

Inwieweit reproduziert/problematisiert das Bild *kulturbezogene*[7] Vorurteile?
Werden Geflüchtete in unterschiedlichen Lebenslagen, Arbeitskontexten, gesellschaftlichen Positionen dargestellt – entsteht also ein heterogenes Bild?
Können sich die Kursteilnehmer*innen unter unterschiedlichen Vielfaltsaspekten positiv mit den handelnden Figuren identifizieren?

Nachstehend finden sich Empfehlungen von Büchern, die weitestgehend den genannten Kriterien in spezifischen Themenbereichen entsprechen und eine Basis im Sinne rassismussensibler und intersektionaler Bildungsarbeit darstellen.

> **Auszug aus „Intersektionale Kinderbuchliste"** (Initiative Intersektionale Pädagogik, 2015)
> **Ab 4 Jahren:**
> Kein Küsschen auf Kommando & Kein Anfassen auf Kommando (Mebes und Sandrock, 2013).
> Du gehörst dazu: Das große Buch der Familien (Hoffman und Asquith, 2010).
> **Ab 5 Jahren:**
> Wir haben Rechte! Die Kinderrechte kennenlernen und verstehen (Olten, 2014).
> Bené, schneller als das schnellste Huhn (Toledo, 2013).
> Ein Pferd zu Channukka (Halberstam und Cote, 2010).
> **Ab 6 Jahren:**
> Rosi sucht Geld (Staud, 2013).
> Das Wort, das Bauchschmerzen macht (Della und Rosentreter, 2014).
> **Ab 7 Jahren:**
> Kaugummi und andere Verflixungen (Karimé und Behl, 2010).
> Alle gegen Esra (Çelik, 2010).
> **Ab 8/9 Jahren:**
> Tee mit Onkel Mustafa (Karimé und von Bodecker-Büttner, 2011).
> Leo und Lucy – Ein klarer Fall? (Ludwig und Krause, 2010).

---

[7] Die Problematik der Kulturalisierung wird im Kapitel 4.4.3 aufgegriffen.

4.4 Kritische Perspektiven auf Rassismus-Interventionen

Nachdem in den vorherigen Kapiteln eine Bandbreite an Ideen und konkreten Übungsvorschlägen für den Klassenraum diskutiert wurden, soll in diesem Kapitel ein kritischer Blick auf die Möglichkeiten und Grenzen von Rassismus-Interventionen gelenkt werden. Anschließend an die bereits thematisierte *Intentionalität,* können auch Sensibilisierungsübungen (paradoxerweise) rassistische Alltagsmuster (re-)produzieren und somit für Betroffene verletzend, demütigend oder sogar (re-)traumatisierend wirken. Dahin gehend ist eine entsprechende und andauernde (Selbst-)Reflexion der Lehrenden (insbesondere weißer Mehrheitsangehöriger) zur Vermeidung dieser Auswirkungen grundlegend erforderlich (Stiftung für die Internationalen Wochen gegen Rassismus, 2015). In diesem Kapitel finden sich weitere Handreichungen, die der (Selbst-)Reflexion als Hilfestellung dienen sollen und Lehrenden einen Einblick geben können, welche Umstände zu beachten und zu vermeiden sind, wenn Interventionen im Klassenzimmer durchgeführt werden. Der Anspruch des Beitrags ist, dass Lehrende durch Denkanstöße ein eigenes sensibles Gespür dafür entwickeln, welche Übungen oder Aussagen im Rahmen von Interventionsarbeit aus rassismuskritischer Sicht verwerflich sind oder paradox wirken können und deshalb ersetzt werden müssen.

4.4.1 Rassismuskritische Sprache

Obschon eine Sprache ohne rassistische Elemente die Voraussetzung für eine rassismuskritische Bildungsarbeit sein sollte, findet sie in der Realität keine Entsprechung: Rassismus ist tief in linguistischen Strukturen verankert und wird (un-)bewusst durch alltagssprachliche Begrifflichkeiten zementiert (Broden, 2015). Auch hier gilt für Lehrende (und Schüler*innen) das Postulat, Perspektiven von Kritiker*innen und Betroffenen zu berücksichtigen. Wenn BIPoC die Kritik äußern, dass ein bestimmter Begriff oder eine Redewendung verletzend ist, sind Lehrende aus rassismuskritischer Zielsetzung dazu angehalten, sich selbst und die Mitschüler*innen zu korrigieren, diesen Begriff aus dem eigenen Wortschatz zu verbannen sowie die Nutzung im Klassenraum zukünftig zu unterbinden, ungeachtet der *Intentionalität* (Initiative Intersektionale Pädagogik, 2015). Lehrenden kommt diesbezüglich die Verantwortung zu, sich eigenständig darüber zu informieren, welche Begrifflichkeiten überholt und ausgrenzend sind (z. B. „Gastarbeiter*in"), unzutreffende Zuschreibungen implizieren (z. B. „Migrationshintergrund" bei Kindern von Eingewanderten der 2. oder 3. Generation) oder falsche/irrelevante Merkmale essentialisieren (z. B. „Schwarze Deutsche", „Deutsch-Türk*innen") (Broden, 2015).

Darüber hinaus finden sich in verschiedenen Manualen mitunter Übungen zur Rassismussensibilisierung, die ganz bewusst zur Reproduktion von rassistischen Begriffen auffordern. Exemplarisch dafür sei die „Ähh-Nee"-Übung genannt, die in unterschiedlichen Variationen durchgeführt werden kann. Eine Variante von der abzusehen ist, ist die Niederschreibung auf einem Flipchart/einer Tafel von Begriffen, die rassistisch sind und nicht (mehr) genutzt werden sollen (z. B. zu finden im Methodenkoffer „Demokratie leben!" des Forschungsinstitut Betriebliche Bildung, 2018). Hierbei kommt es dazu, dass Schüler*innen ein explizit rassifizierendes und dadurch für Betroffene äußerst verletzendes und mitunter re-traumatisierendes *Brainstorming* zu rassistischen Fremdbezeichnungen betreiben (z. B. rassistische Fremdbezeichnungen für Schwarze Menschen, rassistische Fremdbezeichnungen für Rom*nja und Sinti*zze, etc.) (Initiative Intersektionale Pädagogik, 2015). Gleichwohl die Absicht hinter der Übung deutlich ist, ist eine derart bewusste sprachliche Reproduktion zu kritisieren und sollte vermieden werden. Eine bessere Variante der Übung findet sich in der Broschüre „i-Päd" (ebd.) unter Berücksichtigung von klassistischen und rassistischen Verschränkungen im Kontext Sprache und Anerkennung dieser. Die Autor*innen der Initiative Intersektionale Pädagogik (2015) thematisieren hier die omnipräsente Darstellung der Sprache privilegierter Klassen als höher angesehen oder überlegen und damit als Form der Unterdrückung. In dieser „Äh-Nee"-Liste werden Begriffe gesammelt, die eine Diskussion im Klassenzimmer zu hochschwellig anlegen und deshalb für bestimmte Personengruppen ausgrenzend sind. Beispielhafte Begriffe sind: *Subtext, Dichotomie, evaluieren, Diskurs, Individuum,* etc. Eine weitere denkbare Variante der Übung wäre eine „Ähh-Ja"-Version, bei der gemeinsam mit den Schüler*innen rassismuskritische, erwünschte oder selbstzugeschriebene Bezeichnungen, bspw. *Rom*nja und Sinti*zze, People of Color, Schwarze, Türkeistämmige,* etc., gesammelt werden.

Grundsätzlich sollte beim Hinterfragen und der Auswahl von Sprache in einem ersten Schritt immer zwischen selbstgewählten und fremdzugeschriebenen Bezeichnungen unterschieden werden. Obgleich auch innerhalb der Selbstbenennungen von Gruppen Widersprüche und unterschiedliche Auffassungen entstehen können, sollten dennoch die Empfindungen der Betroffenen als Wegweiser herangezogen werden. Letztlich sollte ein Bewusstsein dafür geschaffen werden, dass eine rassismussensible und -kritische Sprache dynamisch und deshalb unabgeschlossen ist. Gerade aufgrund dieser Beschaffenheit erfordert ihre Etablierung (zwischen-) menschliche Offenheit und Kritisierbarkeit (Broden, 2015).

4.4.2 Konstruktion der ‚Anderen'

Rassismuskritische Praxis orientiert sich auch an den Bemühungen, die wirkmächtige Binarität gesellschaftlicher Ordnungssysteme, d. h. die Einteilung in *Zugehörigkeit* und *Nicht-Zugehörigkeit,* in ‚Wir' und die ‚Anderen', abzuschaffen (Beck-Gernsheim, 2004). Indessen kann gerade der Versuch die Differenzlinien und Machtstrukturen zu verwischen paradoxerweise dazu führen, diese zu betonen oder erst herzustellen. Mit Differenzlinien sind in diesem Zusammenhang bspw. soziale, sexuelle, genderspezifische Merkmale gemeint, deren Nennung zur Erschaffung von spezifischen fairen Bildungs-

und Partizipationschancen oder zur Kritik an fehlenden Chancengleichheiten und Bildungszugängen notwendig ist (Broden, 2015).

Unter *Othering* wird dabei der Prozess verstanden, durch den Individuen Personengruppen aufgrund von (zugeschriebenen oder tatsächlichen) kulturellen, sozialen, äußerlichen o.ä. Merkmalen über eine entindividualisierte Zuordnung zu einer vermeintlich homogenen Gruppe zu ‚Anderen' gemacht, also ‚verandert' werden. Mit dem *Othering* geht mitunter eine entwürdigende Ausgrenzungserfahrung einher, da den Betroffenen die *Zugehörigkeit* abgesprochen wird (May, 2019). Im Besonderen konnte sozialpsychologische Forschung zeigen, dass positives Verhalten von Personen die als ‚Andere' kategorisiert werden tendenziell eher situativ gedeutet wird, während negatives Verhalten der gesamten Gruppe zugeschrieben wird (Bender-Szymanski et al., 2000).

Eine der gängigsten Techniken des *Othering* ist die bereits im Kontext von Namen genannte, vermeintlich banale Frage „Wo kommst du eigentlich her?", die jedoch durch Fremdzuweisung den Eindruck des/der Fragenden impliziert, die Person könne bspw. nicht zur deutschen Mehrheitsgesellschaft gehören (Tupoka, 2017). Im alltäglichen schulischen Kontext wird *Othering* zudem dann augenscheinlich, wenn es bei Entscheidungen der Lehrenden bezüglich Notengebung oder Förderung zum Sympathisieren und Bevorteilen von Schüler*innen kommt, die als *zugehörig* gelesen werden und im Umkehrschluss zur Benachteiligung der ‚Anderen'.

In dieser Weise erschließt sich, dass *Othering* nicht immer bewussten Praktiken entspringt und deshalb auch als solches innerhalb von Rassismus-Interventionen stattfinden kann. Migrationspolitisch kann hier exemplarisch das ‚Integrationsimperativ' aufgeführt werden, das Migrant*innen und die, die als solche gelesen werden fortan ohne konkrete Anweisungen unter Druck setzt, sich doch in der (z. B.) deutschen Gesellschaft zu ‚integrieren' und sie dadurch offenkundig zu ‚Anderen' macht (Mecheril und Thomas-Olalde, 2011).

Ferner gibt es auch in diesem Kontext Übungen, bei denen besonders aufmerksam abgewägt werden muss, inwiefern sie Unterschiede zwischen Schüler*innen wertschätzend hervorheben oder eher zur Ausgrenzung und Markierung von bspw. BIPoC führen. Beispielhaft kann hier die Übung „Alle Gleich, Alle Verschieden" genannt werden (Pates et al., 2010). Bei dieser Übung sollen Zuschreibungen und Vorurteile aufgedeckt werden, indem die Schüler*innen Annahmen über den Lebensentwurf und die Identität (bspw. Name, Herkunft, Alltag, etc.) einer unbekannten, realen Person auf einem Bild formulieren. Bei der abschließenden Identitätsenthüllung soll es zum Überraschungseffekt kommen, da die Schüler*innen üblicherweise entlang verinnerlichter Vorurteile reflektiert haben. Das Potential dieser Übung, in die entgegengesetzte Richtung zu verlaufen, sollte dabei nicht unterschätzt werden. Zuschreibungen können zwar somit sichtbar gemacht werden, andererseits kann es aber auch zu einer Verstärkung projektiver Feindbilder kommen, indem Schüler*innen ihre ausgewählte Identitätszuschreibung verteidigen und bspw. argumentieren, die realen Identitäten dieser Einzelpersonen seien nur die Ausnahme.

Abschließend hängt das Potential der Konstruktion von ‚Anderen' durch die Thematisierung von Differenzlinien grundlegend vom Kontext und von den Rezipient*innen ab. Lehrende müssen bedacht und einfühlsam abwägen, inwiefern das Ansprechen solcher Unterschiedlichkeiten zur kritischen Diskussion beiträgt und wann sie zur Spaltung führt.

4.4.3 Exotisierung und Kulturalisierung

Kulturvergleiche, -fokussierungen und Zentralisierungen der Bedeutung von kultureller Diversität zählen zu den Kernbestandteilen vieler Rassismus-Interventionen und interkultureller Trainings (Haas, 2009). Dabei münden die Anstrengungen, inklusiv und ‚offen für neue Kulturen' zu sein, häufig in der *Exotisierung* der ‚Anderen' und in *Kulturalismus* bzw. *Kulturalisierung*. Typische Kulturalisierungs- und Exotisierungsweisen sind die Betonung von Besonderheit, Neuartigkeit und Faszination über vorurteilsbehaftete Sinnbilder, wie in etwa beim Bild des orientalischen Bauchtanzes aus 1001 Nacht[8], leidenschaftlich zubereitetes italienisches Essen, Samba tanzende Brasilianer*innen, etc. (Broden, 2015). Darunter verbergen sich die bereits diskutierten *Othering*-Mechanismen: die zu ‚Anderen' gemachten Menschen werden zur homogenen Gruppe, und mit wenigen Merkmalen oder Fähigkeiten versehen. Des Weiteren leuchten auch in diesem Kontext Züge der ungleichen Machtverteilung durch; die exotisierten Merkmale und Handlungen sind oft körperlicher Natur und den Weißen als Spektator*innen, die von BIPoC (oder ‚Anderen') bedient und unterhalten werden, bekannt. Hall spricht über diese binäre Aufteilung der Rollen als „das fundamentale Charakteristikum des Rassismus" (Hall, 2000, S. 14).

Die Problematik des *Kulturalismus* sieht ähnlich aus, bezieht sich jedoch im Vergleich zur *Exotisierung* eher auf eine übergeordnete Form des Rassismus als auf spezifische sensationalisierte Eigenschaften. Kulturkonzepte werden essentialistisch konstruiert: Sie implizieren Abgeschlossenheit und Stabilität und dienen wiederum als Schablone der wertenden Zuordnung von Menschen zu unterschiedlich hoch eingeschätzten ‚Kulturkreisen'. Augenscheinlich mag die Ausgangslage ein wertschätzendes Interesse an ‚anderen Kulturen' sein, jedoch ist auch hier das Endresultat eine *Fremdgruppenhomogenisierung* (Quattrone und Jones, 1980). So entstehen nach Balibar (1992) durch strikte kulturelle Zuordnungen neue Differenzdimensionen, die vor allem durch die Betonung der „Schädlichkeit jeder Grenzverwischung und die Unvereinbarkeit der Lebensweisen und Traditionen" (ebd., S. 28) den globalen Süden entlang von Bewertungen über Fortschrittlichkeit vom ‚übergeordneten Westen' ausgrenzen. Aussagen wie „die Chines*innen essen…", „die Afghaner*innen sind…", etc. können während Inter-

---

[8] Siehe dazu: *Orientalism* (Said, 1978).

ventionsübungen fallen und sollten durch die Lehrenden aufgegriffen und kritisch beleuchtet werden (Kleff und Terkessidis, 2017). Der Kulturvergleich und Kulturdiskurs lenkt zudem den Blick von sozialen Schieflagen und Machtstrukturen ab und verringert die Aufmerksamkeit und Sensibilität für diese (ebd.). Mit Adorno (1992) und Balibar (1989) kann auch gesagt werden, dass der Kulturbegriff den verpönten biologistischen Ausdruck der *Rasse* ersetzt hat, jedoch weiterhin eine Abgrenzungsfolie darstellt, die Machtstrukturen und Herrschaftsansprüche verstärkt (zitiert nach Hess, 2014; Kleff und Terkessidis, 2017). In diesem Zusammenhang kann von *kulturalistischem* oder *differentialistischem Rassismus* gesprochen werden (Hess, 2014).

Die Übung „Perspektivenwechsel" kann hier als potentiell problematisch genannt werden (Bräuhofer und Krutzler, 2017). Bei dieser Übung werden Identitätskarten ausgeteilt, woraufhin die Teilnehmenden sich aufgrund verschiedener Fragen (bzgl. Alltag, Berufs-, Privatleben) vorstellen sollen, wie ihr Leben mit dieser neuen Identität wäre. Die Identitäten lauten: „türkische, verheiratete Frau mit 3 Kindern", „afghanischer Mann, 57 Jahre", „strenggläubiger Moslem, männlich, 36 Jahre, alleinstehend" und „serbische, alleinerziehende Mutter von 2 Kleinkindern". Das Risiko, bei dieser Übung zu *kulturalistischem Rassismus* überzugehen und kulturelle Kategorien aufgrund von ‚Nationalität' anzunehmen und zuzuschreiben ist beachtlich groß. Dahingehend sollten solche Übungen in der schulischen sowie außerschulischen Interventionsarbeit zu Rassismus weitestgehend vermieden werden. Empfehlungen für Lehrende zur Schaffung eines besseren Ansatzes umfassen einerseits die Nutzung des Begriffs der *Systeme* anstatt von *Kulturen;* wenn bspw. in der Klasse von unterschiedlichen Ländern gesprochen wird, sollten die Lehrenden von unterschiedlichen politischen Systemen, Rechtssystemen, Bildungssystemen usw. sprechen (Haß, 2020). Andererseits sollten kontrastierende Kulturvergleiche, die schnell zu hierarchisierenden Diskursen oder Gedanken führen können, grundsätzlich vermieden werden, da sie letztlich nur der Kulturalisierung Wege ebnen (ebd.).

4.4.4 Machtverhältnisse, Positionierung und Repräsentation

Als weitere grundlegende Dimension und zeitgleich Auswirkung von ungleichen Machtverhältnissen wird die Frage nach Repräsentationsverhältnissen und Wissensproduktionen in der rassismuskritischen Pädagogik thematisiert.

Vorerst müssen Forschende, Lehrende und Lernende sich mit verschiedenen Positionierungs- und Repräsentationsfragen auseinandersetzen. So muss festgestellt und anerkannt werden, dass das Wissen, die Methoden, die Zielformulierungen und die Paradigmen auf denen Interventionsarbeit basiert zum größten Teil von weiß-westlichen Wissenschaftler*innen stammen und sich an politischen Interessen der weißen Mehrheitsgesellschaft orientieren (Kaufmann, 2020; Kilomba, 2013). Forschung zu Rassismus repräsentiert dahingehend nie ein „machtleeres Vakuum" (Karabulut, 2020, S. 13), sondern (re-)produziert Ungleichheitsstrukturen und Herrschaftsverhältnisse

(Mecheril, 1999). Dahingegen werden Stimmen *of Color* in der Wissensproduktion und -reproduktion kaum beachtet. Damit einhergehend erfolgt die Erkenntnis, dass Wissen nicht objektiv ist, sondern aus einer gewissen, vornehmlich weißen, Perspektive entstammt und somit direkt proportional bestehende Machtverhältnisse reflektiert (Mohseni, 2020). Aus diesem Grund sollten sich auch Lehrende bei der Durchführung von Interventionsmethoden immer fragen:

> „Mit welchem Blick und unter welchen Perspektiven schaue ich und welche Wissensformen und -inhalte gebe ich an wen, in welchem Kontext weiter?" (Kaufmann, 2020, S. 331).

Diese von Kaufmann (2020) beschriebene Selbstreflexion sollte demnach Zugänge zu Macht, Wissen und Privilegien berücksichtigen um eine humanistische Hilfestellung anstatt paternalistischer Bevormundung als weiße Person in den Vordergrund zu rücken. Im Kontext der Schule, aus der Sicht der Lehrenden, könnte die Selbstreflexion nach Kaufmann (2020) folgendermaßen transferiert werden:

> Inwiefern helfen Rassismus-Interventionen meinen Schüler*innen, die von Rassismus betroffen sind?
> Führe ich die Interventionen für mein Gewissen durch, oder sind die Übungen aus der Perspektive der Schüler*innen hilfreich?
> Wirken die Übungen als Form von *Othering*?
> Helfe ich mit den Interventionen aktiv Schüler*innen, die zu ‚Anderen' gemacht wurden und immer noch werden, eigenmächtig Widerstand zu leisten, oder bevormunde ich sie nur?

Die Reflexion dieser (und weiterer) grundlegender Fragen sowie die Gestaltung von Interventionsprogrammen sollte multiperspektivisch vorgenommen werden, d. h. auch die Perspektiven von BiPoC/-Expert*innen (bspw. aus dem Kollegium) einschließen, ohne jedoch dabei *Tokenismus* zu betreiben (Kanter, 1977).

▶ **Tokenismus** Unter *Tokenismus* versteht man pro-forma Anstrengungen, marginalisierte Gruppen miteinzubeziehen, die sich ausschließlich im performativ-symbolischen Bereich bewegen. Exemplarisch hierfür könnte das Besetzen einer einzigen Rolle durch eine PoC in einem Film genannt werden, deren Konzeptualisierung sich darüber hinaus an vorurteilsbehafteten Fremdbildern bedient (Kanter, 1977).

Praktische Übungen, die innerhalb des Klassenraums Machtstrukturen und -verhältnisse hervorheben oder verstärken können sind bspw. der „Raumlauf" oder der „Privilege Walk" (RAA Mecklenburg-Vorpommern e. V., 2018; Kley, 2017). Bei beiden Übungen stehen Macht und Privilegien im Mittelpunkt – der „Raumlauf" bedient sich hierbei an imaginärer, zufällig zugeteilter Macht, der „Privilege Walk" fragt nach Bedingungen des wahren Lebens anhand von Anweisungen wie „Wenn du überall in deinem Land hingehen kannst und Pflege- und Kosmetikprodukte bekommen kannst, die für dein Haar und deine Hautfarbe geeignet sind, gehe einen Schritt nach vorne!" (Kley, 2017). Diese Art von Übungen steht stark in der Kritik, da sie bereits vorhandene Ungleichheiten hervorhebt und nicht auf Stärkung der Betroffenen oder Änderung der Ungleichheiten hinarbeitet. Während weiße bzw. privilegierte, nicht-rassifizierte Personen sich durch solche Übungen erst ihren Privilegien bewusst *werden,* passiert dies auf Kosten der von Rassismus und anderen Unterdrückungsformen Betroffenen, die sich ihren Lebensrealitäten unausweichlich bewusst *sind* (Doğan, 2020).

Als übergeordnete Perspektivierungen werden im Folgenden zwei Ansätze diskutiert, deren Übernahme für rassismuskritische Interventionen unabdingbar ist.

Critical Whiteness, also das kritische *Weißsein,* setzt als Perspektivierung voraus, dass weiße Personen[9] sich ihrem *Weißsein* und den damit einhergehenden Privilegien bewusst werden und diese infrage stellen (Yaghoobifarah, 2017). Dieser Ansatz wendet den Blick bewusst von den ‚Anderen' ab und verschiebt ihn auf die weiße Dominanzgesellschaft, das ‚Eigene', das in Rassismusdiskursen „seltsam unbeschrieben" bleibt (Tißberger, 2017, S. 89). Dadurch soll die angenommene Neutralität des *Weißseins* hinterfragt werden und weiße Individuen sollen sich dazu aufgefordert fühlen, ihre Position und Positionierungen in (rassistischen) Machtstrukturen zu definieren. Denn „Weiße* profitieren […] permanent vom strukturellen Rassismus der Gesellschaft und sind damit – wenn auch wider Willen – Teil des Rassismus." (ebd., S. 91). Verständlicher wird der Anspruch des *Critical Whiteness* Ansatzes, wenn er aus dem Blickwinkel der ‚unsichtbaren Privilegierung' betrachtet wird. Demnach sind sich vor allem diejenigen die nicht privilegiert sind über Privilegien bewusst, während Privilegierte sie als selbstverständlich annehmen oder als universelle Grundrechte ansehen. McIntosh (1989) nutzt in diesem Zusammenhang die Metapher des „unsichtbaren und mit Privilegien gefüllten gewichtslosen Rucksacks" (Karabulut, 2020, S. 32): Weiße haben also per se eine andere Auswahl an Werkzeugen und Zugängen, mit deren Hilfe sie durch das Leben schreiten, ohne sich deren Existenz jedoch bewusst zu sein oder diese zu hinterfragen. Weiße Lehrende sollen demnach einen verantwortungsvollen Umgang mit ihrem *Weißsein* finden, der von Abwehrmechanismen oder Schuldgefühlen befreit ist. Dieser Prozess hat zum Ziel, aus einer weißen, bewussten Position heraus als Verbündete*r handlungsfähig gegenüber Rassismus zu werden (Boger und Simon, 2016; Smith et al., 2017).

Dahingegen soll der Unsichtbarmachung von Stimmen und Perspektiven *of Color* durch *Empowerment* begegnet werden (Mohseni, 2020). *Empowerment* steht für Selbstbefähigung und Stärkung der eigenen Kräfte und Kompetenzen durch spezifische Strategien zum Widerstand gegen Rassismus (Benbrahim, 2015; Khan, 2015; Mohseni, 2020). Diese Art der Bestärkung ist dahingehend sinnvoll, als viele Betroffene von Rassismus einer Art *erlernten Hilflosigkeit* nach Seligman (2016) unterliegen. Durch

---

[9] *Weißsein* wird als soziales Konstrukt gesehen und ist demnach kontextgebunden zu interpretieren (May, 2019).

wiederholte Rassismuserfahrungen kann ihnen der Eindruck übermittelt werden, dass es auf struktureller Ebene keine Besserung bzw. Veränderung der Schieflagen gibt und auf individueller Ebene das Scheitern ein Leitmotiv ihres Lebens ist (Mohseni, 2020). Der Anspruch von *Empowerment* steht diesem Umstand gegenüber und fördert die ressourcenorientierte Einbringung von BIPoC Perspektiven in der Bildungsarbeit, die oft durch die „Monoperspektive der Dominanzgesellschaft" und ihrer Normativitätsvorstellung festgelegt ist (Mohseni, 2020; Yiğit und Can, 2006, S. 162). Hierbei möchten BIPoC eigenermächtigt handeln und Erfahrungen miteinander austauschen, was letztlich eine Art der Befreiung darstellt (Mohseni, 2020). *Empowerment* kann in Form von Workshops für Schüler*innen mit Rassismuserfahrung (bspw. analog der Projektinitiative HAKRA) angeboten werden oder aber Teil des Umgangs, bspw. von Lehrenden, mit BIPoC sein (Mohseni, 2020; Smith et al., 2017; Yiğit und Can, 2006).

4.5 Ausblick

Abschließend wird der Blick noch einmal auf den vorgenommenen Versuch gerichtet, Rassismus in der Schule angemessen und sensibel anzusprechen und entgegenzuwirken. Im Hintergrund der Bemühungen sollten die Lehrenden zusammenfassend eine kritische, selbstreflexive Haltung gegenüber der eigenen Position in unterschiedlichen Erfahrungsräumen, der Repräsentation von Stimmen *of Color* innerhalb der Institution sowie dem Wissen, auf dem das für die Interventionen genutzte Material fußt, einnehmen. Im Mittelpunkt der Intervention sollte die Sensibilisierung und die Schärfung des Blicks für vielfältige und mehrschichtige Formen von Rassismus sowie der Intersektionalität stehen. Binäre Logik im Sinne von ‚Wir' und die ‚Anderen' sollte für sich selbst und für die Schüler*innen dekonstruiert werden, während Betroffenen der validierende und selbstermächtigende Raum geboten wird, ihre Erfahrungen zu teilen und zu besprechen. Insbesondere sollte ein besonderes Augenmerk darauf gerichtet werden, (re-)traumatisierend oder paradox wirkende Mechanismen während Interventionsübungen zu vermeiden. Weiterhin sollte ressourcen- und lösungsorientiert gearbeitet werden, indem Schüler*innen dazu ermächtigt werden, selbst sensibel zu handeln und Widerstand für sich und betroffene Mitschüler*innen im Klassenzimmer und überall, wo ihnen Rassismus begegnet, zu leisten. Dahingehend können Interventionsversuche letztlich nur erfolgreich sein, wenn sie entlang einer dichotomen Interaktion aus ‚Aktion' und ‚Reflexion' fortlaufend stattfinden (Freire, 1973, zitiert nach Mohseni, 2020, S. 546).

Literatur

Adorno, T. W. (1992). *Prismen – Kulturkritik und Gesellschaft*. Suhrkamp.
AFS Interkulturelle Begegnungen e.V. (2020). Zitronenübung – Unterrichtshilfe, Leitfäden, Projektarbeiten und Recherchen von Didaktik. Docsity. https://www.docsity.com/de/zitronenuebung-unterrichtshilfe/5447374/. Zugegriffen: 8. Nov. 2021.

Ahlring, I. (2010). Lernen in der ganzen Schule erfahrbar machen. *Pädagogik, 62,* 34–37.
Anti-Bias-Netz. (Hrsg.). (2021). *Vorurteilsbewusste Veränderungen mit dem Anti-Bias-Ansatz.* Lambertus.
Antidiskriminierungsstelle des Bundes. (2019). Diskriminierung im Schulalltag. Ansprechpartner_innen und weiterführende Information. Publikationen. https://www.antidiskriminierungsstelle.de/SharedDocs/downloads/DE/publikationen/BT_Bericht/serviceteil_schule.pdf?__blob=publicationFile&v=3. Zugegriffen: 8. Nov. 2021.
Arndt, S. (2015). Rassismus. Die 101 wichtigsten Fragen: C.H. Beck.
Baer, S., Bittner, M., & Göttsche, A. L. (2010). Mehrdimensionale Diskriminierung – Begriffe, Theorien und juristische Analyse. Expertise. https://www.antidiskriminierungsstelle.de/SharedDocs/downloads/DE/publikationen/Expertisen/expertise_mehrdimensionale_diskriminierung_jur_analyse.pdf?__blob=publicationFile&v=2. Zugegriffen: 8. Nov. 2021.
Balibar, E. (1989). Gibt es einen „neuen Rassismus"? *Das Argument, 31*(175), 369–380.
Başpınar, D., Bax, D., Fohsel, H.-J., Geithe, B., Goddar, J., Gryglewski, E., Husic, S., Kiefer, M., Klammt, B., Kleff, S., Klingler, F., Lubig-Fohsel, E., Medebach, M., Musharbash, Y., Schwerendt, M., Seidel, E., Wiedmann-Schmidt, W., & Wilke, S. (Hrsg.). (2015). *Islam & Schule* (2. Aufl.). Aktion Courage e.V.
Beck-Gernsheim, E. (2004). *Wir und die Anderen.* Suhrkamp.
Benbrahim, K. (2015). EmPowerment als Handlungsstrategie gegen Rassismus und Diskriminierung. In R. Knieper & E. Khan (Hrsg.), *Projekt DIMENSIONEN. Der NSU und seine Auswirkungen auf die Migrationsgesellschaft. Ein Methodenreader für Multiplikator_innen in der Jugend- und Bildungsarbeit* (S. 96–100). IDA e.V.
Bender-Szymanski, D., Hesse, H. G., & Göbel, K. (2000). Akkulturation in der Schule: Kulturbezogene Konflikte und ihre Auswirkung auf Denken und Handeln junger Lehrer in multikulturellen Schulklassen. In I. Bogolin & B. Nauck (Hrsg.), *Migration, gesellschaftliche Differenzierung und Bildung* (S. 213–244). Springer VS.
Boger, M.A., & Simon, N. (2016). zusammen — getrennt — gemeinsam. Rassismuskritische Seminare zwischen Nivellierung und Essentialisierung von Differenz. *Movements. Journal for Critical Migration and Border Regime Studies, 2*(1), 163–175.
Bonefeld, M., & Dickhäuser, O. (2018). (Biased) Grading of students' performance: Students' names, performance level, and implicit attitudes. *Frontiers Psychology, 9,* 1–13. https://doi.org/10.3389/fpsyg.2018.00481
Bönsch, M. (2018). *Grundlegungen sozialen Lernens heute* (1. Aufl.). Academia.
Böttger, A., Lobermeier, O., & Kataryna, P. (2014). *Opfer rechtsextremer Gewalt* (1. Aufl.). Springer VS.
Bovha, C. & Kontzi, N. (2009). Der Anti-Bias-Ansatz. Vorurteilsbewusstes Miteinander an Berliner Grundschulen. In D. Lange & A. Polat (Hrsg.), *Unsere Wirklichkeit ist anders. Migration und Alltag. Perspektiven Politischer Bildung* (S. 296–304). Wochenschau Verlag.
Bovha, C., & Kontzi, N. (2011). Der Anti-Bias-Ansatz: Vorurteilsbewusstes Miteinander an Berliner Grundschulen. In M. Chernivsky (Hrsg.), *Die Abwertung der Anderen, Theorien, Praxis, Reflexionen* (S. 44–49). ZWST e.V.
Broden, A. (2015). Edelsteine und Stolpersteine einer rassismuskritischen Bildungsarbeit. In R. Knieper & E. Khan (Hrsg.), *Projekt DIMENSIONEN. Der NSU und seine Auswirkungen auf die Migrationsgesellschaft. Ein Methodenreader für Multiplikator_innen in der Jugend- und Bildungsarbeit* (S. 14–21). IDA e.V.
Bühs, R. (2008). *Materialien zur interkulturellen Erziehung in Primarstufe und Kindergarten* (3. Aufl). Dohrmann-Verlag.

Bukow, W.-D., & Cudak, K. (2017). Zur Entwicklung von institutionellem Rassismus: Rassistische Routinen in der kommunalen Praxis. In K. Fereidooni & M. El (Hrsg.), *Rassismuskritik und Widerstandsformen* (S. 385–404). Springer VS.

Çelik, A.-S. (2010). *Alle gegen Esra*. Arena.

De Coster, C., Prenzel, N., & Zirkelbach, N. (2016). *Bildungsmaterialien Intersektionalität*. Rosa Luxemburg Stiftung.

Della, N.J., & Rosentreter, R. (2014). *Das Wort, das Bauchschmerzen macht*. Edition assemblage.

Diepold, B. (1990). Ich-Identität bei Kindern und Jugendlichen. *Praxis der Kinderpsychologie und Kinderpsychiatrie, 39*, 214–221.

Doğan, A. (2020). Warum der Privilege Walk zwar Leute zum Weinen bringt, aber nichts ändert. BR Bayern. https://www.br.de/radio/bayern2/sendungen/zuendfunk/privilege-walk-anti-rassismus-uebung-pro-und-kontra-100.html. Zugegriffen: 8. Nov. 2021.

Edelmann, D. (2006). Pädagogische Professionalität im transnationalen sozialen Raum. Eine Studie über Sichtweisen und Erfahrungen von Primarlehrpersonen in Bezug auf die kulturelle Heterogenität in ihrer Schulklasse. In C. Allemann-Ghionda & E. Terhart (Hrsg.), *Kompetenzen und Kompetenzentwicklung von Lehrerinnen und Lehrern* (S. 235–249). Beltz.

Eder, C. (2018). How to: Vielfalt in Bildern erzählen. BPB. https://www.bpb.de/lernen/digitale-bildung/werkstatt/265436/how-to-vielfalt-in-bildern-erzaehlen?pk_campaign=nl2018–03–07&pk_kwd=265436. Zugegriffen: 8. Nov. 2021.

El-Tayeb, F. (2016). *Undeutsch – Die Konstruktion des Anderen in der Postmigrantischen Gesellschaft*. Transcript.

Fereidooni, K., & Zeoli, A. P. (Hrsg.). (2006). *Managing Diversity: Die diversitätsbewusste Ausrichtung des Bildungs- und Kulturwesen, der Wirtschaft und Verwaltung*. Springer VS.

Forschungsinstitut Betriebliche Bildung. (2018). Vielfalt in der Ausbildung: Ein Methodenkoffer für Lehrende und Ausbilder*innen in der beruflichen Bildung. Publikationen. https://www.f-bb.de/fileadmin/Projekte/ADL/2018-fbb-methodenkoffer--Demokratieleben_final_zumUpload.pdf. Zugegriffen: 8. Nov. 2021.

Fortbildungsinstitut für die pädagogische Praxis. (2010). *Wie Vielfalt Schule machen kann. Handreichungen zur Arbeit mit dem Anti-Bias-Ansatz an Grundschulen*. Starke Kinder machen Schule. https://www.ganztag-nrw.de/fileadmin/Dateien/Dokumente/Dokumentationen/Interkulturell_und_vielfaeltig_6.10.2016/Forum_1/wie_vielfalt_schule_machen_kann_skms2011_handreichung. Zugegriffen: 8. Nov. 2021.

Freire, P. (1973). *Pädagogik der Unterdrückten*. Rowohlt.

Geissler, S., Christian, H., Donisa, L., Buhmann, N., Sachau, M., Zimmermann, A., Zarr, E., Wolter, S., & Paule, K. (2017). *Zusammen lernen von A-Z. Eine Handreichung für die politische Bildungsarbeit im Themenfeld Flucht und Migration*. dock europe e.V.

Geschke, D., Peinelt, E., & Quent, M. (2014). *Die haben uns nicht ernst genommen. Eine Studie zu Erfahrungen von Betroffenen rechter Gewalt mit der Polizei*. Ezra.

Gomolla, M., & Radtke, F.-O. (2009). *Institutionelle Diskriminierung: Die Herstellung ethnischer Differenz in der Schule*. Springer VS.

Gramelt, K. (2010). *Der Anti-Bias-Ansatz: Zu Konzept und Praxis einer Pädagogik für den Umgang mit (kultureller) Vielfalt*. Springer VS.

Haß, J. (2020). *Stereotype im interkulturellen Training*. Springer.

Hall, S. (2000). Rassismus als ideologischer Diskurs. In N. Räthzel (Hrsg.), *Theorien über Rassismus* (S. 7–16). Argument Verlag.

Haas, H. (2009). *Das interkulturelle Paradigma*. Karl Stutz.

Halberstam, M., & Cote, N. (2010). *Ein Pferd zu Channukka*. Ariella.

Hamburger, F. (2005). Der Kampf um Bildung und Erfolg: Eine einleitende Feldbeschreibung. In F. Hamburger, T. Badawia, & M. Hummrich (Hrsg.), *Migration und Bildung: Über das Verhältnis von Anerkennung und Zumutung in der Einwanderungsgesellschaft* (S. 7–25). Springer VS.

Hess, S. (2014). Politiken der (Un-)Sichtbarmachung. Eine Kritik der Wissens- und Bilderproduktion zu Migration. In E. Yildiz & M. Hill (Hrsg.), *Nach der Migration. Postmigrantische Perspektiven jenseits der Parallelgesellschaft* (S. 49–65). Transcript.

Hoffman, M., & Asquith, R. (2010). *Du gehörst dazu: Das große Buch der Familien* (3.Aufl.). Fischer Sauerländer.

Hooks, B. (1992). *Black looks: Race and Representation*. South End Press.

Initiative Intersektionale Pädagogik. (2015). Intersektionale Pädagogik: Handreichung für Sozialarbeiter_innen, Erzieher_innen, Lehrkräfte und die, die es noch werden wollen. Ein Beitrag zu inklusiver pädagogischer Praxis, Vorurteilsbewusster Bildung und Erziehung. Materialien & Downloads. http://www.i-paed-berlin.de/de/Downloads/. Zugegriffen: 8. Nov. 2021.

Jäger, M., & Kauffmann, H. (2002). *Leben unter Vorbehalt: Institutioneller Rassismus in Deutschland*. Duisburger Institut für Sprach- und Sozialforschung.

Kaletsch, C., & Rech, S. (2015). *Heterogenität im Klassenzimmer – Methoden, Beispiele und Übungen zur Menschenrechtsbildung*. Debus Pädagogik.

Kalpaka, A., Räthzel, N., & Weber, K. (2019). *Rassismus: Die Schwierigkeit, nicht rassistisch zu sein*. Argument Verlag.

Kanter, R. M. (1977). *Men and Women of the Corporation*. Basic Books.

Karabulut, A. (2020). *Rassismuserfahrungen von Schüler*innen. Institutionelle Grenzziehungen an Schulen*. Springer VS.

Karakaşoğlu, Y., & Wojciechowicz, A. A. (2017). Muslim_innen als Bedrohungsfigur für die Schule – Die Bedeutung des antimuslimischen Rassismus im pädagogischen Setting der Lehramtsausbildung. In K. Fereidooni & M. El (Hrsg.), *Rassismuskritik und Widerstandsformen* (S. 507–528). Springer VS.

Karimé, A., & Behl, A.-K. (2010). *Kaugummi und andere Verflixungen*. Picus.

Karimé, A., & von Bodecker-Büttner, A. (2011). *Tee mit Onkel Mustafa*. Picus.

Kaufmann, M. E. (2020). Ethik- und Methodenfragen beim Forschen, Lehren und Lernen zu Flucht und Asyl. In M. Kaufmann, L. Otto, S. Nimführ & D. Schütte (Hrsg.), *Forschen und Arbeiten im Kontext von Flucht. Reflexionslücken, Repräsentations- und Ethikfragen* (S. 331–353). Springer VS.

Khan, E. (2015). „Beklage dich nicht. Verzeihe" — Ein Praxisbericht. In R. Knieper & E. Khan (Hrsg.), *Projekt DIMENSIONEN. Der NSU und seine Auswirkungen auf die Migrationsgesellschaft. Ein Methodenreader für Multiplikator_innen in der Jugend- und Bildungsarbeit* (S. 24–29). IDA e.V.

Kilomba, G. (2013). 'White is not a Color' – An Interview with Author and Psychoanalyst Grada Kilomba. AFRICAVENIR. https://www.africavenir.org/nc/news-details/article/white-is-not-a-color-an-interview-with-author-and-psychoanalyst-grada-kilomba.html. Zugegriffen: 8. Nov. 2021.

Kleff, S. (2016). *Der Präventionsansatz von Schule ohne Rassismus – Schule mit Courage* (1. Aufl.). Aktion Courage e.V.

Kleff, S., & Terkessidis, M. (2017). *Reden über Rassismus in Deutschland*. Aktion Courage e.V.

Kley, S. (2017). Wie privilegiert bin ich eigentlich? – inkl. „Walk of Privilege". Niemblog. https://www.niemblog.de/bewusstsein-fuer-privileg/. Zugegriffen: 8. No. 2021.

Kluge, S. (1999). *Empirisch begründete Typenbildung: Zur Konstruktion von Typen und Typologien in der qualitativen Sozialforschung*. Springer VS.

Kollender, E. (2016). „Die sind nicht unbedingt auf Schule orientiert". Formationen eines ‚racial neoliberalism' an innerstädtischen Schulen Berlins. *Movements. Journal for Critical Migration and Border Regime Studies* 2(1), 39–64.

Kristen, C. (2002). Hauptschule, Realschule oder Gymnasium? Ethnische Unterschiede am ersten Bildungsübergang. *Kölner Zeitschrift für Soziologie und Sozialpsychologie, 54*(3), 534–552. https://doi.org/10.1007/s11577-002-0073-2

Krutzler, J. & Bräuhofer, M.E. (2017). Whitepaper: Interkultureller Methodenkoffer. Brainworker. https://brainworker.at/whitepaper-interkultureller-methodenkoffer/. Zugegriffen: 8. Nov. 2021.

Lavorano, S. (2019). *Rassismus – 100 Seiten*. reclam.

Ludwig, S., & Krause, U. (2010). *Leo und Lucy – Ein klarer Fall?* Oetinger.

Maaz. (2006). *Soziale Herkunft und Hochschulzugang*. Springer VS.

May, I. (2019). Machtverhältnisse und theoretische Grundlagen. In I. May, D. Sequeira & G. Teyhani (Hrsg.), *Erkennen Lernen: Rassismus, Diskriminierung, Traumata und die eigenen Vorurteile in der pädagogischen Arbeit mit Geflüchteten* (S. 10–16). MKFFI.

McIntosh, P. (1989). White privilege: Unpacking the invisible knapsack. In M. McGoldrick (Hrsg.), *Re-visioning family therapy: Race, culture, and gender in clinical practice* (S. 147–152). The Guilford Press.

Mebes, M., & Sandrock, L. (2013). *Kein Küsschen auf Kommando & Kein Anfassen auf Kommando*. Mebes & Noack.

Mecheril, P. (1999). Wer spricht für wen? Gedanken zu einer Methodologie des (re-)konstuktiven Umgangs mit dem Anderen der Anderen. In W.-D. Bukow & M. Ottersbach (Hrsg.), *Der Fundamentalismusverdacht: Plädoyer für eine Neuorientierung der Forschung im Umgang mit allochthonen Jugendlichen* (S. 231–266). Leske + Budrich.

Mecheril, P. & Thomas-Olalde, O. (2011). Integration als (Bildungs-)Ziel? Kritische Anmerkungen. In R. Spannring, S. Arens & P. Mecheril (Hrsg.), *bildung – macht – unterschiede. Facetten eines Zusammenhangs* (S. 119–131). University Press.

Mohseni, M. (2020). *Empowerment-Workshops für Menschen mit Rassismuserfahrungen. Theoretische Überlegungen und biographisch-professionelles Wissen aus der Bildungspraxis* (1. Aufl.). Springer VS.

Müller, W., & Haun, D. (1997). Bildungsungleichheit im Sozialen Wandel. In J. Friedrichs, K. U. Mayer, & W. Schluchter (Hrsg.), *Soziologische Theorie und Empirie* (S. 333–374). Springer VS.

Nadolny, S. (2016). Intersektionalität als Haltung von politischen Bildner_innen. In C. de Coster, N. Prenzel & N. Zirkelbach (Hrsg.), *Bildungsmaterialien Intersektionalität* (S. 15). Rosa Luxemburg Stiftung.

Olten, M. (2014). *Wir haben Rechte! Die Kinderrechte kennenlernen und verstehen*. Don Bosco Medien.

Pates, R., Schmidt, D., & Karawanskij, S. (2010). *Antidiskriminierungspädagogik: Konzepte und Methoden für die Bildungsarbeit mit Jugendlichen*. Springer VS.

Quattrone, G. A., & Jones, E. E. (1980). The perception of variability within in-groups and out-groups: Implications for the law of small numbers. *Journal of Personality and Social Psychology, 38*(1), 141–152. https://doi.org/10.1037/0022-3514.38.1.141

Quel, T. (2010). Immer noch die Anderen? Ein rassismuskritischer Blick auf die Normalität schulischer Bildungsbenachteiligung. In A. Broden & P. Mecheril (Hrsg.), *Rassismus bildet. Bildungswissenschaftliche Beiträge zu Normalisierung und Subjektivierung in der Migrationsgesellschaft* (S. 183–208). Transcript.

RAA Mecklenburg-Vorpommern e. V. (2018). *Klappe gegen Rassismus – Der Film-Ideenwettbewerb für Vielfalt, Zivilcourage & Demokratie*. progress 4.

Rheims, B. (2015). Opferperspektive — Parteilich und soli- darisch an der Seite von Betroffenen. In R. Knieper & E. Khan (Hrsg.), *Projekt DIMENSIONEN. Der NSU und seine Auswirkungen auf die Migrationsgesellschaft. Ein Methodenreader für Multiplikator_innen in der Jugend- und Bildungsarbeit* (S. 21–24). IDA e.V.

Rohling, I. (2002). *Gesundheit und Entwicklungsstand der Osnabrücker Schulanfänger. Multifaktorielle Analyse der Ergebnisse der Schuleingangsuntersuchung des Jahrgangs 2001.* Stadt Osnabrück.

Rommelspacher, B. (1998). *Dominanzkultur: Texte zu Fremdheit und Macht.* Orlanda Frauenverlag.

Said, E. W. (1978). *Orientalism.* Pantheon Books.

Seligman, M. E. P. (2016). *Erlernte Hilflosigkeit* (5. Aufl.). Beltz.

Sequiera, D. (2019). Trauma und Geflüchtete. In I. May, D. Sequeira & G. Teyhani (Hrsg.), *Erkennen Lernen: Rassismus, Diskriminierung, Traumata und die eigenen Vorurteile in der pädagogischen Arbeit mit Geflüchteten* (S. 46–50). MKFFI.

Smith, L., Kashubeck-West, S., Payton, G., & Adams, E. (2017). White professors teaching about racism: Challenges and rewards. *The Counseling Psychologist, 45*(5), 651–668. https://doi.org/10.1177/0011000017717705

Staud, A. (2013). *Rosi sucht Geld.* Gangway.

Stiftung für die Internationalen Wochen gegen Rassismus. (2015). Materialien zur rassismuskritischen Bildungsarbeit. Bildung & Politik. https://www.gew.de/migration/materialien-zur-rassismuskritischen-bildungsarbeit/. Zugegriffen: 8. Nov. 2021.

Stuart, H. (2000). Rassismus als ideologischer Diskurs. In N. Räthzel (Hrsg.), *Theorien über Rassismus* (S. 7–16). Argument.

Tißberger, M. (2017). *Critical Whiteness – Zur Psychologie hegemonialer Selbstreflexion an der Intersektion von Rassismus und Gender* (1. Aufl.). Springer VS.

Toledo, E. (2013). *Bené, schneller als das schnellste Huhn.* Baobab Books.

Tupoka, O. (2017). *Exit RACISM. Rassismus – kritisch denken lernen.* Unrast.

Uslucan, H.-H. (2017). Diskriminierungserfahrungen türkeistämmiger Zuwanderer_innen. In K. Fereidooni & M. El (Hrsg.), *Rassismuskritik und Widerstandsformen* (S. 129–142). Springer VS.

Weber, M. (2003). *Heterogenität im Schulalltag: Konstruktion ethnischer und geschlechtlicher Unterschiede.* Leske + Budrich.

Weichselbaumer, D. (2020). Discrimination against Female Migrants Wearing Headscarves. *Industrial and Labor Relations Review, 73*(3), 600–627.

Yaghoobifarah, H. (2017). Tante Ernas Knochen im Museum. In S. Kleff & M. Terkessidis (Hrsg.), *Reden über Rassismus in Deutschland* (S. 22–28). Aktion Courage e.V.

Yeboah, A. (2017). Rassismus und psychische Gesundheit in Deutschland. In K. Fereidooni & M. El (Hrsg.), *Rassismuskritik und Widerstandsformen* (S. 143–161). Springer VS.

Yiğit, N. & Can, H. (2006) Politische Bildungs- und Empowerment-Arbeit gegen Rassismus in People of Color-Räumen. Das Beispiel der Projektinitiative HAKRA. In G. Elverich, A. Kalpaka & K. Reindlmeier (Hrsg.), *Spurensicherung – Reflexionen von Bildungsarbeit in der Einwanderungsgesellschaft* (S.167–193). Unrast.

Anhang A: Verschriftlichtes Interview mit Thora Meißner (per E-Mail geführt)

Könnten Sie sich bitte einmal kurz vorstellen? Und auch ihre Verbindung mit dem Interviewthema kurz zusammenfassen?

Mein Name ist Thora Meißner. Ich bin 42 Jahre alt und arbeite seit fünf Jahren als Quereinsteigerin in Vertretungsposition im Bereich Deutsch als Zweitsprache in einer Sekundarschule. Zwischenzeitlich habe ich das Selbststudium am Goethe-Institut „DaF Didaktik und Methodik" mit der Note 1 abgeschlossen, ebenso wie im Januar 2021 ein Zertifikatsstudium „Integrationsmanagement" an der FHM (Fachhochschule des Mittelstandes) Bielefeld, derzeit mit dem Notendurchschnitt 1,18. Ich denke, das zeigt mein Interesse, Ihnen als Interviewpartnerin gerne zur Verfügung zu stehen. Ich unterrichte Kinder und Jugendliche aus den verschiedensten Ländern, beginnend bei Syrien, hinweg über Pakistan bis hin zu Italien. Insgesamt haben wir [ich und meine Kolleg*innen] bereits über 70 DaZ-Schüler/innen unterrichtet und bis zu ihrem Abschluss begleitet.

Ist Rassismus und Diskriminierung in Ihrem Alltag präsent? Beschäftigt Sie das Thema? Wenn ja, inwiefern?

Rassismus und Diskriminierung erlebe ich, ja. Nicht tagtäglich, aber immer mal wieder. Das Thema beschäftigt mich sehr! Ich bin selbst gebürtige Deutsche und habe mein Leben lang auch in Deutschland gelebt. „Früher" kannte ich Fragestellungen wie: „Wo kommt der denn her?" überhaupt nicht. Für mich waren alle Menschen, egal woher, einfach Menschen. Im Laufe der Zeit musste ich feststellen, dass ich mit dieser Denkweise zwar nicht alleine dastehe, das Thema „Ausländer" jedoch ein fester Bestandteil des deutschen Lebens ist. Es schockierte mich, von all den Attentaten auf Moscheen zu hören, von Morden zu lesen und immer wieder diese Diskussion über Kopftücher wahrzunehmen. Ich dachte immer, dass all dies gar kein Thema sei, da man schließlich zusammenlebt. Leider wurde ich eines Besseren belehrt. Und auch, wenn ich selbst kein „Ausländer" im Sinne des Gesetzes bin, so erlebe auch ich ab und zu, dass ich mich rechtfertigen muss (Warum hilfst du den Schmarotzern?)

Beeinflusst/beeinträchtigt Rassismus den schulischen Alltag aus Ihrer Sicht? Wenn ja, wie genau?

Ja – Rassismus spaltet! Erstrecht in der Schule. Es bilden sich schnell Grüppchen, und der ein oder andere Schüler/die ein oder andere Schülerin hängt dann nur noch mit seinen/ihren „Landsleuten" herum.

Glücklicherweise sind unsere DaZ-Schüler/innen grundsätzlich sehr gut integriert – auch im Klassenverband, dennoch bemerkt man auch dort, dass sie auf dem Schulhof oft alleine stehen oder aber halt „mit ihren Leuten".

Meiner Meinung nach verleitet dies schnell dazu zu sagen: „DIE und WIR!"

Wie frequent ist Rassismus und Diskriminierung von geflüchteten Kindern und Jugendlichen oder auch vom Lehrpersonal im schulischen Kontext?

Ich muss sagen, dass ich Rassismus und Diskriminierung von geflüchteten Kindern und Jugendlichen bei uns an der Schule nur selten wahrnehme. Jedoch haben wir dafür auch „gekämpft".

Meine Kollegin und ich haben von Beginn an versucht zu sensibilisieren – was meistens gelang. Das Lehrpersonal ist in der Regel frei von Vorurteilen, aber auch dort kenne ich knapp eine Hand voll Kollegen*innen, die von Vorurteilen geprägt dann auch einen eher diskriminierenden Umgang mit unseren DaZ-Schüler/innen an den Tag legen – ob bewusst oder unbewusst, möchte ich mal dahingestellt lassen.

Was für Arten von Rassismus/Diskriminierung sehen sich geflüchtete Kinder und Jugendliche Ihrer Erfahrung nach ausgesetzt?

Institutionellem Rassismus und individuellem Rassismus. Alltagsrassismus.

Ersteres oftmals auch schlichtweg dem Umstand geschuldet, dass sich ein Teil des Kollegiums nicht die Mühe machen möchte/kann, sich adäquat um die Deutschlerner zu kümmern. Da spielen persönliche Interessen ebenso eine Rolle wie auch die beruflichen Umstände des Lernsystems etc. pp. Bei 30 SuS (Schüler*innen) innerhalb einer Klasse kann ein Lehrer/eine Lehrerin sich nicht ausgiebig um eine/n oder mehrere DaZ-Schüler/innen kümmern. Wir handhaben es an unserer Schule daher so, dass meine Kollegin und ich auch Ansprechpartner für die Klassenlehrer/innen sind – um Probleme zu vermeiden. (Darüber könnten wir ein Buch schreiben!)

Mögen Sie von ein, zwei Fällen exemplarisch berichten?

Anfangs (nach den Vorkommnissen am Kölner Bahnhof 2016) gab es Situationen, in denen beispielsweise zwei syrische Jungs bezichtigt wurden, sich an ein Mädchen "heran zu machen". Die beiden Jungs blieben jedoch nach vielen Gesprächen dabei nichts gemacht zu haben. Es stellte sich nach einer Recherche meinerseits heraus, dass die Eltern des Mädchens im Social Web gerne mal „Anti-Ausländer-Parolen" teilten etc., sodass uns ziemlich schnell klar war, wo lang der Hase läuft. Letztendlich gab das Mädchen zu, dass es einen der Jungs toll fand, er jedoch nichts von ihr [wissen] wollte ...

Ein angolanischer Schüler kam eines Tages zu mir und frage, was eigentlich „Nigger" heißt. Er wurde so „aus Spaß" auf dem Schulhof genannt...

Zwei afghanische Schülerinnen wurden oftmals beschimpft, sie sollten doch dorthin zurückkehren, wo sie hergekommen sind. Sie hätten hier nichts zu suchen...

Eine Lehrerin "schrieb zwei DaZ-Schüler" direkt ab, da sie sich aufgrund etwaiger Probleme (Leben im Asylheim, Trennung der Eltern, Asylrechtentscheidungen) nicht auf die Themeninhalte der Unterrichtsfächer einlassen konnten. Die Worte der Kollegin: „Ach, ich habe keine Lust, mich um die beiden zu kümmern. Die machen ja eh nichts. Am Ende der Klasse gehen die eh zur Berufsschule!"...

Während einer Fachkonferenz Deutsch regte sich eine Kollegin darüber auf, dass „die Flüchtlinge" kein Deutsch lernen, bevor sie nach Deutschland kommen – wie sollten sie denn so das Thema „Balladen" verstehen...

Ich könnte fortfahren, möchte den Rahmen aber nicht sprengen...

Sind auch Lehrpersonen von Rassismus und Diskriminierung betroffen?

Grundsätzlich würde ich mal behaupten, dass Lehrer*innen an unserer Schule nicht von Rassismus und Diskriminierung betroffen sind. Allerdings bekommt man das natürlich auch nicht immer mit. Auch die SuS (Schüler*innen) leben ihren Rassismus nicht „offen aus", sondern schauen schon sehr genau hin, wann „keiner zusieht". Manchmal gibt es jedoch Eltern, die „mit einer Lehrkonstellation" nicht einverstanden sind, weil „der ja nicht so gut Deutsch kann".

(Obwohl ein Lehrer/eine Lehrerin natürlich ein gewisses Sprachniveau mitbringen muss, um überhaupt den Seiteneinstieg machen zu können.)

Wenn ja, mögen/können Sie auch hier ein Beispiel anführen?

Ich habe einen Kollegen, der erst seit einigen Jahren in Deutschland ist und in seinem Heimatland Lehrer war – er ist nun auch in Deutschland Lehrer. Bei den SuS (Schüler*innen) kommt er super an – ich denke, weil er die Unterrichtsinhalte sehr einfach und klar schildert (schließlich muss er sie in einer Fremdsprache vorstellen).

Er selbst erzählte mir jedoch auch, dass er sich von einigen Kollegen*innen nicht akzeptiert fühlt. Akzeptiert ist er meiner Meinung nach. Aber ich merke auch, dass er manchmal „wie ein Kind" behandelt wird – getreu dem Motto: Er ist ja Ausländer, man muss ihn unterstützen.

Anfangs gab es ein paar Eltern in seiner Klasse, die zurückhaltend und auch etwas abweisend auf ihn reagierten. Aber er hat sich durchgekämpft. Mittlerweile stehen die Eltern dahinter.

> **Im Kontext von Schulen ist oft von institutionellem Rassismus die Rede, können Sie das Vorhandensein dessen bestätigen? Wie zeigt sich dieser institutionelle Rassismus?**

Hierzu habe ich bereits oben ein wenig Stellung genommen.

Ein weiteres Beispiel wäre die „Empfehlung der weiterführenden Schulen" in der Grundschule. Es ist nach wie vor so, dass ein arabischsprachiges Kind schnell „abgestempelt" wird und „nur" eine Hauptschulempfehlung ergattert, während ein gleich starkes deutschsprachiges Kind auf die Realschule gehen soll.

Wir als Sekundarschule haben einen recht hohen Migrationsanteil an der Schule, was uns im Alltag nicht stört, jedoch offensichtlich dem Image schaden kann. „Da gehen ja nur die Ausländer-Kinder drauf!" etc.

Wer sprachlich nicht mitkommt, wird ebenfalls „zurückgelassen". Das deutsche Schulsystem geht davon aus, dass ein jedes Kind die Bildungssprache beherrscht. Wenn unsere DaZ-Schüler/innen zwei Jahre lang Deutsch gelernt haben, dann kennen sie nur selten auch die Bildungssprache sowie die etlichen Fachbegriffe in den jeweiligen Fächern. Normalerweise nehmen Lehrer/innen darauf Rücksicht, jedoch wird direkt in Richtung „Hauptschulabschluss" gedacht. Dass ein solches Kind „die Kurve kriegen" und plötzlich richtig gut werden kann, traut man ihm nicht zu.

Andersherum geht das Schulsystem schlichtweg davon aus, dass ein Kind, das in eine deutsche Grundschule gegangen ist, eine weiterführende Schule rocken kann. Was jedoch vergessen wird ist, dass das Kind zu Hause niemanden hat, der ihm bei den sprachlichen Problemen helfen kann. In der Schule heißt es dann nur: „Ja, du musst halt lernen!"

> **Was vermuten Sie für Gründe hinter rassistischen/diskriminierenden Äußerungen gegenüber geflüchteten Menschen?**

Angst!

Angst vor Unbekanntem!

Neid, weil sich so viele Menschen für sie engagieren.

Vielleicht auch persönliche schlechte Erfahrungen.

Überwiegend auch Erziehung! Wenn ich von meinen Eltern dauernd zu hören bekomme, dass die „Kongolippen" unser Sozialsystem sprengen, dann glaube ich meinen Eltern und spreche ebenso.

Und ebenso das eigene Ego. Immer wieder bekomme ich mit, wie sich viele Menschen über das Kopftuchtragen aufregen, weil es „nicht zu den europäischen Werten passe". Es grundsätzlich als Unterdrückung ansehen.

Ein großer Punkt ist die Unwissenheit: Wenn Menschen, die „Ausländer nicht mögen", einmal oder auch mehrmals mit einem Syrer (oder anderer Herkunft) unterhalten und die Geschichten hören würden, würden sie die Menschen kennenlernen und ihn ihnen nicht nur die „Flüchtlingszahlen" sehen.

Man kennt es doch: „Diese Kanacken immer. Aber der Dönermann ums Eck ist cool – der arbeitet ja auch für sein Geld!" Hier kennt man den Dönermann seit vielleicht Jahren – also ist er ein "Kumpel". „Flüchtlinge" kennt man jedoch nicht unbedingt persönlich.

Gibt es im schulischen Kontext Formen der Unterstützung von Kindern und Jugendlichen mit Rassismuserfahrungen oder auch für Lehrpersonal mit Rassismuserfahrungen? Wenn ja, welche sind das und wie versuchen diese zu helfen? (Bsp.: einen gezielten Ansprechpartner, Antirassimustrainings mit den Schülern etc.)

An unserer Schule selbst gibt es keine Angebote. Wir sind SoR-SmC (Auszeichnung: „Schule ohne Rassismus – Schule mit Courage") und können natürlich auch jederzeit das Kommunale Integrationszentrum ansprechen. Gezielte Unterstützung an der Schule kann ich jedoch nicht bestätigen.

Was denken Sie wäre in der Zukunft für den Umgang mit Rassismus und Diskriminierung gegenüber geflüchteten Kindern und Jugendlichen an Schulen wichtig? Was müsste sich wie ändern?

Es müsste mehr Aufklärung geben! Mehr Sensibilisierung für die Fluchtgründe. Der Geschichtsunterricht müsste das Thema „Hitler" in der 7. Klasse einführen und nicht erst in der 9. Klasse ansetzen. Denn dann ist es schon zu spät, gewisse Denkmuster sind dann bereits verinnerlicht. Zudem gibt es auch viele Sechstklässler, die plötzlich über Hitler sprechen, das Zeichen geben oder eben das Symbol irgendwo hin kritzeln, ohne überhaupt genau zu wissen, was das bedeutet. Die Aufklärung müsste also viel eher geschehen.

Außerdem würde ich Zeitzeugengespräche durchführen. Ich habe das mal in einem Videoprojekt mit einer Blogger-Gruppe an der Schule durchgeführt. Das Video ist im Internet anzusehen.

Auch Lehrer/innen müssten geschult werden – hinsichtlich der Fluchtgründe, hinsichtlich der Machenschaften etwaiger Diktatoren, hinsichtlich des Umgangs mit Traumata etc. pp.

Es müssten regelmäßig Seminare für Lehrer/innen UND Schüler/innen „Interkulturelle Kompetenz" angeboten werden.

Fällt Ihnen noch etwas Wichtiges zum Thema ein, dass Sie gerne noch loswerden wollen in diesem Kontext?

JA! Ganz wichtig ist, dass das Thema „Rassismus und Diskriminierung" nicht einseitig zu betrachten ist. Soll heißen, auch „anders herum" kommt es zu Diskriminierungen. Beispielsweise in einer Klasse, in der nur wenige deutsche Schüler/innen sitzen, werden eben diese beleidigt: „Alman. Scheiß Deutsche." Auch die Gruppenbildung auf dem Schulhof schließen „Almans" aus. Wenn man das Thema Rassismus also angehen möchte, muss man sich um die interkulturelle Kompetenz

jeglicher Schüler/innen bemühen. Vielleicht könnte man eine Art „Knigge in Menschlichkeit" entwickeln.

Das Wort „Flüchtling" müsste aus den Gesetzbüchern und dem allgemeinen Wortschatz verschwinden. Denn einerseits ist diese Verniedlichung nicht angemessen, da es sich um erwachsene Menschen handelt, andererseits pauschalisiert es eine Gruppe von Menschen (Headlines in den Medien).

Anhang B

Arbeitsblatt *Starke Kinder ABC* (Fortbildungsinstitut für die pädagogische Praxis 2010).

Was starke Kinder alles sind, können oder mögen: Finde so viele Dinge wie möglich mit den jeweiligen Anfangsbuchstaben! (z. B. achtsam, zärtlich,…).

A _____
B _____

C _____
D _____

E _____
F _____

G _____
H _____

I _____
J _____

K _____
L _____

M _____ N
_____

O _____ P
_____

Q _____ R
_____

S _____ T
_____

U _____ V
_____

W _____ X
_____

Y _____ Z
_____

The manufacturer's authorised representative in the EU is Springer Nature Customer Service Centre GmbH, Europaplatz 3, 69115 Heidelberg, Germany. If you have any concerns regarding our products, please contact ProductSafety@springernature.com

Printed and bound by CPI Group (UK) Ltd, Croydon, CR0 4YY
25/03/2026
02078232-0008